主　编　刘玉杰

本卷著者　朱凤祥

文化商丘

名人与圣贤文化

中华书局

图书在版编目（CIP）数据

文化商丘·名人与圣贤文化/刘玉杰主编;朱凤祥本卷著. —
北京:中华书局,2020.12
ISBN 978-7-101-14754-4

Ⅰ.文⋯ Ⅱ.①刘⋯②朱⋯ Ⅲ.①地方文化-商丘②历史人
物-列传-商丘 Ⅳ.G127.613

中国版本图书馆 CIP 数据核字（2020）第 171423 号

书　　　名	文化商丘·名人与圣贤文化
主　　　编	刘玉杰
本卷著者	朱凤祥
丛 书 名	文化商丘
责任编辑	徐麟翔
出版发行	中华书局
	（北京市丰台区太平桥西里 38 号　100073）
	http://www.zhbc.com.cn
	E-mail:zhbc@zhbc.com.cn
印　　　刷	北京瑞古冠中印刷厂
版　　　次	2020 年 12 月北京第 1 版
	2020 年 12 月北京第 1 次印刷
规　　　格	开本/710×1000 毫米　1/16
	印张 23　插页 2　字数 310 千字
印　　　数	1—3050 册
国际书号	ISBN 978-7-101-14754-4
定　　　价	96.00 元

序　一

　　商丘历史文化悠久厚重，是华夏文明和中华民族的发祥地之一。华夏文明上下五千年在商丘没有中断过。作为一名历史文化工作者，我一直对商文化抱着深厚兴趣。过去从众多的历史文献典籍中，零星碎片地了解一些。今商丘市以高度的文化自信和文化自觉，以商文化为主脉，集合火文化、古城文化、圣人文化、汉梁文化等文化形态，以历史教科书形式，编纂这么一套文化丛书，读之如渴在临泉清，饿在闻肉味，实则欣喜，大呼过瘾，故为之序。

　　《诗经》《史记》等史籍都记载说："天命玄鸟，降而生商。""商"作为地名，在五帝时期就有了。黄帝和少暤时代，东夷氏族群中的玄鸟族西迁至商丘，战胜了土著人，建了第一座都城，名为"商"，后来又以地名为族名，产生了商部族。商文化在我国历史文化中地位十分重要。搞清楚它的历史渊源、发展脉络、基本走向，它的独特创造、价值理念、鲜明特色，对增强文化自信和价值观自信有着重要意义。习近平总书记说："不忘本来才能开辟未来，善于继承才能更好创新。"

　　我从事文物、古城保护工作多年，经常关注有关古城建设方面的知识。试想，当时的玄鸟族为什么选择商这个地方定居并建城呢？我国众多的古代文献显示，古代先民选定定居地点是很讲究的。出于对生存环境和防御需要的考虑，先民们往往对周边的生态环境格外关注。西汉时期的晁错就曾向皇帝建议在"移民实边"时，必须考虑生态环境。

他说："臣闻古之徙远方以实广虚也，相其阴阳之和，尝其水泉之味，审其土地之宜，观其草木之饶，然后营邑立城，制里割宅，通田作之道，正阡陌之界，先为筑室，家有一堂二内，门户之闭，置器物焉，民至有所居，作有所用，此民所以轻去故乡而劝之新邑也。"（《汉书·晁错传》）可见古人在考虑新的居住环境时，要选择那些水质甘美、土地肥沃、草林茂盛的地方，继而加以规划，开辟道路，建造房屋，合理安排居室结构，如此才能在发展农业的同时，使人们对新的居住环境感到满意，体现出农业社会人居环境建设的基本要求和特点。古代城市选址对自然环境要求更高，不但涉及地形、地质、气象、水文、资源、交通等多种因素，还要考虑政治、经济、军事、文化等诸多方面的影响。《管子》曰："凡立国都，非于大山之下，必于广川之上，高毋近旱而水用足，下毋近水而沟防省。因天材，就地利，故城郭不必中规矩，道路不必中准绳。"管子的话既反映了城市选址对自然环境和山水格局的严格要求，又强调城市选址应充分结合地利条件，视地形的实际情况而定，不必强求形式上的规整。先人的城市建设理念重地利，讲实效，对于摒弃单一的城市格局，突出城市个性特色以形成独有风格的文化景观十分重视。同时，我国古代"以农立国"，强调根植于富足农业基础之上，对土壤、水源的要求格外重视。玄鸟族之所以选择在商地定居并建城，说明当时商丘诸方面的条件是相当优越的。

据《晋书》《帝王世纪》等史籍记载，黄帝之孙、五帝之一的颛顼"始自穷桑，而徙邑商丘"。"帝喾高辛氏年十五而佐颛顼，三十登位，都亳。"颛顼把都城迁到商丘，帝喾把都城也定在这里，说明颛顼和帝喾时代商丘诸方面的条件依然比其他地方优越。

帝喾的儿子契在尧、舜时都被封于商丘，建商国，都亳。夏朝时，帝相为后羿所逐，居于商丘，商丘一时成了夏都。契传十四世到成汤，推翻了腐败的夏桀建立商朝，亳是商朝的第一座都城，直到二百多年后的第十三代商王河亶甲才迁都于相。后又经几次迁徙，到第二十位商王"帝盘庚之时，殷（上古时殷、商并称）已都河北，盘庚渡河南，复居成汤之故居……治亳，行汤之政"（《史记·殷本纪》）。此后，第二十八位商王武乙才自亳迁于河北（安阳地区）。自成汤至帝辛，商朝凡十七世三十一王。周朝整个时期，商丘古城称睢阳，一直是"作宾于王家"的宋国都城。秦朝末年，睢阳城是楚汉相争的战略要地。两汉时期，睢阳一直是梁国的都城。隋唐时期，她又是"中州锁钥，江淮屏障，河洛咽喉"，是战略位置极其重要的兵家必争之城；宋朝时她是"四京"之一的南京；明、清两朝，她因是"南控江淮、北临河济"的咽喉重镇，朝廷极为重视。

商丘古城饱经沧桑，在历史上因水患和兵灾曾多次损毁，但灾难过去又重建、改建，从五帝、夏、商、周、秦、汉、三国、两晋、南北朝、唐、宋、元、明、清，直到现在，一直延续下来。其五千年不断脉的悠久历史，标记着中华民族的历史和文明进程。中国的历史文化名城虽然不少，但像商丘古城这样从远古五帝到现在一直脉络不断的实为罕见。这是商丘古都城突出的价值所在。

由于历史的原因，明朝初年之前的商丘古城的面貌被历代黄河泛滥、河水携带的泥沙蒙于地下。20世纪90年代，中国社会科学院考古研究所和美国哈佛大学皮保德博物馆组成的中美联合考古队对其进行考古调查，才发掘出商丘古城距今三千余年前的宋国古都城遗存。现在展现在世人面前的重建于明朝正德年间的商丘古城之下，沉睡着五帝时期的商城、亳城，春秋时期的宋国都城，秦汉和隋唐时期的睢阳城，宋代南京城，明初归德城。这也是商丘古城历史发展独有的形态，体现了她博大精深的文化内涵。文化景观是人类活动相继叠加的结果。因此，我一直认为，商丘古都城是"中国城建史博物馆""中国天然城池博物馆"。

儒、道、佛、墨四家是中华文化形成的支柱。史书记载，商丘是道家创始人之一庄子的故乡、儒家创始人孔子的祖籍，也是墨家创始人墨子的故乡，文化底蕴丰厚。

西汉刘向《列女传·契母简狄》记载："契之性聪明而仁，能育其教，卒致其名。尧使为司徒，封之于亳。"《史记·殷本纪》载："契长而佐禹治水有功。帝舜乃命契曰：'百姓不亲，五品不训，汝为司徒而敬敷五教，五教在宽。'封于商，赐姓子氏。"《汉书·艺文志》曰："儒家者流，盖出于司徒之官。"说明儒家文化的源头是商的始祖、尧舜时的司徒契。南宋时期，儒家的代表人物朱熹重建白鹿洞书院，亲手制订《白鹿洞书院学规》说："父子有亲。君臣有义。夫妇有别。长幼有序。朋友有信。右五教之目。尧、舜使契为司徒，敬敷五教，即此是也。"从史书对夏商周文化的有关记载来看，儒家思想和司徒契一脉相承。墨子也讲三代、先王，与儒家有一个共同的文化源头。商丘的文化底蕴之丰厚不言而喻。

文化复兴是实现中华民族伟大复兴中国梦的重要组成部分。历史悠久的商丘，应该让自己丰厚的文化资源展示魅力，很好地宣传出去，让全国乃至世界都了解商丘，让商丘的文化资源尽可能多地转化为人们的知识财富，让文化遗产资源"活起来"，融入广大民众的现实生活。

商丘市委、市政府组织专家、学者编写这套文化丛书，弘扬中华优秀传统文化，希望只是开端，以后要不断深入研究，不断取得新的更大的成果，为弘扬中华民族优秀文化作出独特贡献。

以此为序。

原故宫博物院院长　单霁翔

序 二

文化典籍是人类文明社会发展成果的重要载体与文明程度的标志。国有史,方有志,家有谱,这是中华民族数千年的优良传统,譬如《春秋》《左传》《史记》等都是中国人精神文化成长的重要历史记录。文化典籍的编纂传承能够有效地增强民族精神文化认同和国家凝聚力。地方文化史志是国家历史文化典籍的细化和补充,是国家、民族历史文化的血肉神经与单元标本。《文化商丘》丛书编纂出版的目的就是从文化视角系统整理商丘地区五千多年的文明史,挖掘保护传承商丘地区优秀历史文化资源。

商丘历史悠久,文化灿烂,处于华夏文明起源的核心区域,是中华民族文明发源地之一。商丘历史文化是华夏历史文明的重要组成部分,并发挥着重要作用。华夏五千年文明史在商丘从无间断,这是商丘的特点和优势。

商丘是中华民族和中华文明的发源地之一

毛泽东同志曾在红军长征到达陕北后说过非常著名的两句话:"自从盘古开天地,三皇五帝到如今。"中华文明的源头是三皇五帝,据《尚书大传》《风俗通义》等古籍记载:三皇即燧人氏,称燧皇,伏羲氏,称羲皇,神农氏,称农皇;五帝即黄帝、颛顼、帝喾、尧、舜。据史料记载,三皇五帝都曾在商丘及周边留下过足迹,其中"三皇"中的燧人氏、神农氏和"五帝"之一的帝喾高辛氏长期生活在商丘。燧人氏钻木取火,"以化腥臊",开启了中华先民的熟食时代和人类文明的新纪元,被奉为"人文始祖"。火的发明和应用,极大地推动了人类社会的进步。一方面,开启了人类的熟食生活,引起人类习性以至生理上的变革,从而使人类从动物中分离出来;另一方面,有了火,极大地推动了氏族社会生产力的发展。燧人氏被后人奉为火神,成为三皇之首。如今,位于商丘古城西南 1.5 公里处的燧皇陵就是历史的见证。

神农氏就是传说中的炎帝,也叫朱襄氏。《吕氏春秋·古乐》记载,朱襄氏受伏羲氏禅位而有天下。炎帝本为朱襄氏,因其开创了上古农业文明,被尊称为神农氏、农皇。在当时陈州的柘城(今商丘市柘城县),在县城东十里朱崮寺(今柘城县大仵乡朱堌寺村)有朱襄陵。所以可以得出结论"炎帝神农氏都于商丘"。

帝喾是五帝之一,也是"五帝"之首黄帝的曾孙,受封于高辛(今商丘市睢阳区高辛镇),故又称高辛氏,《史记·五帝本纪》记载,高辛"聪以知远,明以察微。顺天之义,知民之急"。《史记·殷本纪》也记载:"殷契,母曰简狄,有娀氏之女,为帝喾次妃。三人行浴,见玄鸟堕其卵,简狄取吞之,因孕生契。"帝喾次妃简狄吞玄鸟之卵而生契,契就是商人的始祖,这也是《诗经·商颂》中所说的"天命玄鸟,降而生商"。《左传·昭公元年》记载:"昔高辛氏有二子,伯曰阏伯,季曰实沈,居于旷林,不相能也。日寻干戈,以相征讨。后帝不臧,迁阏伯于商丘,主辰。商人是因,故辰为商星。迁实沈于大夏,主参。"这段记载说明,帝喾的两个儿子不和睦,日寻干戈,互相征讨,无奈,帝喾只好将他们分别分封到商丘和大夏(今山西太原),实际上阏伯与契为同一人(历史学家郭沫若考证),即是商族的始祖。到阏伯六世孙亥的时候,商部落已经比较壮大,生产出的产品自己用不完。亥聪明勇敢,服牛驯马以利天下,带着族人赶着牛车到别的部落进行产品交换,以物易物,开创了华夏商业贸易的先河。《管子·轻重戊》记载："殷人之王，立帛牢，服牛马，以为民利。"因此，商丘被称为"华商之源"。

商丘不仅是中华古文明的发祥地之一，也是中国姓氏文化的重要发源地。据专家考证，商、子、汤、宋、戴、武、钟、殷、葛、穆等许多姓氏都发源于商丘。至今，商丘大地上仍然留存有燧皇陵、阏伯台、帝喾陵等文化遗迹，有力地证明商丘是远古人类活动的主要区域之一，商丘在华夏文明发展初期就具有重要的地位。商丘的历史文化伴随着华夏历史文化的产生而产生、发展而发展，见证了华夏文明的历史沧桑，也是华夏文明辉煌灿烂的地方代表之一。

商丘是春秋战国和两宋时期著名的"圣人之都"

华夏文化的发展在其核心地带展现了强大的生命力。进入春秋战国时期，形成了儒、道、墨等所谓的"诸子百家"，中华文化出现了"百花齐放，百家争鸣"的鼎盛局面。春秋战国时期，商丘为宋国区域，宋国是"中华圣人文化"的源头，处于中国传统文化核心地位的儒家、道家、墨家、名家四大学派皆出自宋国。诸子百家中，老子、庄子、墨子、惠子的故里，以及孔子的祖居之地，均在商丘及附近。这个时期的商丘被称为"圣人之都"，以商丘为轴心，辐射周边，在豫、鲁、苏、皖地域交汇处形成了"中华圣人文化圈"。

诸子百家中的这些圣人、圣贤都与商丘有着重要的联系。《汉书·艺文志》曰："儒家者流，盖出于司徒之官。"说明儒家文化的源头是商的始祖、尧舜时的司徒契。儒家始祖孔子的祖籍就在商丘，孔子"少居鲁，长居宋"，曾多次回到宋国，娶亲、祭祖、讲学，自觉继承了商汤"以德理政"的传统，形成儒家以"仁"为代表的思想。道家代表人物老子是鹿邑人，长期在商丘一带活动。道家的另一位代表庄子，其故里就在民权县境内，遗存有庄子井、庄子墓等。墨家的代表人物墨子是宋国人，长期奔波在鲁楚等地，曾做过宋国的大夫。名家的惠施以及融合道、墨两家的宋钘，均为宋国人。被西方学者称为"轴心时代"的春秋战国时期，为华夏文明的发展注入了强大的生命力。诸子百家的儒、道、墨、名等或起源于今天的商丘，或与商丘有着重要的联系，在夏、商、周三代文明的引领下，以宋国为中心，在春秋战国时期形成的"中华圣人文化圈"，成为华夏历史文化的重要内容，影响了数千年中华文化的发展进程。

两宋时期的商丘古城，开创了中国华夏文化继春秋"百家争鸣"圣人文化后的又一座文化高峰。坐落在商丘的应天书院为北宋"四大书院"之首，在中国古代教育史上的地位难以超越，北宋名臣范仲淹在此由求学到讲学，他继承戚同文"天下同文"之志，以"天下为己任"，为北宋培养了大批国之重臣。

商丘是中国重要的古都城之一

商丘是 1986 年国务院公布的我国第二批历史文化名城，时任国家文物局局长单霁翔称其为"中国城建史博物馆""中国天然城池博物馆"，建城历史可以上溯到夏商时期。文明的漩涡在不断地汇聚力量，发展壮大。著名历史学家、北京大学教授李零先生提出了一个重要观点，华夏文化的古都城主要分布在北纬 35°（更准确地说，是在北纬 34° 至 35° 之间，大体相当于渭水和黄河中下游流经的地方）左右，即今曲阜、商丘、郑州、洛阳、西安、宝鸡、天水一线，形成了夏、商、周三大文明板块。根据《史记》等传世文献记载，商族的早期活动地区就在"商板块"南部，其第一都城"亳"就在今天的商丘东南部。《史记·殷本纪》裴骃《集解》引皇甫谧语："梁国谷熟为南亳，即汤都也。"张守节《正义》引《括地志》云："宋州谷熟县西南三十五里南亳故城，即南亳，汤都也。"这里的梁国、宋州都是指今商丘，谷熟是今虞城县谷熟镇。从传说中的帝喾都亳，到有文献记载的商汤都南亳，直到清朝末年，商丘的城市地位一直非常重要。商丘具备了作为"大古都"的历史、政治等构成因素，成为中国历史上重要的古都城之一。因此，中国古都学会在《2015年中国古都学会年会关于推进商丘市古都文化研究与发展的意见》中指出，商丘是中国古代重要的都城之一。

商丘是历史上影响中国命运的战争事件的多发之地

商丘地处豫东平原，"广衍沃壤，则天下之膏腴"，襟带河洛，背依黄河，屏蔽江淮，历史悠久，素为中原门户，自古为兵家必争之地。楚宋鏖兵于泓水而定兴衰，汉高祖斩蛇于芒砀以兴义师，张巡拒逆于睢阳乃佑江南一隅。明清以降，反帝反封建的太平天国、捻军均长期于商丘活动，为共和国举行奠基礼的睢杞战役、淮海战役都以商丘为主战场。在商丘的土地上演出过一幕又一幕足以改变历史进程的战事，在中国军事史上有着重要地位。

平定汉初"七王之乱"，商丘成为稳固汉室的首功之地。汉景帝二年（前155），御史大夫晁错上《削藩策》，提议削弱诸王势力，加强中央集权。汉景帝采用晁错的建议，于次年冬下诏削夺吴、楚等诸侯王的封地。以吴王刘濞为首的七个刘姓宗室诸侯王，由于不满朝廷削减他们的权力，以"清君侧"之名举兵向西。《史记·梁孝王世家》记载，七国反叛，行至梁国（今商丘），吴楚先攻击梁国的棘壁（今商丘市柘城县境内），杀死数万人。梁孝王据守睢阳城，命韩安国、张羽为大将军，抵抗吴楚之兵。吴楚之兵无法西进，转而进攻周亚夫的军队。周亚夫固守壁垒，不肯交战，且暗中派兵南下，夺取泗水入淮之口（今江苏淮安境内），断绝了叛军的粮道，吴兵大败，士兵多半饿死或逃跑，周兵率队追击，大破吴楚联军。吴楚先头军被破，七国叛军阵脚大乱，兵败如山倒。由此足见梁国睢阳城在汉代军事地位之重要。

　　张巡血战睢阳城，使商丘成为佑护大唐复国的"江淮屏障"。天宝十四年（755）冬，影响中国历史进程的安史之乱爆发。河东三镇节度使安禄山发动所部镇兵十五万众，反于范阳，"烟尘千里，鼓噪震地"。当时海内承平数十年，猝闻范阳兵起，远近震骇，所到之处，守将或不战而逃，或望风而降，京师震惊，唐玄宗被迫南遁。至德二年（757）安禄山死后，其子安庆绪继任并派出大将尹子奇率领叛军围攻地处睢阳渠要冲的睢阳城。太守许远自度实力不足以抗敌，就邀请当时据守宁陵的唐朝名将张巡来协助自己一起保卫睢阳城。张巡随即率兵三千入驻睢阳，与许远合兵一处，共保睢阳。睢阳为大城，城高墙厚，城内居民有数万之众，经过张巡、许远的战略部署，更为坚固，叛军多次进攻未果。《新唐书·张巡传》记载，当时睢阳城内粮尽，将士曾提议夺城东奔，得粮食后，与敌军决一死战；但张巡、许远以为睢阳是豫东门户、中州锁钥、江淮屏障、河洛襟喉，叛军据而有之，必将战火引向江南，大唐便失去粮饷供应。张巡、许远等人宁可死守也不愿弃城，可见睢阳城战略地位之重要。睢阳之战，从至德二年一月开始，至十月陷落，张巡及其部将保护江淮半壁江山免于战乱十个月之久。当时，唐王朝也仅靠长江、淮河流域的赋税支撑，睢阳位于大运河汴河河段中部，是漕运重镇，如果失守，河运中断，后果不堪设想。睢阳城坚持十个月之久，在此期间朝廷不断获得江淮财赋的接济，完成了恢复、准备到反攻的过程。在睢阳城破前一个月已收复西京长安，在睢阳陷落十天后又收复了东京洛阳，叛军无力南下，唐王朝得以保全。唐代文学家韩愈曾在《张中丞传后叙》一文中评价此次战役之功："守一城捍天下，以千百就尽之卒，战百万日滋之师，蔽遮江淮，沮遏其势，天下之不亡，其谁之功也！"

　　淮海战役是决定当代中国命运的关键一战，商丘是淮海战役的肇始地和结束地。商丘作为决定中国命运的淮海、渡江两大战役的总前委所在地，在全国是独一无二、绝无仅有的，为淮海战役、渡江战役、全中国的解放以至新中国的建立作出了巨大的历史性贡献，有着不可替代的作用。1948年11月6日，虞城县张公店战斗打响了淮海战役第一枪，拉开了淮海战役的序幕；1949年1月10日，淮海战役在永城县陈官庄地区画上了圆满的句号。商丘是淮海战役总前委司令部、政治部、后勤部、总兵站所在地，是解放战争时期我党我军中原地区的政治、军事、指挥中心，是我党我军的大后方基地，是淮海战役的大本营。淮海战役总前委司令部就设在今睢阳区张菜园村，刘伯承、邓小平、陈毅等人在张菜园村指挥了淮海战役第三阶段的战斗。商丘是对淮海战役支持最大、贡献最多、牺牲最重的地方，仅永城、夏邑两县就出动支前民工一百六十万人次，贡献粮食1.5亿斤，为战争的胜利作出了重大贡献。

总之，商丘历史悠久，文化厚重，内涵丰富。商文化、火文化、圣贤与名人文化等作为其鲜明代表，是中华民族诚信精神、契约精神、创新精神、拼搏精神、奉献精神的集中体现。商丘儒、墨、道文化的内涵着重体现了忠诚孝道、社会和谐、道德修养、礼义廉耻、理想人格、和而不同的思想品格。在商丘发生的历次重大战役中孕育了敢于担当、恪尽职守、坚守正义、英勇奉献的爱国主义精神气概。这些都与中华优秀传统文化的精神内涵相一致，成为中国历史文化重要的组成部分，为华夏历史文明作出了重要贡献。

地方文化典籍史料的搜集整理应该真实而全面

文字是人类文明发展到相当程度之后的产物，中华民族有详细文献记载的历史始于西周共和元年，即公元前841年。夏商周断代工程考据发布的《夏商周年表》，确定夏代始年大约为公元前2070年，距今约已四千多年。《史记》首篇从《五帝本纪》开始，黄帝距今约五千年。三皇在五帝之前，燧皇位居三皇之首，学界一般认为燧人氏时代在一万年之前甚至在十万年前。商丘有全国唯一一座燧皇陵，是"中国火文化之乡"。所以商丘的文化史不应受五千年文明史的时间局限，必须广泛、全面收集整理文化史料，以传后人。

王国维提出"二重证据法"，即以地下的材料与纸上的材料相比较以考证古史的真相。黄现璠将历史文献、考古史料、口述历史三者结合起来的治史法，称为"黄氏三重证据法"。近年有叶舒宪等学者提出应用"四重证据法"研究文化史，包括传世文献、出土文献和文字、人类学的口传与非物质文化遗产（民俗学和民族学材料）、图像和文物。由于黄河改道泛滥等原因，商丘地区大量古代人类文化遗迹湮没于地下，不能因为暂时考古发现不够而否定文献记载、民俗活态文化的真实性；由于文明悠久而传播远阔的原因，不能因为某些文化资源在全国不具有唯一性而舍弃不做记载传承。

华夏历史文明传承创新区建设是党中央、国务院赋予中原经济区的重大文化使命。以坚定的文化自信，承担起传承华夏历史文明的责任，商丘人敢于担当。相信《文化商丘》系列丛书的编纂出版将裨益于传承创新历史文明，裨益于商丘精神文明高地建设，裨益于商丘又好又快跨越发展。

是为序。

中共商丘市委书记　王战营

目　录

前　言

　　《名人与圣贤文化》是"文化商丘"丛书中的一卷。本书共计六章，每章均依人物分节述论，基本上是一节传一人，个别人物是以类相从，合传于一节之内。本书按照历史时期划分为六章，分别为史前、先秦、秦汉、魏晋南北朝、隋唐宋元和明清时期，涉及五十二个商丘历史名人的传说、史实。有必要指出的是第一章史前期和第二章先秦时期的划分，根据学界通行之说，先秦是指秦朝建立之前的历史时期，从传说中的三皇五帝到战国时期，经历了夏、商、西周以及春秋、战国等历史阶段。据此，这两章的历史人物均属于先秦，本来是可以放在一起写的。由于目前已知我国最早有文字记载的朝代是商朝，此前的三皇五帝时代则属于史前时期，即文字记录产生之前的社会时期。史前文化靠世代口传至文字出现而被记载，因此不可尽作为信史看待。所以，为了显示这一区别，本书对秦朝以前的人物分两章进行撰述。

　　商丘历史悠久，文化积淀厚重，名人圣贤辈出。这里不仅涌现出一批帝王将相，而且还有众多的政治家、军事家、思想家、文学家、艺术家、医学家等。本书所写人物主要撷取其中典型，但也尽量照顾到各种身份与层次。那么，如何把握这些人物呢？撰写历史人物，一定要挖掘内涵、突出特点，这样才会显得骨骼健全、血肉丰满。按照这一宗旨，本书对历史人物的撰述，均从对人物的概括性描述展开，每节的标题基本上就是该人物的总评。比如，"刚毅守节，然无术学"——名相申屠嘉、"长于名理，竟死于名"——唐朝宰相陈希烈、"宁自混以为高，不少屈以合世"——著名文学家石曼卿，等等。另外，本书所写人物也不同于一般的人物传记，除了具备人物传记所应有的真实性，行文及内容上所具有的趣味性、知识性之外，还注意揭示人物研究的学术性。比如，墨家学派的创始人墨翟，除了介绍其生平事迹，述论其思想要旨，还对墨翟是否是宋国人进行了考证、论辩。又如，唐朝名臣朱敬则，既是一个政治家，又是一个颇有建树的史学家，如此，则有必要对他的史学成就进行挖掘和评述。所以，本书不仅适合于一般读者，也适合学术研究人员作为参考。

第一章 商丘史前文化名人

黄河是华夏民族的摇篮，地处黄河冲积平原的商丘，拥有源远流长的历史和深厚的文化底蕴，是中华文化的主要发祥地之一。"燧人取火""仓颉造字""玄鸟生商"以及帝喾高辛氏、炎帝朱襄氏的事迹活动等，传说就发生在商丘大地上。虽然因后人的附会而显得光怪陆离，但却凸显出中华先民历史活动的一些影迹。

第一节 "钻木取火，炮生为熟"——火祖燧人氏

燧人氏是中国古代传说中的"三皇"之一，较"五帝"出现更早。"三皇"之称，最早见于《周礼·春官·外史》："（外史）掌三皇五帝之书。"郑玄注："楚灵王所谓《三坟》《五典》。"孔颖达疏："彼《三坟》，三皇时书。"[1]但未名"三皇"何所指。古籍中关于"三皇"说法不一，主要有以下七种：

（1）天皇、地皇、泰皇（《史记·秦始皇本纪》）；

（2）天皇、地皇、人皇（《艺文类聚》卷十一引《春秋纬》）；

（3）伏羲、女娲、神农（《风俗通·皇霸》，《吕氏春秋·用众》）；

（4）伏羲、神农、祝融（《白虎通义·号》）；

---

① 李学勤主编：《十三经注疏·周礼注疏》，北京大学出版社 1999 年版，第 711 页。

（5）伏羲、神农、共工（《通鉴外纪》）；

（6）伏羲、神农、黄帝（《帝王世纪》）；

（7）燧人、伏羲、神农（《风俗通·皇霸》，《白虎通义·号》）。

在上述七种说法中，天皇、地皇、泰皇、人皇没有实指，伏羲、女娲为神话中人类的始祖，神农氏为传说中农业和医药的发明者，祝融为高辛氏火正，共工、黄帝为传说中部落联盟的首领。燧人氏，则是传说中钻木取火的发明者。

一　燧人取火的传说

关于燧人氏取火的记载，多现于战国时期的子书。有关燧人、伏羲、神农、黄帝等人物的传说，到西汉司马迁写《史记》时，他考信于《六艺》，从《尚书》中的尧，到百家所言之黄帝等一系列传说人物，择其优雅者，依《五帝德》《帝系姓》，综合黄帝、颛顼、帝喾、帝尧、帝舜等事迹撰成《五帝本纪》，使原始氏族的古史传说系统得以统一，以黄帝为共祖。可以看出，在古史传说中，有关"五帝"的传说更接近于历史的真实。而燧人氏为"三皇"之一，传说性可能更大。但是，这些古史传说并不完全是无根据的向壁虚构，而大多有些口耳相传的依据。关于燧人氏等人物的诸多传说，很大程度上反映了华夏族的早期生存方式及生活状况。因此，对于古籍中流传下来的这些传说，应认真加以分析，不能因为是传说而弃置不用。

《世本·作篇》记载了大量神话，这些神拥有创始的能力，其中记载有燧人取火，谓"造火者，燧人也。因以为名也"[①]。

关于燧人取火的传说还有如下记载：

《礼记·礼运》："昔者先王未有宫室……未有火化，食草木之实，鸟兽之肉，饮其血，茹其毛，未有麻丝，衣其羽皮。后圣有作，然后

---

① （汉）宋衷注，（清）秦嘉谟等辑：《世本八种》，商务印书馆1957年版，第3页。

修火之利……以炮，以燔，以亨，以炙，以为醴酪。"①

《韩非子·五蠹》："上古之世，人民少而禽兽众……民食果蓏蚌蛤，腥臊恶臭而伤害腹胃，民多疾病，有圣人作，钻燧取火以化腥臊，而民说之，使王天下，号之曰燧人氏。"②

《艺文类聚》卷八十《尸子》曰："燧人上观辰星，下察五木，以为火。"③

《太平御览》卷七八引《礼含文嘉》："燧人始钻木取火，炮生为熟，令人无腹疾，有异于禽兽，遂天之意，故为燧人。"④

此外，《白虎通》《风俗通》等古籍中也有关于燧人取火的记载，内容大同小异，兹不赘列。

实际上，关于取火的传说，也不是集中在燧人氏一人身上，比如《管子·轻重戊》载："黄帝作，钻燧生火，以熟荤臊，民食之，无兹胃之病，而天下化之。"⑤《绎史》卷三引《河图挺辅佐》云："伏羲禅于伯牛，钻木作火。"⑥ 等等。古书中对取火者各有所指，反映了其并非一时一地一人所为，当是先民们长期实践的结果。

远古时期，动物尸体中之磷的燃烧，雷电的触发以及火山的爆发等，都可以成为火的来源。《绎史》卷一引《真源赋》谓"盘古氏后有天皇君一十三人，时遭劫火"⑦，即说明了这种情况。由于人们受到了自然火效用的启示，然后从木与木、石与石、骨与骨等相摩擦则燃的原理，才发明了人工取火的方法。"燧人氏的传说并不是指用火，而是指钻燧或钻木取火。人类利用天然火与自己发明了钻燧或钻木取火，中间还需要一个相当长的经验积累过程。因此，人类发明和掌握摩擦取火比知道用火的时间，肯定要晚得多。燧人氏的传说反映着食

---

① 李学勤主编：《十三经注疏·礼记正义》，北京大学出版社 1999 年版，第 668—669 页。
② （战国）韩非著，陈奇猷校注：《韩非子新校注》，上海古籍出版社 2000 年版，第 1085 页。
③ （唐）欧阳询撰，汪绍楹校：《艺文类聚》，上海古籍出版社 1982 年版，第 1362 页。
④ （宋）李昉等撰：《太平御览》，中华书局 1960 年版，第 363 页。
⑤ 黎翔凤撰，梁运华整理：《管子校注》（下），中华书局 2004 年版，第 1507 页。
⑥ （清）马骕撰，王利器整理：《绎史》，中华书局 2002 年版，第 20 页。
⑦ （清）马骕撰，王利器整理：《绎史》，中华书局 2002 年版，第 3 页。

草木之实、鸟兽之肉、未知火化、茹毛饮血到钻燧或钻木取火以使人熟食的过程。这个过程，不管是属于怎样的情况，每一个民族都是经历过的，而且它的时间定会延续很长。"[1]

有了人工取火，人类才能炮生为熟，开始熟食的生活，结束过去"茹毛饮血"的时代。熟食缩短了消化过程，有利于摄取食物的营养，促进人类体质尤其是大脑的发育，从而使人类与自然界的其他动物区分开来。有了人工取火，还可以御寒以及抵御野兽的侵袭，从而增强人类的自卫能力。著名史学家郭沫若在主编的《中国史稿》中说："人工取火的发明，对于远古人类的生活当然起着极为重大的作用，引起后人的极大的重视……这样的传说，固然会逐渐夹杂着后代的生活内容，蒙上了层层神秘的外衣，但是，它依然反映着朴素的远古人类生活的史实背景。"[2]

除了人工取火外，传说中的燧人氏还有一大贡献，那就是发明了结绳记事的方法。远古时代，人类没有文字用以记事，传说燧人氏很注意观察学习，曾设传教台，把发明主动传授给群众。又《绎史》卷三引《春秋命历序》曰："伏羲、燧人，始名物虫鸟兽。"[3]指出燧人氏时始为山川百物命名。正是因为传说中燧人氏的这些巨大贡献，后人将他视为神人、称作圣人，奉为"三皇"之首，为华夏子孙所祭拜和怀念。

二 商丘火文化

关于燧人氏取火，在商丘民间流传着另外一种说法：传说商丘一带在燧人氏的时候，原是一片山林，燧人氏带领人们居住其中。有一次在用石块追打野兽时，扔出去的石块与山石相撞，迸发出火花来，燃着了山上的枯草与树木。燧人氏受其启发，以石击石，用产生的火花引燃火绒生

①　田继周著：《先秦民族史》，四川民族出版社1988年版，第96页。
②　郭沫若主编：《中国史稿》（第一册），人民出版社1976年版，第14页。
③　（清）马骕撰，王利器整理：《绎史》，中华书局2002年版，第20页。

出火来。这种取火法在 20 世纪 30 年代的商丘农村还有人在使用。对于传说中关于商丘地理面貌的叙述，早已被考古发现所证实，而击石取火的方法，在 20 世纪 80 年代的山东、河南交界处包括商丘还有人使用。因此，这一传说对研究远古时期商丘地区的历史，也提供了一条重要线索。

传说中的燧人氏时代，属于中国旧石器时代中期。著名史学家翦伯赞在《先秦史》中说："相当于传说中燧人氏时代，亦即蒙昧中期的社会经济构造，是中期旧石器时代的文化。"[①] 目前，中国已发现的旧石器时代中期的文化遗址，大多分布在北京周口店、内蒙古鄂尔多斯西南之萨拉乌苏河、宁夏水洞沟等处，其中以周口店最具代表性。商丘地区虽为华夏民族发祥地之一，但因黄河泛滥，许多遗址被埋藏甚深，至今尚未发现旧石器时代中期的文化遗址。然而，传说燧人氏是中国最初发明用火的"火神"，同时又传说燧人氏的生活区域即在今商丘一带，那么商丘极有可能是我国人工取火的发源地。2008 年 8 月，中国民间文艺家协会对商丘市睢阳区进行实地考察，2009 年 1 月 20 日认定睢阳区为"中国火文化之乡"，并决定在睢阳区建立"中国火文化研究中心"，同年 3 月 12 日正式把"中国火文化之乡""中国火文化研究中心"两块牌匾授予睢阳区。

目前，商丘市建有火文化景区，景区由燧皇陵、火神台、火文化广场三部分组成。燧人氏在商丘的传说以及陵墓遗址——燧皇陵，是商丘火文化的重要载体。

三　商丘燧皇陵

现在的燧皇陵，坐落在商丘古城西南 1.5 公里处的火文化景区，位于商丘市睢阳区华商大道与平原南路交会处北 200 米。走近燧皇陵，可以看到李德生、钱伟长、伍修权等亲笔题写的"华夏第一火种""中华

---

① 翦伯赞著：《先秦史》，北京大学出版社 1990 年版，第 27 页。

第一火种"等，以及国家文物局原局长、中华炎黄文化研究会常务副会长张文彬为燧皇陵的题词"华夏文明之光"，中科院华夏文化纽带工程组委会专家委员王大有的题词"人类文明之火"等。

燧皇陵园始建于何时已不可考。据当地耆老说，陵园原有大殿、东西厢房、石像生等，周围古柏参天，郁郁葱葱，后毁于战火。1992年由当地政府进行重修。陵前有著名考古学家俞伟超题"燧人氏陵"石碑一通，神道有燧人氏石雕像和石人、石马等石像生。2004年商丘市睢阳区政府对燧皇陵再次进行大修，扩建了陵园，重修了陵冢和神道，增建了五拱石雕牌坊、仪门和阙门等，增修了火文化广场，绿化面积达百余亩，并植翠柏数百株。五拱石牌坊上镌刻有张文彬所书"燧皇陵"题词。陵园目前占地440多亩，燧人氏墓冢呈方锥形，长、宽各82米，高13.9米。其规模之宏大，建筑之雄伟，气势之磅礴，景色之优美，堪称空前。陵园风格借鉴了中国古代帝王陵墓的设计理念，各处景点的细节均有典故，有文化承载。陵墓周围立墙成院，院内松柏常青，是人们祭祀、观光的一处胜地。

第二节 "教弭四海，明并日月"——帝喾高辛氏

帝喾，姬姓，为上古五帝之一。据《史记·五帝本纪》记载："帝喾高辛者，黄帝之曾孙也。高辛父曰蟜极，蟜极父曰玄嚣，玄嚣父曰黄帝。自玄嚣与蟜极皆不得在位，至高辛即帝位。高辛于颛顼为族子。"司马贞《索隐》引宋衷曰："高辛地名，因以为号。喾，名也。"① 据此可知，帝喾高辛为黄帝的曾孙，玄嚣的孙子，蟜极的儿子，颛顼的侄子。喾的父亲和祖父均未在帝位，至喾时，始即帝位。因封地在高辛，故称帝喾高辛。今商丘市南23公里处有高辛集，相传即喾之封地。

---

① （汉）司马迁撰：《史记·五帝本纪》，中华书局1959年版，第13页。

一　帝喾的别称及贡献

关于帝喾的身份，古书记载说法不一。《史记·五帝本纪》司马贞《索隐》引皇甫谧云："帝喾名夋也。"[①]《初学记》卷九引《帝王世纪》曰："（帝喾）生而神异，自言其名曰夋。"[②] 王国维认为这个"夋"，就是《山海经》中《大荒经》及《海内经》所提到的帝"俊"；甲骨卜辞中有"高祖夔"，王国维认为夔即是帝喾。并说称"高祖"，"乃与王亥、大乙同称，疑非喾不足以当之矣。"[③] 郭沫若从其说，并在《殷契粹编考释》中认为夔即是殷之始祖。《诗经·商颂·玄鸟》毛传："春分，玄鸟降。汤之先祖有娀氏女简狄配高辛氏帝，帝率与之祈于郊禖而生契，故本其为天所命，以玄鸟至而生焉。"[④]《大戴礼记·帝系》曰："帝喾卜其四妃之子，而皆有天下。上妃，有邰氏之女也，曰姜原氏，产后稷；次妃，有娀氏之女也，曰简狄氏，产契；次妃曰陈隆氏，产帝尧；次妃曰陬訾氏，产帝挚。"[⑤] 又《史记·殷本纪》："殷契，母曰简狄，有娀氏之女，为帝喾次妃。三人行浴，见玄鸟堕其卵，简狄取吞之，因孕生契。"[⑥] 综合这些记载可知，古书上的夋、俊、夔，为同一人，就是高辛氏帝喾；而帝喾又是商朝始祖契的父亲，契的母亲即帝喾次妃简狄。

《史记·五帝本纪》记载："高辛生而神灵，自言其名。普施利物，不于其身。聪以知远，明以察微。顺天之义，知民之急。仁而威，惠而信，修身而天下服。取地之财而节用之，抚教万民而利诲之，历日月而迎送之，明鬼神而敬事之。其色郁郁，其德嶷嶷。其动也时，其服也士。帝喾溉执中而遍天下，日月所照，风雨所至，莫不从服。"[⑦] 就是说帝喾

① （汉）司马迁撰：《史记·五帝本纪》，中华书局 1959 年版，第 13 页。

② （唐）徐坚等著：《初学记》，中华书局 1962 年版，第 197 页。

③ 王国维：《殷卜辞中所见先公先王考》，《观堂集林》，河北教育出版社 2003 年版，第 211 页。

④ 李学勤主编：《十三经注疏·毛诗正义》，北京大学出版社 1999 年版，第 1444 页。

⑤ （清）王聘珍撰：《大戴礼记解诂》，中华书局 1983 年版，第 130 页。

⑥ （汉）司马迁撰：《史记·殷本纪》，中华书局 1959 年版，第 91 页。

⑦ （汉）司马迁撰：《史记·五帝本纪》，中华书局 1959 年版，第 13—14 页。

从小聪明过人，长大后既有远见卓识，又能洞察秋毫。他是一位仁德之君，讲求修养，天下顺服。充分利用土地的物产而又能有节制，因势利导地教育安抚百姓。他仪表堂堂，道德高尚。帝喾治民，像雨水浇灌农田一样不偏不倚，遍及天下。所以，凡是日月照耀、风雨所到的地方，没有人不顺从归服。帝喾在位七十年，天下大治，百姓安居乐业，因此，他得到民众的拥戴。

据前引《大戴礼记·帝系》，帝喾的几个后代对华夏民族产生过重大影响：他与有邰氏之女姜原生下了后稷，此人是周朝始祖；他与陈隆氏之女庆都（一名庆节）生下了唐尧大帝；他与有娀氏之女简狄生下了契，此人是商朝始祖；他与郰訾氏之女常仪生下了挚，后来挚成为他帝位的继承人。帝喾生活的时代，各部落之间经常进行战争，帝喾统师八个部族，继颛顼之后打败共工氏，成为部落联盟的首领。有关帝喾的史料传说，表明商丘地区是上古先民活动的主要区域之一。

二　商丘帝喾陵

今商丘古城南有高辛遗址，由高辛集、帝喾陵、潘庙村三部分组成。高辛集周围原有土城墙，东西南北各有城门，现已遭破坏。高辛集地势为四周高而中间略低，呈龟背形。考古发现集镇下叠压着古代城池文化遗址，有龙山文化遗存，更多的是周、汉至唐宋时期的文化遗存，目前出土的文物有战国时期豆类、汉代绳纹陶器以及唐宋时的陶器等。从考古发掘看，地下的古文化遗址要大于地表上的高辛集。帝喾陵位于高辛集西北角，现存墓地为一高大土丘，南北长 233 米，东西宽 130 米。陵前原有帝喾祠、沐浴室、更衣亭、禅门等古建筑，院中有大量碑刻，但多毁于战火。汉代曾建帝喾庙，曹魏著名文学家曹植曾作《帝喾赞》以颂之："祖自轩辕，玄嚣之裔。生言其名，木德帝世。抚宁天地，神圣灵察。教弭四海，明并日月。"①北宋开宝六年（973）重建帝喾庙，元明清历代重修。赵匡胤曾在此抽签问卜，登基后下诏大修帝喾陵寝。现在帝喾陵遗址上散存着汉代绳纹陶片和陶器及汉以后各代的陶瓷瓦砾，另有明代嘉靖年间石碑一通。潘庙村位于帝喾陵西北 1.5 公里处，传说这是高辛氏的后花园，实际为周至汉的古墓群。这里出土的大量殉葬文物，成为研究我国古代殉葬制度的宝贵实物资料。

关于高辛氏帝喾的事迹及帝喾陵的由来，商丘民间至今有这样的传说：相传帝喾聪明多智，经常帮助颛顼处理政务，因为协同颛顼帝平灭了九国之乱，颛顼看他很有能耐，就把他封在"辛"（即今商丘市南高辛集）这个地方，掌管一切事务。那时，辛地经常闹水灾，水来了，老百姓就往另一个地方迁徙。而新迁徙的地方又闹了水灾，老百姓便又迁回来。这样迁来迁去，百姓不能安居乐业。帝喾就想了一个办法，带领大家把住处的地势加高，这样就不会被水淹没了。但是水涨的速度太快，前一天加高，第二天又被水淹没了。夜里，帝喾睡不着，便跑到天上跟玉皇辩理，说："天既然生了人，为什么故意与人们为难，不叫人们活下去呢？"玉皇辩不过他，便派天神下来，一下子把"辛"这个地方的地势抬高到了水面以上。老百姓再也不会被洪水赶得乱跑了，从此"辛"便称为"高辛"，帝喾便被称为"高辛氏"。颛顼见高辛氏的确才高智广，能给民众办好事，遂传位于他。从此，高辛氏继位颛顼做了天子，号帝喾王。因为帝喾王对人民仁爱，人们都敬重他。他死后人们把他葬在高辛这片土地上，这便是帝喾陵的由来。②

---

① （三国魏）曹植著，赵幼文校注：《曹植集校注》，人民文学出版社 1984 年版，第 74 页。
② 今河南内黄县城西、陕西省渭南合阳县境内亦各有帝喾陵。

第三节 "乘离执衡又一时，万物从新炎帝造" ——炎帝朱襄氏

一 朱襄氏的传说

炎帝，姜姓，号神农氏。因以火德而王，故称为炎帝。炎帝为传说中的"三皇"之一、华夏民族的始祖之一。

我国古代史籍关于炎帝的记载颇多，但大多限于传说，而且说法不一。据《帝王世纪》记载："神农氏，姜姓也。母曰任姒，有乔氏之女，名女登，为少典妃。游于华阳，有神农首感女登于尚羊，生炎帝，人身牛首，长于姜水，因以氏焉。有圣德，以火承木，位在南方，主夏，故谓之炎帝。都于陈，作五弦之琴。""位南方主夏，故曰炎帝。作耒耜，始教民耕农。尝别草木，令人食谷以代牺牲之命，故号神农，一号魁隗氏，是为农皇。""炎帝神农氏长于江水，始教天下耕种五谷而食之，以省杀生。尝味草木，宣荣疗疾，救天伤人命。百姓日用而不知，著《本草》四卷。"[①] 又《周易·系辞下》云："包牺氏没，神农氏作，斫木为耜，揉木为耒，耒耨之利，以教天下，盖取诸益。日中为市，致天下之民，聚天下之货，交易而退，各得其所。"[②] 类似的记载还散见于《竹书纪年》《三皇本纪》《路史》等古籍中。由此可知，炎帝作为天下共主之一，是农耕和医药的发明者，又创制了五弦琴；且炎帝神农之时出现了早期的交易市场。

炎帝还有一个别号谓"朱襄氏"。《吕氏春秋·古乐》："昔古朱襄氏之治天下也，多风而阳气畜积，万物散解，果实不成，故士达作为五弦瑟，以来阴气，以定群生。"[③] 汉代高诱注曰："朱襄氏，古天子，炎帝之别号。"又桓谭《新论》："琴，神农造也。琴之言禁也，君子守以自禁也……昔

---

① 刘晓东等点校：《二十五别史·帝王世纪》，齐鲁书社 2000 年版，第 4 页。
② 李学勤主编：《十三经注疏·周易正义》，北京大学出版社 1999 年版，第 298—299 页。
③ （战国）吕不韦著，陈奇猷校释：《吕氏春秋新校释》，上海古籍出版社 2002 年版，第 287 页。

神农氏继宓羲而王天下，上观法于天，下取法于地，近取诸身，远取诸物，于是始削桐为琴，练丝为弦，以通神明之德，合天地之和焉。"① 这是说神农发明了琴。《世本·作篇》也记载有"神农作琴""神农作瑟"之说。又《路史·前纪·禅通纪》载朱襄氏曰："有巢氏没，数阅世而朱襄氏立，于是多风，群阴阏曷，诸阳不成，百物散解，而果蓏草木不遂，迟春而黄落，盛夏而痁痠，乃令士达作五弦之瑟，以来阴气，以定群生。令曰来阴，都于朱，故号曰朱襄氏。"② 结合《吕氏春秋·古乐》中关于朱襄氏作五弦瑟的记载，可知神农氏和朱襄氏系同一人，朱襄氏也是炎帝的别号。

　　其实，炎帝还有一些其他别号。如《帝王世纪》记载："一号魁隗氏，是为农皇。炎帝初都陈，又徙鲁。魁隗氏又曰连山氏，又曰列山氏……神农氏本起于烈山，或时称之。"③《礼记·祭法》郑玄注："厉山氏，炎帝也，起于厉山，或曰'有烈山氏'。"④《辞通》援引《竹书纪年》载："炎帝神农氏，其初国伊，继国耆，合称，又曰伊耆氏。"北宋刘恕《资治通鉴外纪》卷一"神农氏"下谓："本起烈山，称烈山氏。一曰连山氏、伊耆氏、大庭氏、魁隗氏。"⑤ 南宋罗泌承其说，他在《路史·后纪·禅通纪》中记载道："炎帝长于姜水，成为姜姓。其初国伊，继国耆，故氏伊耆。"⑥ 如上，炎帝还有"魁隗氏""伊耆氏""连山氏""烈山氏""列山氏""厉山氏""大庭氏"等称号。

　　据说，炎帝的这些称号源于炎帝部落的多次迁徙，其部族一步一步从陕西⑦向地势平坦、气候较为温暖的中原地带移动，大致是沿着

---

① （汉）桓谭撰，朱谦之校辑：《新辑本桓谭新论》，中华书局 2009 年版，第 64 页。
② （宋）罗泌撰：《路史》（《四部备要》史部），上海中华书局据原刻本校刊，第 51 页。
③ 陆吉点校：《二十五别史·帝王世纪》，齐鲁书社 2000 年版，第 4 页。
④ 李学勤主编：《十三经注疏·礼记正义》，北京大学出版社 1999 年版，第 1307 页。
⑤ （宋）刘恕著：《资治通鉴外纪》（钦定四库全书本），上海人民出版社 1987 年版，第 7 页。
⑥ （宋）罗泌撰：《路史》（《四部备要》史部），上海中华书局据原刻本校刊，第 69 页。
⑦ 相传陕西宝鸡为炎帝故里，上古时期，以炎帝神农为首领的姜姓部落就生活在这里。这里有炎帝陵，位于宝鸡市渭滨区神农镇。

渭水顺流而下，至河南以后向东向南辐射。炎帝因起于烈山，所以号称"烈山氏"。传说中远古帝王往往"以德为号"或"以地为号"，人们为了纪念炎帝"教民稼穑"的功德，称其为神农氏，这是"以德为号"；其他诸如"烈山氏""伊耆氏""连山氏""朱襄氏"等则是"以地为号"。

　　"朱襄氏"或许是因为炎帝曾定都于柘城的"朱"（即株邑）地而得名。《竹书纪年》《帝王世纪》和《宝鸡县志》都说炎帝都于陈，又迁鲁。《路史·前纪·禅通纪》记载："朱或作株，刘昭云：'陈留株邑，朱襄氏之地也。历代作秋，今宋之下邑县。'《古史考》亦云：'陈之秋邑，朱襄氏之邑。'考之范志，'秋'当作株，即朱也。按：即陈之株野。《寰宇记》：'柘城为朱襄氏之邑，故城在下邑南七十。'"① 这里的"朱"地，典籍又写作"株"。《续汉书·郡国志》因此有"陈有株邑，盖朱襄之地"的记载。考《汉书·地理志》，西汉时的"淮阳国"辖有陈、苦、阳夏、宁平、扶沟、柘等县；《后汉书·郡国志》记载，东汉时的"陈国"下辖陈、阳夏、宁平、苦、柘、新平、扶沟、武平、长平等县。"淮阳国"和"陈国"的地理范围大致相当，其中心为今河南淮阳。唐朝李吉甫《元和郡县图志》卷七记载："柘城县，本陈之株邑，《诗·陈风·株林》刺灵公是也。至秦为柘城县，《续汉志》属陈郡，至晋太康中废。隋开皇十六年复置。贞观初废入谷熟、宁陵二县。"② 宋代《太平寰宇记》卷十二也记载："柘城县，即古朱襄氏邑。春秋时陈之株野之地。"③ 又《路史·国名纪》："朱襄，《九域志》云：南京柘城，古朱襄氏之邑。"④ 宋代的南京，即今之河南商丘，在柘城东北50公里处。《读史方舆纪要》卷五十"柘城县"条下云："柘城县，在州东南九十里。东至宁陵县八十里。古朱襄氏邑，春秋为陈株野地，战国时为楚柘邑。……汉置柘县，属淮阳国，以邑有柘

① （宋）罗泌撰：《路史》（《四部备要》史部），上海中华书局据原刻本校刊，第51页。
② （唐）李吉甫撰，贺次君点校：《元和郡县图志》，中华书局1983年版，第181页。
③ （宋）乐史撰，王文楚等点校：《太平寰宇记》，中华书局2007年版，第223页。
④ （宋）罗泌撰：《路史》（《四部备要》史部），上海中华书局据原刻本校刊，第375页。

沟而名。"① 根据以上文献，大致可以看出柘城与陈之株邑（野）、朱襄氏之邑的流变关系。

二　柘城县朱襄陵

在柘城县境，至今流传着朱襄氏的传说：朱襄氏徙居柘城时，正值恶魔作怪，常刮怪风，使得天昏地暗，飞沙走石，天干地裂，五谷歉收，人们无法生息。朱襄氏决心降服恶魔，拯救人民于水火。他召集士达、飞龙共商降魔之计，认为恶魔乃邪恶之气，邪不压正、斜必畏直，而最直者莫过于琴瑟之弦，于是决定制作一张瑟来降服恶魔。士达、飞龙忙着准备柘丝、良桐，朱襄氏命能工巧匠精心制作了一张瑟。一日，黄沙蔽日，恶魔又来作怪。这时，朱襄氏携瑟登场，迎风而鼓，瑟声高亢激越，声震高空，怪风渐息，天空彤云密布，立时大雨如注，百草萌发，叶茂花实。从此以后，风调雨顺，年年丰收，百姓安居乐业，过上了平安无虑的生活。朱襄氏为朱地百姓做了许多好事，以高寿而终。朱邑的百姓哀痛万分，在朱襄氏葬处人人添土，封墓如丘。令人惊奇的是，此墓虽多次遭洪水淹没、冲刷，却依然如故。到了明成化年间，这里有了人家，成了一个小村落。村西北隅一棵皂角树，相传为明惠帝朱允炆祭炎帝时亲植。有民间传说，曾有人见一头狸在朱襄氏墓前拱食，拱出了一尊观音菩萨像。此事传到官府，县官就在朱襄氏墓前修了一座庙，大殿、山门各三间，还有阁楼庙房，规模很大，香火称盛，始称观音寺，因庙在其陵前，后称朱崮寺，村以寺名。到了清嘉庆二十五年（1820）时，庙貌荒废，光绪十二年（1886）官府重修此庙。

据乾隆《归德府志》："朱襄氏陵在柘城县东十里朱埇。"② 现在的朱襄氏陵位于柘城大仵乡朱埇寺村西北角。墓地原有土丘一座，前有石碑，上刻"朱襄氏之墓"。上世纪 50 年代初由于保护不善，人们积肥挖土，

① （清）顾祖禹撰，贺次君等点校：《读史方舆纪要》，中华书局 2005 年版，第 2355—2356 页。
② 栾星审定，杨子建、莫振麟等校点：《归德府志》，中州古籍出版社 1994 年版，第 910 页。

陵墓逐步被削小；墓前寺院也被毁，其房料用作建小学。现存三间大殿原为小学校舍，其房顶所用均为寺院的建筑材料，古式垛梁上雕梁画栋，工笔精致；大砖小瓦，古色古香。小学搬迁后，这里只剩下一座高约1米的土丘、三间大殿和院内一棵皂角树。2001年，柘城县人民政府拨款三十万元，将陵墓加高至10.9米，四周修上高1.5米的青石围墙，周长158米，直径50米。陵墓呈圆形，黏土结构，四周用青石砌成高50米的台阶，意为"天圆地方"。陵前有"炎帝朱襄陵"碑刻一通，香池一个，碑楼四座。2003年，该遗址被商丘市人民政府批准为市级文物保护单位后，又拨款修复了山门，为寺院建上围墙，树立了保护标志，划定了保护范围。2008年，在柘城县文化局和大仵乡党委政府的倡导下，由李松林居士投资一百五十万元，由湖北省黄石市仿古建筑公司承建了炎帝朱襄氏大殿、东西厢房和山门，并聘请河南省首批非物质文化遗产"泥人李"传承人李秀山设计塑造了炎帝朱襄氏及其童子飞龙、士达和太昊伏羲氏、女娲娘娘、黄帝轩辕氏等泥塑，又对陵园内庭院进行了绿化，使炎帝朱襄氏陵园变得更加庄严肃穆。

第四节 "仓颉观鸟迹，于是创文字"——字圣仓颉

仓颉，又作苍颉，复姓侯刚，号史皇氏，传说为汉字的发明者。《史记》引为黄帝史官。

一 仓颉造字的传说

《世本·作篇》有"仓颉作书""仓颉作文字""史皇作图"等记载。有论者认为仓颉、史皇实为一人。如《路史·前纪·禅通纪》云："仓帝史皇氏，名颉，姓侯冈。龙颜侈哆，四目灵光。上天作令，为百王宪。实有睿德，生而能书。"[1]《吕氏春秋·君守》："奚仲作车，苍颉作书，

---

① （宋）罗泌撰：《路史》（《四部备要》史部），上海中华书局据原刻本校刊，第33页。

后稷作稼，皋陶作刑，昆吾作陶，夏鲧作城，此六人者所作当矣，然而非主道者……此之谓全人。"①

关于仓颉造字的传说，除了《吕氏春秋》，还有以下记载：

《荀子·解蔽篇》："故好书者众矣，而仓颉独传者，壹也。"王先谦注谓："仓颉，黄帝史官。言古亦有好书者，不如仓颉一于其道，异术不能乱之，故独传也。"②

《淮南子·本经训》："昔者，苍颉作书而天雨粟，鬼夜哭。"③

《淮南子·修务训》："史皇产而能书。"高诱注："史皇，仓颉。生而见鸟迹，知著书，故曰史皇，或曰颉皇。"④

《韩非子·五蠹》："古者苍颉之作书也，自环者谓之私，背私谓之公，公私之相背也，乃苍颉固以知之矣。"⑤

许慎《说文解字叙》："黄帝之史仓颉，见鸟兽蹄迒之迹，知分理之可相别异也，初造书契。"⑥

《晋书》："昔在黄帝，创制造物。有沮诵、仓颉者，始作书契，以代结绳，盖睹鸟迹以兴思也。因而遂滋，则谓之字，有六义焉。"⑦

东汉王充的《论衡》，关于仓颉造字的记载最为详细，如"苍颉四目，为黄帝史"⑧；"仓颉作书，与事相连"（《论衡·奇怪篇》）；"苍颉之书，世之纪事"（《论衡·对作篇》）；"太平之应，河出图，洛出书。不画不就，不为不成"（《论衡·自然篇》）；"以见鸟迹而知为书，见蜚蓬而知为车，天非以鸟迹命仓颉，以蜚蓬使奚仲也。奚仲感蜚蓬，而仓颉起鸟迹也"

---

① （战国）吕不韦著，陈奇猷校释：《吕氏春秋新校释》，上海古籍出版社 2002 年版，第 1061 页。

② （清）王先谦撰，沈啸寰、王星贤点校：《荀子集解》，中华书局 1988 年版，第 401 页。

③ 何宁撰：《淮南子集释》（中册），中华书局 1998 年版，第 571 页。

④ 何宁撰：《淮南子集释》（下册），中华书局 1998 年版，第 1336 页。

⑤ （战国）韩非著，陈奇猷校注：《韩非子新校注》，上海古籍出版社 2000 年版，第 1105 页。

⑥ 郦承铨著：《说文解字叙讲疏》，商务印书馆 1935 年版，第 1 页。

⑦ （唐）房玄龄等撰：《晋书·卫恒传》，中华书局 1974 年版，第 1061 页。

⑧ 黄晖撰：《论衡校释》（第 1 册），中华书局 1990 年版，第 112 页。下引《论衡》资料，只在引文后注篇名。

（《论衡·感类篇》）；"夫虫，风气所生，苍颉知之，故凡虫为风之字，取气于风，故八日而化"（《论衡·商虫篇》）。

综合以上记载，可以推测仓颉所造之字，很可能是一种图画式的象形文字。中国的古文字在最初阶段和图画难以区分，到甲骨文时还保留着这些特点。而这一点在这一时期出土的陶器上已经得到证实，如太阳作○，月作☽，星作●，云作∞，水作——，等等。

关于仓颉造字的传说，人们附会各种古书的记载而不断演绎。相传仓颉"始作书契，以代结绳"，在此以前，人们结绳记事，大事打一大结，小事打一小结，相连的事打一连环结。时间久了，人们也容易忘记这个结究竟表示哪件事情，深感不便。后来又发展到用刀子在木竹上刻符号以记事。随着时间的推移，传统的结绳记事法和刻划符号记事法，已经远远不能适应社会发展的需要，这就有了创造文字的迫切需求。传说，仓颉是黄帝的史官，他长着宽大的龙脸和四只灵敏而充满光泽的眼睛，耳闻目睹了诸多事物发展变化的过程，并创造了相应的纹（文）和字，以宣明教化。《淮南子·本经训》说："昔者，苍颉作书而天雨粟，鬼夜哭。"大意是说，过去仓颉发明文字之后，上天下起了雨点似的粟米，鬼惊骇得在夜里哀声啼哭。这也形象地说明创制文字是一项多么伟大的事情，以至于惊动了天地鬼神。

文字的发明，是人类文明史上一件具有划时代意义的大事。从仓颉造字的古老传说到一百多年前发现甲骨文，历代学者一直致力于揭开汉字起源之谜。郭沫若说过："任何民族的文字，都和语言一样，是劳动人民在生活中，从无到有，从少到多，从多头尝试到约定俗成，所逐步孕育、选练、发展出来的。它决不是一人一时的产物。它随着社会的发展而发展，有着长远的历程。"[①] 汉字是个庞大繁复的体系，不经过很长的时间是不能创制成功的。仓颉如果确有其人，应该是文字的整

---

①　郭沫若：《古代文字之辩证的发展》，《考古学报》1972 年第 1 期。

理者或颁布者。正如前引《荀子·解蔽篇》所说："故好书者众矣，而仓颉独传者，壹也。"有人解释说，这里的"壹"指正道，也就是正确的规律。荀子认为，仓颉是一个因为使用文字而摸出它的规律从而整理了文字的专家。清末章炳麟在《造字缘起说》里说："仓颉以前，已先有造书者，亦犹后稷以前，神农已务稼穑；后夔以前，伶伦已作律吕也。夫人具四肢，官骸常动，持莛画地，便已纵横成象，用为符号，百姓与能，自不待仓颉也。"又说："一二三诸文，横之纵之，本无定也。马牛鱼鸟诸形，势则卧起飞伏，皆可则象也；体则鳞羽毛鬣，皆可增减也。字各异形，则不足以合契。仓颉者，盖始整齐画一，下笔不容增损。由是率尔箸形之符号，始为约定俗成之书契。"① 由此可见，章炳麟认为，仓颉不是文字的创造者，而是对文字的整理、定型起过重要作用的代表人物。汉字应该是群体创造的产物，是集体智慧的结晶。从殷墟甲骨文异体字繁多的事实中也可以看出汉字决不是一个人所能创造完成的。

二　虞城仓颉墓

仓颉墓位于河南省商丘市虞城县西北 12 公里，响河对岸的古王集乡堌堆坡村西北隅。相传文字始祖仓颉死后即葬于此②。

根据《虞城县志》记载，仓颉墓和仓颉祠始建于西汉，唐开元年间曾经扩建。墓前原有大殿三间，墓祠为清康熙四年（1665）虞城知县程本节所建。历经沧桑，如今仅存一座大殿，殿前有康熙四十一年（1702）新立石碑一通，正面刻有"古苍颉墓"四个刚劲有力的大字。殿门两旁的门柱上刻有"天下文字祖，古今翰墨师"的对联。大殿迎门靠后墙处，在高约两米的神龛内，有生着四只眼睛的仓颉泥塑坐像。祠院呈"凸"

---

① 上海人民出版社编:《章太炎全集》（三），上海人民出版社 1984 年版，第 389–390 页。
② 仓颉墓或仓颉陵不止一处，如河南开封城东北 9.5 公里黄河大堤之外，刘庄村的北侧有一座仓颉墓；山东省东阿县铜城街道办事处王宗汤村东南 1.5 公里处也有一座仓颉墓；河南省南乐县西 18 公里处有仓颉陵。另外，陕西省白水县城东北约 35 公里处有一座仓颉庙。

字形，东西侧有参天古柏两株，郁郁葱葱，据传树龄已经有五百多年。墓冢呈园丘形，高近 4 米，周长 45 米。据说，陵墓周围长满菊花，被称作仓颉菊，是菊科中珍品。

第五节 "商均遗址枕城荒，封邑千秋事渺茫" ——舜之子商均

商均，是五帝之一舜的儿子，因喜好歌舞，不善理政，史书记载和民间传说较少。

一 史籍中的商均

舜承尧之帝位，《史记》中是这样记载的：尧帝向臣下征求意见，问谁可以继承自己的事业，四岳部落酋长认为舜自身修为好，可以传位于舜。为了考察舜的能力修为，尧就把自己的两个女儿嫁给舜。《史记·五帝本纪》载："于是尧妻之二女，观其德于二女。"张守节《正义》注云："二女，娥皇、女英也。娥皇无子，女英生商均。舜升天子，娥皇为后，女英为妃。"[①]《史记·五帝本纪》又谓："舜子商均亦不肖，舜乃豫荐禹于天。十七年而崩。三年丧毕，禹亦乃让舜子，如舜让尧子。诸侯归之，然后禹践天子位。尧子丹朱，舜子商均，皆有疆土，以奉先祀。"司马贞《索隐》引《汉书·律历志》云："商均封虞，在梁国，今虞城县也。"[②]《路史·后纪·疏仡纪》曰："义钧封于商，是为商均。是喜歌舞。"[③] 可知，商均原名义钧，因为被封于虞，而虞属于商，所以才叫商均。

又《山海经·海内经》载："义均是始为巧倕，是始作下民百巧。"[④] 则义均又是世人所说的巧倕，巧倕开始教会人们制作各种农具。义均

① （汉）司马迁撰：《史记·五帝本纪》，中华书局 1959 年版，第 21~22 页。
② （汉）司马迁撰：《史记·五帝本纪》，中华书局 1959 年版，第 44~45 页。
③ （宋）罗泌撰：《路史》（《四部备要》史部），上海中华书局据原刻本校刊，第 137 页。
④ 周明初校注：《山海经》，浙江古籍出版社 2000 年版，第 250 页。

为什么叫巧倕呢？据《世本·作篇》记载"古者垂作耒耜""垂作耨""垂作铫""倕作规矩准绳""垂作钟"①。《荀子·解蔽》云："倕作弓。"②《墨子·非儒下》云："巧垂作舟。"③因为倕也就是义均，发明了耒耜、耨、铫等生产工具，又发明了钟、弓、舟等生活用具，还发明了画方圆的工具及量平直的工具。他有太多的发明创造，是一位能工巧匠，所以被称为"巧倕"。

据《孟子·万章上》记载："丹朱之不肖，舜之子亦不肖。"④前引《史记·五帝本纪》也说商均"不肖"，《路史·后纪·疏仡纪》说商均"是喜歌舞"。所以，舜死后三年丧期结束，当禹想把帝位让给舜的儿子商均时，"天下诸侯皆去商均而朝禹"⑤，于是禹才即帝位。商均有那么多的发明创造，还被认为"不肖"而不能继位。《淮南子·本经训》为其鸣不平曰："能愈多而德愈薄矣。故周鼎著倕，使衔其指，以明大巧之不可为也。"⑥就是说智能越多德行越薄，周朝制造的鼎上铸着巧倕的图像，却让他衔着自己的手指，以此说明过分的智巧是不可取的。战国时代的屈原也不禁发问："巧倕不斫兮，孰察其拨正？"⑦巧倕如果不砍上几斧，谁能知他有变曲为直的神工妙技？

史书记载商均"不肖""是喜歌舞"，是说商均在自身修为即品行方面有问题。当然，其"不肖"之说，也可能是后人的附会。舜传位于禹，实际上反映了禅让制下的传贤不传子。

二 虞城商均墓

禹继位后，对尧之子丹朱和舜之子商均都进行了分封。商均被封于

① （汉）宋衷注，（清）秦嘉谟等辑：《世本八种》，商务印书馆1957年版，第3—5页。
② （清）王先谦撰，沈啸寰、王星贤点校：《荀子集解》，中华书局1988年版，第401页。
③ 吴毓江撰，孙启治点校：《墨子校注》，中华书局1993年版，第437页。
④ 杨伯峻译注：《孟子译注》，中华书局1960年版，第222页。
⑤ （汉）司马迁撰：《史记·夏本纪》，中华书局1959年版，第82页。
⑥ 何宁撰：《淮南子集释》（中册），中华书局1998年版，第572页。
⑦ 董楚平译注：《楚辞译注》，上海古籍出版社1986年版，第158页。

虞，袭其父虞舜国号，称虞国。秦朝置郡县时，将商均之虞国地改置虞县。隋文帝开皇十六年（596），改称虞城县。商均死后，葬于封地。商均墓位于今商丘市虞城县利民镇西南 1.5 公里商均墓村，墓冢残高 4 米，周长 110 米，面积 960 平方米，为河南省重点文物保护单位。据清光绪年间《虞城县志》卷二《古迹》记载："商均古墓，乃虞帝子义均墓也。封于商，墓在虞城西南三里许，望若峻岭，土多沙礓碎石，遇大雨，间或濯出五铢钱，樵牧恒拾之。旧有祠宇一所，今废，止存新旧二碑。"① 又卷十《杂记·坟墓》载："商均墓在县西南三里。墓上旧有祠宇一所，今废。坟土多砂矼碎石，遇大雨间或濯出五铢古钱，樵牧恒拾之。有石碑，康熙四十一年知县程本节立。"②

商均墓建于何时，已不可考。明朝嘉靖年间，时任临洮知府的虞城人张鹏翼，向上司撰文请建商均祠。光绪《虞城县志》载有张鹏翼的《请建商均祠议》，其文曰："帝王莫盛于尧舜，尧舜之功德与天地并。是故崇报之典，在上世封建时，帝王之胄，皆有爵土，以奉祭祀。虞城始封之祖，乃舜子商均也。商均之德诚劣，然近启虞思之哲孙，潜养少康以兴夏，远嗣阏父之佐周职为陶正，胡公之封陈国备三恪，则商均之创垂久矣。神明之裔，未可以不似圣父而少之也。今商均墓在虞城西南三里，碑记尚存，祭祀湮废。兹蒙巡抚明文修志，录帝王贤圣遗躅往迹。查得傲象在越，广人立庙祀之，有阳明碑文可据。象何德也而祀之？祀象为舜之推也。商均实舜元子，可无祀乎？翼阅子史而知来历，访士夫而公义举，咸谓理宜申请就商均陵上建立一祠，春秋举祭，此天理人心之正，帝胄万年之祠，礼不可缺者也。"③ 明代永乐进士刘咸在《虞城吟古》诗中云："商均封国古虞城，尘迹荒凉草树平。龙岫支深猿洞湿，菟园风冷雁池清。"明代崇祯年间虞城县令范良彦有诗曰："商均遗址枕城

① （清）李淇修，席庆云纂：光绪《虞城县志》，台北成文出版社有限公司影印，第 189 页。
② （清）李淇修，席庆云纂：光绪《虞城县志》，台北成文出版社有限公司影印，第 1082 页。
③ （清）李淇修，席庆云纂：光绪《虞城县志》，台北成文出版社有限公司影印，第 953—954 页。

荒，封邑千秋事渺茫。"结合张鹏翼《请建商均祠议》中所载"今商均墓在虞城西南三里，碑记尚存，祭祀湮废"，可知明朝时商均墓已经存在。清康熙四十一年（1702），虞城知县程本节于商均墓前撰文立大小石碑两通，即光绪《虞城县志》所载存留下来的"新旧二碑"。雍正十年（1732）建社稷商均坛，每年春秋致祭。1942年春，占领虞城的日军大肆挖掘商均古墓，大量古代文物被盗，如夏代前期的红陶、黑陶、鱼纹陶等生活器皿等，致使商均墓遭到毁灭性破坏。商均墓1986年被河南省人民政府定为河南省重点文物保护单位。

光绪《虞城县志·古迹》载有虞城八景：兔园禾黍、龙岫烟云、李令甘泉、商均古墓、孟渚春游、纶城晚眺、小股流清、百室呈芳。商均古墓为八景之一。现在的商均墓，周围古木参天，阳春三月，桃花盛开，游人如织，是商丘著名的旅游景点。

第六节　"三户已亡熊绎国，一成犹启少康家"——中兴之君少康

少康，夏朝帝王。《史记·夏本纪》载："夏后帝启，禹之子，其母涂山氏之女也……夏后帝启崩，子帝太康立……太康崩，弟中康立，是为帝中康……中康崩，子帝相立。帝相崩，子帝少康立。帝少康崩，子帝予立。"[1]从夏启算起，少康为夏朝第五任帝王，是帝相的儿子，帝予（又名杼）的父亲。

一　后羿代夏

太康时，夏王朝内部矛盾重重，东夷族有穷氏力量强大，其首领后羿乘机掌握夏政权。太康死后，其弟仲康（中康）继位，仲康势弱，

---

[1]　（汉）司马迁撰：《史记·夏本纪》，中华书局1959年版，第84—86页。

实为傀儡。仲康死后，其子相继位。相在位时，后羿又把相赶走，自己当了国君。相只得把都城由帝丘迁到商丘。对此，《纲鉴易知录·夏纪》记载道："纲：乙亥，夏后相元岁，徙都商丘。纪：时权归后羿，相为羿所逐，居商丘，依同姓诸侯斟灌、斟鄩氏。"① 这就是史书上所谓的"太康失国"和"后羿代夏"。

有穷氏首领后羿，以善射见称。但他自恃有强大的武力，不理国政，不关心民事，放弃信臣不用，而把政事交给有野心的寒浞经营。《左传·襄公四年》载曰："恃其射也，不修民事，而淫于原兽，弃武罗、伯因、熊髡、龙圉，而用寒浞。"② 后来，寒浞勾结后羿的"家众"，灭掉夏的同姓斟灌、斟鄩两族，杀死后羿及其家属，篡夺了统治权。怀有身孕的相妻后缗，从城墙的洞隙中逃出，回到娘家有仍国，后生下遗腹子少康。

二　少康中兴

少康年长，先是做了有仍氏牧正（管理畜牧的官）；为了逃避寒浞之子寒浇的追杀，后又逃至有虞氏，做了庖正（掌管庖厨的官）。虞君把两个女儿嫁给少康，封他在纶邑，拥有方圆十里的土田，有五百人的兵力，即《左传》所载"虞思于是妻之以二姚，而邑诸纶，有田一成，有众一旅"，杨伯峻注："纶在今虞城县东南三十里。"③ 后来，少康广施恩德，进行复兴夏国的准备。他召集夏朝的余部，安抚官员，他和儿子杼先后灭掉寒浇的过国和寒豷（寒浇之弟）的戈国。"有穷由是遂亡，少康乃归故都。于是夏道复兴，诸侯来朝。"④ 这样少康重新掌握了夏政权，历史上称为"少康中兴"。

文献中所载后羿、寒浞代夏以及少康中兴之事，是否可信？不少学者都进行过研究。庄春波根据各种历史地理资料，通过考察"豫鲁

---

① （清）吴乘权等辑，施意周点校：《纲鉴易知录》，中华书局1960年版，第30页。
② 杨伯峻编著：《春秋左传注》（修订本），中华书局1990年版，第936页。
③ 杨伯峻编著：《春秋左传注》（修订本），中华书局1990年版，第1606页。
④ （清）吴乘权等辑，施意周点校：《纲鉴易知录》，中华书局1960年版，第32页。

考古文化的同步交叉变异现象"，按照夏纪年推算羿浞少康轶史与考古文化变异的年代吻合度，在《羿浞代夏少康中兴轶史与年代学和考古学解释》中得出如下结论：从空间关系角度上将羿浞少康轶史与相关的部落、氏族的方位和迁徙活动跟相应地区的考古文化一一对应起来，无不契合。换句话说，后羿寒浞代夏、少康中兴等应是历史上曾经发生过的。

　　史书记载少康有多项发明。《世本·作篇》云："少康作秫酒。……少康初作箕帚。宋忠云：少康，夏后相之子；帚，扫粪也。少康即杜康也，葬长垣。"[①] 秫，谷物之有黏性者，即黏高粱；秫酒，就是高粱酒、白酒。相传少康在纶时，用秫造酒，用秫秆做成簸箕和笤帚。河南偃师二里头遗址为夏代后期王邑所在，出土有大量爵、盉、觚等酒器，可知夏朝时造酒、饮酒成为一种习尚。

---

① （汉）宋衷注，（清）秦嘉谟等辑：《世本八种》，商务印书馆1957年版，第6页。

第二章　先秦时期商丘名人

商丘在殷商文明伊始，是中国商业的发源地、商部族的发祥地、商王朝的立国地，即"三商之源"。商丘又是周朝宋国所在地，宋国是春秋战国时期一个举足轻重的国家，从建国至亡国，存世七百五十四年，几与周王朝相始终。宋国人物如微子、宋襄公、宋王偃、华元、向戌，庄周、墨翟、惠施、宋钘等，皆为一时名人、圣贤。他们当中，有的以其行为影响着当时政治格局的演变，有的以其思想争鸣于诸子百家。

第一节　"肇牵车牛远服贾，用孝养厥父母"
——商先公王亥

王亥乃商先公之一，所谓商先公是指商朝建立者商汤之前的先辈，或称商先王。关于商先公的情况，《左传》《国语》《诗经》《楚辞》《荀子》等先秦典籍都有记载，一致认为商朝的始祖是契，其中《国语》和《荀子》提到先商世系为十四王：《国语·周语下》说"玄王勤商，十有四世而兴"[①]；《荀子·成相》说"契玄王，生昭明，居于砥石迁于商。十有四世，乃有天乙是成汤"[②]。

---

① 徐元诰集解，王树民、沈长云点校：《国语集解》，中华书局 2002 年版，第 131 页。
② 章诗同注：《荀子简注》，上海人民出版社 1974 年版，第 279 页。

司马迁在《史记·殷本纪》中明确指出先商世系从契到商汤，共为十四代："殷契，母曰简狄，有娀氏之女，为帝喾次妃。三人行浴，见玄鸟堕其卵，简狄取吞之，因孕生契。契长而佐禹治水有功……封于商，赐姓子氏。契兴于唐、虞、大禹之际，功业著于百姓，百姓以平。契卒，子昭明立。昭明卒，子相土立。相土卒，子昌若立。昌若卒，子曹圉立。曹圉卒，子冥立。冥卒，子振立。振卒，子微立。微卒，子报丁立。报丁卒，子报乙立。报乙卒，子报丙立。报丙卒，子主壬立。主壬卒，子主癸立。主癸卒，子天乙立，是为成汤。"① 据此，先商十四王分别是契、昭明、相土、昌若、曹圉、冥、振、微、报丁、报乙、报丙、主壬、主癸、天乙，均为父子相承。其中第七世振，就是王亥。

一　史籍及甲骨卜辞中关于王亥的记载

关于王亥的名字，文献资料记载颇不一致。甲骨卜辞中称为"高且（祖）亥""王亥""高且（祖）王亥"，《山海经·大荒东经》中也称"王亥"，《竹书纪年》作"王子亥"或"侯子亥"，《世本》作"核""骇"或"胲"，《楚辞·天问》和《左传·昭公二十七年》作"该"或"眩"，《吕氏春秋·勿躬》作"王冰"，《汉书·古今人表》作"垓"。以上诸书中唯独《山海经·大荒东经》及《竹书纪年》作王亥。对此，王国维在《殷卜辞中所见先公先王考》一文中加以论证认为："卜辞作'王亥'，正与《山海经》同。又祭王亥皆以亥日，则亥乃其正字，《世本》作'核'，《古今人表》作'垓'，皆其通假字。《史记》作'振'，则因与核或垓二字形近而讹。"② 又说："余读《山海经》《竹书纪年》，乃知王亥为殷之先公，并与《世本·作篇》之胲、《帝系篇》之核、《楚辞·天问》之该、《吕氏春秋》之王冰、《史记·殷本纪》及《三代世表》之振、《汉书·古

---

①　（汉）司马迁撰：《史记·殷本纪》，中华书局 1959 年版，第 91—92 页。
②　王国维著，彭林整理：《观堂集林》，河北教育出版社 2003 年版，第 213 页。

今人表》之垓，实系一人。"① 由此可知，商朝始祖契的第六世孙、商朝建立者商汤的第七世祖振，就是商先公王亥。

甲骨文中祭祀王亥的卜辞颇多，尤以武丁、武乙、文丁时为盛，其中武丁卜辞中有多片"王亥祟我"的记载。商人认为王亥能作祟于时王，因此，对他的祭礼也最为隆重，祭祀时所用牺牲有时多到三十牛、四十牛、五十牛。据统计，仅《殷墟卜辞综类》所收祭祀王亥的卜辞，就有大约九十六条之多。有时甚至用祭天的礼节来祭祀王亥。而且，在上甲微（甲骨文称上报甲或报甲）以前，除"河"外，商朝人祭祀先公的配偶，唯王亥一人。"河"是《史记·殷本纪》中所载商先公"冥"②，也就是王亥的父亲，是大禹之后的又一位治水英雄。他因治水而死，是一位有大功的人，因而也被列入重要的祀典之中。在先商历史上，上甲微也是一位重要的先公先王，《国语·鲁语》说："上甲微，能帅契者也，商人报焉。"③商人的祭祀典礼有禘、郊、祖、宗、报五种，商人祭祀上甲微是用报典。卜辞中凡是合祭先公先王的，也都从上甲微开始，而王亥正是上甲微的父亲。由此可知，商先公冥、王亥、上甲微，这祖、父、子三人在商朝人心目中的地位非同一般。

在商先公中，独有亥被称为"王"，名王亥。这个"王"虽与成汤及成汤以后的商王之"王"有所不同，但也和此前作为部落首领的酋长有区别。通过众多史料的互证，史学家们认为"王"的称号是权力的象征，说明王亥已经拥有后世"王"的权力，因此给人们留下了深刻的印象。有学者认为，到了成汤时期，商族又经历了一个重要的转变，成汤通过战争征伐和宗教祭祀，使原来处于雏形或萌芽状态的王权获得了长足的发展，并伴随着对夏王朝的推翻和取而代之，实现了由邦国向王国的转变。

---

① 王国维著，彭林整理：《观堂集林》，河北教育出版社 2003 年版，第 209 页。

② 杨升南：《殷墟甲骨文中的"河"》，《殷墟博物苑苑刊（创刊号）》，中国社会科学出版社 1989 年 8 月。

③ 徐元诰集解，王树民、沈长云点校：《国语集解》，中华书局 2002 年版，第 161 页。

此外，武丁时期，卜辞中有多次"贞于王亥求年""贞于王亥告秋"的记载。"求年"即祈年；"告秋"是每年秋收时举行隆重的祭祀活动，把收获的喜讯告慰神灵和祖先。《说文》："秋，禾谷熟也。"这说明武丁时期，人们敬天保民、重农裕民，在祈祷风调雨顺、禾谷成熟时，也往往祭祀王亥，希望得到王亥的保佑。这种情况，也从一个方面说明了王亥在商先公中有着较高的地位，因此受到商人的怀念和崇拜。

二　王亥所做的贡献

王亥受到商人隆重的祭祀，除了其作为先公的重要地位外，还在于他做出了突出的贡献。正如王国维所说："然则王亥祀典之隆，亦以其为制作之圣人，非徒以其为先祖。"① 那么，王亥是以什么"制作"而被称为圣人，成为后人尊崇、隆祀的对象呢？

王亥最突出的贡献之一就是驯服了牛羊，发明了牛车，从而被奉为中国畜牧业的创始人。《山海经·大荒东经》和《楚辞·天问》中都提到王亥"仆牛"，《世本》《吕氏春秋·勿躬》作"服牛"，《天问》作"牧夫牛羊"。仆、服、牧皆为一声之转，都可训释为"驯服"之意。《世本·作篇》曰："相土作乘马。"相土乃商汤十一世祖，契之孙。"相土作乘马"意为相土驯养马作为运载工具，可以说王亥继承了商先公重视畜牧业的传统。在先商文化遗址中，业已出土大量牛、羊、猪、鹿、狗等动物遗骸，这是先商时期商族人畜牧业发展情况的有力佐证。

王亥之亥该如何解释呢？王国维以为亥指时间，即祭日。他在《殷卜辞中所见先公先王考·王亥》中说："卜辞言王亥者九，其二有祭日，皆以辛亥，与祭大乙用乙日、祭大甲用甲日同例。是王亥确为殷人以辰为名之始，犹上甲微之为以日为名之始也。"② 但综合所有祭祀王亥的卜辞来看，亥指的不是祭日，也不是十二地支中的亥。许慎《说文》云："亥

---

① 王国维著，彭林整理：《观堂集林》，河北教育出版社2003年版，第213页。
② 王国维著，彭林整理：《观堂集林》，河北教育出版社2003年版，第214页。

为豕，与豕同。"段玉裁注："谓二篆之古文，实一字也。"那么，依从《说文》许解与段注，再从王亥受到商人崇拜的程度来看，亥应该是豕即猪。这就像周朝的始祖弃，因为重视农业，教民耕种各种粮食作物而被称作后稷一样，王亥重视畜牧业，饲养猪等家畜，因而被人们称为王亥。而后稷之后与王亥之王，都是指受人尊敬的领袖。《管子·轻重戊》："殷人之王，立皂（皂字之误）牢，服牛马以为民利。"①"皂"是喂牛马的槽，"牢"是养牛羊的圈，"服"乃驯服、放牧之意。这说明，王亥不仅养猪，而且养牛、马，从而为人民提供便利。

文献记载，商族是一个经常迁徙的部落。《尚书·盘庚》孔颖达疏引班固说："殷人屡迁，前八后五。"②商族多次迁徙，其中重要的原因，正如许多学者所指出的，是与商族畜牧业的发展相适应的。考古发现的商代大量祭祀用牲，以及甲骨文中大量用牲的记载正反映了商代畜牧业发达的情况。而所有这些，正与先商时期重视畜牧生产，"相土作乘马""亥作服牛"等是一脉相承的。

王国维认为王亥"为制作之圣人"，这里"制作"应为发明之意，"制作之圣人"是说王亥是畜牧业的发明者。因此，《殷商史》说"王亥是一个畜牧业的创始人"，"王亥之所以名亥，也就是因为他是畜牧业的创始者"③。

在农业与畜牧业的发展进程中，商部落的经济实力不断增强，剩余的农产品及畜牧产品越来越多。为了让剩余的产品换回部落内欠缺的物品，王亥赶着牛群，与四周部落进行以物易物的商业贸易活动。众多文献资料表明，王亥是中国历史上有记载的最早做生意的商人。

《尚书·酒诰》：王亥"肇牵车牛远服贾，用孝养厥父母"。

---

① 黎翔凤撰，梁运华整理：《管子校注》，中华书局2004年版，第1507页。
② （汉）孔安国传，（唐）孔颖达正义，黄怀信整理：《尚书正义》，上海古籍出版社2007年版，第335页。
③ 胡厚宣、胡振宇著：《殷商史》，上海人民出版社2003年版，第31页。

《周易·系辞下》:"服牛乘马,引重致远,以利天下。"

《周易·大有》:"大车以载,利有攸往。"

《山海经·大荒东经》:"有困民国,勾姓而食。有人曰王亥,两手操鸟,方食其头。王亥托于有易,河伯仆牛,有易杀王亥,取仆牛。"

今本《竹书纪年》:"帝泄十二年,殷侯子亥宾于有易,有易杀而放之。"

古本《竹书纪年》:"殷王子亥宾于有易而淫焉,有易之君绵臣杀而放之。是故殷王甲微假师于河伯,以伐有易,灭之,遂杀其君绵臣也。"

《管子·轻重戊》:"殷人之王,立帛牢,服牛马,以为民利,而天下化之。"

《楚辞·天问》:"该秉季德,厥父是臧。胡终弊于有扈(易),牧夫牛羊?干协时舞,何以怀之?平胁曼肤,何以肥之?有扈牧竖,云何而逢?击床先出,其命何从?恒秉季德,焉得夫朴牛?"

"王亥仆牛"是见于古代文献的关于经商活动的最早记载,与《尚书·酒诰》中的"肇牵车牛远服贾"相联系,表明是赶着牛车去外地做买卖,从事交易活动。《尚书》中关于商业贸易始于殷商之人的记载已被众多现代学者所认定。我国著名历史学家徐中舒曾经提出,"商贾之名,疑即由殷民而起"[1]。之后,郭沫若、吴晗、李亚农、范文澜等著名史学家都支持这一观点,在不同的著述中都表达了共同的认识:商人、商业之得名与商族有关,且起源于商族人。郭沫若在《中国史稿》中写道:"农业的发展促成了农业和畜牧业的分工,农业和手工业之间的分工也相应地扩大了。因此,商人和其他部落之间的交换是比较活跃的。冥子王亥的时候,开始利用牛作为负重的工具,在各部落间进行贸易。"[2]范文澜在《中国通史简编》中说:"契到汤凡十四代,迁居八次⋯⋯

---

[1] 徐中舒著:《从古书中推测之殷周民族》,《徐中舒历史论文选辑》(上),中华书局1998年版,第29页。

[2] 郭沫若主编:《中国史稿》(第一册),人民出版社1976年版,第157页。

传说汤十一代祖相土，发明马车。八代祖冥治河溺死。七代祖王亥发明牛车，王亥用帛和牛当货币，驾着牛车在部落间做买卖；大概要扩大商业，曾迁居到黄河北岸。后来被有易族掠夺杀死，弟恒战败有易，夺回牛车。"[①]

前引《山海经》和《竹书纪年》所载王亥"托于有易"或"宾于有易"，就是指王亥带着大批牛羊，从事商业活动，暂居或客居于有易这个地方。李可亭在《中国商业起源漫谈》中认为王亥宾（客居）于有易，以通商为手段，赚取了有易国的大量财宝，威胁到有易君的统治地位，于是和有易氏发生了冲突，最终导致被杀。当然，还有一种可能性，王亥的大批牲畜引起了有易氏部落的贪欲，有易之君绵臣夺走了王亥的牛羊，并杀死了王亥，也就是《周易》中所载的王亥"丧牛于易""丧羊于易"。

王亥之后的商部落，继续进行商业活动。由于从事物品交换的人越来越多，逐渐形成了专门从事远方贩运货物进行贸易的商贾，《尚书·酒诰》所载"肇牵车牛远服贾，用孝养厥父母"，即反映了这种情况。由于这些从事贸易之人大多来自于商部落，所以，其他部落的人称他们为"商人"，称他们带来的物品为"商品"。久而久之，商人也就成了经商之人的专有名词了。作为商人的祖先、最早进行贸易的王亥，便是商业始祖。

第二节　开国、让国与亡国，仁义、桀暴皆留名
——宋国三大著名君主

一　宋国开国始祖微子

微子启（前1040—？），宋国开国始祖，在位年数不详，据陈梦家《西

---

① 范文澜著：《中国通史简编》（上），河北教育出版社2000年版，第23页。

周年代考》表四《西周诸侯世表》，约在周成王时期。因其在商代时封国名微（今山东梁山西北），为子爵，故称微子。

（一）微子受封与《微子之命》

《史记·殷本纪》载："帝乙长子曰微子启，启母贱，不得嗣。"司马贞《索隐》注："微，国号。爵为子，启，名也。"又注曰："此以启与纣异母，而郑玄称为同母，依《吕氏春秋》，言母当生启时犹未正立，及生纣时始正为妃，故启大而庶，纣小而嫡。"①《吕氏春秋·当务篇》载："纣之同母三人，其长曰微子启，其次曰仲衍，其次曰受德。受德乃纣也，甚少矣。纣母之生微子启与仲衍也尚为妾，已而为妻而生纣。纣之父、纣之母欲置微子启以为太子，太史据法而争之曰：'有妻之子，而不可置妾之子。'纣故为后。"②可知，微子启、仲衍与纣王三人同母，但其母在生微子启和仲衍时身份为妾，故微子为庶子不得立，纣小因嫡得立为嗣。纣王为政，荒淫奢侈，残暴无道，导致众叛亲离，国势日衰，行将灭亡。微子屡谏，不被采纳，乃愤而出走，乞降于周。周武王死后，武庚叛乱，被周公平叛杀死，另封纣王的庶兄微子启于宋，都宋城（今河南商丘），把一部分商遗民交给他去统治，以奉商朝之宗祀。《荀子·成相篇》云："武王怒，师牧野，纣卒易乡启乃下。武王善之，封之于宋立其祖。"③《史记·周本纪》载："成王少，周初定天下，周公恐诸侯畔周，公乃摄行政当国。管叔、蔡叔群弟疑周公，与武庚作乱，畔周。周公奉成王命，伐诛武庚、管叔，放蔡叔。以微子开代殷后，国于宋。"④微子开即为微子启，司马迁为避汉景帝刘启之讳，故称。又《史记·鲁周公世家》："周公乃奉成王命，兴师东伐，作《大诰》。遂诛管叔，杀武庚，

---

① （汉）司马迁撰：《史记·殷本纪》，中华书局1959年版，第105页。
② （战国）吕不韦著，陈奇猷校释：《吕氏春秋新校释》，上海古籍出版社2002年版，第603页。
③ 章诗同注：《荀子简注》，上海人民出版社1974年版，第274页。
④ （汉）司马迁撰：《史记·周本纪》，中华书局1959年版，第132页。

放蔡叔。收殷余民，以封康叔于卫，封微子于宋，以奉殷祀。"①

由上可知，武庚之乱后，在武王分封的基础上，周公、成王再次大规模分封诸侯。为了有效地统治殷商遗民，周公便把微子启分封到远离殷商王畿的宋地，并作《微子之命》进行训诫：

> 王若曰："猷殷王元子，惟稽古，崇德象贤，统承先王，修其礼物，作宾于王家，与国咸休，永世无穷。呜呼！乃祖成汤，克齐圣广渊，皇天眷佑，诞受厥命，抚民以宽，除其邪虐。功加于时，德垂后裔。尔惟践修厥猷，旧有令闻，恪慎克孝，肃恭神人。予嘉乃德，曰笃不忘。上帝时歆，下民祗协，庸建尔于上公，尹兹东夏。钦哉！往敷乃训，慎乃服命，率由典常，以蕃王室。弘乃烈祖，律乃有民，永绥厥位，毗予一人。世世享德，万邦作式，俾我有周无斁。呜呼！往哉惟休，无替朕命！"②

从命辞中可以看出，周公对微子启遵循成汤贤德之道予以高度表彰，并以宾礼待之。孔颖达《正义》曰："《微子之命》云：'作宾于王家。'《诗》颂微子之来，谓之'有客'，是王者之后为时王所宾也。故知虞宾谓丹朱为王者后，故称宾也。"③此宾礼到春秋时期，宋国仍世代享有。命辞首先肯定了微子，说他崇尚德性，效法先贤，是周王室的贵宾。接着又赞微子的祖先商汤圣明无边，夸奖微子是商汤美德的继承人，因而应当居于上公之位。最后提出希望，希望微子率领殷商遗民效忠周王室，不要错失周王的恩宠，可谓恩威并用。

（二）关于微子受封的时间

关于宋立国的时间，一般认为应从微子受封之时算起，而微子受封于何时，学界认识尚不统一，其原因是对周武王克商的时间认识不一。

---

① （汉）司马迁撰：《史记·鲁周公世家》，中华书局1959年版，第1518页。
② （汉）孔安国传，（唐）孔颖达正义，黄怀信整理：《尚书正义》，上海古籍出版社2007年版，第520—522页。
③ （汉）孔安国传，（唐）孔颖达正义，黄怀信整理：《尚书正义》，上海古籍出版社2007年版，第181页。

微子封宋是在周公平定三监叛乱之后，三监之乱发生于武王崩、周公辅政后。《史记·周本纪》载："武王已克殷，后二年……武王有瘳。后而崩，太子诵代立，是为成王……初，管、蔡畔周，周公讨之，三年而毕定……"①据此可知，武王崩是在伐纣克殷后两年，由于周公平定三监之乱是"三年而毕定"，则微子封宋当在武王伐纣后五年。关于武王伐纣的具体时间，至今众说纷纭，未有定论。学者们依不同资料及推算方法得出的结论有："根据三统历推算的前 1122 年说，按照大衍历推算的前 1111 年说，日本学者新城新藏的前 1066 年说，据古本《纪年》推算的前 1027 年说"②；张玉哲、张培瑜根据《国语·周语》《淮南子·兵略》《太平御览》《新论》等文献中关于天象的记载，用现代科学方法推算的前 1057 年说；赵光贤通过对《尚书》部分篇章、古本《武成》等记载、西周历谱、天象进行综合研究，推算得出的前 1045 年说等。以上诸说，晁福林认为，赵光贤的推算结论是可信的。据此说，因微子封宋是在武王伐纣后五年，则微子受封之年当为前 1040 年。前 286 年，齐、楚、魏三国伐宋，宋亡。从前 1040 年至前 286 年是为宋国存世之年，则宋享国七百五十四年。

（三）商丘微子祠

微子死后，葬于宋国故地，今河南省商丘市睢阳区建有微子祠。

微子祠，亦称微子庙，始建于何时已不可考。唐代文学家贾至曾撰有《微子庙碑》，文中有"得君之祠庙存焉"，"年祠超忽，乔木老矣"，"荒阶蔓草，古木垂云"，"镌石纪德，用留斯文"③等描述。贾至出生于718年，由此可知，早在唐朝中期以前，微子祠就已建成，唐代天宝年间曾经修葺。唐代微子祠，址在睢阳（今河南商丘）城东，又称"象贤祠"。后经多次毁坏，又多次重修。北宋宰相杜衍曾作《微子庙颂》，以称颂微子

---

① （汉）司马迁撰：《史记·周本纪》，中华书局 1959 年版，第 131—132 页。
② 晁福林：《论周初历史发展的几个问题》，《北京师范大学学报》1989 年第 5 期。
③ 河南省商丘县志编纂委员会：《商丘县志》，中州古籍出版社 1989 年版，第 413 页。

奉其先祀，持祭器求周，延续殷嗣的功德。此时微子庙亦有可能经过重修。

至明朝，因微子庙岁久祠坏，又经历一次大修。明孝宗弘治年间，由归德州儒学训导应刚等倡议，经河南巡抚徐恪层转报请，朝廷批准归德知州周诰主持修复微子庙。礼部尚书兼文学家倪岳撰写《重修微子庙记》。倪岳在记述微子庙立祠、迁址经过时，引用德州儒学训导应刚的呈辞说"自宋、元以来，祀殷上公微子，岁久祠坏，祀亦废缺"，"今归德实其故都，祠无完屋，祭非专享，窃所未安"；在记述当时的祠址时说"是祠之始，盖自赵宋以王业所基，建诸墓侧，后徙城内之西南隅。国朝景泰间，知州席贵移置学东，后圮于水。天顺间，知州蒋魁重建于学内之东偏，即今祠所在。越岁益远，祠益颓废"；又记述当时的修葺情况说"知归德州事周侯诰，承命惟谨，庀工构材，撤旧易新，拓其故址，为礼殿、为前厦、左右庑、为重门各三楹，广庭崇墉，有严有翼。中塑像，章服有制，供器咸备，享礼具举。肇工于甲寅中春，越二月告成"[①]。明嘉靖六年（1527），提学副使肖鸣凤改祠庙于今城西北隅。

清康熙二十年（1681），归德府知府胡国佐再次重修，当地文学家刘榛代作《微子庙碑记》。《碑记》中有"因访其址，有私筑而居者，凡为屋五十楹。又访其祭田，故有五百四十亩，经河流之浸没，鼎革之变乱，隐占于民间"，"于是薄追其逋，而益之以禄糈，新其堂寝，崇其垣墉"[②]等记述。石碑尚存，祠庙毁于 20 世纪 50 年代初。

2000 年，微子后裔、爱国华侨宋良浩先生来商丘寻根祭祖，捐资四百余万元人民币重修微子祠，2002 年冬竣工。整座祠院占地面积6650 平方米，新建大殿五间，东西厢房各三间，祠堂庙门三间，由微子祠、先贤堂和微子墓三个院落组成。整座院落设计科学，布局合理，环境

---

① 河南省商丘县志编纂委员会：《商丘县志》，中州古籍出版社 1989 年版，第 453—455 页。
② 河南省商丘县志编纂委员会：《商丘县志》，中州古籍出版社 1989 年版，第 509 页。

优美。2009 年 3 月 30 日，台湾亲民党主席宋楚瑜和夫人陈万水及参访团一行抵达商丘，到微子祠拜谒宋氏祖先，为微子祠题词：敬天法祖，慎终追远。目前，微子祠已成为商丘著名游览景区之一。

二 "仁义"之君宋襄公

宋襄公（？-前 637），宋桓公太子，名兹父，又作兹甫，在位十四年。

（一）以让国获"仁义"之名

宋襄公是宋桓公之嫡长子，有一庶兄名目夷，字子鱼。前 652 年，宋桓公病危之际，兹父再三请求桓公说："目夷长且仁，君其立之。"希望父亲能够改立目夷为太子。宋桓公就下令要目夷继位，但是目夷不敢受命，当时就推辞说："能以国让，仁孰大焉？臣不及也，且又不顺。"[①]次年，宋桓公卒，兹父即位，是为宋襄公。他任命庶兄子鱼为左师处理政事。宋襄公因此以"仁义"称道一时。

世衰道微、礼崩乐坏的春秋时代，对外战争和内部倾轧并存，父杀子，子弑父，君杀臣，臣弑君，这样的事件不断发生。为夺取王位，兄弟相残的事件更是屡见不鲜。比如，前 722 年，郑庄公的弟弟共叔段欲袭击郑国争夺王位，后来兵败。又如，前 719 年，"卫州吁弑桓公而立"[②]，成为春秋时期第一位弑君篡位的公子，史称卫前废公。这些均发生在宋襄公让国之前。当此之时，宋襄公以一个礼让的仁者形象出现，主动让位于其庶兄，赢得了国人和诸侯的赞誉。

其实，这种让国的仁义之举发生在宋襄公身上，并不是偶然的，有其特定的文化背景和历史渊源。据《史记·孔子世家》记载：孔子的直系祖先、宋襄公的先君弗父何"始有宋而嗣让厉公"[③]。弗父何为宋湣公（一作闵公）世子，应当继位，而弗父何不接受，把君位让给了弟

---

① 杨伯峻编著：《春秋左传注》（修订本），中华书局 1990 年版，第 323 页。
② 杨伯峻编著：《春秋左传注》（修订本），中华书局 1990 年版，第 35 页。
③ （汉）司马迁撰：《史记·孔子世家》，中华书局 1959 年版，第 1908 页。

弟鲋祀（厉公），自己则甘愿做宋国之卿。宋襄公之先君宋宣公和宋穆公，也是一对兄友弟恭的好兄弟。《史记·宋微子世家》载："武公卒，子宣公力立。宣公有太子与夷。十九年，宣公病，让其弟和，曰：'父死子继，兄死弟及，天下通义也。我其立和。'和亦三让而受之。宣公卒，弟和立，是为穆公。"① 宋宣公去世前决定把君位传给弟弟公子和，公子和多次谦让无果后最终接受。宣公去世后，公子和即位，是为宋穆公。宋国是殷商后裔，在王位继承上沿袭了殷商"以弟及为主，而以子继辅之"② 的君统旧制。前 720 年，宋穆公病重，觉得应该把君位还给侄子与夷，而没有传位给儿子公子冯。宋穆公去世后，与夷即位，是为宋殇公。对此，《左传》借君子之口称颂曰："宋宣公可谓知人矣。立穆公，其子飨之，命以义夫！"③ 由此可知，宋襄公之让国，是继承了其先君的遗风遗教。正如有学者分析的那样："较之于卫之州吁、晋之成师、郑之叔段等，宋襄公在他人煞费苦心想要争得的权位面前，能自度其才，让国以仁，后来又授政以贤，难能可贵。宋襄公的礼让举动在宋国先君们那里是能找到答案的，这在宋国文化土壤中早已形成了传统。"④

　　如果说宋襄公是让国以仁，子鱼则是辞让以明。这个明，一是明智，二是贤明。子鱼的明智就是面对诱惑，能够断然拒绝而无丝毫犹豫。如前所述，春秋以来，许多凶杀篡逆事件的发生，使西周初年确立起来的宗法秩序业已发生动摇。但当时人们行事还是非常讲究名分的，特别是在王位继承上，嫡庶长幼的顺序仍是权力继承的顺序，不得僭越，废嫡立庶或废长立幼都是不得人心的。后妾等位，嫡庶不分，往往是造成祸乱的根源。宋襄公是宋桓公的嫡长子，早已立为太子，目夷虽为兄长，却是庶出。倘使改立目夷为太子，废嫡立庶，显然与宗法制度不合。

① （汉）司马迁撰：《史记·宋微子世家》，中华书局 1959 年版，第 1622 页。
② 王国维著，彭林整理：《观堂集林》，河北教育出版社 2003 年版，第 220 页。
③ 杨伯峻编著：《春秋左传注》（修订本），中华书局 1990 年版，第 30 页。
④ 刘军：《"守制"与"新变"中的挣扎——试论宋襄公霸业悲剧》，《琼州学院学报》2015 年第 4 期。

目夷知自己不可为而固辞不受，是明智之举，既无害于己，又有益于国，亦从宋襄公那里获得了信任。宋襄公即位后，委政于子鱼，任命他为左师。左师为宋国执政卿，相当于相国。子鱼不再推辞，而是欣然受命。此后，兄弟俩无丝毫隔阂，共同治国，宋国由此安定太平。子鱼的后代鱼氏亦世代承袭左师之官。《左传》载曰："宋襄公即位，以公子目夷为仁，使为左师以听政，于是宋治。故鱼氏世为左师。"①钱穆对此析评说："观于是，宋襄公真可谓仁者。贤其兄而让其国，子鱼既固辞不受，即位而复委政焉。兄弟之间，一让一辞，一与一受，相信相爱，曾不见有丝毫之芥蒂，子鱼既为政而宋治，则子鱼诚能者也。宋襄之能继齐桓而争霸，殆即仗子鱼之治国有成。然则宋襄诚能识其兄之贤，让之国而不受，而仍受之以政。在宋襄心中，绝无疑忌猜防之迹，则其让国之诚可见也。子鱼虽辞国，然不辞政，竭其能以使国治，在其心中，亦绝无避嫌躲闪之迹，此亦难能矣。及宋襄为楚执于盂，使子鱼归而君宋，子鱼不复让，即归而君之。楚人释宋襄，子鱼复归国，而复其故位。斯二人者，较之伯夷、叔齐，若仅就其让国之一节而言，则不徒可相媲美，抑若犹为有胜矣。"②

宋襄公即位之初，齐桓公还是诸侯霸主。在中原诸国中，宋国最支持齐桓霸业，宋襄公谦谦君子的风度亦让齐桓公另眼相看，而且宋国发展势头正强，齐桓公认定宋襄公是可靠盟友，便有意结好宋襄公。《左传·僖公十七年》："公与管仲属孝公于宋襄公，以为大子。"③齐桓公的三位夫人均无子，他宠爱的六个姬妾则各生一子。公子昭（后来的齐孝公）是齐桓公的宠妾郑姬所生，齐桓公就把昭托付给宋襄公照顾，让昭做太子，以便日后继承齐国君位。宋襄公认为，如能扶持昭即位，各国诸侯必然视为仁义之举，如此自己在诸侯中会更有号召力。前643

---

① 杨伯峻编著：《春秋左传注》（修订本），中华书局1990年版，第331页。
② 钱穆著：《中国学术思想史论丛》（第一册），台北联经事业出版公司1998年版，第310页。
③ 杨伯峻编著：《春秋左传注》（修订本），中华书局1990年版，第374页。

年，先是管仲卒，其余五公子争立太子。该年十月，齐桓公亦卒，逆臣易牙、竖刁等杀群吏，立长卫姬之子公子无亏（无诡）为君，内乱加剧，公子昭奔宋避难。受人之托，忠人之事，为了不负一代霸主的托孤期许和信任，宋襄公便收留公子昭，并于第二年出兵伐齐。《左传·僖公十八年》载："春，宋襄公以诸侯伐齐。三月，齐人杀无亏……齐人将立孝公，不胜四公子之徒，遂与宋人战。夏五月，宋败齐师于甗，立孝公而还。"① 前642年春，宋襄公亲自护送公子昭回国，并联合鲁、曹、卫、邾等诸侯联军攻打齐国。齐人恐惧，遂杀其新君无诡。五月，鲁、曹等诸侯军先后回国，宋军独与齐战，败齐师于甗（今山东济南市附近）。宋襄公立公子昭为齐君，是为齐孝公。

宋襄公平定齐乱并为齐国立了新君，在诸侯中威望进一步提升。此时，中原霸主齐桓公已死，齐国霸业衰落，宋襄公遂生代兴之志，"修行仁义，欲为盟主"②。为在诸侯中树立威信，他决定先惩罚几个小侯国，杀鸡儆猴。前641年三月，宋襄公首先抓了滕君婴齐（滕宣公）作为样板，处罚不听命的诸侯，又邀曹、邾等国在曹地结盟。六月，为了让东夷人降服，宋襄公又"使邾文公用鄫子于次睢之社"③，就是让邾文公杀死鄫子以祭祀次睢的土地神。宋襄公以仁义起家，为了图霸而做出这样的不仁之事，其庶兄子鱼亦未能阻止，但事后对他进行了严厉批评："古者六畜不相为用，小事不用大牲，而况敢用人乎？祭祀以为人也。民，神之主也。用人，其谁飨之？齐桓公存三亡国以属诸侯，义士犹曰薄德，今一会而虐二国之君，又用诸淫昏之鬼，将以求霸，不亦难乎？得死为幸。"④ 祭祀是为了人，而杀人祭祀，有什么神来享用呢？如此想要号令天下诸侯听命于己，岂不难哉！能够善终就算是幸运了。的确，这种残忍的行为与周人以德治国的价值观念相悖，也和宋襄公"仁义"

---

① 杨伯峻编著：《春秋左传注》（修订本），中华书局1990年版，第377—378页。
② （汉）司马迁撰：《史记·宋微子世家》，中华书局1959年版，第1633页。
③ 杨伯峻编著：《春秋左传注》（修订本），中华书局1990年版，第381页。
④ 杨伯峻编著：《春秋左传注》（修订本），中华书局1990年版，第381—382页。

之名不相符，而且采用这种办法树立威信，结果可能适得其反。

（二）以"仁义"败于泓水

宋襄公在平齐乱、执滕子、杀鄫君之后，图霸之志逐渐外露，开始对外进行军事讨伐，邻国曹国成为他的第一个目标。前641年秋，"宋人围曹，讨不服也"。当时，子鱼规劝宋襄公说："文王闻崇德乱而伐之，军三旬而不降。退修教而复伐之，因垒而降。《诗》曰：'刑于寡妻，至于兄弟，以御于家邦。'今君德无乃犹有所阙，而以伐人，若之何？盍姑内省德乎！无阙而后动。"① 子鱼认为，要想降服其他诸侯，靠宋国的军事实力是不够的，那就必须以德制人。而宋襄公的德行尚有欠缺，不足以服众，因此还不是采取行动的时候。但是，宋襄公已经被图霸欲念冲昏头脑，非但听不进劝谏，反而加速了图霸进程。为了提高自己的威望，宋襄公欲邀请楚国参加由他主导的会盟，要求楚人承认宋国的盟主地位。鲁国执政卿臧文仲听到"宋襄公欲合诸侯"，当时就说："以欲从人则可，以人从欲鲜济。"子鱼更是力谏襄公不要与强楚争盟，说："小国争盟，祸也。宋其亡乎！幸而后败。"② 但是，宋襄公已经听不进子鱼的劝告。前639年春，宋国主持了由齐、楚参加的鹿上（今安徽阜南县阮城）之盟，决定以三国名义召诸侯会盟。这年秋天，宋、楚、陈、蔡、曹、许等国会于宋国盂地（今河南省睢县西北）。宋襄公欲以信立德，为显示自己遵守信义，不做军事准备，拒听子鱼"以兵车之会往"的建议，固执地"以乘车之会"。而楚国事先埋下了伏兵，结果宋襄公被楚人劫持并载以攻宋。幸亏子鱼涉险提前逃回宋国，积极组织防御，进行了顽强的抵抗，楚军才没有攻下宋国。宋国暂时由子鱼主政，楚人知道即便杀了宋襄公还是得不到宋国，加之当年冬天在鲁国组织的薄之会上，鲁僖公为宋国说情，于是就做人情释放了宋襄公。子鱼迎宋襄公归国，并还政于宋襄公。

① 杨伯峻编著：《春秋左传注》（修订本），中华书局1990年版，第383—384页。
② 杨伯峻编著：《春秋左传注》（修订本），中华书局1990年版，第389页。

此次宋襄公被拘，楚国伐宋，宋几至亡国。但是，宋襄公并未因此而气馁，反倒是图霸之志更加坚定，决心与强楚一争高下。郑国与楚国相亲，宋襄公便先拿郑国开刀。前 638 年夏，宋襄公效法当年的齐桓公，以郑国"亲附蛮夷"为由，联合卫、许、滕三国发兵征讨郑国。此时离宋襄公被释尚不到半年，此举无疑是向楚国宣战。十一月，楚成王为救郑率军攻宋，宋襄公遂由郑撤回迎战，两军遇于泓水（故道在今河南省柘城县境内），隔河布阵。当时，宋军已先在泓水北岸布好阵势，在楚军"未既济"及"既济而未成列"于宋军有利的大好形势下，公子目夷主张抓住战机，先发制人。但宋襄公为得人心，表现自己"霸主"的气度，以"君子不鼓不成列""不以阻隘""不重伤""不禽二毛"等为由，拒听公子目夷的建议，两度坐失战机。等到楚军渡过泓水，摆好阵势，才发动进攻。结果宋军大败，宋襄公的大腿也受了伤，侍卫官被杀得一干二净。第二年，宋襄公腿伤复发，郁郁而终。宋国由此失去了争霸的实力。而楚成王携胜宋之余威，伐陈、宋、齐，与卫国联姻，并与鲁国和曹国结好，一时横行中原。

值得一提的是，宋襄公临死前，还做了一件仁义的事情。当年，晋公子重耳（晋文公）流亡至宋国，宋襄公不仅礼待重耳，而且在他临走前"赠之以马二十乘"，即八十匹战马。宋国刚刚战败，八十匹战马堪称大礼。而在此之前，重耳到曹国时，曹共公对重耳很不礼貌，竟然在重耳洗澡时偷看他的"骈胁"（肋骨紧密相连如一整体，属生理畸形）。后来，重耳离开宋国至郑国，"郑文公亦不礼焉"。重耳到宋国前后均不受礼遇，所以非常感念宋襄公帮扶落难中的自己。而宋襄公这次仁义之举也为宋国化解了一场亡国之灾。前 633 年，楚国再次围攻宋国，晋文公"报施救患"，出兵释宋围。第二年，晋文公联合齐、宋、秦等国，在城濮（今山东鄄城西南）大败楚军。晋文公也因此确立了中原霸主地位。此后，晋、宋两国关系一直相当稳固，宋国不断追随晋国，参加由其召集的会盟和战争，成为晋国霸业的忠实支持者。

对于宋襄公在战争中的"仁义"行为，论者有褒有贬。《公羊传》嘉之曰："君子大其不鼓不成列，临大事而不忘大礼，有君而无臣。以为虽文王之战，亦不过此也。"①司马迁赞曰："襄公之时，修行仁义，欲为盟主。其大夫正考父美之，故追道契、汤、高宗，殷所以兴，作《商颂》。襄公既败于泓，而君子或以为多，伤中国阙礼义，褒之也，宋襄之有礼让也。"②北宋时期，苏轼作《宋襄公论》，专门对《公羊传》中的观点进行批驳，洋洋洒洒作长篇大论。苏轼论宋襄公之非，撮其要者为："宋襄公非独行仁义而不终者也。以不仁之资，盗仁者之名尔。""宋襄公执鄫子用于次睢之社，君子杀一牛犹不忍，而宋公戕一国君若犬豕然，此而忍为之，天下孰有不忍者耶！泓之役，身败国衄，乃欲以不重伤、不禽二毛欺诸侯。""襄公能忍于鄫子，而不忍于重伤二毛，此岂可谓其情也哉？""其得丧小大不同，其不能欺天下则同也。其不鼓不成列，不能损襄公之虐。""自古失道之君，如是者多矣，死而论定。未有如宋襄公之欺于后世者也。"③此后，学者论宋襄公战争之"仁"，基本上都报以嘲笑或批评的态度，认为宋襄公是自欺欺人、残忍、虚伪、愚蠢，等等。

其实，如果真的以为宋襄公是愚蠢之辈，那就大错特错了。宋襄公的让国之举，以及让国不成而用子鱼为政治国，终致宋国大治，业已说明他是一个有智慧的政治家；宋襄公率领诸侯联军平定齐乱、扶立齐君，又以武力控制了邾、鄫、曹、滕等几个小国，说明他是一个有一定指挥能力的人；宋襄公与楚争霸，子鱼多次规劝他不可轻举妄动，言辞激烈，但是他拒听而不怒，说明他是一个心胸开阔的人；泓水败后，他对落难公子重耳以八十匹战马相赠，并因此化解了一场几年后的亡国之灾，则又说明他不但有仁有义而且有政治远见。凡此种种，恐怕都不能与"愚蠢"联系在一起。宋襄公以"仁义"起家当国，又以"仁义"兵败身死，

① 李学勤主编：《十三经注疏·春秋公羊传注疏》，北京大学出版社1999年版，第246页。
② （汉）司马迁撰：《史记·宋微子世家》，中华书局1959年版，第1633页。
③ 孔凡礼点校：《苏轼文集》，中华书局1986年版，第77—78页。

一生都在践行君子之道、贵族精神。宋襄公恪守周礼，设若宋楚军事实力相当，又设若不用子鱼之言而获胜，那宋襄公的"仁义"岂不成了千古美谈！但是，历史是不能假设的，成者王侯败者寇，其行为最终还是成了贻笑千古的"宋襄之仁"。是耶非耶？亦只能任由后人评说。

三　亡国之君宋康王

宋康王（？－前286），战国时期宋国最后一任国君，宋剔成君之弟（一作剔成君之子）。原名戴偃，或称宋王偃；《荀子·王霸篇》又作宋献王，《史记·龟策列传》又称宋元王。宋剔成君二十七年（前329），戴偃以武力取得宋国君主之位，宋剔成君逃至齐国。

（一）推行"王政"使宋复兴

宋王偃年少即位，国政由太后与太宰戴骥（又名戴不胜）主持。戴骥辅佐宋王偃实行政治改革，推行"王政"（即仁政）。孟轲在齐时听说宋王偃推行"王政"，还曾应邀前去拜见宋王。关于宋王偃行修仁政，史籍多缺记载，因此钱穆慨叹："宋以国亡无史，其仁义之设施，已不足自传于后世。"[①]就现有史料看，宋国推行王政的一个重要体现，就是采取比较宽松的轻税政策。宋国的大夫戴盈之曰："什一，去关市之征，今兹未能，请轻之，以待来年，然后已，何如？"[②]戴盈之建议减轻宋国租税，宽缓待民，没有宋王旨意，他或许不敢贸然提出。

在宋王偃（宋康王）前期的经略下，宋国出现了复兴的景象。在军事上，宋国曾"东败齐，取五城；南败楚，取地三百里"[③]，并"灭滕、伐薛，取淮北之地"[④]，使宋的国境深入今山东南部。此时宋国势力达到了开国以来的顶峰，疆域大大扩展，一跃成为五千乘的大国，人称"五千乘之劲宋"。宋王偃也于诸国相继称王之时，开始称王。宋王偃是宋国

---

① 钱穆著：《先秦诸子系年考辨》，上海书店1992年版，第288页。
② 杨伯峻译注：《孟子译注》，中华书局1960年版，第153页。
③ （汉）司马迁撰：《史记·宋微子世家》，中华书局1959年版，第1632页。
④ 何建章注释：《战国策注释》，中华书局1990年版，第1219页。

历史上唯一的宋王，他以前的宋君皆称公，《史记·宋微子世家》记载："君偃十一年，自立为王。"①

宋以小国称王，势必引起大国诸侯的不满和攻伐，《孟子》一书载有孟轲弟子万章的一句问话："宋，小国也；今将行王政，齐楚恶而伐之，则如之何？"②宋国在大国的夹缝中生存，对外政策时常飘忽不定，几乎没有自主权，处处为大国尤其是齐、楚两国所牵制。针对宋国这种情势，当时就有人剖析："楚以缓失宋，将法齐之急也。齐以急得宋，后将常急矣。是从齐而攻楚，未必利也。齐战胜楚，势必危宋；不胜，是以弱宋干强楚也。而令两万乘之国常以急求所欲，国必危矣。"③宋国本来是依附强国而自保，一旦称王，无疑是对齐、楚、魏等大国的挑战，其灭亡也就不远了。

（二）实行"霸政"致宋亡国

宋王偃推行王政，没有给宋国带来什么好处。相反，随着宋国高层内部的权力之争变得日趋激烈，宋国的统治政策也发生了变化。奸臣唐鞅掌权后，醉心于权势，为了巩固自己的地位，将推行仁政的戴驩驱逐出国，史称"唐鞅蔽于欲权而逐载（戴）子"④。受到唐鞅的蒙蔽，宋王偃彻底废弃了仁政，转而实行专任刑杀的暴政。他曾明确地说："寡人之所说者勇有力，而无为仁义者。"⑤意思是说，他所喜欢的是勇敢有力的人，而不喜欢行仁义的人。但是，杀戮政策并未压服群臣，反而使反抗的情绪日益高涨，于是就有了宋王偃和唐鞅的这样一段对话："宋王谓其相唐鞅曰：'寡人所杀戮者众矣，而群臣愈不畏，其故何也？'唐鞅对曰：'王之所罪，尽不善者也。罪不善，善者故为不畏。王欲群臣之畏也，不若无辨其善与不善而时罪之，若此则群臣畏矣。'"⑥别有用心的

① （汉）司马迁撰：《史记·宋微子世家》，中华书局 1959 年版，第 1632 页。
② 杨伯峻译注：《孟子译注》，中华书局 1960 年版，第 147 页。
③ 何建章注释：《战国策注释》，中华书局 1990 年版，第 483—484 页。
④ 章诗同注：《荀子简注》，上海人民出版社 1974 年版，第 230 页。
⑤ 陈奇猷校释：《吕氏春秋校释》，学林出版社 1984 年版，第 905 页。
⑥ 陈奇猷校释：《吕氏春秋校释》，学林出版社 1984 年版，第 1187 页。

唐鞅怂恿宋王偃滥施淫威镇服群臣，结果本人也自食其果，不久便被宋王杀掉。但是，宋王偃的暴政并未停止，依然任意妄为，滥杀无辜，"淫于酒妇人。群臣谏者辄射之"①。《吕氏春秋》称：夏桀、殷纣、吴王夫差、智伯瑶、晋厉公、陈灵公、宋康王，"此七君者，大为无道不义：所残杀无罪之民者，不可为万数"②。性情暴戾的宋王偃效法商纣，视劝谏者为仇敌，施行酷刑以树威，"骂国老谏曰，为无颜之冠，以示勇；剖伛之背，锲朝涉之胫，而国人大骇"③。"剖伛之背，锲朝涉之胫"，是说劈开身驼者的后背，斩断早晨过河人的小腿。这种残暴之举，真是令人毛骨悚然。

对外，宋王偃积极推行霸政，穷兵黩武。在灭滕、伐薛，攻取淮北后，自以为了不起，图霸之志更盛。相传他见到城角落里有小雀生下大鸟，便派人占卜，占卜的结果是"小而生巨，必霸天下"，"乃愈自信，欲霸之亟成。故射天笞地，斩社稷而焚灭之。曰：'威服天下（地）鬼神'"④。同时，"铸诸侯之象，使侍屏匽，展其臂，弹其鼻"⑤，"为木人以写寡人，射其面"⑥。对别国诸侯进行大肆侮辱。宋王偃以霸主自居，独自表演，闭目塞听，倒行逆施，终于招致诸侯公愤，诸侯皆谓之曰"桀宋"，"宋其复为纣所为，不可不诛"⑦。前286年，齐湣王联合魏、楚伐宋，杀王偃，遂灭宋而三分其地。

关于宋王偃的亡国，《吕氏春秋》认为："桀用羊辛，纣用恶来，宋用唐鞅，齐用苏秦，而天下知其亡。"⑧这是说宋王偃无道，用人不当而致国亡。《荀子》认为："国者天下之制利用也，人主者天下之利执也。得道以持之，则大安也，大荣也，积美之源也；不得道以持之，则大危也，大

① （汉）司马迁撰：《史记·宋微子世家》，中华书局1959年版，第1632页。
② 陈奇猷校释：《吕氏春秋校释》，学林出版社1984年版，第402页。
③ 何建章注释：《战国策注释》，中华书局1990年版，第1219页。
④ 何建章注释：《战国策注释》，中华书局1990年版，第1219页。
⑤ 何建章注释：《战国策注释》，中华书局1990年版，第1171页。
⑥ 何建章注释：《战国策注释》，中华书局1990年版，第1129页。
⑦ （汉）司马迁撰：《史记·宋微子世家》，中华书局1959年版，第1632页。
⑧ 陈奇猷校释：《吕氏春秋校释》，学林出版社1984年版，第1094页。

累也，有之不如无之；及其綦也，索为匹夫不可得也，齐湣、宋献是也。"
章诗同注称：宋献之"献"当为"康"之讹，"宋康，战国时宋国国君，
名偃，死于温"①。是说宋亡国，乃因其不守正道而欲以霸道得之，其结果
只能加速灭亡。这都是从宋王偃自身所为来析其亡国之因。而诸侯伐宋灭
之，宋王偃无道暴虐只是一个借口而已。事实上，宋国地处天下之中，有
利的地理位置使其成为兵家必争之地。正如苏代游说齐闵王伐宋时所说：
"且夫宋，中国膏腴之地，邻民之所处也，与其得百里于燕，不如得十里于宋。
伐之，名则义，实则利，王何为弗为？"②这才是诸侯灭宋的真正原因。

　　宋王偃和其先君宋襄公一样，先行仁义，再行霸政，均创宋国一时
辉煌，又都落下悲惨下场：宋襄公以仁义而丧生，宋王偃以图霸而亡国。
他们是重要的诸侯国君，他们是颇具争议的历史人物，是好是坏，孰
是孰非？任由后人评说。

第三节　奔走大国搞邦交，辛苦周旋为弭兵
——外交家华元与向戌

一　华元与第一次弭兵会盟

（一）华元生平事迹

　　华元，出生年代不详。他是宋国第十一任君主宋戴公的五世孙，太
宰华督的曾孙。华元的父亲名华御事，曾做过宋国司寇（宋国六卿之一）。
宋国存在着大大小小十几个公族，其中最主要的公族就是戴、桓之族。
宋戴公后裔有多个姓氏，在春秋时期政治舞台上比较活跃的是华氏、乐
氏、皇氏、老氏等。华氏中的主要成员，见于史书记载的有华督、华耦、
华御事、华元、华吴、华亥、华弱、华阅、华臣、华定、华启、华费遂、
华多僚、华登、华合比、华喜、华椒、华牼、华貙等。其中，华元是

---

① 　章诗同注：《荀子简注》，上海人民出版社1974年版，第107页。
② 　何建章注释：《战国策注释》，中华书局1990年版，第1172页。

华氏中的杰出人物。华元作为宋国的执政卿，历事昭公、文公、共公、平公四君，堪称"四朝元老"。他集政治家、外交家、军事家、战将于一身，在强敌如林、诸侯纷乱的时代，为宋国独撑一方基业。

　　前610年，宋文公即位，华元以右师执宋国国政。在此前的宋昭公时期，武、穆、戴、庄、桓等几个实力强大的公族，经常互相争权夺势，他们之间力量此消彼长，一直对君位产生着严重威胁。戴、庄、桓三族站在文公一边，华元身为戴族，又是执政官，于是宋文公在华元的支持下，在即位的第二年对武、穆之族进行了清洗，"十二月，宋公杀母弟须及昭公子，使戴、庄、桓之族攻武氏于司马子伯之馆，遂出武、穆之族"①。宋文公和华元君臣同心合力，彻底驱逐了武、穆之族，使得此后宋文公及其子共公统治的三十五年间，宋国国内政治稳定，没有发生弑君和叛乱事件。

　　宋文公四年（前607）春，郑国受楚国之命攻打宋国，宋文公派华元、乐吕带兵抵御。二月初十，双方在大棘（今河南宁陵县西）开战，宋军大败，华元被俘。华元之所以战败被俘，主要是因为他的车夫羊斟。在与郑军开战之前，华元为了提高士气，杀羊以犒赏士卒，却忽略了自己的车夫羊斟。羊斟因为没有吃到羊肉，对华元怀恨在心。等到两军交战，羊斟说："畴昔之羊，子为政；今日之事，我为政。"②意思是说：那天的羊，是你做主；今天打仗，由我做主。于是驱车冲进郑军中，郑军得以活捉华元。后来，宋文公用一百辆战车、四百匹战马，才从郑国赎回华元。

　　宋文公十六年（前595）九月，楚国派申舟访问齐国，没有事先通知宋国而假道于宋。华元觉得这是对宋国的莫大侮辱，为了捍卫宋国在诸侯中的威望，华元扣留并杀死了申舟。楚庄王听说后十分恼怒，下令讨伐宋国，并包围了宋国都城宋城（今河南商丘）。楚军一直围攻到次年夏天，还是没有攻破宋国都城。华元鼓励守城军民，宁愿战死、

---

① 杨伯峻编著：《春秋左传注》（修订本），中华书局1990年版，第642-643页。
② 杨伯峻编著：《春秋左传注》（修订本），中华书局1990年版，第652页。

饿死，也决不投降；同时，派人去晋国告急求援。晋景公考虑到与楚国的利害关系，不愿马上出兵救宋，而是派使者到宋国去，劝宋国不要向楚国投降，说晋国军队已全部出发，很快就会到达宋国。楚庄王知道晋国是在等待时机，晋国与宋国是盟友关系，迟早会出兵援救宋国，就打算从宋国撤军。为了尽快息兵，华元夜入楚师，与楚讲和，答应如果楚军撤离三十里，宋国就听命于楚。华元以自己做人质为条件，促成了宋、楚两国讲和。双方订立盟约："我无尔诈，尔无我虞。"[①]华元以执政官的身份自为人质，凭此出人意料的行为，结束了一场艰苦的持久战。这场战事虽有妥协，但是以弱敌强，不辱国威。宋国得以保全，也使华元赢得了国人普遍而长久的敬重。华元作为人质留在楚国期间，通过公子侧结交了公子婴齐，二人论及时事，都认为晋、楚长期争斗，如能息兵修好，生民免于涂炭，实在是天下之大幸。华元就有意撮合晋、楚弭兵，但公子侧认为两国争强斗胜正激烈，时机尚未成熟，此事遂作罢。华元的建议虽未被采纳，但是可以看出他时刻不忘谋求天下太平。

前589年八月，宋文公卒，子共公固立，华元请求回去奔丧。这样，在楚国待了六年时间，他才得以重返宋国。

在文公的丧葬一事上，也表现出华元对文公的忠心。宋文公卒后，华元主持了对文公的超常厚葬。据《左传·成公二年》载："宋文公卒。始厚葬，用蜃炭，益车马，始用殉。重器备，椁有四阿，棺有翰桧。"[②]杜预注曰："益车马，始用殉"即"多埋车马，用人殉葬"；孔颖达疏曰："言'始用殉'，则自此以后，宋君葬常用殉，故谓此为始。"华元也因此招致时人的议论和抨击："君生则纵其惑，死又益其侈，是弃君于恶也，何臣之为？"[③]华元首开宋君"厚葬"及"用殉"之例，他对文公之"忠"已经到了"愚忠"的地步。

---

① 杨伯峻编著：《春秋左传注》（修订本），中华书局1990年版，第761页。
② 李学勤主编：《十三经注疏·春秋左传正义》，北京大学出版社1999年版，第701—702页。
③ 杨伯峻编著：《春秋左传注》（修订本），中华书局1990年版，第802—803页。

宋共公在位时，华元亦维护宋国公室利益。前576年，宋共公卒，其子平公年幼。当时，华元为右师、鱼石为左师、荡泽为司马、华喜为司徒、公孙师为司城、向为人为大司寇、鳞朱为少司寇、向带为大宰、鱼府为少宰。二位华氏，是戴公后代；司城公孙师，为庄族后代；其他六位官员，都是桓族后代。司马荡泽欲弱公室，杀死了宋文公的儿子公子肥，并联合郑、楚发动叛乱。执政官华元先是逃奔到晋国，取得晋国支持后返回，极力讨伐荡泽一族，桓氏的左师、二司寇、二宰逃奔到楚国，最终平定了五桓的叛乱。后世有人评说："桓氏依楚郑以作乱，倘无华元，则其祸不知伊于胡底。"①

华元作为一个政治家，在当政期间，为维护宋国的稳定和发展，做出了重要贡献。他又是一个出色的外交家，对提高宋国在诸侯中的威望，起到了不可替代的作用。华元在外交上最大的胜利，是促成了晋、楚之间的第一次弭兵之会。

（二）第一次弭兵会盟

春秋以来，"周室衰微"，天子共主的地位，逐渐名存实亡。各诸侯国乘机发展自己的势力，齐、晋、楚等大国先后称霸。除了齐、晋、楚外，西方的秦国也频繁地参与了中原的争霸活动，但因有强晋所阻，数次东进受挫，"遂霸西戎"，成为西方霸主。因此，春秋以来的百余年间，中原战乱非常频繁，社会生产遭到严重破坏，人民生活苦不堪言。各大国虽然吞并了众多小国，扩大了疆域，但是战争也激化了各国内部的矛盾。在这种情况下，晋、楚两大霸主都暂时产生了休战的想法。

中原宋国，处于晋、楚两大霸主之间，为求生存，朝晋暮楚，首鼠两端，饱受战争之苦，因此最有弭兵的愿望。前579年，邲（今河南荥阳东北）战以后，宋国执政华元，利用自己与晋国执政卿栾武子有交情，亦与楚国令尹子重交好的双重关系，奔走于晋、楚两大国之间，撮合两

---

① 韩席筹编注：《左传分国集注》，江苏人民出版社1963年版，第470页。

国于宋都(今河南商丘)西门外相会。双方订立盟约:"凡晋、楚无相加戎,好恶同之,同恤灾危,备救凶患。若有害楚,则晋伐之;在晋,楚亦如之。交贽往来,道路无壅;谋其不协,而讨不庭。"① 即晋、楚两国不相加兵,信使往来,互救危难,共同讨伐不听命的第三国。这是第一次弭兵盟会。

第一次弭兵,反映了晋、楚两大霸主之间的勾结和争夺,也反映了一些中小诸侯国企图摆脱晋、楚控制的愿望。但晋、楚两国均无止息战争的诚意,双方的真正目的都是想借助这次弭兵,稍作喘息,以便为新的战争作准备。所以,盟约订立后仅三年,楚国看到晋国实力由于内部斗争而削弱,便喊出"敌利则进,何盟之有"② 的调子,撕毁了盟约。前 575 年,晋、楚战于鄢陵(今河南鄢陵西北),第一次弭兵盟约失效。前 557 年,两国再战于湛阪(今河南平顶山西北)。两战均以楚国的失败而告终。这期间,晋和秦、齐也发生过几次战争。

二　向戌与第二次弭兵会盟

(一)向戌生平事迹

向戌,子姓,向氏,名戌。出生年代不详,生活在宋共公、宋平公时期。其中宋平公年间是其政治活动最为活跃的时期。

宋共公十三年(前 576),华元平定五桓之乱后,曾任命向戌为宋国左师,以安定国人。《左传·成公十五年》载:"左师、二司寇、二宰遂出奔楚。华元使向戌为左师,老佐为司马,乐裔为司寇,以靖国人。"③ 左师是宋国六位执政卿之一,这是向戌第一次出现于史书之中。

向戌在诸侯国中的威望还是比较高的。宋平公十三年(前 563),以晋国为首的几个诸侯国,合力拿下邻近宋国的偪阳(今山东枣庄市台儿庄区),准备将这座城池作为封地赏赐给向戌。没想到向戌却以死

---

① 杨伯峻编著:《春秋左传注》(修订本),中华书局 1990 年版,第 856 页。
② 杨伯峻编著:《春秋左传注》(修订本),中华书局 1990 年版,第 873 页。
③ 杨伯峻编著:《春秋左传注》(修订本),中华书局 1990 年版,第 876 页。

请辞，说："君若犹辱镇抚宋国，而以偪阳光启寡君，群臣安矣，其何贶如之！若专赐臣，是臣兴诸侯以自封也，其何罪大焉！敢以死请。"①意思是说：承蒙各国通过扩大宋国的疆土以安抚宋君，自己作为下臣对这样的赐予深感荣幸。但是，如果专门赐给下臣，那就是下臣发动诸侯的军队而为自己求得封地了，这无疑是一个极大的罪行。于是，向戌就把偪阳给了宋平公。向戌不愿因为扩充私利而引发君臣矛盾，断然放弃了唾手可得的利益，他的睿智与通达是一般人无法比拟的。他也因此树立了自己和宋国在诸侯之中的威望，后来成功主持了众多诸侯参与的第二次弭兵会盟。

宋平公十四年（前562）正月，向戌率宋军攻打郑国，大获全胜，俘虏了很多郑国士兵。之后，郑国的子展率军入侵宋国。四月，诸侯联军进攻郑国，向戌率宋兵首先到达郑国，驻军在东门外。六月，诸侯在北林（今河南新郑北）会师后包围郑国，郑国畏惧，遂向诸侯求和。七月，各诸侯和郑国在宋国的亳（今河南商丘市虞城县谷熟镇）地结盟。盟书说："凡我同盟，毋蕴年，毋壅利，毋保奸，毋留慝，救灾患，恤祸乱，同好恶，奖王室。或间兹命，司慎、司盟、名山、名川、群神、群祀、先王、先公、七姓、十二国之祖，明神殛之，俾失其民，队命亡氏，蹐其国家。"②大意为：凡我同盟国家，不要囤积粮食，不要垄断利益，不要庇护罪人，不要收留坏人，要救济灾荒，安定祸患，共辅王室。如有违者，将遭神灵诛戮，失去百姓，灭族亡国。此后，向戌多次代表宋国参加诸侯会盟。宋平公十八年（前558），向戌出使鲁国，修好两国以前的盟约；次年，向戌参加了晋平公在温（今河南温县西南）地主持的诸侯会盟，盟誓共同讨伐不忠于盟主的国家。宋平公三十三年（前543）十月，向戌参加由鲁国大夫叔孙豹主持，晋、齐、宋、卫、郑以及小邾国参加的澶渊之盟。宋平公三十五

---

① 杨伯峻编著：《春秋左传注》（修订本），中华书局1990年版，第976页。
② 杨伯峻编著：《春秋左传注》（修订本），中华书局1990年版，第989-990页。

年（前541），又参加了叔孙豹在虢（今河南郑州西北）地举行的诸侯之盟。

向戌代表宋国在诸侯国中树立了良好的形象，因此受到诸侯称赞。楚大夫伍举（椒举）曾说："宋向戌、郑公孙侨在，诸侯之良也，君其选焉。"① 向戌一生中的辉煌之举是在他的四处奔走努力之下，成功组织、主持了第二次弭兵会盟。

（二）第二次弭兵会盟

第一次弭兵，因条件尚未成熟，没能真正收到息兵之效。而这一时期频繁的战争，使晋、楚两国都成为"强弩之末"。楚国两次兵败，实力大为削弱，已是众叛亲离，无力再争霸权。晋国虽然是胜利之师，却由此引发了国内的动乱。晋国的霸业已经接近尾声。晋、楚两国因内争外患而筋疲力尽，双方都有弭兵的意愿，这可以从赵文子的话中得知："赵文子为政，令薄诸侯之币，而重其礼。穆叔见之。谓穆叔曰：'自今以往，兵其少弭矣。齐崔、庆新得政，将求善于诸侯。武也知楚令尹。若敬行其礼，道之以文辞，以靖诸侯，兵可以弭。'"②

晋、楚都不想再打仗，其他诸侯国疲于征战，宋大夫向戌看到了这一点。向戌"善于赵文子，又善于令尹子木"，便出面拉拢晋、楚，倡行弭兵。为了扩大影响和向晋、楚施加压力，向戌特意通告了齐国和秦国。因为有晋、楚、齐、秦互相匹敌的四大强国参与，这次弭兵的规模非常大。前546年，晋、楚、齐、秦、鲁、卫、陈、蔡、郑、许、宋、曹、邾、滕十四国于宋都蒙门外召开第二次弭兵会议。这次弭兵之会的气氛并不和谐，晋、楚双方都各怀鬼胎。赴会的楚人暗藏兵甲，在会上争先歃血，晋无力阻挡，只好让楚国主盟。会上达成"晋、楚之从交相见"的协议。"交相见"意谓原属晋的朝楚，属楚的朝晋。这就是说，原先分别从属晋、楚的中小诸侯国，现在要同时负担向晋、楚两国朝贡的义务。由于原

① 杨伯峻编著：《春秋左传注》（修订本），中华书局1990年版，第1251页。
② 杨伯峻编著：《春秋左传注》（修订本），中华书局1990年版，第1103页。

来从属于晋国的诸侯国占多数，这就使晋国吃了亏。于是，晋赵武说："晋、楚、齐、秦，匹也，晋之不能于齐，犹楚之不能于秦也。楚君若能使秦君辱于敝邑，寡君敢不固请于齐？"[①]最后商定，齐、秦两国除外，其他各国都须"交相见"，楚国还是占了便宜。这样一来，两国的附属国必须既朝晋又朝楚，承认晋、楚为其共同的霸主。晋、楚两大霸主利用这次弭兵之会，以牺牲中小国家利益的办法，互相瓜分了霸权，形成了均势。而对中小国家来说，虽然它们获得了暂时的和平，负担却更加沉重了。

向戌弭兵，标志着大国争霸战争从此接近尾声，各国内部的倾轧斗争开始上升为当时的主要矛盾。

三　"弭兵"的历史意义

春秋时代各大诸侯国之间相互攻伐、兼并的战争，同华夏诸国与夷狄等部族之间的战争、奴隶和平民反抗奴隶主贵族压迫的战争、新兴地主阶级夺取政权的战争交织进行，促使春秋时期社会在剧烈震动和变革中前进。尽管孟子说"春秋无义战"，但春秋时期的战争，对中国历史进程的推动作用是无可否认的。

那么，又该如何看待战争期间的弭兵呢？虽然在列国林立的春秋时期，无法做到永久弭兵，但当时宋国人发起的"弭兵"，对维持中原各国间的相对稳定起到了一定作用，对春秋后期的变局也产生了较大影响。经过第一次弭兵的酝酿和第二次弭兵的实现，和平的观念渐入人心，各国均不敢再轻易用兵，惧怕违背盟约而招致众怒。春秋后期，除了长江中下游的吴越之争以及楚、齐不甘寂寞的几次厮杀外，将近一百年的时间里，中原很少有战事。战祸减少，各国得以处理"内务"：一是新势力对旧势力的斗争，二是发展社会生产力。中原弭兵之后，

---

① 杨伯峻编著:《春秋左传注》(修订本)，中华书局1990年版，第1130页。

各国内政逐渐下移到卿大夫手中，出现了大夫专政的局面。近人梁启超从中国历史发展的趋向考察了春秋时期历史的发展趋势和特征，中肯地论述了春秋时期是中国历史走向大一统过程的极其重要的阶段，对于春秋霸政和弭兵的历史作用给予了充分肯定。他认为，"宋盟"（指向戌弭兵）以后，影响春秋变局之大事有四，其中之一就是"各国大夫之专政"。可见，弭兵是促成诸侯争霸战争转向大夫兼并战争的重大事件，因此，成为春秋历史的转折点。弭兵也为社会生产力的发展创造了一个安定的环境，人民群众得到休养生息的机会，加上生产方式的急剧变革，比如铁器和牛耕的使用和推广等，使生产力得到极大发展，这就为战国时期的统一战争作了物质上的充分准备。到战国时期，因兼并战争而剩下的齐、魏、赵、韩、秦、楚、燕等七个大国都已完成了对国内旧势力的夺权斗争。各国先后在不同程度上开展了社会改革，掀起变法运动，对旧的经济基础和上层建筑进行改造。各国的变法运动完成以后，社会生产力得到极大发展。战国中期,烽烟再起,但战争的性质已经发生改变。战争不再是兼并土地和取威定霸，因时代的变革而被赋予了"统一天下"的新鲜血液。梁启超认为：弭兵作为"迁转世运"、迎接新时代的缓冲剂，是春秋而入战国的必由之路，"不有所废，其何以兴？天其或将开战国之局而假手于戌焉"[1]。

　　另外，两次弭兵的促成，也反映出宋国在诸侯国中享有较高的政治威望，是宋国军事外交和政治外交的伟大胜利。宋国是周初最重要的封国之一，从立国到灭亡，几乎与周王朝相始终；而且在相邻大国晋、齐都发生政权易姓的情况下，保持了一姓家族统治。古人曾这样评述宋国："宋虽灭，本大国。"[2] 当然，这里所谓大国，是指宋国初封时为公爵，后来又因为宋襄公让国的"仁义"之举，以及护送齐公子昭回国即位有功于齐室，在诸侯国中取得了一定威信。其实，不论是经济实力还

①　梁启超著：《饮冰室合集·春秋载记》，中华书局 1989 年版，第 39 页。
②　（汉）班固撰：《汉书·地理志》，中华书局 1996 年版，第 1664 页。

是军事实力，宋国都很难与真正的大国相攀比。宋国地处中原，无险可据，周初分封商纣王之兄微子启于宋地，主要就是考虑到这块地方，"四望平坦，又近东都，虽子孙或作不靖，无能据险为患"①。但入春秋以后，宋国通过兼并而得到彭城（今江苏徐州一带）。彭城当南北之要冲，地势极为险要。晋、楚争霸，如何控制彭城这一战略要地，一向成为一个重要目标。晋悼公争霸，要联络远在东南的吴国以牵制楚国，就是借控制彭城而与吴相交通的；随后楚拔彭城，目的也在于堵死晋与吴联系的孔道。"可知彭城系于南北之故者至大，而宋之常为天下重，盖以此也。"②

作为兵家必争之要地，四面为强邻所包围，易遭别国进攻而又难以扩展疆土，这种特殊的地理位置和周边环境直接影响着宋国的发展。在生存空间极其有限的条件下，宋国只有在大国中间巧妙周旋才能保全自身。所以，宋国在对外关系上只能是：一方面充分利用自己"公国之尊"的特殊地位和强国搞好关系；另一方面则在大国之间扮演"主和"使者的角色，以便能受到弱小国家的尊重。春秋时期，齐国最早称霸，与齐国关系最密切、地位最尊者便是宋国，齐桓公把他最喜欢的公子昭托付给宋襄公，以便让宋日后立公子昭为齐君。齐国这样看得起宋国，无非是借重宋国的"公国之尊"。此后晋国称霸，宋与晋关系也极为密切，晋每以救宋逐鹿中原并多次馈赠兼并之地与宋国，宋国没少从晋国那里得到好处。宋国对外关系的另一特点就是在大国之间主和。宋国处在晋、楚、齐三大霸主之间，每一霸主的争霸之战都难免会殃及宋国。春秋时期弱肉强食、优胜劣汰的时代特征和宋国国小力弱的现实，造就了华元和向戌两位杰出的外交活动家。他们为了宋国的生存，奔波于兵锋之中，来往于争霸大国之间，依靠自己的智慧和才能，坚决奉行主和的外交政策，不仅使宋国在大国争霸的春

① 梁启超著：《饮冰室合集·春秋载记》，中华书局 1989 年版，第 13 页。
② 梁启超著：《饮冰室合集·春秋载记》，中华书局 1989 年版，第 13 页。

秋时代不至于任人宰割，同时也赢得了诸侯各国真诚或虚伪的认可，为宋国有一个稳定的环境增加了砝码。而这种政策的延续，也避免了宋国在七雄征战的战国时期过早灭亡。"宋自弭兵之后，谓无复外患"，如果不是因为内争迭起，"国以削弱"，宋国也许还可以在以后的列国交往之中大有作为。但弭兵的促成亦足以说明，宋国作为一个弱小国家，在春秋列国政治舞台上曾扮演过重要角色，弭兵堪称宋国外交政策的胜利。

第四节　百家诸子群星灿，宋国拥有道、墨、名
###　　　　——宋国著名思想家

一　道家学派的奠基者庄周

（一）庄子故里考

庄子（约前369－前286），名周，字子休（一说子沐）。最早记载庄子籍贯的是《史记》。司马迁在《史记·老子韩非列传》中云："庄子者，蒙人也，名周。周尝为蒙漆园吏，与梁惠王、齐宣王同时。"司马贞《索隐》引《地理志》谓："蒙县属梁国。刘向《别录》云宋之蒙人也。"①

庄子生活时代的蒙属于宋国。《国语·楚语》云："宋有萧、蒙。"韦昭注曰："萧、蒙，宋公子鲍之邑。"②这说明，宋国之蒙是宋公子鲍的采邑（封地）。《左传·庄公十二年》载："秋，宋万弑闵公于蒙泽。"杜预《注》："蒙泽，宋地。梁国有蒙县。"孔颖达《疏》引《释例》云："宋之蒙泽，楚之乾溪，俱在国内。"③《史记·宋微子世家》言："（南宫万）遂以局杀湣公于蒙泽。"裴骃《集解》注引贾逵语曰："蒙泽，宋泽名也。"

---

①　（汉）司马迁撰：《史记·老子韩非列传》，中华书局1959年版，第2143－2144页。
②　徐元诰撰，王树民、沈长云点校：《国语集解》，中华书局2002年版，第498页。
③　李学勤主编：《十三经注疏·春秋左传正义》，北京大学出版社1999年版，第247页。

又引杜预注云："宋地，梁国有蒙县。"①

其后，关于记载庄子里籍的文献，按时代先后略举几例如下：

《汉书·艺文志》载有"《庄子》五十二篇"，班固下注庄子云："名周，宋人。"②

《淮南子·修务训》高诱注："庄子名周，宋蒙县人，作书廿三篇，为道家之言。"③

北魏郦道元在《水经注》中说："汳水又东迳蒙县故城北，俗谓之小蒙城也。《西征记》：城在汳水南十五六里，即庄周之本邑也，为蒙之漆园吏。郭景纯所谓漆园有傲吏者也。悼惠施之没，杜门于此邑矣。"④

唐代陆德明《经典释文·序录》："庄子者，姓庄，名周，梁国蒙县人也，六国时为梁漆园吏，与魏惠王、齐宣王、楚威王同时。"清末经学家吴承仕在《经典释文序录疏证》中谓："此述庄子爵里事状，大抵以《史记》列传为据。"⑤

唐《元和郡县图志》卷七《河南道》"宋城县"下云："小蒙故城，县北二十二里。即庄周之故里。"⑥

宋代乐史《太平寰宇记》卷十二《河南道》"宋州人物"条下云："庄周，宋蒙人。"又"宋城县"下云："本宋国蒙县，以宋公及诸侯盟于蒙门而为县名。汉为睢阳，在睢水之阳以为名，地属梁国。隋开皇十八年改为宋城县。唐因之……大蒙城，在县北四十一里。"⑦

清初顾祖禹《读史方舆纪要》卷五十归德府"商丘县"下云："蒙城，

① （汉）司马迁撰：《史记·宋微子世家》，中华书局1959年版，第1624—1625页。
② （汉）班固撰：《汉书·艺文志》，中华书局1996年版，第1730页。
③ 何宁撰：《淮南子集释》，中华书局1998年版，第1355页。
④ （北魏）郦道元著，陈桥驿校证：《水经注校证》，中华书局2007年版，第557—558页。
⑤ 吴承仕著，秦青点校：《经典释文序录疏证》，中华书局1984年版，第160—161页。
⑥ （唐）李吉甫撰，贺次君点校：《元和郡县图志》，中华书局1983年版，第180页。
⑦ （宋）乐史撰，王文楚等点校：《太平寰宇记》，中华书局2007年版，第220—221页。

在府东北四十里。亦曰大蒙城。"①

清蒋廷锡《尚书地理今释》"三亳"条："今河南归德商丘县北四十里有大蒙城。"②

综合以上记载分析，可以得出如下结论：

其一，庄子是宋国人，这一点还有其他资料为旁证。《庄子·列御寇》载："宋人有曹商者，为宋王使秦。其往也，得车数乘；王说之，益车百乘。反于宋，见庄子曰：'夫处穷闾陋巷，困窘织屦，槁项黄馘者，商之所短也；一悟万乘之主而从车百乘者，商之所长也。'庄子曰：'秦王有病召医，破痈溃痤者得车一乘，舐痔者得车五乘，所治愈下，得车愈多。子岂治其痔邪，何得车之多也？子行矣！'"③这位叫曹商的人替宋国出使秦国，秦王喜欢他，加赐他百辆马车。回到宋国后就拜见庄子，炫耀自己并讥讽庄子穷困。结果遭到庄子的怒批，说他等于是为秦王"吮痈舐痔"，这种低贱媚俗的举动为世人所不齿。这一记载说明庄子居住在宋国，为宋国人所熟知。又《韩非子·难三》引宋人语云："一雀过羿，羿必得之，则羿诬矣。以天下为之罗，则雀不失矣。"④《韩非子》能引用宋人的话以说理，则这位宋人一定是众所熟知的名人。《庄子·庚桑楚》载有相近的话："一雀适羿，羿必得之，威也；以天下为之笼，则雀无所逃。"⑤可知，《韩非子》中的宋人语当为庄子所言，韩非子距庄子时代较近，其所言应更为可信。

其二，庄子是宋国的蒙人。蒙故城在原商丘县正北或东北方向，可以肯定距商丘县城二十至五十里范围内。商丘在 1997 年撤地建市，原商丘县一分为二，分别被命名为睢阳区和梁园区。从上述材料可以确定，蒙故城应在今梁园区李庄乡蒙墙寺村一带（蒙墙寺距商丘县城十八公

① （清）顾祖禹撰，贺次君等点校：《读史方舆纪要》，中华书局 2005 年版，第 2342 页。
② （清）蒋廷锡撰：《尚书地理今释》，商务印书馆 1936 年版。
③ 陈鼓应注译：《庄子今注今译》，中华书局 1983 年版，第 839 页。
④ （战国）韩非著，陈奇猷校注：《韩非子新校注》，上海古籍出版社 2000 年版，第 914 页。
⑤ 陈鼓应注译：《庄子今注今译》，中华书局 1983 年版，第 621 页。

里）。宋国之蒙，秦置蒙县，汉因之，属梁国八县之一，北齐废。李可亭在《庄子故里考辨》一文中说："从《左传》《史记》等价值较高的史料记载出发，加上蒙墙寺地下出土的隋唐以后的文物推测，从方向和距离来看，今商丘市梁园区李庄乡蒙墙寺一带应为宋之蒙所在地，亦即庄子出生之地。"①

20世纪70年代初期，商丘地区文物部门曾在李庄乡蒙墙寺村发现有古城遗址。此后该村村民在打机井时也多次发现十七米以下有砖、铁器、陶瓦碎片等物。在整理文物时还发现地下有古城墙角和隋唐以前的一口枯井。现遗址上有1982年12月商丘县人民政府所立标牌，上书："该文化遗址为战国时宋国蒙县和汉代梁国的蒙县遗址。经考证也是古代大哲学家、思想家庄子的出生地，此遗址曾先后出土过不少文物，但大多数失散民间。可幸存的还有：汉代古城墙遗址、汉代古井、汉代砖雕、古代大殿明柱磉、古建筑龙纹琉璃大脊等……"蒙墙寺村现有居民两千多人，而其中闫（阎）姓居民近九成。村民为什么大都姓闫？村民们称：蒙墙寺姓闫的都是庄周的后代。史载，东汉时因避汉明帝刘庄的名讳，庄姓改为严姓。魏晋时期，部分严姓恢复庄姓，故有"庄严一家"之说。明朝出了个奸臣严嵩，庄子故里的原庄姓人为了和他撇清关系，又将严改成了阎，后简写为闫，皆为一家。

另据现有资料来看，庄周祠最早建在小蒙城，为北宋宋城县秘书丞王兢所建。苏轼曾应邀于元丰元年（1078）十一月十九日写了一篇碑文《庄子祠堂记》。今文存而祠已不存，碑文内容如下：

> 庄子，蒙人也。尝为蒙漆园吏。没千余岁，而蒙未有祀之者。县令秘书丞王兢始作祠堂，求文以为记。
>
> 谨按《史记》，庄子与梁惠王、齐宣王同时，其学无所不窥，然要本归于老子之言。故其著书十万余言，大抵率寓言也。作《渔

---

① 李可亭：《庄子故里考辨》，《商丘师范学院学报》2012年第1期。

父》《盗跖》《胠箧》，以诋訾孔子之徒，以明老子之术，此知庄子之粗者。余以为庄子盖助孔子者，要不可以为法耳。

楚公子微服出亡，而门者难之，其仆操棰而骂曰："隶也不力。"门者出之。事固有倒行而逆施者，以仆为不爱公子则不可，以为事公子之法亦不可。故庄子之言，皆实予而文不予，阳挤而阴助之，其正言盖无几。至于诋訾孔子，未尝不微见其意。其论天下道术，自墨翟、禽滑厘、彭蒙、慎到、田骈、关尹、老聃之徒，以至于其身，皆以为一家，而孔子不与，其尊之也至矣。

然余尝疑《盗跖》《渔父》，则若真诋孔子者。至于《让王》《说剑》，皆浅陋不入于道，反复观之，得其寓言之意。终曰阳子居，西游于秦，遇老子，老子曰："而睢睢，而盱盱，而谁与居？"太白若辱，盛德若不足，阳子居蹴然变容。其往也，舍者将迎其家，公执席，妻执巾栉，舍者避席，炀者避灶。其返也，舍者与之争席矣。去其《让王》《说剑》《渔父》《盗跖》四篇，以合于列御寇之篇，曰《列御寇》。之齐，中道而返。曰："吾惊焉，吾食于十浆，而五浆先馈。"然后悟而笑曰："是固一章也。"庄子之言未终，而昧者剿之以入，其言余不可以不辨。凡分章名篇，皆出于世俗，非庄子本意。[①]

(二) 庄子哲学思想的要点

庄子是战国时期著名思想家、哲学家、文学家，是道家学派的代表人物，老子哲学思想的继承者和发展者，先秦庄子学派的创始人。庄周和他的门人以及后学者著有《庄子》一书，亦称《南华经》。班固《汉书·艺文志》著录《庄子》共五十二篇，今传三十三篇，一般认为《内篇》七篇为庄子本人的作品，《外篇》《杂篇》为体现庄子学派精神的门人与后学混著。

---

① 河南省商丘县志编委会：《商丘县志》，中州古籍出版社 1989 年版，第 430—431 页。

1. 效法自然的天道观

庄子的哲学主要接受并发展了老子的思想。庄子和老子一样，也很重视对宇宙本源和宇宙万物发生、发展过程的探讨。庄子对于"宇"和"宙"有比较精微的解说，《庄子·庚桑楚》云："有实而无乎处者，宇也。有长而无本剽者，宙也。"① 即认为宇是有实而无边际的，指空间之无限，宙是有长而无本原的，指时间之无穷。合而言之，宇宙就是整个的时空及其所包含的一切。

面对茫茫宇宙，庄子提出了"有先天地生者物邪"的问题，继而得出了"物物者非物"的结论，认为产生有形之物的只能是某种无形无象的"非物"，而这个产生天地万物的"非物"，就是"道"。老子以为有在天以前而为天之根本的，即是道。道生于天地之先，为一切之母。庄子发挥了老子的思想，主张道是宇宙之究竟本根。他说："夫道，有情有信，无为无形；可传而不可受，可得而不可见；自本自根，未有天地，自古以固存；神鬼神帝，生天生地；在太极之上而不为高，在六极之下而不为深，先天地生而不为久，长于上古而不为老。"② 此道是有情有信，确是实在的；而又无为无形，不可感觉更无所谓久老。道是超越时空的无限本体，它生出天地万物，而又无所不包，无所不在，表现于一切事物中。然而它又是自然无为的，在本质上是虚无的。庄子的道从主体上升为一种宇宙的精神，他把道和人紧密结合，使道成为人生所要达到的最高境界。道是世界万物的本源，宇宙万物运动的法则，其特点具有绝对性、超越性、永存性、普遍性、无差别性、无目的性。庄子详细地阐述"道"，向世人宣告自己体悟的宇宙观，这也正是他追求生命自由的逍遥境界的思想基础，要达到生命的绝对自由，就必须深刻体悟"道"这个基本的范畴。

---

① 陈鼓应注译：《庄子今注今译》，中华书局 1983 年版，第 611 页。
② 陈鼓应注译：《庄子今注今译》，中华书局 1983 年版，第 181 页。

2.相对主义的认识论

《老子》在谈矛盾统一时，忽略了矛盾转化的条件，庄子对《老子》朴素辩证法思想中的消极因素又有所发展。第一，在认识对象问题上，庄子提出"齐万物而为一"的观点："故为是举莛与楹，厉与西施，恢恑憰怪，道通为一。其分也，成也；其成也，毁也。凡物无成与毁，复通为一。"①即抹杀和否认客观事物具有差异的规定性。第二，在认识标准的问题上，庄子提出了"齐是非"的观点："物无非彼，物无非是。……是亦彼也，彼亦是也。彼亦一是非，此亦一是非。"②从而否认了认识标准的客观性。第三，庄子从齐万物、齐是非的相对主义走向对人的认识能力的怀疑。他说："吾生也有涯，而知也无涯。以有涯随无涯，殆已；已而为知者，殆而已矣。"③庄子一方面肯定"吾生也有涯"，表明人的认识能力的有限性，另一方面又断定"知也无涯"，认为人类的认识发展是无限的。这是符合辩证法思想的认识。但是庄子却片面强调有限与无限的对立。他反对追求知识，认为用有限的生命去追求无限的知识是很危险的事。他对人的认识能力所持的这种怀疑态度，发展到极端，对自己的存在甚至也发生了怀疑。庄子说他睡觉时做了个梦，梦见自己变成了一只蝴蝶。他弄不清楚究竟是他做梦变成了蝴蝶，还是蝴蝶做梦变成了自己。这说明庄子把相对主义作为认识论的基础，就会陷入怀疑论和不可知论。

3.追求精神虚幻自由的人生哲学

庄子把自己融入到自然中去，仿佛与天地融为一体。他顺应自然，尊重万物的变化；他坚持人的本性，尊重人的自然属性，追求虚无恬淡，"无己""忘形"。他的社会理想是"至德之世"和"建德之国"。他有着宁静、平和的心态，在名利和贪欲面前，不屑一顾。追求精神自由，

---

① 陈鼓应注译：《庄子今注今译》，中华书局 1983 年版，第 61—62 页。
② 陈鼓应注译：《庄子今注今译》，中华书局 1983 年版，第 54 页。
③ 陈鼓应注译：《庄子今注今译》，中华书局 1983 年版，第 94 页。

是庄子的人生理想，他认为一般人无法摆脱世俗的观念和生活，是谈不上自由的，真正的自由必须是"无待"即无条件的。这种无条件的自由只能是一种心灵上的自由，世俗之人沉溺于追逐名利不能自拔，这样的人生是非常可悲的。

庄子对一切都抱着无任何是非的怀疑态度，因而导致他的人生哲学一方面表现为屈从命运安排的宿命论，另一方面则又幻想超脱现实、追求绝对精神自由的神秘境界。荀子在评价庄子时，说庄子"蔽于天而不知人"。庄子认为人不能战胜天，强调"命"对人生的主宰作用。在此情况下，他提出人通过由"心斋"而"坐忘"的修养过程，达到"无己"的境界。庄子这种注重追求精神上虚幻自由的人生哲学，对后世封建士大夫的思想产生了复杂多重的影响。

二　墨家学派的创始人墨子

墨子是战国著名思想家、政治家，墨家学派的创始人。但是关于其生卒年，迄今无人能言其详。最早谈到墨子生平的是司马迁，他在《史记·孟子荀卿列传》末附缀墨子曰："盖墨翟，宋之大夫，善守御，为节用。或曰并孔子时，或曰在其后。"① 《后汉书·张衡传》注引《衡集》云："班与墨翟并当子思时，出仲尼后。"②

（一）墨子为宋人考

战国时期，墨学影响盛极一时，《孟子·滕文公下》说："杨朱、墨翟之言盈天下。天下之言不归杨，则归墨。"③ 但是，墨子到底是哪国人，由于文献记载模糊，无人能言其详，至今有其为宋国人、鲁国人、楚国鲁阳人、印度人四说。详考有关史料，墨子为宋国人之说最为可信。

---

① （汉）司马迁撰：《史记·孟子荀卿列传》，中华书局1959年版，第2350页。
② （宋）范晔撰，（唐）李贤等注：《后汉书·张衡传》，中华书局1965年版，第1913页。
③ 杨伯峻译注：《孟子译注》，中华书局1960年版，第155页。

1. 墨子为宋人的文献记载

据前引《史记·孟子荀卿列传》曰："盖墨翟，宋之大夫……或曰并孔子时，或曰在其后。"又《汉书·艺文志》云："《墨子》七十一篇。"颜师古注云："名翟，为宋大夫，在孔子后。"这里，司马迁和颜师古都说墨子为"宋大夫"，但未明言墨子为宋国人。陈奇猷认为，"《史记》虽未明言为何国人，然谓为宋大夫，大夫之职多为世袭，则墨子之先世必居宋无疑"[①]。既然墨子是"宋大夫"，而大夫之职多半由世袭而得，而且也没有听说墨子在其他国家做过大夫，由此可以推断墨子是宋人。

其实，早在司马迁之前，西汉文学家邹阳在《狱中上梁王书》里就透露出墨子是宋人的信息。这篇作品保存在《史记·邹阳列传》里，其中有这样几句话："昔者鲁听季孙之说而逐孔子，宋信子罕之计而囚墨翟。夫以孔、墨之辩，不能自免于谗谀，而二国以危。何则？众口铄金，积毁销骨也。"[②]邹阳在这段话里，用对比的手法，比物连类，列举历史事实来说明，对待贤才的态度会牵系到国家的安危盛衰。他拿鲁国的孔子与宋国的墨翟对举，把孔子和墨子分别看成本国贤圣，很显然在邹阳的心目中，墨子无疑是宋国人。东汉马融也认为墨子是宋国人，其《长笛赋》里有"于是乃使鲁般宋翟，构云梯，抗浮柱"[③]之语，由于公输般是鲁国人，他简称"鲁般"，而称墨翟为"宋翟"，并与鲁般并论，很显然马融也是把墨子看作宋人的。

最早明确指明墨子是宋国人的，是东晋的葛洪，他在其《神仙传》中云："墨子者，名翟，宋人也。仕宋为大夫，外治经典，内修道术，著书十篇，号为《墨子》。"[④]《文选·长笛赋》李善注引《抱朴子》亦谓"墨子名翟，宋人"[⑤]。唐林宝《元和姓纂》从墨氏族源注解墨子云："墨，

---

① （战国）韩非著，陈奇猷校注：《韩非子新校注》，上海古籍出版社 2000 年版，第 1125 页。
② （汉）司马迁撰：《史记·邹阳列传》，中华书局 1959 年版，第 2473 页。
③ （梁）萧统编，（唐）李善注：《文选》，上海古籍出版社 1986 年版，第 811 页。
④ （晋）葛洪撰，胡守为校释：《神仙传校释》，中华书局 2010 年版，第 123 页。
⑤ （梁）萧统编，（唐）李善注：《文选》，上海古籍出版社 1986 年版，第 812 页。

孤竹君之后，本墨台氏，后改为墨氏。望出梁郡。战国时宋人墨翟著书，号《墨子》。"①南宋郑樵《通志·氏族略》引《元和姓纂》亦释墨氏曰："孤竹君之后，本墨台氏，后改为墨氏。望出梁郡。战国时宋人墨翟，著书号《墨子》。"②清康熙《商丘县志》载："墨翟，宋人，为宋大夫。外治经典，内修道术，著书十篇，号曰《墨子》。公输子尝为楚造云梯，欲以攻宋，翟之楚，说而罢之。年八十二，入周狄山学道，夜有神人授以秘书，遂隐居以避战国之乱。至汉武帝时，遣使者杨伟来聘，不出。视其颜色，常若五十许人。周游五岳，不知所终。"③可见，从东晋到唐宋再到清代，学者皆主墨子为宋人说。

近人顾颉刚在《禅让传说起于墨家考》中，对墨子里籍进行了明确而详备的考证，指明墨子就是宋国人，且认定为伯夷之后，为宋襄公后人。童书业也说："墨子实目夷后裔，以墨夷为氏，省为墨氏也。"④刘绪义就文献记载和墨子哲学思想渊源撰文说："墨子是地道的宋国人，不管是从已有的史实来看，还是从其思想渊源来看，都不需太多的争议。不仅墨子本人是宋国人，而且大量的墨子弟子也多是宋国人。墨学兴起于宋，是地道的宋国本土学派。关于这一点，前人有很多论述……墨学在春秋战国时期是名噪一时的'显学'，也是以宋为中心，影响遍及各大小诸侯国。其受欢迎之程度有甚于儒学。墨学在宋国有着很大的影响和广泛的社会基础，其兼爱、非攻等主张深得宋人的同情，故墨子与宋一直保持良好的关系，墨子步行十天十夜从鲁赴楚，专为止楚攻宋，墨子为帮助守宋都，曾一次性出动三百弟子。"⑤

2. 墨子为宋人的旁证资料

首先，《墨子》一书具有明显的宋方言的特点，这可以从侧面证明

① （唐）林宝撰，岑仲勉校记：《元和姓纂》，中华书局1994年版，第1615页。
② （宋）郑樵撰，王树民点校：《通志二十略》，中华书局1995年版，第141页。
③ 河南省商丘县志编委会：《商丘县志》，中州古籍出版社1989年版，第359页。
④ 童书业著：《春秋左传研究》，上海人民出版社1980年版，第334页。
⑤ 刘绪义：《墨子是先秦"新儒家"论》，《云梦学刊》2010年第2期。

墨子是宋国人。

南宋郑樵在《通志·总序》中曾论及《左传》《公羊传》以及《史记》的地方语言特色，他说："左氏，楚人也，所见多矣，而其书尽楚人之辞。公羊，齐人也，所闻多矣，而其书皆齐人之语。今迁书全用旧文，间以俚语，良由采摭未备，笔削不遑，故曰：'予不敢堕先人之言，乃述故事，整齐其传，非所谓作也。'"又说："所可为迁恨者，雅不足也。"①郑樵谓《左传》《公羊传》以及《史记》三书方言过于浓厚，在"雅"这方面尚有欠缺。其实，即使同样是用雅言写成的古代作品，由于作者的地域不同，往往也不可避免地带有该方言区的语言特点。最明显的例子是《诗经》和《楚辞》，由于楚辞产生于楚地，所以其中带有浓烈的方言色彩的"兮""羌"等方言词语，而这在《诗经》中是鲜见的。

《墨子》一书最大的特色是它鲜明的口语化。对此，刘勰在《文心雕龙·诸子》里曾用"意显而语质"五字作了精辟而高度的概括总结。语言质朴的《墨子》比雅正的作品更凸显地方性。陈奇猷曾经指出："《墨子》书中多用宋方言，如《鲁问篇》'刘三寸之木'，扬雄《方言》云'秦、晋、宋、卫之间谓杀曰刘'，是刘为墨子乡语。"②宋为殷商后裔，在商代，宋人的祖先已有过将"刘"用作"杀"的先例。如在商朝遗文《商书·盘庚》里，就有"重我民，无尽刘"之语。可见"刘"作为方言词汇，早在殷商时代就已产生。再如"槌"字，宋地方言常用作"植"，表示架蚕箔的木柱或关闭门户所用的直木。《方言》卷五："槌，宋魏陈楚江淮之间谓之植。"钱光在《墨子当为宋人考》一文中考证出《墨子》一书曾十三次运用"植"字，这明显体现出宋方言的特点。例如《墨子·备城门》："门植关必环锢，以锢金若铁鍱之。"孙诒让注谓："植，持门直木；关，持门横木。"③"锢"是"固"的通假字。大意是用来关

<hr />

① （宋）郑樵撰，王树民点校：《通志二十略·序》，中华书局1995年版，第1—2页。
② （战国）韩非著，陈奇猷校注：《韩非子新校注》，上海古籍出版社2000年版，第1125页。
③ （清）孙诒让撰，孙启治点校：《墨子间诂》，中华书局2001年版，第511页。

闭城门的直木和横木必须用绳索捆扎牢固，还要用铁一类的金属片包起来。值得注意的是，句中的"环"也是一个宋方言词。"环"又作"缳"，在宋方言中本意指绳索，在此是指用绳索穿、套、捆扎之类的意思。

其次，《墨子》一书所表现出的对宋国的护爱之情，分明就是臣民对君国的一种情愫表达。

墨子最明确的思想主张是兼爱、非攻，为实现这一主张，他身体力行，不辞劳苦，奔波来往于齐、鲁、魏、楚等各国。其中，"止楚攻宋"是这一思想在其实践中最光辉的成功之举。此事发生时正当墨子壮年。鲁国有一位巧匠叫公输般，为楚国制造一种专门用于攻城的器械，叫作云梯，准备用以攻打宋国。墨子听到这一消息，立即从齐国出发，裂裳裹足，日夜兼程，十天赶到楚国都城郢。他义正辞严地劝说公输般和楚王，希望他们打消进攻宋国的念头。可是公输般和楚王以为有了云梯，必能攻取宋国。于是，墨子与公输般在楚王面前进行了一场攻防演习，"子墨子解带为城，以牒为械，公输般九设攻城之机变，子墨子九距之。公输般之攻械尽，子墨子之守圉有余"。公输般技穷，准备杀死墨子。墨家徒属有严密的组织纪律，"钜子有命"，虽赴汤蹈火，亦在所不辞。墨子有备无患，告知楚王和公输般说："臣之弟子禽滑厘等三百人，已持臣守圉之器，在宋城上而待楚寇矣。虽杀臣，不能绝也。"楚王无奈，只好说："善哉！吾请无攻宋矣。"[1] 被迫放弃了攻宋的企图。墨子止楚攻宋一事，《吕氏春秋》《淮南子》等典籍亦有记载，各书所载故事大致相同，文字表述小异。但对此事发生的时间均无明确记载，只能约略推知。《墨子·公输》孙诒让注云："以墨、输二子年代参合校之，墨子之止攻宋，约当在宋昭公、楚惠王时。盖是时楚虽有伐宋之议，而以墨子之言中辍，故史无其事耳。《渚宫旧事》谓公输子南游楚在惠王时，其说盖可信。"[2] 楚惠王时，对内改革政治，发展生产，国

---

[1] （清）孙诒让撰，孙启治点校：《墨子间诂》，中华书局 2001 年版，第 486—488 页。
[2] （清）孙诒让撰，孙启治点校：《墨子间诂》，中华书局 2001 年版，第 483 页。

势得以迅速复苏；后来对外多次用兵，先后灭掉陈、蔡、杞等国，成为"与秦平"的一方强霸。此时，墨子正大力倡行其兼爱、非攻学说。那么，我们不禁要问，为什么楚国攻伐其他国家墨子不加阻止，独独对攻打宋国煞费心机加以劝阻呢？墨子与宋国之间到底是什么关系呢？结合墨子从齐国出发（《淮南子·修务训》与《吕氏春秋·爱类》皆谓"自鲁"出发）前，就预先让弟子禽滑厘等三百人持防守器械在宋城上以待楚寇，可以推知墨子就是宋国人。"墨子止楚攻宋"就是一篇地道的忠君爱国范文。墨子当时在齐国，抑或是在鲁国，但闻知故国可能被楚国侵伐，就马上动身去楚国游说楚王。他能事先让禽滑厘等三百弟子在宋城做好防御之备，说明他的弟子大部分也都是宋国人，否则断不可能在很短的时间内集结在一起。而在和楚王的对话中，直言"楚寇"一词，也说明他不可能是楚国人。

　　除了"止楚攻宋"，《墨子》一书言辞上对宋国特别恭敬，也可以看出墨子与宋国关系非同寻常。在先秦诸子书籍中，宋国是被讥讽的对象，宋人几乎成为"愚人"的代名词。据不完全统计，《孟子》中有"拔苗助长"，《庄子》中有"不龟手药""适越卖冠"，《韩非子》中有"守株待兔""智子疑邻""崇门巷人""少年学饮""重带自束""狗猛酒酸"，《列子》中有"负日之暄""数齿待富"，《淮南子》中有"教子私藏"，《战国策》中有"宋人名母"，《吕氏春秋》中有"澄子夺衣""宋人御马""高阳应为室"等讽宋寓言。但是，遍查《墨子》全书，不但不载讥讽宋国之典故，甚至对宋无一言一语之不敬。这种现象如何解释？或者说原因何在？那就是因为宋国是墨子故国的缘故吧！钱光的《墨子当为宋人考》一文对此亦颇有同感："由于某种原因，在先秦著作里不乏揶揄宋人之处。如《左传》里记载了宋襄公蠢猪式的仁义，《孟子》里有宋人揠苗助长的故事，《韩非子》里有宋人守株待兔的故事等。但耐人寻味的是，尽管《墨子》一书曾二十三次提到宋国，却总是带着卫护的口吻，把宋国看作是受欺凌，应得到保护的弱者，从无一句不恭敬的话。

这大概也不是偶然的，也能从一个侧面证明墨子是宋人吧。"①

3. 对否定墨子为宋人之辩驳

近人梁启超在其所著《墨子学案》一书中，据《墨子·公输》有"归而过宋"一语而否定墨子为宋人，他说："宋人之说，因《史》《汉》都说墨子尝为宋大夫，所以传误。据《公输篇》有'归而过宋'一语，其非宋人可证。"②方授楚赞成梁启超的观点，他在《墨学源流》一书说："'归过宋，天雨庇其闾中，守闾者不内。'均见《公输篇》。而《鲁问篇》则言'子墨子出曹公子于宋，三年而反睹子墨子。'曰过；曰出而反，此均足以证墨子非宋人也。"③后来还有不少学者据此否定墨子为宋人说。但是，如果认真分析推理，这样的推论是没有说服力的。墨子是宋国人，但不一定就长年居住在宋国。他和孔子携徒周游列国以传道一样，是一位以天下为怀，游走四方的学者，经常往来于宋国、鲁国、齐国、魏国、楚国等地。他止楚攻宋时，是从齐国（或说鲁国）前往楚国的，归齐国时，自然就是"过宋"而不是"归宋"了。这"归而过宋"四字只能证明墨子当时没有居住在宋国，并不能证明他不是宋国人。至于方授楚以"子墨子出曹公子于宋，三年而反"一句话为由，说"曰出而反"证明墨子不是宋人，也是很难让人信服的。这句话只能说明在当时墨子携带弟子长时间（至少三年）居于某国，他让弟子曹公子到宋国去做官，三年后曹公子又回到墨子所居之国，而不能证明墨子不是宋国人。相反，墨子派遣自己的弟子到宋国做官，说明他和宋国的关系是多么密切。

此外，《墨子·公输》谓："子墨子归，过宋，天雨，庇其闾中，守闾者不内也。"④对句中"过宋"的"过"字，还有另一种解释。在1979年商务印书馆出版的《古汉语常用字字典》中，对"过"作四种解释："一、走过，经过。二、胜过，超越。三、错误，过失。四、访，探望。"1999

---

① 钱光：《墨子当为宋人考》，《兰州大学学报》1993年第1期。
② 梁启超著：《饮冰室合集·墨子学案》，中华书局1989年版，第1页。
③ 方授楚著：《墨学源流》，中华书局、上海书店1989年联合版，第7—8页。
④ （清）孙诒让撰，孙启治点校：《墨子间诂》，中华书局2001年版，第488页。

年上海辞书出版社版《辞海》中对"过"的解释第七条是"访；探望"。实质上，在我国古典文献中，已有不少文献把"过"作"拜访，探望"解释的例言。张新河、张九顺在《墨子"止楚攻宋"今考》一文中对此详加举例论述说：

　　如《墨子·贵义》称："子墨子自鲁即齐，过故人，谓子墨子曰：'今天下莫为义，子独自苦而为义，子不若已。'"意思是，墨子从鲁国去齐国探望一位老友，老友对墨子说："现在天下没有多少人行义，你却独自苦苦行义，你还是算了吧。"其中的"过故人"则译为："探望一位老友。"又如《墨子·耕柱》称："子墨子游耕柱子于楚，二三子过之，食之三升，客之不厚。二三子复于墨子曰：耕柱子处楚无益矣！二三子过之，食之三升，客之不厚。"译为："墨子推荐耕柱子到楚国做官，有几个同学去探望他，耕柱子按墨家生活标准，只用三升米的饭招待他们。饮食不丰厚，这几个学生回来向墨子报告说：'耕柱子到楚国做官，没有什么好处啊，我们去探望他，他只让我们吃三升米的口粮标准，招待不丰盛。'"这两处的"过之"都是"拜访"和"探望"……与上述同理，《墨子·公输》篇中"子墨子归，过宋"之"过宋"应为"拜访、探望宋国"之意，而不能把此段文言误译成"墨子从楚国回来，经过宋国云云"。鉴于上述实证，墨子"止楚攻宋"中"子墨子归，过宋"，译为"子墨子从故郢回来，就去拜访宋国宋昭公，并去探望宋城上正在防御、守城的弟子"，这才是《墨子·公输》篇中此句话要表达的真实意图。[①]

　　张新河、张九顺对"过宋"之"过"解释为探望、拜访，是合乎情理的。但是，他们接着又说：这段记述无论译为"子墨子回来时，探望宋城弟子"或误译为"子墨子回来时，经过宋国"，都说明墨子不是宋国人。墨子如是宋国人，此记述应为"子墨子归宋"或"子墨子归，至宋"；另外，

---

① 张新河、张九顺：《墨子"止楚攻宋"今考》，《平顶山学院学报》2007 年第 6 期。

墨子如是宋人，"大雨，庇其闾中，守闾者不能不内"，如墨子是宋大夫，也应是墨子"止楚攻宋"以后的事情，不当在此时。由此可知，"墨翟、宋人"，"商丘墨子故里"的说法，尚无确证，不能令人信服①。

实际上，张新河、张九顺作上述分析，恰恰是不能令人信服的。其一，墨子完成自己"止楚攻宋"的使命之后，从楚国要回到的是他此前的出发地，可能是齐国，抑或是鲁国，归途中是经过宋国也好，还是专门探望一下他在宋城的弟子也好，与墨子是不是宋国人实在没有必然的联系。其二，墨子到宋城时适逢大雨，想到城里避雨守门人却不让他进，这也不能说明墨子不是宋国人。正如张新河他们自己所言，墨子"止楚攻宋"正当墨子精力充沛之壮年时代，可能"在 35 岁至 41 岁间"，而墨子在宋国做官为大夫，是在"止楚攻宋"以后即晚年，当时还发生过被囚禁之事。所以，守门人不识墨子不让他进城也是合情合理的事情。而这样的记载也是为了烘托墨子的人格魅力，即所谓"治于神者，众人不知其功。争于明者，众人知之"②。其三，对守门人不让墨子进城一事，孙诒让还曾这样解释："《管子·立政篇》云'置闾有司，以时开闭'，《周礼·乡大夫》云'国有大故，则令民各守其闾，以待政令'。时楚将伐宋，宋已闻之，故墨子归过宋，守闾者恐其为间谍，不听入也。"③

4. 墨子为鲁国人、鲁阳人、印度人三说之辩驳

提出墨子为印度人的是清末民初学者胡怀琛，他在 1928 年撰文《墨子为印度人辨》，提出墨子不是中国人，可能是印度人或阿拉伯人。这一奇葩之说一出，当时的学术界就群起攻之，斥之为"奇谈怪论"，予以彻底否定。1980 年，卫聚贤又在台湾《天然》杂志上发表《墨子为回教徒考》，认为墨翟是阿拉伯人，是回教徒。但学术界应之寥寥。如今几十年过去了，墨子为外国人这一说法，已经无人再作论说，即便

---

① 张新河、张九顺：《墨子"止楚攻宋"今考》，《平顶山学院学报》2007 年第 6 期。
② （清）孙诒让撰，孙启治点校：《墨子间诂》，中华书局 2001 年版，第 489 页。
③ （清）孙诒让撰，孙启治点校：《墨子间诂》，中华书局 2001 年版，第 488-489 页。

提及也只是将其作为学术争端的一条花絮而已。

　　最早提出墨子是鲁国人的是东汉末年人高诱。《吕氏春秋·慎大览》高诱注曰："墨子，名翟，鲁人也。"[①]清代学者孙诒让据此在《墨子间诂》一书中明确指出墨子"生于鲁而仕宋"。他说："以本书考之，似当以鲁人为是。《贵义篇》云：'墨子自鲁即齐。'又《鲁问篇》云：'越王为公尚过束车五十乘以迎子墨子于鲁。'《吕氏春秋·爱类篇》云：'公输般为云梯欲以攻宋，墨子闻之，自鲁往，见荆王曰：臣北方之鄙人也。'《淮南子·修务训》亦六：'自鲁趋而往，十日十夜至于郢。'并墨子为鲁人之墣证。"[②]孙诒让的考证得到了后来不少学者的赞同。但是，墨子为鲁国人的说法仍然令人难以信服。首先，孙诒让的考证只能证明墨子曾居于鲁，或者说与鲁关系较密切，并不能真正证明他就是鲁国人。《墨子·鲁问》还多次记载墨子与楚王、墨子与楚鲁阳文君的对话，也只能说明墨子曾居于楚，或者说与楚关系较密切，而不能证明他就是楚国人。这个道理是一样的。其次，鲁国是孔子的家乡，那里儒学极盛，略晚于孔子的墨子创立与儒家相对立的墨家学说，在鲁国缺乏社会基础，很难成为"显学"[③]。再次，从作品应当体现出作者地方语言特色的角度来看，《墨子》行文造句并无齐鲁方言特征。钱光在《墨子当为宋人考》一文中用比较法详加考证说："孔子是鲁国人，所以在《论语》里，带后缀'如'的复音词就出现了二十八次。如'乐其可知也：始作，翕如也；从之，纯如也，皦如也，绎如也，以成。'（《八佾》）又因孟子是邹国人，邹离孔子的故乡曲阜不远，所以带后缀'如'的复音词在《孟子》里也出现了四次。如'孔子三月无君，则皇皇如也。'（《滕文公下》）……这决不是偶然的。显然是产生在古代齐鲁方言语系区域内的作品所共同体现出来的一种特殊方言的现象。……同样，我们也可

---

①　陈奇猷校释：《吕氏春秋校释》，学林出版社 1984 年版，第 864 页。
②　（清）孙诒让撰，孙启治点校：《墨子间诂》，中华书局 2001 年版，第 681 页。
③　王增文《墨子宋人考辨——兼驳墨子为鲁国人、鲁阳人、印度人三说》，《史学月刊》1996 年第 5 期。

以用这一标准来衡量《墨子》一书，即如果墨子真是鲁人，那么，在《墨子》一书里也应当出现带后缀'如'的词，即应当或多或少地体现出一点齐鲁方言的特点。但令人十分遗憾，《墨子》全书竟连一个这样的例子也没有。可见，从古代方言的角度观察，《墨子》一书也显然与产生于古齐鲁方言地区的作品有明显差异。"① 而前文论及《墨子》一书明显地具有宋方言的特点，从这一比较法和反证法来看，墨子不可能是鲁国人。

墨子为楚人说最早出现于清代，清代经史学家毕沅和武亿都认为墨子是楚国人。毕沅在《墨子注·叙》中说："高诱注《吕氏春秋》以为鲁人，则是楚鲁阳，汉南县阳，在鲁山之阳。本书多有鲁阳文君问答，又亟称楚四竟，非鲁卫之鲁，不可不察也。"② 武亿在《授堂文钞·跋墨子》中曰："《吕氏春秋·慎大览》高诱注'墨子名翟，鲁人也'。鲁即鲁阳，春秋时属楚。古人于地名，两字或单举一字，是其例也。"③ 仅凭一条高诱的注释而加以发挥说墨子是楚国鲁阳人，是难以服众的。清人孙诒让曾对此批驳说："毕沅、武亿以鲁为鲁阳，则是楚邑。考古书无言墨子为楚人者。《渚宫旧事》载鲁阳文君说楚惠王曰'墨子，北方贤圣人'，则非楚人明矣。毕、武说殊谬。"④ 除此之外，《吕氏春秋·爱类》也曾载墨子见楚王时自称："臣，北方之鄙人也。"这也证明墨子不是楚国鲁阳人，而应该是北方中原一带人。《墨子·鲁问篇》还多次运用"中国"一词。墨子曾对公尚过说："子观越王之志何若？意越王将听吾言，用我道，则翟将往，量腹而食，度身而衣，自比于群臣，奚能以封为哉？抑越不听吾言，不用吾道，而吾往焉，则是我以义粜也。钧之粜，亦于中国耳，何必于越哉？"⑤ 大意是说：你观察越王的心志怎么样？假如越王将听我的言论，采纳我的学说，那么我将前往。或者越国不听我的

① 　钱光：《墨子当为宋人考》，《兰州大学学报》1993 年第 1 期。
② 　（清）毕沅校注：《墨子》（经训堂本），1835 年合刊本。
③ 　（清）武亿：《授堂文钞》，商务印书馆 1937 年版。
④ 　（清）孙诒让撰，孙启治点校：《墨子间诂》，中华书局 2001 年版，第 681—682 页。
⑤ 　（清）孙诒让撰，孙启治点校：《墨子间诂》，中华书局 2001 年版，第 475 页。

言论，不采纳我的学说，如果我去了，那是我把"义"出卖了。同样是出卖"义"，也只能在中原一带，何必跑到越国呢！可见墨子是"中国"即中原一带人。在《墨子·贵义》中有"子墨子南游于楚""子墨子南游使卫"的句子。如果墨子真是楚人，则无论怎样萍踪不定，四处奔波，也不至于说"南游于楚"，更何况卫国在楚国之北，如果墨子是楚人的话，就应该说"北游使卫"了。比如，公输般是鲁国人，所以他到楚国去，《墨子·鲁问篇》就记载为"公输子自鲁南游楚"，其道理是一样的。

总之，不管墨子为鲁人说，还是为楚国鲁阳人说，都是无法让人信服的。至于说墨子是外国人，这种说法更是不值一驳。最让人信服的，就是墨子是宋国人。

（二）墨学的思想渊源及殷宋文化元素

今本《墨子》全书五十三篇。《汉书·艺文志》著录"《墨子》七十一篇"；《隋书·经籍志》著录"《墨子》十五卷，目一卷"[①]；其后，《旧唐书·经籍志》《唐书·艺文志》《宋史·艺文志》均著录"《墨子》十五卷"。现存的《墨子》十五卷只有五十三篇，佚十八篇。在佚失的十八篇中，有存目的是《节用下》《节葬上》《节葬中》《明鬼上》《明鬼中》《非乐中》《非乐下》《非儒上》，共八篇。另外十篇佚文都是关于守城器械和方法的论述。关于现存《墨子》五十三篇的真伪及成书年代，各家划分的标准及根据不一，看法也不尽相同。胡适在《中国哲学史大纲》中将《墨子》五十三篇分为五个部分：第一组，自《亲士》到《三辩》凡七篇；第二组，自《尚贤上》到《非儒下》凡二十四篇；第三组，《经上》到《小取》六篇；第四组，《耕柱》到《公输》五篇；第五组，《备城门》以下到《杂守》凡十一篇。其中第二部分被视为墨学的核心范畴，集中论述了墨家十个方面的主张，即兼爱、非攻、尚贤、尚同、天志、明鬼、非乐、非命、节用、节葬，被称为"墨家十论"。

---

① （唐）魏徵、令狐德棻撰：《隋书·经籍志》，中华书局1973年版，第1005页。

"墨家十论"是墨子思想体系中的核心内容。关于墨学的历史文化渊源，古人有两种说法：一是"学儒者之业，受孔子之术，……背周道而用夏政"①，一是墨学"盖出于清庙之守"②。但是，这两种说法还不足以揭示墨学的历史文化渊源。构成墨学体系的元素不是单一的，墨子思想的渊源是多元的，有其复杂的历史文化背景，它保留有上古时代民主制度的遗风，特别是带有相当成分的殷商文化特质；它的产生与春秋末期特定的政治、经济和思想状况密不可分；宋国是殷商后裔，作为墨子的母邦，宋国的历史与现实，宋国独特的地域文化，对墨子思想的形成与发展产生了巨大的影响。清朝学者俞正燮说："墨者，宋君臣之学也。"③这话说得也许有点绝对，但是，殷宋文化的熏陶对墨子思想构成，其影响之大是不可否认的。

1. 宋国之"弭兵"运动与墨子之"兼爱""非攻"

春秋战国时期，列国兼并，群雄争霸，战火连绵，中原小国饱受蚕食鲸吞之苦。据《春秋》记载，在二百四十二年间，列国进行战争四百八十三次，亡国五十二，诸侯奔走不能保其社稷者不可胜数。夹在晋、楚等大国之间的宋国，春秋时期虽未亡国，但战争之惨烈，百姓被逼至"易子而食，析骸以爨"④的悲惨境地。为了求得和平与安宁，深受战争之害的宋国在春秋时期组织发起了两次弭兵大会。宋人希望弭兵息战以休养生息、安居乐业以发展生产的要求和想法，对战国时期墨子的兼爱、非攻思想产生了一定影响。

墨子作为"农与工肆之人"（《墨子·尚贤上》）的代表，以其宽厚仁慈的博大胸怀，深深同情、关心着那些蒙受战争灾难的劳苦民众，以无畏的胆识提出了系统的"非攻"主张，严厉地抨击大国对小国"攘杀其牲牷，燔溃其祖庙，劲杀其万民，覆其老弱"（《墨子·非攻下》）。

① 何宁撰：《淮南子集释》，中华书局1998年版，第1459页。
② （汉）班固撰：《汉书·艺文志》，中华书局1996年版，第1738页。
③ （清）俞正燮撰：《癸巳类稿·墨学论》，辽宁教育出版社2001年版，第480页。
④ 杨伯峻编著：《春秋左传注》（修订本），中华书局1990年版，第1649页。

墨子反对攻伐战争，正是反映了宋人弭兵的思想，也适应当时中国人的心态。所以，胡适说："墨子是一个极热心救世的人，他看见当时各国征战的惨祸，心中不忍，所以倡为'非攻'论。"①墨子将"非攻"的矛头直指齐、楚、晋、越等大国，"今天下好战之国，齐、晋、楚、越"（《墨子·非攻下》），"南有楚、越之王，而北有齐、晋之君，此皆砥砺其卒伍，以攻伐兼并"（《墨子·节葬》）。墨子认为这种攻伐与盗窃一样，都是"不与其劳获其实，以非其所有而取"（《墨子·天志下》）的不义行为，故要坚决反对和制止。

但是，墨子的"非攻"并不是无原则的反对一切战争，而是反对一切好战的国家进攻无罪的国家，即反对攻伐掠夺的不义之战。正如梁启超所说："墨子所'非'的，是'攻'，不是'战'。质言之，侵略主义，极端反对；自卫主义，却认为必要。"②胡适也认为："墨子并不是一个空谈弭兵的人。他是一个实行非攻主义的救世家。"③对大国的攻伐，墨子提出"救守"的主张："大国之攻小国也，则同救之。"（《墨子·非攻下》）基于这样的思想，墨子主张小国实行积极的"守御"策略，司马迁称述墨子"善守御"，其经典事例就是墨子的"止楚攻宋"。

墨子积极倡导兼爱、非攻，他认为，如果人人能够做到"视人之国，若视其国；视人之家，若视其家；视人之身，若视其身"（《墨子·兼爱中》），那么，诸侯之间的侵伐战争就可以避免。墨子提出"天下之人兼相爱，强不执弱，众不劫寡，富不辱贫，贵不傲贱，诈不欺愚"（《墨子·兼爱中》），认为社会上出现强执弱、富侮贫、贵傲贱的现象，是因天下人不相爱所致。同时，墨子也看到春秋战国时期，最大的弊病就是战争。因此，从兼爱的思想中，引申出了非攻。兼爱、非攻是墨子最著名的思想。

---

① 欧阳哲生编：《胡适文集》（6），北京大学出版社1998年版，第258页。
② 张品兴主编：《梁启超全集》，北京出版社1999年版，第3267页。
③ 欧阳哲生编：《胡适文集》（6），北京大学出版社1998年版，第258页。

2．殷宋之"事神""先鬼"与墨子之"天志""明鬼"

孔子曾说过："殷人尊神，率民以事神，先鬼而后礼。"①

宣扬天志明神是墨子思想的一大特点。前 638 年，楚人伐宋以救郑，宋襄公欲与楚战。公子目夷坚决谏止："天之弃商久矣，君将兴之，弗可赦也已。"②公子目夷认为，宋国作为殷商后裔，乃"亡国之余"，上天既然已经抛弃殷商，想要复兴它就是违背天意，那是要遭到上天惩罚的。前 683 年，宋国发生水灾，宋潛公将原因归之于"以不能事鬼神"；前 564 年，宋国都城发生火灾，执政官命掌礼官大规模祭祀四城之神，晋悼公称"宋灾于是乎知有天道"。宋人特别是宋国君主崇天道、信鬼神的思想可见一斑，这对后来墨子"明鬼"之论的形成有很大影响。所以，顾颉刚说"明鬼"是宋俗。

3．宋国内乱频仍与墨子的"尚贤""尚同"

宋国的政治体制是公族执政，君主权位很不稳固，国内公卿大族往往为了本家族的利益任意废君立主，公族内乱频频发生。比如，前 710 年，华督杀殇公；前 682 年，南宫万弑潛公；前 522 年，"华、向之乱"；前 500 年，向魋之乱；前 469 年，大尹乱政等。这些都是大的内乱事件，其他纷争动乱尚有多起。有的内乱持续多年，影响久远，不仅严重削弱了宋国本来就有限的实力，更给民众带来了无穷灾难。这一系列事件都发生在墨子之前的时代，对一向注重现实治乱经验的墨子，不可能不产生深刻的影响。

墨子在《鲁问》篇中说："国家昏乱，则语之尚贤、尚同。"意思是说国家政治昏暗纷乱之际，就向国君宣传"尚贤""尚同"的重要意义。墨子清醒地认识到，宋国就是因为公族的专横和纷争，导致权力不集中，严重地损害了国家和人民的利益，所以他才把"尚同"摆在相当重要的位置。管役夫在《墨学的历史渊源、文化背景与现实依据》中认为，

---

① 李学勤主编：《十三经注疏·礼记正义》，北京大学出版社 1999 年版，第 1485 页。

② 杨伯峻编著：《春秋左传注》（修订本），中华书局 1990 年版，第 396 页。

墨子重视王权专制的思想，要求建立一个统一稳定的国家体制的社会理想，正是他对宋国历代政治经验的总结，客观地体现了时代的需要。

4.宋国重开"厚葬"之风与墨子的"节葬""节用"

殷商时代重鬼神，实行"隆丧厚葬"，并大量使用人殉、牲畜和车马陪葬。周朝开始以"礼"规范殡葬制度，"礼"成为规范生者的行为，鬼神观念在国家政治中退居次要地位，不再提倡厚葬。春秋以后，王室衰微，诸侯称王，诸侯各国厚葬之风再度盛行。不但诸侯王大搞隆丧厚葬，甚至黎民百姓也倾家荡产办丧葬。宋国的情况尤为突出。据《左传》记载，前589年，"八月，宋文公卒。始厚葬，用蜃炭，益车马，始用殉。重器备，椁有四阿，棺有翰桧"。杜预注"益车马，始用殉"即"多埋车马，用人从葬"；孔颖达疏："言'始用殉'，则自此以后，宋君葬常用殉，故谓此为始……言'椁有''棺有'，则是本不当有，言其厚葬，讥其奢僭。宋公所僭，必僭天子。明此四阿、翰、桧，皆是王之礼也。蜃炭言'用'，亦本不当用。其蜃炭盖亦王之礼也。车马、器备，法得有之，言'益'言'重'，但讥其多耳。"①这一记载说明，在宋文公之前，宋国也是实行薄葬的，宋文公以后，重开其先祖"厚葬""人殉"之风。而且"厚葬"之隆盛，僭越王制。所以，《左传》将此事郑重记载下来，并借"君子"之口批评宋国执政华元、乐举为政之失："君生则纵其惑，死又益其侈，是弃君于恶也。"厚葬之风气亦体现在宋国卿大夫身上。据《礼记》记载，宋司马桓魋为了给自己建造坟墓石椁，竟然花了三年时间都未完成，因而遭到孔子责骂：像这样奢侈浪费做棺材，死了不如快些烂掉才好呢！

墨子作为宋国人，他生活的时代正是"厚葬"之风盛行之时。在诸侯混战的大环境中，宋国本来就饱受战争之苦，社会生产遭到严重破坏，而君主大夫肆行厚葬，又给民众带来人力财力物力上的极大负担，

---

① 李学勤主编：《十三经注疏·春秋左传正义》，北京大学出版社1999年版，第701—703页。

最终造成国家积贫积弱的局面。这一惨痛的社会现实折磨着千万民众，也使忧国忧民的墨子迸发出强烈的时代责任感。所以，他以天下为己任、立志救民于水火，明确提出"兼爱""非攻""节葬""节用"等主张。他在《节葬下》中对当时的"厚葬"及"人殉"现象，进行了详细的描述和深刻揭露："此存乎王公大人有丧者，曰棺椁必重，葬埋必厚，衣衾必多，文绣必繁，丘陇必巨。存乎匹夫贱人死者，殆竭家室。存乎诸侯死者，虚府库，然后金玉珠玑比乎身，纶组节约，车马藏乎圹，又必多为屋幕、鼎鼓、几梴、壶滥、戈剑、羽旄、齿革，寝而埋之……曰：天子杀殉，众者数百，寡者数十。将军大夫杀殉，众者数十，寡者数人。"厚葬浪费国民资产，甚至造成家败国乱，不利于国家统治。墨子曾亲历楚国攻打宋国的战争，看到社会混乱的局面，得出"以厚葬久丧者为政，国家必贫，人民必寡，刑政必乱"的结论，因此竭力主张薄葬短丧。墨子的"节葬"思想，反映了他所代表的下层平民阶层对于和平与幸福生活的追求，虽然最终难以施行，但这一主张无疑具有独树一帜的进步性和现实意义。

三　名家学派的开山鼻祖惠施

春秋战国以来，由于激烈的社会变革，旧有的名词概念已不能完全反映新事物的实际内容，而新出现的概念还需要得到社会的公认。这种名实不符的现象，在当时十分普遍，急需解决。于是，调整"名""实"关系，就日益迫切。这时期一些重要的思想家几乎都相继提出了"正名"的主张。如面对礼崩乐坏的社会现实，孔子就提出了"正名"。据《论语·子路篇》载：

> 子路曰："卫君待子而为政，子将奚先？"子曰："必也正名乎！"子路曰："有是哉，子之迂也！奚其正？"子曰："野哉，由也！君子于其所不知，盖阙如也。名不正，则言不顺；言不顺，则事不成；事不成，则礼乐不兴；礼乐不兴，则刑罚不中；刑罚不中，则民无

所错手足。故君子名之必可言也，言之必可行也。君子于其言，无所苟而已矣。"①

战国初期，墨子针对孔子的"正名"说，提出"取实予名，以实察名"，针对孔子的"正名"观点进行了辩论，形成了与孔子"以名正实"完全相反和对立的名实关系主张。至战国中期，随着社会变革的加剧，调整"名""实"关系更加迫切。一些思想家为了在学术争鸣中战胜对方，从对名实关系的考察，逐渐发展到对概念和命题的剖析、分类，以至判断、推理等逻辑思维的研究，他们被称为"辩者""名家"。在这股名辩思潮中，主要代表人物有名家惠施、公孙龙、邹衍，以及后期墨家。

（一）惠施生平

惠施（约前370－约前310），又称惠子，宋国人。《吕氏春秋·淫辞》高诱注："惠子，惠施，宋人也，仕魏，为惠王相也，孟子所见梁惠王也。"②惠施是战国时期著名的政治家、哲学家。惠施活跃于政治舞台与思想学术界时，正当宋王偃当政，他深得宋王偃喜爱。《战国策·楚策三》载："宋王之贤惠子也，天下莫不闻也。"③惠施曾到过邹国，其说亦深得邹君信服，但具体年代不详。关于此事，《韩非子·说林上》记载：

> 田驷欺邹君，邹君将使人杀之，田驷恐，告惠子。惠子见邹君曰："今有人见君，则眣其一目，奚如？"君曰："我必杀之。"惠子曰："瞀，两目眣，君奚为不杀？"君曰："不能勿眣。"惠子曰："田驷东慢齐侯，南欺荆王，驷之于欺人，瞀也，君奚怨焉？"邹君乃不杀。④

惠施的政治生涯主要是在魏国，曾任魏相二十年左右。其间为魏惠王立法，"为法已成，以示诸民人，民人皆善之"⑤。在齐、魏马陵之战魏国失败以后，魏惠王后元元年（前334），魏惠王采用惠施的策略，

---

① 杨伯峻译注：《论语译注》，中华书局1980年版，第133—134页。
② 陈奇猷校释：《吕氏春秋校释》，学林出版社1984年版，第1194页。
③ 何建章注释：《战国策注释》，中华书局1990年版，第559页。
④ （战国）韩非著，陈奇猷校注：《韩非子新校注》，上海古籍出版社2000年版，第475页。
⑤ 陈奇猷校释：《吕氏春秋校释》，学林出版社1984年版，第1187页。

和齐威王在徐州相会，尊齐为王，即所谓"会徐州而相王"①。《吕氏春秋·爱类》载匡章问惠施曰："公之学去尊，今又王齐王，何其到也？"惠施回答说："今有人于此，欲必击其爱子之头，石可以代之。""今可以王齐王而寿黔首之命，免民之死，是以石代爱子头也，何为不为？"②魏惠王后元二年（前333），惠施又设计联合楚国，使其出兵"大败齐于徐州"。惠施还是"合纵"抗秦的组织者之一。魏惠王后元十三年（前322），张仪至魏，与惠施在合纵连衡的意见上发生分歧。"张仪欲以魏合于秦、韩而攻齐、楚；惠施欲以魏合于齐、楚以案兵。"③魏国群臣多劝魏王采用张仪的主张。张仪代替惠施为魏相后，迫使惠施离魏而去楚。"张仪逐惠施于魏。惠子之楚，楚王受之。……（楚王）乃奉惠子而纳之宋。"④惠施被逐出魏国而到了楚国，楚王又把他送到宋国。以后，惠施又回到魏国，代表魏国出使楚、赵等国。魏惠王后元十六年（前319）冬，魏惠王死，将葬，天大雨雪，群臣劝说太子推迟葬期。太子不肯听从，就是魏相公孙衍也没法谏阻，还是惠施说动太子改变了葬日。第二年，即魏襄王元年（前318），魏、韩、赵、楚、燕五国合纵攻秦，不胜而回。魏欲和，惠施为魏出使楚国。魏襄王五年（前314），齐派匡章领兵伐燕，五旬攻下燕国。《战国策·赵策三》载："齐破燕，赵欲存之……楚、魏憎之。令淖滑、惠施之赵，请伐齐而存燕。"⑤此后便不见关于惠施的记载。

　　荀子曾说惠施"不法先王，不是礼义，而好治怪说，玩琦辞"⑥，说明惠施的思想与儒家不同。惠施主张"去尊""偃兵"，也不合于法家。惠施与庄子是朋友，但思想各异，又不同于道家。他是名家学派的主要代表人物。

---

① （汉）司马迁撰：《史记·孟尝君列传》，中华书局1959年版，第2351页。
② 陈奇猷校释：《吕氏春秋校释》，学林出版社1984年版，第1463页。
③ 何建章注释：《战国策注释》，中华书局1990年版，第835-836页。
④ 何建章注释：《战国策注释》，中华书局1990年版，第559页。
⑤ 何建章注释：《战国策注释》，中华书局1990年版，第714页。
⑥ 章诗同注：《荀子简注》，上海人民出版社1974年版，第46页。

（二）惠施的主要思想

惠施是位博学善辩的哲人，他经常与好友庄子辩论。惠施的许多思想正是通过他与庄子的交往，被记载于《庄子》之中而为后人所知。也因为这样，一些学者往往将惠施看作道家人物，并采取"以庄解惠"的方法来研究和评价惠施的思想。而实际上两人在思想实质上的差别甚大。比如，关于"人的情欲"，《庄子·德充符》记载了两人的一段争论：

> 惠子谓庄子曰："人故无情乎？"庄子曰："然。"惠子曰："人而无情，何以谓之人？"庄子曰："道与之貌，天与之形，恶得不谓之人？"惠子曰："既谓之人，恶得无情？"庄子曰："是非吾所谓情也。吾所谓无情者，言人之不以好恶内伤其身，常因自然而不益生也。"惠子曰："不益生，何以有其身？"庄子曰："道与之貌，天与之形，无以好恶内伤其身。今子外乎子之神，劳乎子之精，倚树而吟，据［槁］梧而暝，天选之形，子以坚白鸣！"①

这个辩论反映了惠施与庄子在"人之情欲"问题上的不同见解。惠施认为人有情欲，没有情欲则不能称为人，有情欲就要知道如何养生，以保存自己的生命。惠施所强调的是人的情欲乃人之本性，失此本性就不能称为人了。庄子则不然，他认为道给了人容貌，天赋予人以形体，所以不能以好恶损害人的本性，顺应自然不人为地去养生，反对人向外去追求。而惠施则相反，人的情欲既然是人之本性，就要向外去追求以保存生命。庄子否定人情欲的存在，主张内省，向内心去下功夫，这样才能悟得"大道"。而惠施则反对庄子否定人的情欲，否定积极认识和利用万物来保存人的生命的消极无谓的观点。这一辩论充分表明了二人在基本的思想原则上存在着根本分歧。

《庄子·天下》载："惠施多方，其书五车。"②这是说他知识渊博，著述丰富。当时有个名叫黄缭的辩士问惠施"天地所以不坠不陷"之理

---

① 陈鼓应注译：《庄子今注今译》，中华书局 1983 年版，第 164—165 页。
② 陈鼓应注译：《庄子今注今译》，中华书局 1983 年版，第 887 页。

和"风雨雷霆"产生的原因，惠施立即"不辞而应，不虑而对，遍为万物说，说而不休，多而无已"①。足见惠施不但善言，而且自然知识丰富。庄子曾将他与儒家、墨家、杨朱、公孙龙并提，可见他在当时思想界影响之大。《汉书·艺文志》收录《惠子》一篇，已佚。明代归有光《诸子汇函》、清代马国翰《玉函山房辑佚书》皆辑有《惠子》，惜所辑不全，且多为惠施事迹，与其学说似无深刻关联。

由于惠施无传、《惠子》亡佚，今考察惠施其人及其思想，只能依赖先秦有关典籍。《庄子》中的《齐物论》《德充符》《徐无鬼》《秋水》《至乐》《寓言》《天下》诸篇，《荀子》中的《非十二子》《不苟》《解蔽》等篇，《韩非子》中的《说林上》《说林下》《内储说上》及《外储说左上》，《战国策》之《楚策》和《魏策》，《吕氏春秋》之《爱类》《淫辞》《不屈》《应言》《开春》等篇，或记其言行，或录其思想资料，或评述其学，是研究惠施的基本史料。其中《庄子·天下》所保存的惠施"历物之意"的十个辩题，是研究惠施思想的最基本材料。

惠施的明辩思想的主要特征是"合同异"，即以求同、求共性为主导倾向，强调事物的异中之同，企图纠正人们往往只见事物的差异性而忽视其同一性的偏颇。为此，他提出了"历物之意"的十个命题：一是"至大无外，谓之大一；至小无内，谓之小一"；二是"无厚，不可积也，其大千里"；三是"天与地卑，山与泽平"；四是"日方中方睨，物方生方死"；五是"大同而与小同异，此之谓小同异；万物毕同毕异，此之谓大同异"；六是"南方无穷而有穷"；七是"今日适越而昔来"；八是"连环可解也"；九是"我知天下之中央，燕之北越之南是也"；十是"泛爱万物，天地一体也"②。

张岱年对上述惠施"历物之意"十事解读说："此皆是合同异的议论。（一），无外方足为至大，无内方足为至小。而世人所谓大，与更大者较之，

---

① 陈鼓应注译：《庄子今注今译》，中华书局1983年版，第896页。
② 陈鼓应注译：《庄子今注今译》，中华书局1983年版，第887页。

则亦为小；世人所谓小，与更小者比之，则亦为大。一切皆在大一之中，一切皆是小一所成。于大一小一，见万物之统一。（二），无厚者至薄，至薄不可积，有积则非至薄。然至薄者可大至千里，此是微巨之统一。（三），因其所高而高之，则物莫不高；因其所卑而卑之，则物莫不卑。故天不为高而地不为卑；山不为崇而泽不为深。是天与地卑，山与泽平。（四），一切物皆在变化之流中，兴衰起灭，其势甚疾。故日甫中则已昳，物初生即将死。（五），大同即皆在一大类之中，小同即皆在一小类之中。二类有异，两同不同。所以大同与小同相异，此是小同异。就其同观之，万物莫不同；就其异观之，万物莫不异。所以万物毕同而毕异，此是大同异。（六），南方是无限际的，故无穷；然南必非北，为北所限，故有穷。此是无穷与有穷之统一。（七），自适越之日言，是今日适越；自到越之日言，便是昔来了。所谓今者，倏忽即转为昔，此言今昔之统一。（八），连环是数环相连，然一环仍自是一环，可以作分别观。（成疏云："环之相贯，贯于空虚，不贯于环，是以两环贯空，不相涉入，各自通转，故可解也。"）此言续断之统一。事物之变化历程，亦如连环，虽系连续之流，而可分解。（九），天下并无中央，燕北越南，随在可为中央。（司马云："天下无方，故所在为中；循环无端，故所在为始也。"）（十），泛爱万物，天地一体，是惠施之人生思想，亦即其哲学之归结。一切毕同，莫不有其统一，故可以说是一体。"[1]

张岱年认为惠施"历物之意"十事，都是关于合同异的议论。那么，如果对每一命题作深入分析，则可以看出：第一、五、十是他的主要命题，集中表述了惠施的哲学和逻辑思想，体现了"合同异"的思想特征；第一个命题涉及本体论，第五个命题主要是认识论、方法论；而第十个命题则是结论。其他命题则是这三个根本性命题的例证及其具体运用。

惠施"历物十事"中的其他一些命题，可以说是上述"合同异"这

---

[1]　张岱年著：《中国哲学大纲》，中国社会科学出版社 1982 年版，第 153—154 页。

一基本思想的具体运用。第二、三、六、九四个命题，可以说是讲空间的相对性；第四、七两个命题则涉及时间上的相对性；第八个命题是对当时流传的"连环不可解"这一说法的反驳。当然，上述的划分和解读只是粗略而言。实际上，在这些命题中还包含有其他哲学思想，比如运动变化的观点等，这可能是惠施根据自己丰富的天文地理知识，对宇宙空间和时间的相对性做出的某些带有科学意义的猜测。

　　惠施的"历物十事"列举了一系列相互对立的命题：大与小、有厚与无厚、天与地、山与泽、日中与日睨、生与死、同与异、有穷和无穷、今与昔、南与北、可解与无解，等等。这些相互对立的命题，处在一个统一体中，它们不是静止的、僵硬的，而是流动的、变化的，在流动、变化中转化为它的对立面。从对"历物十事"的分析不难看出，惠施的思辩哲学在中国哲学史上具有特殊的地位和价值。十大命题中所蕴含的辩证法思想是非常明显的。

　　总之，"历物十事"是惠施思想的集中体现，是先秦名家思想中非常重要的部分。但"历物十事"到底在说什么，目前并无共识。从历史上看，思想家们对惠施的评价一直不太高。从比惠施稍晚的荀子批评惠施"好治怪说，玩琦辞"开始，一直到明末，大多数学者包括朱熹等在内的大儒对其评价要么是好辩、怪异，要么就是无用、不成学问、不足以认真对待。较早对惠施作出积极评价的是明清之际的著名哲学家方以智："世谓惠、庄与宋儒必冰炭也。讲学开口，动称万物一体，孰知此义之出于惠施乎？世又谓惠施与公孙龙，皆用倒换机锋，禅语袭之。愚谓不然。禅家止欲塞断人识想，公孙龙翻名实以破人，惠施不执此也，正欲穷大理耳。"[①] 此后，学术界对于名家惠施逐渐做出了正面的评价。现代学者在前人研究的基础上，给予了惠施较高的评价。江玉祥认为，惠施的历物十事"不是无源之水，无根之木，可以从先书典籍中找到旁证。不是无稽之谈，诡辩之词，如同埃及的金字塔一样，

① （明）方以智著，张永义等校点：《药地炮庄》，华夏出版社2011年版，第469页。

是古代科学史上的奇观"①。刘玉俊认为,"可以毫不夸张地说,和公孙龙一样,惠施根本不是什么诡辩家,而是先秦哲学家中一位出类拔萃者,是一位有朴素的唯物主义自然观和朴素的辩证法思想的伟大哲学家"②。秦彦士认为:"以当代科学的角度而论,惠施的论点对我们仍然极具启发性:(1)思维的相对主义。在他看来世界没有什么绝对的真理,人类对时空以及宇宙万物的看法常常是局限于有限感观世界作出的,常人看到的表面无关的事物常常含有根本的共同点('卵有毛'、'丁子有尾');世界上并没有绝对的事物,宇宙是无限的('天与地卑','山与泽平','南方无穷而有穷')。(2)方法论的价值,即由个别具体的事物出发上升到普遍的结论('至大无外,谓之大一;至小无内,谓之小一')。(3)科学的想象与天才的猜测。今天的宇航员在太空遥望地球时,一定会惊叹地佩服惠施'天与地卑'、'山与泽平'的天才预言……我们就不应该再像前人那样去一味指责惠施的个别结论,尤其是全盘否定他的'诡辩',而应该充分认识这种科学精神与方法的价值。"③尤炜认为:"通过对惠施的'历物十事'的阐释,我们发现惠施所关注的重点并非对自然现象的解释或对名实关系的探讨,而是超越现象本身又回到现象本身的自然哲学思考。惠施体现出来的学术风格,表明他并非典型的名家。就整个先秦哲学来看,其非功利的哲学纯思与对自然的深切关怀和超越性思考独树一帜,值得重视。"④刘利民认为,惠施的历物十事"既不是经验科学式结论,也不是辩证逻辑,更不是相对主义认识论;其一以贯之的哲学精神是对于语言意义确定性的理性追问。惠施对于确定性的追问是纯语言性的、分析性的,因而也是没有偏离知性哲学的道路的"⑤。赵炎峰认为:"惠施及其所代表的名家学派的'求真'的哲

① 江玉祥:《惠施"历物十事"新识》,《内蒙古师范大学学报》1984年第4期。
② 刘玉俊:《"鸡足三"与先秦名辩学派》,《陕西师范大学学报》1995年第2期。
③ 秦彦士:《名辩思潮与芝诺悖论的历史命运》,《文史哲》2000年第5期。
④ 尤炜、赵山奎:《论惠施的"历物十事"及其学术风格》,《贵州社会科学》2003年第2期。
⑤ 刘利民:《惠施"历物十事"的语言哲学新探》,《四川大学学报》2007年第2期。

学和理性分析的哲学方法也在中国哲学史上独树一帜，丰富了中国哲学的层次和内涵。"① 以上学者对惠施思想的评论，提高了惠施在中国古代哲学思想史上的地位。但名家作为战国时期的重要学派，惠施作为名家最重要的代表人物，目前的研究结论都称不上定论，就其研究方法、思路、视角等方面看，尚有无限开阔的空间，有必要进一步挖掘。

（三）惠子与庄子

同为宋国人的惠子与庄子，博学善辩，是可以言谈往还的好友。由于二人的现实处境和认知方法迥异，他们的谈话经常演变为辩论，比如，著名的"濠梁之辩"就显示出二者在认知方法和思维方式上的差异：

> 庄子与惠子游于濠梁之上。庄子曰："儵鱼出游从容，是鱼之乐也。"惠子曰："子非鱼，安知鱼之乐？"庄子曰："子非我，安知我不知鱼之乐？"惠子曰："我非子，固不知子矣；子固非鱼也，子之不知鱼之乐，全矣。"庄子曰："请循其本。子曰'汝安知鱼乐'云者，既已知吾知之而问我，我知之濠上也。"②

水中游鱼是否快乐？具体一点说，濠水中的游鱼是否快乐？现在看来，这好似一个无聊的话题，但通过庄、惠二子的机智对答而发人深思。辩论虽然以惠子的无语而告结束，但并不能说明庄子就是这场论战的胜者。在这场论辩中，双方均在斗智斗巧，辩才堪称无与伦比，他们站在不同的立场上，一个断言"乐"之状态，一个怀疑"知"之可能。相比较而言，庄子属于智辩，偏于美学上的观赏，采取的是直觉感知分析法；惠施属于巧辩，着重知识论的判断，其思辩方法具有逻辑性。不可否认的是，就这场辩论本身而言，双方诡辩的痕迹也是非常明显的。

"濠梁之辩"说明庄子与惠子对于大自然的观察和理解不同，亦即二人对于天道的领悟有别。除此之外，庄、惠对于人生的理解也有异乎寻常的差别，如《庄子·至乐》载曰：

---

① 赵炎峰：《论庄子与惠施哲学思想的差异》，《中州学刊》2011 年第 3 期。
② 陈鼓应注译：《庄子今注今译》，中华书局 1983 年版，第 443—444 页。

庄子妻死，惠子吊之，庄子则方箕踞鼓盆而歌。惠子曰："与人居，长子、老、身死，不哭，亦足矣，又鼓盆而歌，不亦甚乎！"庄子曰："不然。是其始死也，我独何能无概然！察其始而本无生，非徒无生也而本无形，非徒无形也而本无气。杂乎芒芴之间，变而有气，气变而有形，形变而有生，今又变而之死，是相与为春秋冬夏四时行也。人且偃然寝于巨室，而我嗷嗷然随而哭之，自以为不通乎命，故止也。"①

庄子妻死，作为好友的惠子前往吊唁，可看到的是庄子击打着脸盆唱歌。惠子真的生气了，责怪庄子太过分。庄子却说人之生死就像春秋冬夏四时的变化，是再平常不过的事情，从中可看出庄子超然的人生态度。惠子则不然，前文所引庄、惠关于"人之情欲"的争论，说明两人的人生观是有相当差异的。

庄惠之辩，在很多情况下是惠子先抛出问题，庄子作答之后而告停。如果对这种情况进行分析，至少我们可以作出以下两种猜测：一是惠子在现实生活中确实遇到了疑惑，而自己无法释解，所以想征求一下好友庄子的意见；一是拥有诡辩才华的惠子故意提出一些刁钻难解的问题向辩友庄子挑战。很显然，第二种情况的可能性更大一些，因为这样，双方的一问一答才变得更有意义。而在这个有惊无险的对话游戏过程中，彼此在世界观、人生观、认知方式、哲学方法等方面的分歧便逐渐显现出来。比如，关于"大瓠之种"和"大树无用"的寓言，《庄子·逍遥游》载：

惠子谓庄子曰："魏王贻我大瓠之种，我树之成而实五石，以盛水浆，其坚不能自举也；剖之以为瓢，则瓠落无所容。非不呺然大也，吾为其无用而掊之。"

庄子曰："夫子固拙于用大矣。宋人有善为不龟手之药者，世

---

① 陈鼓应注译：《庄子今注今译》，中华书局1983年版，第450页。

世以洴澼絖为事。客闻之，请买其方以百金。聚族而谋曰：'我世世为洴澼絖，不过数金；今一朝而鬻技百金，请与之。'客得之，以说吴王。越有难，吴王使之将，冬与越人水战，大败越人，裂地而封之。能不龟手，一也；或以封，或不免于洴澼絖，则所用之异也。今子有五石之瓠，何不虑以为大樽而浮乎江湖，而忧其瓠落无所容？则夫子犹有蓬之心也夫！"

惠子谓庄子曰："吾有大树，人谓之樗。其大本拥肿而不中绳墨，其小枝卷曲而不中规矩，立之涂，匠者不顾。今子之言，大而无用，众所同去也。"

庄子曰："子独不见狸狌乎？卑身而伏，以候敖者；东西跳梁，不辟高下；中于机辟，死于罔罟。今夫斄牛，其大若垂天之云。此能为大矣，而不能执鼠。今子有大树，患其无用，何不树之于无何有之乡，广莫之野，彷徨乎无为其侧，逍遥乎寝卧其下。不夭斤斧，物无害者，无所可用，安所困苦哉！"①

惠子认为庄子的学说虚无缥缈，迂远而不切实际。所以，他这次连发两问，以魏王送给自己的"大瓠种"和"大樗树"虽大而无用，因此不如毁弃之，借以隐喻和讥讽庄子的学说大而无用，大家不可能接受。庄子没有因为惠子疾风暴雨式的诘问而恼火，反倒是用"不龟手之药"的事例，娓娓道出一个真理，那就是任何东西都不可能孤立地存在，世上没有绝对无用的东西，只是看你能否用对地方，只要你用心，每一件东西都是有用的；大樗树没有什么用处，所以才不会被砍伐，这对樗树来说，无用之用正是它本身最大的用处。庄子以此证明自己的学说大有用处，只是惠子不能通晓领悟其理罢了。

有时庄子对一身官僚习气的惠子也不免流露出厌恶和鄙视。据《淮南子·齐俗训》载："惠子从车百乘以过孟诸，庄子见之，弃其余鱼。"②

①　陈鼓应注译：《庄子今注今译》，中华书局1983年版，第26—30页。
②　刘康德撰：《淮南子直解》，复旦大学出版社2001年版，第557页。

惠子带着百辆车子经过孟诸泽，庄子看到如此排场以及惠子那副神色，把自己钓到的鱼都倒到水里去了，足见其当时的愤懑之情。

庄子一生淡泊名利，以"不为轩冕肆志，不为穷约趋俗"①而自得，楚王曾诚心请他担任高官，但被他拒绝。庄子鄙弃富贵权势，追求人格的独立、精神的自由、品行的高洁。这与醉心于功名、汲汲于富贵的惠子形成了鲜明的比照。《庄子·秋水》记载了这样一则事：

> 惠子相梁，庄子往见之。或谓惠子曰："庄子来，欲代子相。"于是惠子恐，搜于国中三日三夜。
>
> 庄子往见之，曰："南方有鸟，其名为鹓雏，子知之乎？夫鹓雏，发于南海而飞于北海；非梧桐不止，非练实不食，非醴泉不饮。于是鸱得腐鼠，鹓雏过之，仰而视之曰：'吓！'今子欲以子之梁国而吓我邪？"②

庄子至梁国（即魏国）游玩，惠子听人传言说庄子要取代他做宰相，心里非常恐慌，于是兴师动众，在国中到处搜捕庄子。庄子一向视高官厚禄为粪土，得到消息后，毅然去见惠子，给他讲了一个关于鹓雏的寓言。庄子以高洁自爱的鹓雏自比，把惠子比喻为吃腐鼠的猫头鹰，对他进行了极大的尖酸讽刺；又把他的相国位子比为腐鼠，表明自己对此根本不屑一顾。庄子这次对惠子的讥讽够辛辣了，搞得惠子无言应答，但这并未影响两人的友谊。在庄子心目中，惠子是他一生难得的知己，以至于惠子死后，庄子概然长叹："自夫子之死也，吾无以为质矣，吾无与言之矣。"③庄子不仅在人生态度上有着极其超然物外的洒脱，对人的生死也抱有非常达观的态度，自己妻子之死都未能让他悲戚伤怀，惠子之死却让他感慨再也找不到可以对谈的人了。短短几句话流露出他对惠子的淳厚真挚之情，惠子确是他生平唯一的契友。

---

①　陈鼓应注译：《庄子今注今译》，中华书局1983年版，第408页。

②　陈鼓应注译：《庄子今注今译》，中华书局1983年版，第442页。

③　陈鼓应注译：《庄子今注今译》，中华书局1983年版，第641页。

四　融合道、墨的思想家宋钘

宋钘，又名宋牼、宋荣、宋荣子。《庄子·天下》《荀子·非十二子》作宋钘，《孟子·告子下》称宋牼，《韩非子·显学》《庄子·逍遥游》作宋荣、宋荣子。

（一）宋钘的生活年代及著述遗文

宋钘的主要活动年代，一般认为是在齐威王、齐宣王间，这个没有争议。但其生卒年代不可确考，我们只能根据《孟子》《庄子》《荀子》等书的记载推其大概。《孟子·告子下》载："宋牼将之楚，孟子遇于石丘，曰：'先生将何之？'曰：'吾闻秦楚构兵，我将见楚王说而罢之。楚王不悦，我将见秦王说而罢之。二王我将有所遇焉。'曰：'轲也请无问其详，愿闻其指。说之将何如？'曰：'我将言其不利也。'"① 这里说的秦楚构兵发生在周赧王三年，楚怀王十七年（前312）。《史记·楚世家》载曰："（怀王十六年）发兵西攻秦。秦亦发兵击之。十七年春，与秦战丹阳，秦大败我军，斩甲士八万……遂取汉中之郡。"② 当时，正值燕人畔齐，孟子离开齐国到达邹国，然后到宋国，在石丘这个地方与宋钘相遇。这时孟子已六十余岁，还尊称宋钘为"先生"，自称"轲"，由此推断，宋钘至少与孟子（约前385－约前304）年近，年龄应长于孟子，孟子有可能学于宋钘并受其影响。顾实《〈庄子·天下篇〉讲疏》认为："楚怀王十七年，当周赧王之三年，时孟子年适六十岁也。假定宋钘长于孟子十年左右，故孟子以先生称之，则宋钘年七十岁矣。故兹拟宋钘年世，自周安王二十年，至周赧王十年，略当西纪元前382－305年间。"③ 郭沫若也认为："他的年龄必然比孟子还要老些，至少亦必上下年纪。其他的人（指稷下先生——作者注）都是晚辈。"④ 钱穆《宋钘考》据荀子《正论篇》"二三子之善于子宋子者，殆不若止之，将恐碍伤其身也"，认为"足

---

① 杨伯峻译注：《孟子译注》，中华书局1960年版，第280页。
② （汉）司马迁撰：《史记·楚世家》，中华书局1959年版，第1724页。
③ 张丰乾编：《〈庄子·天下篇〉注疏四种》，华夏出版社2009年版，第80页。
④ 郭沫若著：《十批判书》，中国华侨出版社2008年版，第112页。

征荀卿著书，宋钘犹在"，并以《盐铁论·诸儒篇》为证推测其卒或值
湣王之世，假定其遇孟子时年近五十，其生则应在周显王十年前。林
志鹏《宋钘学派遗著考论》则兼取两说，认为宋钘生在庄子前，略早
于孟子，其活动时代与庄、荀相接，荀子壮年著书，宋子犹在。

　　宋钘与尹文同游稷下，并齐名。宋钘提出"情欲寡浅""见侮不辱"
和"使人不斗"等思想主张，企图从思想上消除人与人之间的矛盾；并
同尹文一起号召"禁攻寝兵，救世之战"①，反对诸侯间的兼并战争。《汉
书·艺文志》有《宋子》十八篇，列入小说家。但其书失传，隋唐时
的史籍已不见著录。郭沫若《宋钘尹文遗著考》分析认为，《管子》中
的《枢言》《心术》《白心》《内业》等四篇为宋钘和尹文的遗著。钱穆《先
秦诸子系年·宋钘考》认为，《吕氏春秋·去宥》篇"盖宋尹别宥说之
犹存者。其言亦就近取譬，类于街谈巷语，故《汉志》以入小说家"②。
朱谦之认为，《庄子·逍遥游》"汤之问棘"等故事出自宋子书，至少也
为宋子书所引，其思想从宋钘思想脱胎出来，但对他取一种批判的态度；
又说《宋子十八篇》所以入《汉书·艺文志》小说家类，一是因为其
书多取譬而致误入，二是其书多寓言文章，其"原书已亡，唯逍遥游篇，
尚存一二"③。林志鹏认为，《管子》之《白心》及《心术上》"经"的部分，《吕
氏春秋》之《去尤》及《去宥》篇应当是宋钘遗著；他还认为楚竹书《彭祖》
之内容与宋钘一派关系密切，对于其中可信为宋钘学派的作品详加校
释，并尝试复原该派之思想面貌。之前学术界关于宋钘思想的研讨基
本上以上述各篇章为依据。但郭沫若认为《管子》之《枢言》《心术》《白心》
《内业》等四篇为宋钘和尹文的遗著，此说争议颇大，有直接引以为用的，
也有针锋相对进行反驳的。而把《彭祖》作为宋钘一派的著作进行研
究是一种新观点，在学术界尚未流行开来。

---

① 陈鼓应注译：《庄子今注今译》，中华书局 1983 年版，第 870 页。
② 钱穆著：《先秦诸子系年·宋钘考》，商务印书馆 2005 年版，第 438 页。
③ 朱谦之：《庄子原始之一——逍遥游篇本于宋钘说》，《文学》1947 年第 2 期。

（二）宋钘融合道、墨的思想体系

宋钘的思想中有不少是和道家相通的。《汉书·艺文志》列《宋子》十八篇，班固于下自注云："孙卿道宋子，其言黄老意。"[①] 这是说班固当时所见未佚失的《宋子》十八篇里面，颇多言论应是出于黄老思想的。《庄子·天下》称述宋钘"以情欲寡浅为内"，这种生活态度和老子所主张的寡欲恬淡是一样的，老子所谓"使民无知无欲"，"五色令人目盲，五音令人耳聋，五味令人口爽，驰骋畋猎令人心发狂"，"见素抱朴，少私寡欲"，"恬淡为上"[②] 等也不外乎叫人"情欲寡浅"罢了。《庄子·天下》称述宋钘"不以身假物"，陈鼓应注引梁启超云："不以身假物者，谓不肯将此身假借外物，犹言不为物役也。"[③] 宋钘这种当以自身为重，轻视外物的主张也是出于道家的思想。《庄子·天下》评论老聃"以本为精，以物为粗"[④]；《庄子·秋水》谓"可以言论者，物之粗也"[⑤] 等都是此意。关于宋钘思想和道家颇多相通乃至认为宋钘思想源于道家，钱穆作如下总结说：

> 班氏称其书近黄老意者何？荀子曰："子宋子曰：人之情欲寡，而皆以己之情为欲多，是过也。"又曰："宋子蔽于欲而不知得。"此《老子》谓"少施寡欲，绝学无忧"，而称"祸莫大于不知足，咎莫大于欲得"者也。又曰："宋子有见于少，无见于多。"此老子所谓"少则得，多则惑"，"为道日损"，"俭故能广"，"余食赘行，有道不处"者也。又曰："子宋子曰：明见侮之不辱，使人不斗。"韩非亦言之，曰："宋荣子之议，设不斗争，取不随仇，不羞囹圄，见侮不辱。"此《老子》所谓"勇于不敢""柔弱处上""大白若辱""知雄守雌"者也。《庄子》之称之曰："宋荣子，举世誉之不加劝，举

① （汉）班固撰：《汉书·艺文志》，中华书局1996年版，第1744页。
② 饶尚宽译注：《老子译注》，中华书局2006年版，第8页、第29页、第47页、第79页。
③ 陈鼓应注译：《庄子今注今译》，中华书局1983年版，第874页。
④ 陈鼓应注译：《庄子今注今译》，中华书局1983年版，第880页。
⑤ 陈鼓应注译：《庄子今注今译》，中华书局1983年版，第418页。

世非之不加沮，定于内外之分，辨乎荣辱之境。"此《老子》所谓
"明道若昧，深不可识"，"知我者希则我贵"者也。《庄子》又称之，
曰："不累于俗，不饰于物，不苛于人，不忮于众，愿天下之安宁，
以活民命，人我之养，毕足而止，以此白心。"此《老子》所谓"我
有三宝，以慈为先"，"圣人不积，既以为人己愈有，既以与人己愈多"
者也。又曰："宋子语心之容，名之曰心之行。"《韩非·显学篇》："是
漆雕之廉，将非宋荣之恕，是宋荣之宽，将非漆雕之暴。"宋荣之
恕与宽，即其所言心之容也。此《老子》所谓"知常容，容乃公"，"圣
人无常心，以百姓心为心"也。又云："接万物以别囿为始。"此《老
子》"圣人常善救人，故无弃人，常善救物，故无弃物，是为袭明"
之旨也。又曰"见侮不辱，救民之斗，禁攻寝兵，救世之战"，此
最墨徒之精神，而《老子》所谓"大国不过欲兼畜人，小国不过欲
入事人，两者各得其所欲，大者宜为下"，"虽有甲兵，无所陈之"
者也。[①]

　　宋钘思想与墨家思想相通的地方更多。《荀子·非十二子》把墨
翟和宋钘合在一起论列，已经把宋钘当作墨学的支派看待了。现在我
们仔细考察宋钘的思想，确也能够发现他的主张有许多地方与墨家
学说相同，甚至忠实继承了墨家思想的基本原则。《庄子·天下》称
述宋钘"愿天下之安宁，以活民命"，"弟子虽饥，不忘天下"，"以为
无益于天下者，明之不如已也"等，这与墨子"兴天下之利，除天下
之害"[②]的重"利"宗旨完全一致。《庄子·天下》称述宋钘"其为人
太多，其自为太少"，《荀子·非十二子》称述墨子、宋钘说"大俭约
而僈差等"[③]；《庄子·天下》称述宋钘的舍己为人的态度，原是与墨
子"摩顶放踵利天下，为之"[④]的精神相符合。依"兼爱"的观念推

① 钱穆著：《先秦诸子系年考辨》，上海书店 1992 年版，第 341–342 页。
② （清）孙诒让撰，孙启治点校：《墨子间诂》，中华书局 2001 年版，第 113 页。
③ 章诗同注：《荀子简注》，上海人民出版社 1974 年版，第 46 页。
④ 杨伯峻译注：《孟子译注》，中华书局 1960 年版，第 313 页。

广，那么对于上下、人我、亲疏的差等观念，自然不必措意。所以《庄子·天下》说宋钘"其周行天下，上说下教"，"上下见厌而强见也"。这就是推广兼爱的主张，觉得"上"和"下"原是一律，不分高低，心里并不存有差别等级的观念。《庄子·天下》称述宋钘说："弟子虽饥，不忘天下，日夜不休。曰：'我必得活哉！'"宋钘如此勤劳自苦的生活态度，和《庄子·天下》宋钘称述墨子的行径"日夜不休，自以苦为极"也完全相同，他们都有刻苦朴素的作风和殉道救世的精神。《庄子·天下》说宋钘："救民之斗，禁攻寝兵，救世之战……以禁攻寝兵为外。"《韩非子·显学》说："宋荣子之议，设不斗争。"① 这和墨子"非攻"的主张是相通的。前引《孟子·告子下》所载，孟子与宋钘在石丘相遇，其时宋钘正要到楚国去阻止战争，从孟子和宋钘的一问一答中可以看出，宋钘其言其行都俨然墨子再世。

　　如上所述，宋钘思想大部分出于道、墨二家。但是，他既不是道家，也不是墨家，是融合了道、墨二家并加以发展。他把并不融洽的两派的思想巧妙地融合在一起，从而形成自己的特色和思想体系。将宋钘的思想分而析之，可以看出，关于内部身心修养方面，基本上采取道家的学说；关于对外处事接物方面，则多采取墨家的主张。《庄子·天下》所谓"以禁攻寝兵为外，以情欲寡浅为内"，正是融合道、墨二家思想的体现。"禁攻寝兵"是墨家的主张，符合墨家的救世精神；而"情欲寡浅"则是道家的观点，与道家修养身心、树立人格相吻合。可以这样理解，宋钘对道、墨二家的融合，就是拿道家学说做"体"，拿墨家学说做"用"。所以从思想综合方面的造就而论，宋钘确乎已经做到了调和道、墨二家的思想，并有自己的创新和发展，他的理论最终都服务于墨学的"禁攻寝兵"，同时又传播和发展了老子的思想。

　　宋钘思想中最可称道之处在于他采取墨家学说，却摒弃了墨家"天

① （清）王先慎撰，钟哲点校：《韩非子集解》，中华书局1998年版，第458页。

志""明鬼"一类的主张。他采取道家旧说，但不采取黄、老派权术政治和消极隐逸思想，取舍十分清楚。因而可以说，宋钘的思想比起前一阶段的墨翟和老庄，明显地向前推进了一步。

（三）宋钘"接万物以别宥为始"的认识论

宋尹学派在认识论上还有一个重要思想，就是"接万物以别宥为始"。意思是说，人们接触事物以前，思想上不要带主观的框框，不要以主观成见影响自己对事物的客观认识。"别宥"即别囿，是指辨清并破除妨碍自己准确认识事物的屏蔽、囿蔽，如错觉、偏见、心理定势之类。

《吕氏春秋·去尤》载："世之听者，多有所尤，多有所尤则听必悖矣。所以尤者多故，其要必因人所喜，与因人所恶。东面望者不见西墙，南乡视者不睹北方，意有所在也。"陈奇猷按："此篇与《去宥》意义全同，其为一家之言可知。……考《尸子·广泽》云：'料子贵别囿'，《庄子·天下》云：'宋钘、尹文接万物以别宥为始'，囿与宥同，则此篇及《去宥》为料子、宋钘、尹文等流派之言也。"① 又《去宥》篇："夫人有所宥者，固以昼为昏，以白为黑，以尧为桀，宥之为败亦大矣。亡国之主，其皆甚有所宥邪？故凡人必别宥然后知，别宥则能全其天矣。"②

以上就是宋钘"接万物以别宥为始"思想的集中认识。宋钘的"别宥"说并非一个独立的命题，所谓的"囿"，就是"以己之情为欲多"和"以见侮为辱"两大世俗偏见。《去尤》特别强调，给人的认识造成囿蔽的原因有多种，但最主要的原因还是人自身的情感定势——喜好和厌恶。李可亭在《宋钘思想论稿》中认为这个说法隐约透露出为"情欲寡浅"和"见侮不辱"提供认识论依据的意思：人们"皆以己之情为欲多"，这是由喜好造成的囿蔽，其实"人之情欲寡"才是真理；人们都把受欺侮视为耻辱，这是由厌恶造成的囿蔽，其实受侮并不足以构成耻辱。《去

---

① 陈奇猷校释：《吕氏春秋校释》，学林出版社 1984 年版，第 688—690 页。
② 陈奇猷校释：《吕氏春秋校释》，学林出版社 1984 年版，第 1014 页。

尤》和《去宥》举了很多错觉和偏见蒙蔽人心使认识走入误区的例子：丢斧子的人怀疑邻人之子是窃斧者，发现他的言语、表情、动作无一不像窃贼，其实对方根本未曾行窃；一位老人好意劝邻居砍掉可能伤人的枯树，邻居照做后，老人顺便"请而以为薪"，邻居便大为不悦，认为他劝说砍树用心不良。这两则例子说明的是同一个道理，即主观成见是认识客观事物的障碍，当人带着成见观察世界时，必然会歪曲客观事物的原貌。宋钘力图从主观上清除荣辱、誉非、美恶的界限，要求做到"定乎内外之分，辩乎荣辱之境"，荣辱等等是属于外在的东西，不应以之妨害内心之平静，即使身陷牢狱之中，也不以为羞耻。庄子认为宋钘"举世而誉之而不加劝，举世而非之而不加沮"①。普天下人赞誉，他并不因此更受鼓励；普天下人非议，他也不因此更加沮丧。在宋钘看来，人们如能做到不累于俗，破此世俗之偏见，恢复情欲寡浅和见侮不辱的正确认识，虽然被侮，但不以为耻辱，这样就不会互相争斗，就能够"救民之斗"，就可以使天下安宁了。

可见，宋钘是在墨子认识论的基础上，创造性地发展了人的认知心理方面的研究，这也可看作后来荀子提出"虚一而静"的理论前提。但是，宋钘这一认识又存在着很大的片面性，那就是他只要求人们情欲寡浅，忽视了满足人之合理欲求，故《荀子·解蔽》所言"宋子蔽于欲而不知得"是有一定道理的。

五　稷下名家"善辩者"儿说

儿说，宋国人。《淮南子·人间训》高诱注："儿说，宋大夫。"②则儿说还是宋国上流社会的人物。关于儿说的史料不多，散见于以下各书之记载。

《韩非子·外储说左上》：

---

①　陈鼓应注译：《庄子今注今译》，中华书局 1983 年版，第 14 页。

②　何宁撰：《淮南子集释》，中华书局 1998 年版，第 1292 页。

儿说，宋人，善辩者也。持"白马非马也"服齐稷下之辩者。乘白马而过关，则顾白马之赋。故籍之虚辞，则能胜一国，考实按形不能谩于一人。①

《吕氏春秋·君守》：

夫一能应万、无方而出之务者，唯有道者能之。鲁鄙人遗宋元王闭，元王号令于国，有巧者皆来解闭。人莫之能解。儿说之弟子请往解之，乃能解其一，不能解其一，且曰："非可解而我不能解也，固不可解也。"问之鲁鄙人。鄙人曰："然，固不可解也。我为之而知其不可解也。今不为而知其不可解也，是巧于我。"故如儿说之弟子者，以"不解"解之也。②

《淮南子·人间训》：

智者离路而得道，愚者守道而失路。夫儿说之巧，于闭结无不解，非能闭结而尽解之也，不解不可解也。至乎以弗解解之者，可与及言论也。或明礼义、推道体而不行，或解构妄言而反当。③

陈成子恒之劫子渊捷也，子罕之辞其所不欲而得其所欲，孔子之见黏蝉者，白公胜之倒杖策也，卫姬之请罪于桓公，子见子夏曰"何肥也"，魏文侯见之反被裘而负刍也，儿说之为宋王解闭结也，此皆微眇可以观论者。④

根据以上记载可知，儿说是个能言善辩之人，在齐国，稷下之辩者都为之折服。后来离开齐国，骑着白马出关卡，按规定马过关要收税，儿说辩解说白马不是马，因此不应收他的马税。这里涉及另外一个问题，那就是儿说的生活年代，如果儿说的生活年代早于公孙龙，则"白马非马论"的提出，可确信不始于公孙龙。关于这一点，争端在于为宋元王解闭的宋元王到底是谁？《吕氏春秋·君守》陈奇猷按："宋元

① （清）王先慎撰，钟哲点校：《韩非子集解》，中华书局 1998 年版，第 269 页。
② 陈奇猷校释：《吕氏春秋校释》，学林出版社 1984 年版，第 1050 页。
③ 何宁撰：《淮南子集释》，中华书局 1998 年版，第 1292 页。
④ 何宁撰：《淮南子集释》，中华书局 1998 年版，第 1112—1113 页。

王即宋元公佐，褚先生《补史记龟策传》亦称宋元王，《庄子·田子方》
称宋元君。"[1] 陈奇猷认为宋元王就是宋国春秋末期的君主宋元公，名佐。
郭沫若则认为宋元王是战国末期的宋君，即宋王偃。而宋元公与宋王
偃年代相距甚远。对此，钱穆在《先秦诸子系年·宋元王儿说考》中
进行了详细的梳理和考辩：

> 《韩非·外储说左上》："儿说，宋人善辨者也。持白马非马也，
> 服齐稷下之辨也。乘白马而过关，则顾白马之赋。"《吕览·君守篇》：
> "鲁鄙人遗宋元王闭，元王号令于国，莫之能解。儿说之弟子请往
> 解之。"《淮南·人间训》高诱《注》："儿说，宋大夫也。"《庄子·外
> 物篇》有宋元君得神龟事，《释文》："宋元君，李云：元公也。"案
> 元公名佐，平公之子，在春秋世。而《史记·龟策传》元君作元王，
> 且云问博士卫平。春秋固无博士，名家白马之论，亦战国后起之
> 说。是宋于战国时别有元王，亦称元君，不得谓即春秋时之元公也。
> 然宋自王偃称王，及身而灭，诸书俱以偃谥康王，《荀子·王霸篇》
> 则称献王，不见称元王。考《赵策》李兑之谓齐王曰："宋置太子
> 以为王，下亲其上而守坚，今太子走，诸善太子者皆有死心。"是
> 王偃时曾置太子为王。窃疑宋元君即其人，乃王偃所置太子为王者。
> 故称元君，亦称元王也。[2]

　　如上，根据钱穆的考证分析，这位"宋元王"，既不是春秋末期的
宋元公，亦非战国末期的宋王偃（宋康王），而是宋王偃时"曾置太子
为王"的那位太子，称元君，亦称作元王。那么，这位太子又是谁呢？《战
国策·赵四》对此有一段简要的记载。前287年，齐将攻宋，李兑乃谓
齐王曰："臣之所以坚三晋以攻秦者，非以为齐得，利秦之毁也。欲以
使攻宋也。而宋置太子以为王，下亲其上而守坚，臣是以欲足下之速
归休士民也。今太子走，诸善太子者皆有死心，若复攻之，其国必有乱，

---

[1]　陈奇猷校释：《吕氏春秋校释》，学林出版社1984年版，第1058页。

[2]　钱穆著：《先秦诸子系年》，商务印书馆2005年版，第465页。

而太子在外,此亦举宋之时也。"何建章注释说:"太子,当是宋王偃之子。宋王偃即宋康王。"① 彭德在《宋玉生平考》一文中认为:宋王偃后期,应该是以禅让方式立太子为王,宋王偃自己则退居幕后。但是时隔不久,宋王父子不和,宋太子被迫出走。而这位流亡在外的太子就是宋玉,他才是宋国真正的末代王——宋元王。彭德进一步推测,这位宋元王(宋玉)约生于前 327 年,卒于前 276 年。

如果以上推断可信的话,为宋元王解闭的儿说,其生活年代亦可做出大致的判断。钱穆对此总结说:

> 儿说弟子为宋元王解闭,则儿说亦与元王同时,而年不后于元王可知。是时惠施卒逾十年,下距公孙龙说燕尚十五年,儿说年辈,盖在施龙两人间。上承惠施,下接公孙龙。公孙龙白马非马之论,殆自儿说启之。②

儿说早于公孙龙提出"白马非马"这一论题。另外,《战国策·赵策二》记载:"夫刑名之家皆曰'白马非马'也。"③ 在公孙龙之前,名家学派还有著名的邓析子、惠施等人物。但对"白马非马"进行系统论述的人却是公孙龙,所以,此后提起"白马非马",儿说逐渐被人忽略。儿说作为"白马非马"论的倡导者,虽然能辩白马不是马,且说得众人口服,但是他骑白马过关,守关者仍然按骑马过关的规定,要他交纳税金,他也不得不交纳。诡辩在事实面前被揭穿了。所以,韩非子认为儿说是以虚辞取胜于齐稷下辩士,"考实按形"则一个人也说服不了。尽管如此,"白马非马"这一著名的逻辑命题,其后一直为人们所津津乐道,我们无法否定儿说之首倡之功。

前引《吕氏春秋·君守》所载:儿说之弟子曾为宋元王解绳结,只解开了其中的一个,未能解开另一个,但仍受到打绳结者的赞誉,那

是因为另外一个结根本就是死结，当然无法解开。这一记载说明，儿说在当时不但收有弟子，而且弟子们亦皆为灵巧之人。故儿说虽未能因"白马非马"为人熟知，却以灵活解闭为人称道。正如《淮南子·人间训》所称颂："智者离路而得道，愚者守道而失路。夫儿说之巧，于闭结无不解，非能闭结而尽解之也，不解不可解也。至乎以弗解解之者，可与及言论也。"战国时期，百家争鸣，思想家蜂起，群星灿烂。儿说无疑是当时思想界的一颗星辰，虽不甚耀眼，亦足以为人所重。惜乎囿于史料，我们无法知其太多。

第五节　孔门弟子遍天下，宋有原宪、司马耕 ——原宪与司马耕

一　原宪

原宪，春秋时期宋国人，字子思。《孔子家语·曲礼子夏问》中作原思。《礼记·檀弓上》有仲宪，孔颖达疏云："仲宪，孔子弟子原宪。"[1]可知原思又字仲宪。原宪乃孔门七十二贤之一。《孔子家语·七十二弟子解》云："原宪，宋人，字子思。少孔子三十六岁。"[2]孔子生于前551年，原宪比孔子小三十六岁，则其出生年当为前515年，卒年不详。

由于史料缺乏，我们对原宪的生平知之甚少，只能从为数不多的典籍中获得大略的了解。原宪在年轻时就拜入孔门学习，曾做过孔子家中的管家即"家宰"，《孔子家语·七十二弟子解》谓："孔子为鲁司寇，原宪尝为孔子宰。"[3]孔子在鲁国担当大司寇之职，是孔子五十三四岁之时，小于孔子三十六岁的原宪正值十七八岁，这么年轻就被委任为先生的家庭总管，说明孔子对他是非常器重的。孔子周游列国的时候，

---

① 李学勤主编：《十三经注疏·礼记正义》，北京大学出版社1999年版，第231页。
② 王德明主编：《孔子家语译注》，广西师范大学出版社1998年版，第412页。
③ 王德明主编：《孔子家语译注》，广西师范大学出版社1998年版，第412页。

原宪应该是追随孔子的。原宪出身贫寒，个性狷介，不肯与世俗合流。孔子死后，他退隐于山川草泽之中，以安贫乐道而著称。《史记》称其"遂亡在草泽中"①，"终身空室蓬户，褐衣疏食不厌"②。《孔子家语》则明确说"孔子卒后，原宪退隐，居于卫"③。总之原宪是过着与世无争的隐逸生活，默默无闻，直到去世。但他并没有与外界完全隔绝，他的同窗子贡曾去看望过他，两人还为后世留下一段关于"贫与病"的著名辩论，成为千古美谈。

《庄子·杂篇·让王》载：

> 原宪居鲁，环堵之室，茨以生草；蓬户不完，桑以为枢；而瓮牖二室，褐以为塞；上漏下湿，匡坐而弦歌。
>
> 子贡乘大马。中绀而表素，轩车不容巷，往见原宪。原宪华冠縰履，杖藜而应门。
>
> 子贡曰："嘻！先生何病？"
>
> 原宪应之曰："宪闻之，无财谓之贫，学道而不能行谓之病。今宪，贫也，非病也。"
>
> 子贡逡巡而有愧色。
>
> 原宪笑曰："夫希世而行，比周而友，学以为人，教以为己，仁义之慝，舆马之饰，宪不忍为也。"④

《史记·仲尼弟子列传》载：

> 孔子卒，原宪遂亡在草泽中。子贡相卫，而结驷连骑，排藜藿入穷阎，过谢原宪。宪摄敝衣冠见子贡。子贡耻之，曰："夫子岂病乎？"原宪曰："吾闻之，无财者谓之贫，学道而不能行者谓之病。若宪，贫也，非病也。"子贡惭，不怿而去，终身耻其言之过也。⑤

---

① （汉）司马迁撰：《史记·仲尼弟子列传》，中华书局1959年版，第2208页。
② （汉）司马迁撰：《史记·游侠列传》，中华书局1959年版，第3181页。
③ 王德明主编：《孔子家语译注》，广西师范大学出版社1998年版，第412页。
④ 陈鼓应注译：《庄子今注今译》，中华书局1983年版，第757–758页。
⑤ （汉）司马迁撰：《史记·仲尼弟子列传》，中华书局1959年版，第2208页。

以上关于原宪和子贡论"贫"与"病"之事，《新序》《韩诗外传》《孔子家语》等文献亦有大致相同的记载。孔子去世后，原宪便隐居起来，而子贡则飞黄腾达，做了卫相。出于同门之谊，子贡来探望原宪。子贡乘骏马，着皮裘，器宇轩昂，派头十足，随行的车子非常华贵宽大，以至于连巷子也容纳不下。而原宪则戴着用树皮做的帽子，穿着无跟的鞋子，拄着藜木的拐杖开门，以礼相迎。看到原宪的狼狈之状，子贡说：哎呀，先生您得了什么病？原宪说：我听说没有财产叫贫，学了学问不能践行才叫病。我只是贫穷，而不是病。至于迎合世俗，为做官而求学，为得利而教人，不行仁义，讲究车马的装饰和衣服的华丽，这样的事，我不愿意去做。子贡听了羞愧难当，匆匆离去，终生都为说过的这句错话而感到羞愧。子贡和原宪，一个是卫国之相国，一个是穷乡之书生；一个是既富且贵，一个是既穷且贱。原宪却丝毫没有自卑感，原宪之贫只是贫在物质上，在精神方面是非常富有的，子贡固然富可敌国，但其德性修养尚不及原宪。在原宪那里，子贡当是警悟到了自己德性的欠缺而自励了。从中我们不仅可以清晰地看到原宪那种安贫乐道的情怀，而且可以深切地感受到原宪那种"富贵不能淫，贫贱不能移"的人格魅力。原宪之安贫乐道的精神及其入仕则当清廉奉公的思想，为世人所称道。《礼记·儒行》赞曰："儒有一亩之宫，环堵之室，筚门圭窬，蓬户瓮牖；易衣而出，并日而食；上答之不敢以疑，上不答不敢以谄。其仕有如此者。"[1]

原宪的为人在孔子众多弟子中别具一格，卓尔不群。在性格方面，他不同于子张的偏激，也不似子路的鲁莽，而是一位清静无为的君子。在思想方面，他不像子路、冉求那样醉心于仕途，热衷为政，也不像子贡那样喜欢经商，发财致富。他与颜回很相似，对荣华富贵的生活毫不向往。颜回甘居陋巷，一箪食，一瓢饮，别人不堪其苦，他却独享其乐；原宪则居处"蓬户瓮牖"，饮食"不厌糟糠"。《论语·雍也》记载的一

---

[1]　李学勤主编：《十三经注疏·礼记正义》，北京大学出版社 1999 年版，第 1583 页。

个小故事，体现了原宪的清心寡欲。原宪做孔子家的主管，孔子"与之粟九百"。关于"粟九百"有两种说法，一说是九百斗小米，一说是九百石小米。九百斗，在当时可以养活十个人整整一年。如果说是九百石，就可以养活一百个人。原宪认为太多了，坚持不要。孔子知道后对他说："你不要推辞，如果你用不了，可以分给那些邻里乡亲嘛！"自己吃不完的粮食就坚决不要，从这里我们可以看出原宪对钱财这些身外之物看得很轻。原宪安贫乐道，终身践行其志而无悔。他退隐后，虽然衣简食粗居陋，但是当子贡来访时，他还是以礼相应，"正冠""振襟""纳履"，丝毫不马虎，不失儒者风范。虽然"正冠则缨绝""振襟则肘见""纳履则踵决"，但是他真正做到了董仲舒所谓的"大有义而甚无利，虽贫与贱，尚容其行，以自好而乐生"[①]，司马迁说他是"读书怀独行君子之德，义不苟合当世"[②]，皆是知人之言。

儒家一贯主张积极入世，崇尚"学而优则仕"。孔子的许多弟子都曾出仕，孔子门下还出过子路和冉求两位擅长政事的圣贤。然而，原宪与他们不同，他不迷恋权势，除了在孔子家里做过总管，没有其他为官经历。因为不愿出仕，他的生活窘迫到极点，然而却毫无悔意。做高官而锦衣玉食，八面威风，与其高洁志趣是完全相悖的。孔子说："士志于道，而耻恶衣恶食者，未足与议也。"[③]孔子认为，一个人斤斤计较个人的吃穿等生活琐事，他是不会有远大志向的，因此，根本就不必与这样的人去讨论什么道的问题。这句话是对原宪最高的褒奖，原宪是一位"志于道"而甘于贫贱的志士。

面对现实与理想，孔子也存在着纠结、矛盾。他一方面坚持人能弘道、知其不可而为之，执着阐释以天下为己任的精神，无论何时何地，都要坚定地面对困难，有着理想主义的激情与毅力。但同时，孔子也认

---

① 苏舆撰，钟哲点校：《春秋繁露义证》，中华书局 1992 年版，第 263 页。
② （汉）司马迁撰：《史记·游侠列传》，中华书局 1959 年版，第 3181 页。
③ 杨伯峻译注：《论语译注》，中华书局 1980 年版，第 37 页。

识到现实的无情和残酷。他在漫长的人生旅程中充分领教了现实政治的黑暗和人性的丑陋，他甚至有过"道不行，乘桴浮于海"的想法。因此，对于出仕与否，一直有着矛盾的态度。他一方面鼓励弟子出仕参政，以实践来推行自己的抱负。另一方面，在屡屡碰壁之后，他认为礼崩乐坏的天下已经难有净土，故又主张"笃信好学，守死善道。危邦不入，乱邦不居。天下有道则见，无道则隐。邦有道，贫且贱焉，耻也；邦无道，富且贵焉，耻也"①。于是，在孔门中出现了有趣的现象，既有积极入世的子路、冉求、仲弓、宓子贱，又有近乎隐逸状态的颜回、闵子骞和原宪。我们不能说谁背离了孔子，只不过，他们各自继承了孔子的一个方面，就自己的性之所近，加以发扬而已。对于原宪而言，可能就是如此。

《论语·宪问》载，原宪曾向孔子问"耻"，孔子告诉他："邦有道，谷；邦无道，谷，耻也。"②意思是在国家政治清明时可以出来做官，领取俸禄；但在国家政治黑暗时做官领取俸禄，就很可耻了。原宪又问："克、伐、怨、欲不行焉，可以为仁矣？"孔子说："可以为难矣，仁则吾不知也。"③如果一个人能做到不好胜、不自夸、不怨恨、无贪欲，是否可以称得上仁呢？孔子虽没有予以肯定，但是也承认能够做到这样非常难能可贵。这说明原宪对于孔子的"邦无道则隐"的思想有直接的接受。

原宪在早年未必没有"学而优则仕"的理想，他在年轻时做过孔子家的总管，可见有一定的为政才能。原宪最终选择了隐居，终身不仕。我们推想，这一方面当是由于他的性格，一方面也来源于孔子的影响，那就是对孔子思想做了"片面"的继承和吸收。其实，像他这样的有德之士，更加关注自身的修养，追求自我的完善，而非功名利禄这些身外之物。当然，原宪不肯出仕还有更深层次的原因，那就是春秋时期的礼崩乐坏，社会失序，各诸侯国政治黑暗，没有地方可以施展抱负。

---

① 杨伯峻译注：《论语译注》，中华书局1980年版，第82页。
② 杨伯峻译注：《论语译注》，中华书局1980年版，第145页。
③ 杨伯峻译注：《论语译注》，中华书局1980年版，第145页。

这应是原宪不愿意与统治者同流合污、选择隐居的内在原因。

原宪德高望重，后人给予其很高的尊崇。东汉明帝永平十五年（72）从祀孔子，唐玄宗开元二十七年（739）封为"原伯"，宋真宗大中祥符二年（1009）升为"任城侯"，宋度宗咸淳三年（1267），以"任城侯"从祀孔子。明嘉靖九年（1530），改称为先贤原子。今商丘古城南关有原宪祠，祠前立石碑一通，上书"原子宪故里"。

清康熙四十四年（1705），商丘士绅宋炌等捐资在城东南隅创建了"二贤祠"，除祀原宪外，同祀乡贤孔门弟子司马耕。商丘知县刘德昌为"二贤祠"赋碑文，附之如下：

> 乡先贤殁而祭于社，古礼也。后世则建祠宇以祀之。孔门之通六艺者七十二人，而宋有其二，原子、司马子是已。道以孔子为极，通其艺者即通其道者也。斯二子者，宁非宋乡先贤之长欤？余重纂邑乘，览故册，原、马二子，杂列人物中。夫仲尼之徒，羞称五霸，后世所谓名臣贤达者，使在春秋，不过五霸臣耳。原、马二子，亲承洙泗，或辞禄甘贫，或洁身避恶，皆得于圣教者深。余定人物诸门，而以二子弁诸首，别曰先贤，不异乎后世诸品流也。二子祀两庑，已遍海内，而宋其桑梓也，独无专祀，非典之阙欤？

> 邑有宋广文先生炌者，笃行君子也，为郡县博士二十余年，偶以奉讳还里，怒焉厘之。与诸生李犹龙、张果辈，谋欲创祠以祀二子，慨然出己赀，市城东南隅民居一区，颜曰"二贤祠"。前堂奉木主，后舍辟义塾，延师以训里中儿之贫不能读者，复捐地一百亩，以资修脯。萍藻弦诵，彬彬出乎其间。落成，请余记其事。余伏而叹曰：化民成俗，修废举坠，有司之责也，今之有司怵于考功之令，日夕营营扰扰，以薄书期会为政，舍是一切置不问。二贤祠于邑，有司不能为，而宋君为之；邑庶众不能共为，而宋君独为之，其贤于人品加一等矣。

> 或谓宋君故巨室，其尊人明经翁为相国，介弟中丞，季父负材

干，饶智略，虽隐居不仕，而品望崇重，乡邦仰之，如高山巨谷。平生豪举，蓄伎乐，广苑囿，歌钟甲第甲于一郡，今宋君出其翁赀之百一，即足以兴旷典而博义声，无难也。余曰不然，世人袭先世田宅，以为饮博狎邪费者，或勿靳矣。不尔，则守祖父一钱如头目脑髓，肯一介与人乎？况以乡邑公务，而一身一家独肩勿诿乎？况吏不迫，而友不诃，而毅然出而自任乎？姑无论宋君尊人，平生好事多耗，本无厚藏，即有藏如山，而宋君锢之不发，又谁如宋君何？宋君是举，无所驱迫，出于秉彝崇圣，教化井里，非识量高远而身与道俱者，其孰能之？

不惟是也，君见诸郡邑城，往往建奎文阁，形家言：凡巽峰之隆，利于举子。归郡旧有奎阁，隐于城闉，且岁久颓敝，宋君亦具牒郡县，愿改建于城巅。其设心积虑，唯欲损己以利众，是大公无我之学也。如君者，不惟谓邦国有人，亦且谓宋翁有子。余乐其成，而牵连书之，且铭以诗，其词曰：

睢阳莽莽宋旧封，圣辙常环蒙门东。习礼弟子多雍容，子牛、子思产国中。庙庑已享千秋同，故里独缺苹藻宫。南阳先生心忡忡，引兹盛典任厥躬。卜地城隅计廿弓，召匠庀材以鸠工。经始不日轮奂终，神妥馨荐飨饎丰。更辟讲堂选楩芃，造目小子解瞀瞢。蒙以养正曰圣功，作人之泽维君庸。崇墉屹屹有巽峰，奎文列宿映苍穹。君并峙阁何岧岹，祝士有文振国风。似君高义诚罕逢，树标畸形俾后宗。岁在作噩与旃蒙，伐石镌泐永勿劖。[①]

二 司马耕

司马耕，字子牛，生卒年不详。原本姓向，因其兄向魋做过宋国掌管军政的司马，便以司马为姓。春秋时期宋国人，孔门弟子，入七十二

---

① 河南省商丘县志编委会：《商丘县志》，中州古籍出版社 1989 版，第 524—526 页。

贤之列。一作司马黎耕，《孔子家语·七十二弟子解》谓："司马黎耕，宋人，字子牛。牛为人性躁，好言语。见兄桓魋行恶，牛常忧之。"[①]

司马牛的哥哥叫向魋，又名桓魋，为人跋扈。前493年，时年五十九岁的孔子率弟子从曹国到宋国都城，在城中一株大檀树下诵经洗礼。《孔子家语·曲礼子贡问》载："孔子在宋，见桓魋自为石椁，三年而不成，工匠皆病。夫子愀然，曰：'若是其靡也，死不如朽之速愈。'"[②]孔子在宋国见到桓魋亲自设计石椁，花了三年工夫还没完工，工匠们都为此感到忧虑。孔子见到这种情景后，神色严肃地说："如果像这样奢侈，死了还不如赶快腐朽的好！"可见孔子不屑于桓魋的为人。向魋以巧言令色见宠于宋景公，其行止与孔子的儒教不合。他把孔子的思想视为异端邪说，企图趁此机会擒杀孔子。孔子遂率弟子前往陈国。向魋擒孔不成，令人把檀树砍掉，以绝后念。当时，孔子弟子闻讯，劝孔子赶快离开，孔子还说了这样一句话："上天给了我这样的品德，桓魋能把我怎么样！"关于这个历史事件，《史记·孔子世家》载曰："孔子去曹适宋，与弟子习礼大树下。宋司马桓魋欲杀孔子，拔其树。孔子去。弟子曰：'可以速矣。'孔子曰：'天生德于予，桓魋其如予何！'"[③]向魋自恃大司马之权位及宋景公对他的宠爱，骄横跋扈，极力扩张个人势力，并企图害死景公，阴谋败露后出逃。犯上作乱是灭族之罪，他的几个弟兄子顾、子车等跟着桓魋，最后落得死路一条。唯独秉性正直的司马牛，不赞成他兄弟的这些做法，交出了自己的封邑和玉珪，逃亡到齐国，最后客死鲁国。《左传·哀公十四年》："司马牛致其邑与珪焉，而适齐。向魋出于卫地，公文氏攻之，求夏后氏之璜焉。与之他玉，而奔齐，陈成子使为次卿，司马牛又致其邑焉，而适吴。吴人恶之，而反。赵简子召之，陈成子亦召之，卒于鲁郭门之外，阬氏葬诸丘舆。"[④]

---

① 王德明主编：《孔子家语译注》，广西师范大学出版社1998年版，第416页。
② 王德明主编：《孔子家语译注》，广西师范大学出版社1998年版，第465页。
③ （汉）司马迁撰：《史记·孔子世家》，中华书局1959年版，第1921页。
④ 杨伯峻编著：《春秋左传注》（修订本），中华书局1990年版，第1688页。

在孔子的弟子中，司马耕属于贵族子弟，他不但有封地，而且还有国君特赐的守邑之符信玉珪。司马桓魋叛乱时，司马耕不愿与之同流合污，也怕受到牵累，便将封地和信物交还给宋景公。关于司马牛投奔孔门的时间，史书无明确记载。但从他和同门子夏的对话中，可推知应在其兄谋反失败之后，他逃至鲁国时拜孔子为师。司马牛曾叹息说："人皆有兄弟，我独亡。"子牛的兄弟品行不端，子牛不愿与之为伍，故而叹息自己没有好兄弟。为此子夏劝导他说："死生有命，富贵在天。君子敬而无失，与人恭而有礼。四海之内，皆兄弟也——君子何患乎无兄弟也？"①君子只要严肃认真地对待所做的事情，不出差错，对人恭敬而合乎礼的规范，那么，天下人就都是兄弟了。

《史记·仲尼弟子列传》称"牛多言而躁"，《孔子家语》亦谓"牛为人性躁"，可以看出司马牛是一个性格急躁的人，而"多言"则说明他是一个勤学好问的学生。他曾向孔子请教什么叫"仁"，孔子回答说："仁者，其言也讱。"意思是说言语迟钝，就可以叫作仁了。司马牛不解，又问："其言也讱，斯谓之仁已乎？"孔子回答说："为之难，言之得无讱乎！"②孔子认为，要达到"仁"的境界，做起来是不容易的，因此说起来就会显得迟钝。想去做什么事情的时候，不要先急着用嘴说，一定要认真思考，要有一种责任感，而有了这种责任感，那就是一种仁的表现。从这里可看出，孔子的回答是针对司马牛"多言而躁"的缺点而说的。司马牛又请教孔子如何才能成为君子。孔子谙悉子牛的心理，便说："君子不忧不惧。"子牛又问："不忧不惧，斯谓之君子已乎？"孔子回答说："内省不疚，夫何忧何惧？"③就是说只要自己为人处世问心无愧，别的事有什么值得忧虑恐惧的呢？

据《左传》，司马牛"卒于鲁郭门之外，阮氏葬诸丘舆"，杜预注云：

---

① 杨伯峻译注：《论语译注》，中华书局1980年版，第125页。
② 杨伯峻译注：《论语译注》，中华书局1980年版，第124页。
③ 杨伯峻译注：《论语译注》，中华书局1980年版，第124页。

"泰山南城县西北有舆城。录其卒葬所在，愍贤者失所。"①《后汉书·郡国三》"泰山郡"条曰："南城故属东海。有东阳城。"李贤注云："襄十九年城武城，杜预曰南城县。哀十四年司马（牛）葬丘舆，杜预曰县西北有舆城。"②光绪《费县志》载司马牛墓云："按后汉'南城县'下，杜预注曰：'哀公十四年司马牛葬此。'"南城县、邱舆等地，原属费县，新中国成立后皆划属平邑县。

第六节　医德医术堪称高，以身殉医留美名
——宋国名医文挚

先秦时期是一个社会大变革的时代，中国古代医学也在这一时期得到长足的发展，其主要表现之一就是出现了专职的医生，如医缓、医和、扁鹊、文挚等。其中，文挚就是宋国的名医。

一　文挚的生活年代

文挚，战国时期宋国人，生卒年不详。长沙马王堆三号汉墓出土的竹简《十问》中，有一篇关于齐威王和文挚的对话，开头有这样几句："文挚见齐威王。威王问道焉，曰：'寡人闻子大夫之博于道也。寡人已宗庙之祠，不暇其听，欲闻道之要者，二、三言而止。'文挚答曰：'臣为道三百篇，而卧最为首。'"③齐威王，田氏，名因齐，出生于前378年，前356年二十二岁时即位，前320年卒，在位三十六年，享年五十八岁。文中齐威王说"寡人已宗庙之祠"，是说自己已经继承齐国的王位（应当即位不久）；文挚答"臣为道三百篇"，是说自己的医学著作有三百篇之多。可推知此时文挚已成名多年，不仅有丰富的实践经验，而且

---

① 李学勤主编：《十三经注疏·春秋左传正义》，北京大学出版社1999年版，第1682页。
② （宋）范晔撰，（唐）李贤等注：《后汉书·郡国三》，中华书局1965年版，第3453页。
③ 马继兴著：《马王堆古医书考释》，湖南科学技术出版社1992年版，第950页。

建立了自己的医学理论，有医学著作。由此进一步推知，文挚当时至少应当处于壮年，很可能早于齐威王出生。

又据《吕氏春秋·至忠》记载，文挚曾采用激怒病人的方法治愈一位齐王的病，却因此被齐王处死。这位齐王究竟是谁呢？东汉高诱注曰："齐王，湣王也，宣王之子。"①齐湣王田氏，名地，在位时间为前300年至前284年，共计十七年。文挚为齐湣王医病，具体是哪一年，史载不详。按齐湣王之父、齐威王之子齐宣王在位十九年（前319-前301）来看，假定文挚和齐威王同年出生即前378年，而医治齐湣王之病是在湣王即位的当年即前300年，则文挚至少享年七十九岁，而实际上可能超过这个岁数。

综上，文挚生活的年代大致在齐威王、齐宣王、齐湣王时期，对应宋国君主，是在宋休公、宋辟公、宋剔成君、宋康王时期，则文挚为战国末年人。

二　文挚的养生之道与医术

文挚自称"为道三百篇"，说明其著述之丰，可惜均已失传，现在从《马王堆古医书·十问》中可见鳞爪。有关文挚的事迹，文献著录也很有限，仅在《吕氏春秋》及《列子》中有片段记载。尽管如此，我们仍然可以从中窥见文挚高超的医术。

（一）养生之道

自古以来，养生之道素为人们所重视。春秋战国时期，中医养生学逐渐兴起，对于养生，诸子百家各有所论。作为战国时代的医者，文挚精通养生之道，也提出了自己的养生理论。《马王堆古医书·十问》中详细记载了文挚和齐威王关于养生的讨论，其文如下：

> 文挚见齐威王。威王问道焉，曰："寡人闻子大夫之博于道也。

---

① （战国）吕不韦著，陈奇猷校释：《吕氏春秋新校释》，上海古籍出版社2002年版，第592页。

寡人已宗庙之祠，不暇其听，欲闻道之要者，二、三言而止。"文挚答曰："臣为道三百篇，而卧最为首。"

威王曰："子绎之，卧时食何是有？"文挚答曰："淳酒，宿韭。"威王曰："子之长韭何邪？"文挚答曰："后稷播稷，草千岁者唯韭，故因而命之。其受天气也早，其受地气也饱。故辟懾懹怯者，食之恒张，目不察者，食之恒明。耳不闻者，食之恒聪。春三月食之，疴疾不昌，筋骨益强，此谓百草之王。"

威王曰："善。子之长酒何邪？"文挚答曰："酒者，五谷之精气也。其入中也散流，其入理也彻而周，不胥卧而究理，故以为百药由。"

威王曰："善。然有不如子言者。夫春沃泻人入以韭者，何其不与酒而恒与卵邪？"文挚答曰："亦可，夫鸡者，阳兽也。发明声聪，伸头，羽张者也。复阴三月与韭俱彻，故道者食之。"

威王曰："善。子之长卧何邪？"文挚答曰："夫卧，非徒生民之事也。举凫、雁、鹄、鹔鹴、蚖蟺、鱼、鳖，蠕动之徒，胥食而生者也。食者，胥卧而成者也。夫卧，使食糜消，散药以流形者也。譬卧于食，如火于金，故一夕不卧，百日不复。食不化，必如纯鞠，是生甘心密默，危伤闭塞，故道者敬卧。"

威王曰："善。寡人恒善暮饮而连于夜，苟无疴乎？"文挚答曰："无妨也。譬如鸟兽，早卧早起。暮卧暮起。天者受明，地者受晦。道者究其事而止。夫食气潜人而默移，夜半而□□□□□气，致之六极。六极坚精，是以内实外平，痤瘘弗处，痈噎不生，此道之至也。"威王曰："善。"①

从上文可以看出，文挚的养生之道主要表现在三个方面：

① 马继兴著：《马王堆古医书考释》，湖南科学技术出版社1992年版，第950—967页。

1. 睡眠为养生第一要道

养生理论和养生方法众多，文挚最为重视的是睡眠，把睡眠视为养生第一大补，即所谓"卧最为首"。文挚认为："夫卧，使食靡消，散药以流形者也。譬卧于食，如火于金，故一夕不卧，百日不复。"意思就是睡眠不仅能使身体各个部位得到最好的休息，而且能够帮助肠胃消化食物，就像烈火能够熔化金属一样。一个人一个晚上不睡觉，其精力一百天也恢复不过来。所以，懂得养生之道的人必须高度重视睡眠，即"道者敬卧"。文挚进一步指出："六极坚精，是以内实外平，痤瘘弗处，痛噎不生，此道之至也。"就是如果睡眠充足了，则五脏六腑精血充实而丰足，身体内部充实而外表平静，就连痤疮、痔疮和喉痛之类的疾病也都不会产生，这才是养生和保健的最高境界。

充足睡眠对人类健康的重要性以及睡眠不足导致的危害，现在已经是尽人皆知的常理。文挚关于养生必须重视睡眠的理论，与现代养生保健研究是相吻合的，在两千多年前就能认识到睡眠的重要作用，实在难能可贵。古代医者和养生家提出过许多养生之术，但是，把睡眠视为养生第一要道，文挚是中国千古第一人。

2. 韭菜乃"百草之王"

文挚认为："后稷播耰，草千岁者唯韭，故因而命之。"有一种草本植物，一经栽种就不断地生长，因为它旺盛的生命力，所以叫韭菜。关于韭菜的营养价值和功效，文挚阐述道："其受天气也早，其受地气也饱。故辟慑懳怯者，食之恒张，目不察者，食之恒明。耳不闻者，食之恒聪。春三月食之，疴疾不昌，筋骨益强，此谓百草之王。"韭菜早早地接受天之阳刚之气，又充分地吸收地中阴柔之气。因此，体虚肤皱而心惊胆怯的人，经常服食韭菜就会心舒气畅；视力差的人吃了它眼睛会变得明亮；耳不聪的人吃了它听觉会变得灵敏。春季三个月吃了它，疾病不会产生，筋骨更加坚强。正因为如此，韭菜被称为"百草之王"。

明代著名医药学家李时珍对此作了充分的肯定，他在《本草纲目》

中总结了韭菜的多重功效，说韭菜的根、叶"煮食，温中下气，补虚益阳，调和脏腑，令人能食，止泄血脓，腹中冷痛。生捣汁服，主胸痹骨痛不可触者，又解药毒"；"煮食，归肾壮阳，止泄精，暖腰膝。炸熟……治胸膈噎气。捣汁服，治胸痹刺痛如锥"；"饮生汁，主上气喘息欲绝，解肉脯毒。煮汁饮，止消渴盗汗。熏产妇血运，洗肠痔脱肛"①等等。韭菜的食用或保健功效，已为现代医学研究和实践所证明，文挚关于韭菜功效的论说，未必正确科学，但当时能有那样的认识已属不易，而韭菜的食疗食补功效和药用价值，也的确是不可否定的。

3. 酒乃"百药由"

文挚说："酒者，五谷之精气也。其入中也散流，其入理也彻而周，不胥卧而究理，故以为百药由。"大意是说：酒是五谷的精华所聚成，它被饮入胃肠之中，就分散到身体的各个部位被充分地吸收。它畅通无阻地流入周身肌腠，不待睡眠就能传遍全身和发生作用，所以，酒被人们用来做各种药物的引子。

古代早有"医酒同源""药酒同源"的说法。战国时代的文挚较早地指出了酒的养生和医疗作用。东汉班固在《汉书·食货志》中说："酒者，天之美禄，帝王所以颐养天下，享祀祈福，扶衰养疾。"又说："酒，百药之长。"②文挚说酒是"百药由"，这实际上是"酒为百药之长"的最早论述。后来，出现了专门的药酒。东汉著名医学家张仲景在他的名著《伤寒论》和《金匮要略》中，记载了多种用酒的方剂。唐代孙思邈所著《千金要方》载药酒八十余方。明代李时珍《本草纲目》也较为全面集中地展示了中医酒方的丰富内涵。

（二）望诊之术

望诊是几千年来中医理论精华的一部分，是中医"望、闻、问、切"之一。根据史书记载，战国时期的扁鹊（秦越人）是中医望诊的创始人。

① （明）李时珍撰，刘山永主编：《本草纲目》，华夏出版社2008年版，第1058—1059页。
② （汉）班固撰：《汉书·食货志》，中华书局1996年版，第1182—1183页。

《史记·扁鹊仓公列传》中记述了扁鹊的一个医案，就是用望诊之法诊断齐桓公的病。比扁鹊稍后的文挚也精于望诊，在当时影响很大。《列子·仲尼》曾载文挚望诊龙叔之事：

> 龙叔谓文挚曰："子之术微矣。吾有疾，子能已乎？"文挚曰："唯命所听。然先言子所病之证。"龙叔曰："吾乡誉不以为荣，国毁不以为辱；得而不喜，失而弗忧；视生如死，视富如贫；视人如豕，视吾如人。处吾之家，如逆旅之舍；观吾之乡，如戎蛮之国。凡此众疾，爵赏不能劝，刑罚不能威，盛衰、利害不能易，哀乐不能移，固不可事国君，交亲友，御妻子，制仆隶，此奚疾哉？奚方能已之乎？"文挚乃命龙叔背明而立，文挚自后向明而望之。既而曰："嘻！吾见子之心矣，方寸之地虚矣。几圣人也！子心六孔流通，一孔不达。今以圣智为疾者，或由此乎！非吾浅术所能已也。"①

龙叔向文挚讲述自己的病情：利害得失，诸如荣誉和耻辱、富贵和贫穷、赏赐和惩罚他已经无动于衷，感情也不能左右他。就问文挚这是什么病，用什么药方能治好？文挚于是叫龙叔转过身来，让他背对着太阳光站立，观察了一会儿说："你的心里已经空虚了，几乎是圣人了。现在人把圣明智慧当作疾病的，可能就是这样的吧！这不是我浅陋的医术所能治好的。"这段记载带有几分传奇色彩，很难把它当作医案看待，可以视为讲述人生哲理的寓言故事。表面上看，文挚的话很容易误解为是夸奖龙叔，其实是在讽刺龙叔。圣人往往以大智若愚的形象现身，龙叔貌似有圣人之形态，却无圣人之实质。而文挚也不是说自己真是医术浅，而是喻指龙叔无药可救而已。这是作为寓言所昭示的一个道理。当然，也可能确有龙叔其人，而且是个心灵剔透的聪明人，觉察到自己与世人格格不入，但自己想不明白问题出在哪里，所以才向文挚求问。也有可能龙叔是一个性情古怪、令人讨厌的人，他是在故意刁难医术

---

① 杨伯峻撰：《列子集释》，中华书局 1979 年版，第 129-130 页。

高明的文挚。

总之，抛开作者的寓意不说，也不必争论文挚的眼睛是否能透视人心。至少有一点可以相信，那就是文挚能够以望诊之法洞察人心。正如有的学者所说："从中亦可说明，由于文挚医术微妙，精于望诊，这才有了此种假托之说。"①

（三）心理疗法

前文提到文挚曾用心理疗法为齐湣王治病，《吕氏春秋·至忠》详细记载了这一事件：

> 齐王疾痏，使人之宋迎文挚。文挚至，视王之疾，谓太子曰："王之疾必可已也。虽然，王之疾已，则必杀挚也。"太子曰："何故？"文挚对曰："非怒王则疾不可治，怒王则挚必死。"太子顿首强请曰："苟已王之疾，臣与臣之母以死争之于王，王必幸臣与臣之母，愿先生之勿患也。"文挚曰："诺。请以死为王。"与太子期，而将往不当者三，齐王固已怒矣。文挚至，不解屦登床，履王衣，问王之疾，王怒而不与言。文挚因出辞以重怒王，王叱而起，疾乃遂已。王大怒不说，将生烹文挚。太子与王后急争之而不能得，果以鼎生烹文挚。爨之三日三夜，颜色不变。文挚曰："诚欲杀我，则胡不覆之，以绝阴阳之气。"王使覆之，文挚乃死。②

从这段文字可以看出，文挚诊视了齐湣王的病情后，认为湣王得的是气血郁结的情志病。文挚认为，只有用激怒病人的方法才能治疗此病，但是病者是齐国国王，激怒齐王势必招来杀身之祸，因此不敢下手。但是，太子与王后再三恳请文挚施治，并许诺齐王的病治愈后，共同为他保证人身安全，文挚才冒死为湣王医病。文挚依据自己的治疗方法，一再激怒湣王，湣王之疾果然得以痊愈。但是，几番被激怒的齐湣王

----

① 周一谋：《论战国名医文挚》，《医古文知识》1996 年第 1 期。
② （战国）吕不韦著，陈奇猷校释：《吕氏春秋新校释》，上海古籍出版社 2002 年版，第585 页。

难解心中怒气，置太子和王后为文挚苦苦说情于不顾，最终还是残忍地用鼎把文挚活活煮死，成为中国医学史上一个让人痛心的事件。文挚根据中医情志治病"怒胜思"的原理，治愈了齐王，谱写了一曲以身殉医的悲壮之歌。他的舍生取义得到人们的称赞："文挚非不知活王之疾而身获死也，为太子行难以成其义也。"[①]

　　文挚在民间是很有影响的，其人其事一直广为传诵。东汉思想家王充在《论衡》中也载录了文挚为齐湣王医病之事，并说"文挚之语，传至于今"[②]。金朝著名医学家张从正对文挚、华佗等前代医者用激怒法治愈病人的理论进行总结，谓"怒可以治思，以污辱欺罔之言触之"[③]。南宋周守忠的《历代名医蒙求》、医家张杲的《医说》，明代徐春甫的《古今医统大全》等书，都收录有文挚的事迹。

---

① （战国）吕不韦著，陈奇猷校释：《吕氏春秋新校释》，上海古籍出版社 2002 年版，第 585 页。
② 黄晖撰：《论衡校释》（第 2 册），中华书局 1990 年版，第 329 页。
③ （金）张从正撰，张海岑等校注：《儒门事亲校注》，河南科学技术出版社 1984 年版，第 189 页。

第三章　秦汉时期商丘名人

秦朝实行郡县制，商丘乃砀郡（治所在今安徽砀山县南）所在地。两汉时期，商丘先后为西汉梁国封国之都、更始梁国之都、东汉梁国之都，这里又诞生了闻名全国的西汉梁苑文学。这一时期尤其是两汉时期，商丘地区亦涌现出不少著名人物，如西汉开国功臣张敖，名相灌婴、申屠嘉，名将栾布，梁孝王刘武，御史大夫韩安国，名臣桥玄，著名经学家戴德与戴圣等，他们或在政治、军事上叱咤风云，或在思想、文化界领一时风骚，亦为当时中国的历史增添了精彩与光华。

第一节　开国功勋，护主忠臣——赵王张敖

张敖（前241-前182），西汉外黄（今河南民权县西北）人，赵王张耳之子。张敖是西汉开国功臣之一，又是皇亲国戚，妻子乃刘邦独女鲁元公主，女儿张嫣为汉惠帝刘盈皇后。

一　早年随父经历

张敖的父亲张耳，原是大梁（今河南开封）人，年少时常游于信陵（今河南宁陵县），结交了信陵君魏无忌，成为魏公子座上常客。后来，张耳娶了一位当地富家女，是一个遗孀。张耳依靠孀妻之父的资助，成为魏国外黄县令。不久，就在外黄生下了张敖。魏国灭亡后，张氏

父子一直居于外黄，刘邦曾多次过访张耳，相处达数月之久。秦末陈胜、吴广起义爆发后，张敖随父参加了起义军，并曾被陈胜封为成都君。项羽巨鹿之战时，他从代地带兵万余人亦来参战，为推翻秦王朝立下过汗马功劳。陈胜死后，刘邦、项羽相继率兵入关，推翻秦王朝。项羽分封诸王时，张耳被封为常山王，都襄国。楚汉战争打响后，张耳以其和刘邦有旧交，归汉成为刘邦部属。汉高祖三年（前204），张耳被加封为赵王。

二　为护主批宾客

汉高祖五年（前202），张耳去世，谥号景王，习称赵景王。张敖则继承其父爵位为赵王，并娶汉高祖长女鲁元公主为王后。在汉初的八个异姓王中，赵王张敖与刘邦的关系可谓最亲。所以，次年平定信都（今河北冀州旧城）之乱时，张敖对刘邦有求必应。平城（今山西大同市东北）之战时，除了刘邦的千余骑卫外，绝大部分骑军也应是赵军。汉高祖七年（前200），平城脱围后，刘邦回师，先到最近的赵国邯郸。张敖见刘邦来，又是翁婿关系，招待格外殷勤，挽起长袖，从早到晚，亲自侍奉饮食，态度很是谦卑。汉高祖刘邦素来不拘小节，他席地而坐，双手据膝，大伸两足，且恶语伤人，态度极其傲慢。赵国国相贯高、内史赵午等，原来是张耳的宾客，当时已经六十多岁，比刘邦年龄还要大，刘邦也早就熟识。他们都是耿介之士，生性豪爽，易于冲动，为赵王大抱不平，认为刘邦公然欺负赵王，简直是一种侮辱，决定为赵王出气，以示赵人有气节。他们劝说张敖杀掉刘邦，说："夫天下豪桀并起，能者先立。今王事高祖甚恭，而高祖无礼，请为王杀之！"[1]张敖听了，把自己的手指都咬出血来，怒斥贯高等人不该说出这样的话，认为是自己的父亲亡了国，依赖高祖刘邦才得以复国，使得恩德泽及子孙，自己

---

① （汉）司马迁撰：《史记·张耳陈余列传》，中华书局1959年版，第2583页。

一切都得益于高祖，希望他们不要再说这样的话。贯高、赵午等十余人，听到张敖如此评价刘邦和批评他们，并不服气，纷纷议论道："吾等非也。吾王长者，不背德。且吾等义不辱，今帝辱我王，故欲杀之，何乃污王为？事成归王，事败独身坐耳。"① 贯高等人说出这些话，很明显是叛杀刘邦之心未死，一定要出这口恶气。

三　因贯高受牵连

贯高等人伺机除掉刘邦，机会终于来了。汉高祖八年（前199），刘邦从东垣（今河北石家庄市东北）回来，中途路经赵国。贯高等人预先候在柏人县（今河北柏乡县），在驿馆的夹壁中隐藏武士，想在驿站之侧拦截刘邦并杀死他。刘邦经过那里本想留宿，突然心有所动，就问这个县叫什么名？随从回答说叫柏人。刘邦心想：柏人就是被别人迫害啊！所以，没有留宿就离开了。可见，刘邦的警惕性很高，对贯高心存反叛已有觉察，因此才躲过一劫。事情仍在计划中，但第二年贯高即东窗事发。原来是贯高的一个仇家发现了他要谋反，就向朝廷告发了此事。于是，刘邦下令逮捕赵王张敖、赵相贯高等人。赵午等十余人争相刎颈自杀，独有贯高怒不可遏地大骂道："谁令公为之？今王实无谋，而并捕王；公等皆死，谁白王不反者！"② 他是担心大家都死了，无人替张敖洗刷不白之冤。张敖和贯高被押送进京受审，贯高极力为张敖辩白。廷尉严刑拷问，用鞭子击打几千次，又用烧红的锥子刺身，贯高体无完肤，再找不到一块完好肌肤用刑，但始终没有改口。吕后也多次劝说刘邦，认为张敖是自家女婿，不会干出这种弑君弑父之事。刘邦还是不相信，仍然认为张敖是为了篡位而杀他，恼怒地对吕后说："使张敖据天下，岂少乃女乎！"③

① （汉）班固撰：《汉书·张耳陈余传》，中华书局1964年版，第1840页。
② （汉）司马迁撰：《史记·张耳陈余列传》，中华书局1959年版，第2584页。
③ （汉）班固撰：《汉书·张耳陈余传》，中华书局1964年版，第1841页。

四　因贯高而获释

廷尉把审理贯高的情形和供词报告给汉高祖刘邦，刘邦也不禁称赞贯高是真壮士。于是就派贯高的同乡、中大夫泄公去向贯高了解实情。泄公拿着皇帝的符节来到贯高面前，两人像平常老朋友见面一样，叙说往事，把臂言欢。当谈到贯高是否真有谋反计划时，贯高说道："人情宁不各爱其父母妻子乎？今吾三族皆以论死，岂以王易吾亲哉！顾为王实不反，独吾等为之。"①接着，贯高详细地说了事情的起因、策划的过程，以及要谋杀高祖的本意和赵王不知内情的实状。泄公回宫后，把了解的详情报告给刘邦，张敖因此得以赦免。刘邦欣赏贯高的为人，认为他有气节、重信誉，就派泄公把赦免赵王的事告诉他，对贯高也予以特赦。贯高非常高兴赵王被赦，觉得自己身为人臣，却背负篡弑的恶名，没有面目苟活，于是断颈自杀而死。贯高因此而闻名天下。

五　宾客及子嗣被封

刘邦赦免了张敖，但废了他的王位。因为是自己女婿的缘故，改封张敖为宣平侯，迁代王刘如意为赵王。刘邦对张敖的宾客却很厚待，特别是参与谋杀他的那十多名勇士，凡是以钳奴身份跟随张王入关的，基本上都做到了诸侯相、郡守之官。一直到孝惠帝、高后和文景之时，张敖宾客的子孙们也都做到郡守的高官。

高后六年（前182）张敖去世，他的儿子张偃被封为鲁元王。这是因为张偃母亲是吕后女儿的缘故，所以，吕后封他做鲁元王。因元王弱小，兄弟又少，高后又分封张敖其他姬妾生的两个儿子，一个叫张寿一个叫张侈，分别为乐昌侯和信都侯。高后去世后，吕氏族人为非作歹，被大臣们诛杀，鲁元王以及乐昌侯、信都侯也被废。孝文帝即位后，又分封原来的鲁元王张偃为南宫侯，以延续张氏的后代。

---

① （汉）司马迁撰：《史记·张耳陈余列传》，中华书局1959年版，第2584页。

六　张敖及鲁元公主墓

今咸阳市渭城区韩家湾乡白庙南村有安陵，是汉惠帝的陵墓。安陵底部东西 170 米，南北 140 米，顶部东西 65 米，南北宽 40 米，高 25 米。安陵之东为陪葬墓群，分布大致东西一线，排列有序，或两墓并列，或几墓成群。现存十二座墓，大多数为圆锥形。见于文献记载的陪葬墓有鲁元公主、张敖、陈平、张仓、袁盎和扬雄等。根据史书记载，现在大致能辨认名位的有两座，一是汉惠帝姐姐鲁元公主墓，一是鲁元公主的丈夫赵王张敖墓，大致在安陵东 900 米处。

关于张敖墓和鲁元公主墓的位置，《史记》裴骃《集解》引《关中记》曰："张敖冢在安陵东。"张守节《正义》云："鲁元公主墓在咸阳县西北二十五里，次东有张敖冢，与公主同域。"[①] 其记载与现存墓位置相符。鲁元公主墓冢为覆斗形，底边东西长 140 米，南北宽 120 米，高 19 米，其规模略小于帝陵，但因其身份特殊，在陪葬墓中最为高大。在墓北250 米处的地面上，散见绳纹板瓦与铺地砖残块。张敖墓在鲁元公主墓东 60 米，墓冢远小于鲁元公主墓。

第二节　"屠狗贩缯，攻城野战"——开国功臣灌婴

灌婴（？－前 176），西汉睢阳（今河南商丘市睢阳区）人。汉朝开国功臣、大将，以力战骁勇著称。历任汉车骑将军、御史大夫、太尉、丞相，封颍阴侯。卒谥懿侯。

一　追随刘邦，攻城掠地，建立汉家天下

灌婴出身贫寒，以贩卖丝绢为生。前 208 年，刘邦起兵反秦，灌婴以中涓（谓亲近之臣）身份跟随刘邦。此时，他还是一个不出名的小卒。

---

① （汉）司马迁撰：《史记·张耳陈余列传》，中华书局 1959 年版，第 2586 页。

前207年，刘邦先后在成武（今山东成武县）、杠里（今山东鄄城县境）击败秦军，灌婴因在作战中骁勇好胜、敏捷善斗，被赐爵七大夫（二十等爵中的第七级）。灌婴从此开始崭露头角。该年十月，刘邦军进驻霸上，秦王子婴向刘邦投降，秦朝灭亡。灌婴因功被赐以执圭爵位，称昌文君。

汉高祖元年（前206）十月，灌婴被任为中谒者（为刘邦掌传达之官）。其后，因在与项羽的作战中有功，灌婴又被赐为列侯，称昌文侯，食邑杜平乡。高祖二年（前205）四月，汉王军队占领彭城。项羽自领精兵三万进攻彭城，汉军仓促应战，结果大败。汉王向西逃跑，驻扎在荥阳（今河南荥阳）。这时，项羽的军队又来进攻，而且其中有很多骑兵，汉王就在军中挑选能够担任骑兵将领的人。年轻的灌婴因在多次战斗中勇猛拼杀，就被汉王任命为中大夫，以李必、骆甲为左右校尉，带领郎中骑兵在荥阳以东和楚军骑兵交战，把楚军打得大败，扭转了战局。史称："灌婴虽少，然数力战，乃拜灌婴为中大夫，令李必、骆甲为左右校尉，将郎中骑兵击楚骑于荥阳东，大破之。"[1] 之后，灌婴带领骑兵南渡黄河，护送汉王到达洛阳，然后又奉汉王命，到邯郸迎接相国韩信的部队。因为护汉王和迎相国有功，灌婴升任为御史大夫。高祖三年（前204），灌婴随韩信平齐后，带兵进至扬州，平定徐淮。齐地平定之后，汉军对楚军实现了战略包围。灌婴在平定齐地和攻打楚军主力的过程中，战功显赫，亲自斩杀、俘获多名敌军将士，因此又被汉王"赐益食邑二千五百户"[2]；前202年，"汉王立为皇帝，赐益婴邑三千户"[3]。

高祖五年（前202）十一月，项羽战败被困于垓下（今安徽灵璧东南沱河北岸），此时楚军尚有约十万人。十二月，汉军在垓下将向江南撤退的十万楚军层层包围。项羽企图突围南遁，灌婴率五千轻骑追击，

---

① （汉）司马迁撰：《史记·灌婴列传》，中华书局1959年版，第2668页。
② （汉）司马迁撰：《史记·灌婴列传》，中华书局1959年版，第2670页。
③ （汉）司马迁撰：《史记·灌婴列传》，中华书局1959年版，第2671页。

包围项羽于东城（今安徽定远县东南），迫使项羽自刎于乌江（今安徽和县东北）。项羽军中的将官全部被俘获。

二 协助刘邦，平定各地叛乱，巩固汉家天下

刘邦称帝后，大肆捕杀项羽旧部，一些部将惊恐不安，各地叛乱接连发生。该年秋，燕王臧荼反汉，高祖刘邦亲自征伐，灌婴以车骑将军之职随从，一举击败臧荼的军队，臧荼本人亦被斩杀。第二年，有人告发楚王韩信谋反，高祖采用陈平计，通知诸侯到陈地相会。灌婴跟从高祖到达陈县，逮捕了楚王韩信。回朝之后，高祖剖符为信，把颍阴的两千五百户封给灌婴作为食邑，号为颍阴侯。高祖七年（前200）、十年（前197），灌婴又先后跟随刘邦平定韩王信及代王陈豨之乱。高祖十一年（前196）七月，淮南王黥布起兵造反。灌婴以车骑将军之职率军先行出征，在平定黥布叛乱中立下了汗马功劳，巩固了汉朝的统治，因此，又被赐增加食邑两千五百户，共为五千户。

自从刘邦起兵反秦，灌婴跟随刘邦征战南北，至前196年平定黥布，灌婴身经百战，立下了赫赫战功。据《史记》本传记载，在之前的历次战争中，灌婴平定的诸侯、郡县，降服的城池，斩获的敌将如下："凡从得二千石二人，别破军十六，降城四十六，定国一，郡二，县五十二，得将军二人，柱国、相国各一人，二千石十人。"[①]

三 平定诸吕，拥立孝文，稳定统一局面

在平定黥布的第二年（前195）四月，汉高祖刘邦驾崩，刘盈继位为惠帝。但惠帝性格怯懦，朝政实为吕后专断。吕后认为当时刘氏政权基础尚不稳固，对跟随刘邦南征北战的功臣枭将心存疑虑。所以，她同亲信审食其商量对策，欲诛杀那些功臣，她说："诸将与帝为编户民，今北面为臣，此常怏怏，今乃事少主，非尽族是，天下不安。"但

---

① （汉）司马迁撰：《史记·灌婴列传》，中华书局1959年版，第2672页。

是，刘邦刚刚离世，*要诛杀强臣实在太冒险，郦商为她分析形势时指出：
"陈平、灌婴将十万守荥阳，樊哙、周勃将二十万定燕、代，此闻帝崩，
诸将皆诛，必连兵还乡以攻关中。大臣内叛，诸侯外反，亡可翘足而
待也。"① 吕后这才未敢轻举妄动。在此后的十多年间，吕后基本上遵照
汉高祖的既定方针，相继以曹参、陈平、周勃等人为丞相，辅佐国政。
君臣之间相安无事。

惠帝七年（前188），刘盈去世，吕后亲自临朝称制，统治政策从
此发生大的变化。吕后开始迫害、消灭对自己有威胁的刘姓王侯。在清
除刘姓势力后，又大封吕姓为王，以为辅弼之力。高后八年（前180）
七月，吕后在病重期间，任命其侄子赵王吕禄为上将军，并统领北军；
又命另一侄子吕产统领南军。八月，吕后病故。吕禄遂以赵王的身份
自置为将军，率军进驻长安，妄图发动叛乱。齐哀王刘襄闻知消息后，
立即发兵"西攻吕国之济南"，同时又投书于诸侯王曰："今寡人率兵
入诛不当为王者。"② 吕禄遂派遣颍阴侯灌婴率兵东征平定齐哀王。但是，
灌婴到达荥阳后，和绛侯周勃等人商议，决定大军暂时在荥阳驻扎，并
向齐哀王暗中示意，他们准备诛杀吕氏，齐兵因此也就屯兵不前。绛
侯周勃等人杀死诸吕之后，齐哀王刘襄遂收兵回到封地。灌婴也收兵
从荥阳回到京城，和周勃、陈平共同立代王刘恒为孝文皇帝，从而稳
定了全国统一的局面。灌婴有功于朝廷，"孝文皇帝于是益封婴三千户，
赐黄金千斤，拜为太尉"③。

文帝前元三年（前177），绛侯周勃被免除丞相职务，灌婴接替周勃
担任丞相。该年五月，匈奴右贤王进入河南地（今内蒙古河套南鄂尔多
斯一带）居住，不断侵扰掠夺边塞居民。于是，"孝文帝诏丞相灌婴发
车骑八万五千"④，前往高奴（今陕西延安东北），攻打右贤王，右贤王

---

① （汉）司马迁撰：《史记·高祖本纪》，中华书局1959年版，第392页。
② （汉）司马迁撰：《史记·齐悼惠王世家》，中华书局1959年版，第2002页。
③ （汉）司马迁撰：《史记·灌婴列传》，中华书局1959年版，第2673页。
④ （汉）司马迁撰：《史记·匈奴列传》，中华书局1959年版，第2895页。

逃跑到塞外。文帝前元四年（前176），灌婴在丞相任上终其天年，谥号为懿侯。灌婴为相时间虽然不长，但在当政期间，继续推行高祖时期的与民生息政策，减免赋税，鼓励生产，保持了汉初的政治稳定和经济繁荣。

灌婴死后，其子灌阿继承了侯位，为平侯。二十八年后灌阿死去，其子灌强继承侯位。十三年之后，因为灌强犯罪，侯位中断了两年。元光三年（前132），汉武帝念及灌婴开国扩土、稳定汉室之功，又封灌婴的孙子灌贤为临汝侯，让他作为灌婴的继承人。八年之后，灌贤因为犯行贿罪，封国被撤销。

《史记》司马贞《索隐》曰："屠狗贩缯，攻城野战。扶义西上，受封南面。郦况卖交，舞阳内援。滕灌更王，奕叶繁衍。"[1] 灌婴当初以贩缯为生，后来随刘邦亲当矢石，以军功起家扬名，成为建立西汉、稳定汉室的功臣。他做过御史大夫、太尉，后来位及丞相，达到了封建士人仕途的顶峰。司马迁曾经指出，像樊哙、灌婴等那些出身低微的人，在他们"鼓刀屠狗卖缯"之时，也许自己都不会料到，最终能"垂名汉廷，德流子孙"[2]。而且，在汉高祖的功臣中，被疑忌遭杀戮者甚多，灌婴是位极人臣而得善终的少数人之一。他如何能在复杂的人事关系和政治斗争中保全自身，史书没有记载。但是，我们决不能把灌婴看作一个只会打打杀杀、头脑简单的武士。纵观其一生经历，他当初能以贩缯养活家人，说明他是一个头脑灵活的人，具有一定的经商智慧；而后跟随刘邦攻城野战，屡立战功，杀敌无数而毫发无损，则说明他有着很高的军事指挥才能。陆机在《汉高祖功臣颂》中云："颍阴锐敏，屡为军锋。"[3] "锐敏"一词，说明灌婴是一个精明敏捷、眼光独到的人。从前196年灌婴平定黥布之后，到前180年与周勃、陈平共同拥立孝文

① （汉）司马迁撰：《史记·灌婴列传》，中华书局1959年版，第2673页。
② （汉）司马迁撰：《史记·灌婴列传》，中华书局1959年版，第2673页。
③ （梁）萧统编，（唐）李善注：《文选》，上海古籍出版社1986年版，第2110页。

帝，在这之间的十几年里，史书中没有记载他的任何信息，可知这期间他并没有实际职务，只是以列侯的身份效忠于朝廷，即所谓"以列侯事孝惠帝及吕太后"，则灌婴又是一个甘于寂寞的人。唐代留学于长安的朝鲜大学者崔致远曾云："所谓有非常之人，然后有非常之事，绛灌亦一时俊杰……"①灌婴确实是这样一个"非常之人"，所以才能做出"非常之事"。

矢志不移，忠贞不二；顺应世道而谋事，不刻意求取而成名。可敬哉，灌婴其人！

第三节 "刚毅守节，然无术学"——名相申屠嘉

申屠嘉（？－前155），西汉梁国睢阳（今河南省商丘市睢阳区）人，西汉著名丞相。为汉高祖刘邦、汉惠帝刘盈、汉高后吕雉、汉文帝刘恒、汉景帝刘启五朝元老，长寿而终。

一 为官经历

申屠嘉出生年代，史书无载。他跟从刘邦攻打项籍时，是一个力大无穷的武士，能拉强弓硬弩，则应已是成年之人。因与项籍军作战有功，升为队率（一队兵卒的首领）。刘邦打败项羽，统一天下后，黥布叛乱，申屠嘉平定黥布，因功升迁为都尉。刘邦死后，惠帝继承帝位，申屠嘉升为淮阳太守，主政一方。前179年，汉文帝即位后，对拥立他做皇帝的功臣们一一赏赐，封官晋爵；同时，对当年跟随刘邦征战的元老重臣进行分封，年俸二千石者只要还健在，一律封为关内侯。受封者共有二十四人，申屠嘉是其中之一，而且得到五百户的食邑。这些措施使得文帝的帝位得到巩固。汉文帝前元四年（前176），丞相灌婴去世，

---

① （清）陆心源辑：《唐文拾遗·崔致远》，清光绪十四年陆心源刻潜园总集影印本，第511页。

张苍继任为丞相。此时，申屠嘉已身居御史大夫的高位。

汉文帝后元元年（前163），张苍因与公孙臣政见不同，又得不到文帝理解，遂引退相位。张苍免相后，汉文帝想用皇后的弟弟窦广国担任丞相，但又怕天下人议论他任人唯亲，最终还是打消了这个念头。此时，文帝想起了申屠嘉。申屠嘉乃刘邦故臣，又做过御史大夫，于是文帝任命申屠嘉为丞相，并以原来的食邑封他为故安侯。

申屠嘉为相五年之后，汉文帝去世，刘启即位，是为景帝。景帝继位时，连年歉收，民多乏粮，有的甚至饿死。而当时有些官吏还接受下属财物，贱买贵卖以牟取暴利。于是，景帝让申屠嘉和廷尉重新制定律令，新律规定："吏及诸有秩受其官属所监、所治、所行、所将，其与饮食计偿费，勿论。它物，若买故贱，卖故贵，皆坐臧为盗，没入臧县官。吏迁徙免罢，受其故官属所将监治送财物，夺爵为士伍，免之。……有能捕告，畀其所受臧。"[1] 大意是：文官武将，凡收受其下属财物者，如按价偿还可免予处分，否则按盗窃赃物罪查处，财物没收入官；官吏在调动与罢免时，如接受下级财物，一经发现即削去官职，并予除名；对那些举报而有功者，以没收赃物进行奖赏。

汉景帝前元二年（前155），晁错担任内史，深受景帝宠爱。申屠嘉与晁错为敌，因得不到景帝支持，竟气愤吐血而死，谥为节侯。申屠嘉之子共侯蔑继承侯位，三年后去世。共侯子申屠去病袭侯位，三十一年后去世。去病子申屠臾又袭侯位，六年后，因罪封国被撤销。

二　惩罚邓通

申屠嘉为人廉洁正直，为相期间，当时有个叫邓通的人，是汉文帝的男宠，与汉文帝关系极为亲密。汉文帝经常到邓通家饮酒作乐，还赏赐他一座铜山。邓通依靠当时的铸钱业，广开铜矿，富甲天下。这

---

[1] （汉）班固撰：《汉书·景帝纪》，中华书局1964年版，第140页。

引起了朝廷一些大臣的不满,申屠嘉也看不惯邓通这样的小人。有一次,申屠嘉上朝奏事,邓通狎侮恩宠,竟坐在皇帝身旁,君臣礼数极为简慢。申屠嘉认为这是惩罚邓通的好机会,于是劝谏文帝:"陛下爱幸臣,则富贵之;至于朝廷之礼,不可以不肃!"①意思是皇帝宠爱某个大臣,可以赏赐他财物让他富贵,但是朝廷上的礼仪,君臣之间的礼节,不可不严肃对待。汉文帝却为邓通开脱,申屠嘉不便当庭顶撞文帝,但决心要惩办邓通。申屠嘉罢朝后,回到相府,马上下了一道手令,传邓通来丞相府谒见,如果抗拒不来,就要斩了他。邓通心中惧怕,赶紧去告知汉文帝。文帝知道丞相所执的是朝廷之礼,邓通确实有罪,就命他先去见丞相,并安慰他说,很快就会派人召他进宫。邓通来到丞相府,一进门就摘下帽子,脱掉鞋子,跪下叩头请罪。申屠嘉则很随意地坐在那里,故意不以礼节对待他,并斥责说:"夫朝廷者,高皇帝之朝廷也。通小臣,戏殿上,大不敬,当斩。吏今行斩之!"②邓通吓得不停地叩头,直至头上鲜血直流,申屠嘉仍然不松口。文帝估计丞相已经让邓通吃尽了苦头,就派使者拿着节旄传达口谕,向申屠嘉道歉,请丞相放了自己的弄臣。申屠嘉不能真跟文帝撕破脸,况且也惩罚够了邓通,就顺水推舟放了邓通。邓通见到汉文帝后,仍然心有余悸,哭诉丞相差一点就杀了他。

　　邓通之所以在朝堂这样重要的场合,做出违背君臣之礼的行为,主要是依恃有皇帝的宠爱,因此,汉文帝本身是有过错的。但是,当申屠嘉要惩治邓通时,汉文帝并未一味袒护,而是让其去丞相府,这也反映了汉文帝对朝廷律法的遵从。申屠嘉不当面与汉文帝辩理,既达到了惩罚邓通的目的,又维护了皇帝的面子,则说明他处事灵活,刚直而不失变通。但是,后来在对待晁错的问题上,他刚烈的性格就变成了弱点,还因此丢了性命。

① （汉）司马迁撰:《史记·张丞相列传》,中华书局1959年版,第2683页。
② （汉）司马迁撰:《史记·张丞相列传》,中华书局1959年版,第2683页。

三　敬重袁盎

申屠嘉性格刚直，别人向他提意见，只要有道理，他也颇能虚心接受，听取袁盎的善言规劝就是一个例子。袁盎在《汉书》中作"爰盎"，据《汉书》记载，袁盎是一个个性刚直、极有才干的人，以胆识与见解为文帝和景帝所赏识。他在就任吴国丞相期间，一次请假回家，恰好路遇丞相申屠嘉，便下车行礼拜见。当时，申屠嘉没有下车还礼，只是在车上表示谢意。袁盎回到家里后，越想越感到羞愧，认为自己在随行下属面前丢了颜面。于是，他来到丞相府，要求拜见申屠嘉。申屠嘉过了很长时间才出来见他，袁盎便跪下说："希望能单独会见。"申屠嘉说："如果你所说的是公事，就请到官署与长史掾吏商议，我会把你的意见上报朝廷；如果是私事，恕我不能接受私下的谈话。"袁盎就起身说道："您作为丞相，自认为与陈平、绛侯（即周勃）相比怎么样？"申屠嘉说："我比不上他们。"袁盎说："好，您自己说比不上他们。陈平、绛侯辅佐保护高祖，平定天下，做了将相后又诛杀诸吕，保全了刘氏政权没有旁落；您只是以低级武职的身份，凭借勇力升为队率，积累功劳做到了淮阳郡守，并没有什么奇谋和攻城野战之功。再说皇上（指文帝）从代地来，每次上朝，郎官呈上奏书，都是停下车来听取意见，意见不能采用，就搁置一边；可以接受的就采纳，而且每次都加以称赞。皇上为什么要这样做呢？就是想以此来招致天下贤能之士。皇上每天能听到自己没有听过的事情，明白了原来不曾明白的道理，就会变得更加英明智慧；您现在却封闭天下人之口，就会变得更加愚昧无知。以圣明的君主来督责愚昧的丞相，您遭受祸患的日子为期不远了啊！"这些话让申屠嘉对袁盎另眼相看，于是向袁盎拜了两拜说："我是一个粗鄙庸俗的人，一点也不聪明，今日幸蒙将军教诲！"于是"引与入坐，为上客"①。

① （汉）班固撰：《汉书·爰盎晁错传》，中华书局1964年版，第2272页。

　　袁盎这个人，向来不喜欢晁错，只要有晁错在的地方，袁盎就离去；只要有袁盎在的地方，晁错也会离开。两个人从来没有在一起说过话。这一点和申屠嘉倒很相似，申屠嘉对晁错也是极为反感，特别是晁错做了内史后，受宠于汉景帝，申屠嘉因妒恨几乎杀了晁错。

四　欲诛晁错

　　汉景帝前元二年，晁错被任命为内史。因为受皇帝宠爱，位高权重，晁错便大刀阔斧地进行政治改革，不仅更改已成定规的各种规章制度，还讨论如何用贬谪处罚的方式来削弱诸侯的权力。身为丞相的申屠嘉，有的建议却不被采纳，在景帝面前逐渐失去了话语权。申屠嘉感到相权有被架空的危险，因此妒恨并迁怒于晁错，一心要除掉他。

　　内史府的大门本来是开向东边的，晁错进出多有不便，就自作主张开了一个南门。但是开南门的墙，刚好是皇室宗庙的外墙，这就违反了礼制。申屠嘉非常重视宗庙制度，景帝元年十月，曾上《奏议孝文为太宗庙》一疏（附文后），建议以高皇庙为太祖庙，孝文皇帝庙为太宗庙，同时提出郡国诸侯亦应为孝文皇帝立太宗庙。这个建议得到了景帝许可，并且付诸实施。现在晁错竟公然破坏宗庙围墙，申屠嘉便以此为理由，上奏景帝杀晁错。晁错听到风声，非常害怕，连夜进宫拜见景帝，躲在景帝身边不敢出宫。第二天早朝，申屠嘉果然上奏请诛晁错，景帝替晁错辩解说："晁错所凿的墙并非真正的宗庙墙，只是围护宗庙的外围短墙，所以才有其他官员住在里面，况且这事也经过了我的同意，晁错没什么过错。"申屠嘉罢朝后，对长史感叹说："我真后悔没有先斩后奏杀了晁错，才给了他报告皇帝出卖我的机会。"性格刚烈的他，回到家后因过于愤悔，竟呕血而死。

　　司马迁评价申屠嘉说："申屠嘉可谓刚毅守节矣，然无术学，殆与萧、曹、陈平异矣。"[①] 就申屠嘉为官处事来看，为了维护国家的法律和制度，

---

① （汉）司马迁撰：《史记·张丞相列传》，中华书局 1959 年版，第 2685—2686 页。

他曾当面批评皇帝礼仪不谨，差点对皇帝的宠臣大开杀戒。正如司马迁所言，他的确是一个刚正坚毅、品德高尚的人，但是在谋略和权术上缺乏灵活变通，这点确实难以与萧何、曹参、陈平等人相提并论。

申屠嘉吐血而死，可谓自绝其命，不能不让人唏嘘感慨。

附：申屠嘉《奏议孝文为太宗庙》

> 丞相臣嘉等言："陛下永思孝道，立《昭德》之舞以明孝文皇帝之盛德，皆臣嘉等愚所不及。臣谨议：世功莫大于高皇帝，德莫盛于孝文皇帝，高皇庙宜为帝者太祖之庙，孝文皇帝庙宜为帝者太宗之庙。天子宜世世献祖宗之庙。郡国诸侯宜各为孝文皇帝立太宗之庙。诸侯王列侯使者侍祠天子，岁献祖宗之庙。请著之竹帛，宣布天下。"①

第四节　伏尸痛哭悲彭越，将军义气史留名
——汉初名将栾布

栾布（？－前145），西汉梁国（今河南商丘）人。著名政治家、将军，以忠义而闻名。

一　早期经历，结识彭越

栾布是梁国人，在梁王彭越还是平民百姓时，二人曾经有过交往。栾布家境贫寒，为了生计，后来就到了齐地，在一家酒馆做佣工。过了几年，彭越来到巨野（今山东巨野县）做强盗，栾布则被人劫掠，强行卖到燕地做奴仆。没想到，这倒成了他人生的转折点，栾布因为替主人家报了大仇，在当地有了一定名气，由此为燕王韩广部将臧荼所赏识，就被推荐担任军中都尉。

---

① （汉）司马迁撰：《史记·孝文本纪》，中华书局1959年版，第436页。

汉高祖元年（前206），臧荼被项羽立为燕王，臧荼就任用栾布做将领。高祖三年（前204），燕王臧荼归顺刘邦的大将韩信，栾布便跟随臧荼投降刘邦。高祖五年（前202）七月，燕王臧荼反，攻下代地。十月，高祖亲自统率军队平叛，擒获了燕王臧荼，栾布也就做了俘虏。梁王彭越听说了这件事，念及以前和栾布的交情，便四处奔走，向高祖进言，请求赎回栾布。就这样，栾布不仅被赎回，而且得到重用，担任了梁国的大夫，即《史记》本传所载"请赎布以为梁大夫"①。

二　悲哭彭越，因义升迁

高祖十年（前197），陈豨在代地造反，自立为代王，汉高祖刘邦御驾亲征。军队到达邯郸之后，刘邦向梁王彭越征兵，彭越推说自己有病，仅派出一个将领带着军队到邯郸。这让刘邦很生气，就派人去责备彭越。彭越心里很害怕，打算亲自前往谢罪。彭越的太仆就劝彭越趁机造反，彭越不听，还打算杀掉他，这个太仆遂向高祖告发彭越谋反，彭越因此被判流放到蜀地青衣县。在流放途中，彭越恰巧遇到前往洛阳的吕后。吕后担心把他流放蜀地，以后可能留下祸患，就让彭越的门客告他再次阴谋造反，彭越因此惨遭诛灭三族。之后，刘邦又把彭越的人头悬挂在洛阳城门下示众，并且下诏说："有谁敢来收殓或探视，就立即逮捕他。"

栾布与彭越在患难时相交，彭越发迹为梁王，没有忘记栾布这个难友。栾布以戴罪之身为彭越所用，他对彭越始终怀有感恩之心，却一直没有机会回报。当时，栾布奉命出使齐国，他从齐地回来，彭越已遭诛族。栾布悲痛至极，无暇考虑刘邦的禁令，他来到彭越枭首处，在彭越的脑袋下面，汇报自己出使的情况，边祭祀边哭泣。官吏随即逮捕了他，并将此事报告了刘邦。刘邦把栾布招来怒骂："你是想同彭越一起造反

---

①　（汉）司马迁撰：《史记·季布栾布列传》，中华书局1959年版，第2733页。

吗？我明令禁止任何人替他收尸，你偏偏要祭他哭他，那你同彭越一起造反已经很清楚了。"随后下令将他烹杀。栾布在走向汤镬时，回过头来对刘邦说道："希望能让我说完一句话再死。"高祖就问："你有什么要说的？"栾布平静地说："当初陛下被困于彭城，兵败荥阳、成皋时，项王之所以不能顺利西进，是因为彭王据守着梁地，与汉军联合为难楚国的缘故。在当时的情况下，只要彭王调头一走，与楚交好则汉必败，与汉联合则楚必亡。再说垓下之战，如果没有彭王，就难以诛灭项王。现在天下已经安定了，彭王接受符节被封为王，也想将之传给子孙后代。"然后栾布又辩诉彭越谋反实在没有什么证据，刘邦判定彭越谋反，可是谋反的形迹并没有显露，因此而诛杀他，会让功臣们人人自危。最后又慷慨而言："今彭王已死，臣生不如死，请就亨……于是上乃释布罪，拜为都尉。"[①]

栾布公然违抗刘邦的禁令，前去祭奠彭越，刘邦不仅没有处决他，反而升迁他为都尉。刘邦为什么要这样做呢？难道仅仅是为栾布的忠义之情所感动吗？作为要求臣下必须忠心的皇帝，刘邦会有这方面的考虑，但这并非主要原因。至于栾布所说彭越为刘邦打败项羽立下了大功，以及彭越反叛并无确凿证据等，也不可能说服刘邦。因为韩信于刘邦的功劳更大，最后也是以谋反罪被诛灭三族。

实际上，栾布说了那么多，真正戳中刘邦要害的是"臣恐功臣人人自危也"这一句话。因为当时汉家天下还未完全稳定，内有陈豨等异姓王，外有匈奴对边境的威胁，冒顿单于正虎视眈眈。所以，刘邦想要汉室江山稳固，还必须依赖各位功臣。另外，栾布也不是能对刘邦构成威胁的人物，留下他反而会让人觉得刘邦宽容大度。因此，刘邦不杀栾布便在情理之中了。

---

① （汉）司马迁撰：《史记·季布栾布列传》，中华书局 1959 年版，第 2734 页。

三　为相燕国，青史留名

栾布做了都尉，以后的仕途可谓一帆风顺。汉文帝时，栾布担任燕国的国相，又做了将军。他对自己的人生经历感触颇深，曾对外宣称："在自己穷困潦倒时，如果不能身受耻辱，就算不上好汉；到自己富贵之时，如不能够称心快意，也算不得贤人。"因此，他对曾有恩于他的人，都好好地报答；对有仇怨的人，一定用法律来除掉他。知恩报恩，有怨必结，有仇必报，栾布就是这样一个恩怨分明的人。

吴、楚七国反叛时，栾布在齐地又立下战功。当时，胶西王、胶东王、淄川王三国军队重重包围临淄，三月不下。《史记》载："居无何，汉将栾布、平阳侯等兵至齐，击破三国兵，解齐围。"① 三王便退兵回到封国。栾布因此被封为俞侯，同时兼任燕国的国相。在燕国为相期间，栾布"有治迹，民为之立生祠"②。生祠是为活人建立的祠庙，我国古代立生祠即以此为始。燕、齐这些地方替栾布建造的祠庙，叫栾公社。

汉景帝中元五年（前145），栾布去世。他的儿子栾贲继承爵位，担任太常，因祭祀时所用的牲畜不合乎法令规定，封号被废除。

栾布痛哭彭越，在当时是生死之间的抉择，他能够做到视死如归，是因为他真正懂得要死得其所。所以，栾布的忠义之举为后人叹服，并因此而留下美名。司马迁赞曰："栾布哭彭越，趣汤如归者，彼诚知所处，不自重其死。虽往古烈士，何以加哉！"③ 唐朝名将王方翼更是把栾布哭彭越称为"大义"，叹曰："栾布之哭彭越，大义也；周文之掩朽骼，至仁也。"④

---

① （汉）司马迁撰：《史记·齐悼惠王世家》，中华书局1959年版，第2006页。
② （汉）荀悦撰，张烈点校：《汉纪》，中华书局2002年版，第140页。
③ （汉）司马迁撰：《史记·季布栾布列传》，中华书局1959年版，第2735页。
④ （后晋）刘昫等撰：《旧唐书》卷一百八十五上，中华书局1975年版，第4802页。

第五节 "汉代簪缨盛，梁园雉堞雄"——梁孝王刘武

刘武（？－前144），汉文帝刘恒次子，汉景帝刘启同母弟，生母为孝文皇后（即窦太后），西汉诸侯王。景帝中元六年（前144），刘武抑郁而终，谥为孝王。

一　初封为代王，后徙为梁王

孝文帝刘恒在即位之前，是汉高祖刘邦所封的代王。刘恒与代王后曾育有四个嫡子，但在刘恒即位前，王后病死；即位后，四个儿子又先后病逝。刘恒后来的四子，长子刘启（汉景帝）和次子刘武为孝文皇后亲生；三子刘参和四子刘揖（又名胜）为刘恒与嫔妃所生。文帝刘恒即位的当年即前179年，就立长子刘启为太子；第二年，又接受群臣建议，对另外三个皇子进行分封：封刘武为代王，封刘参为太原王，封刘揖为梁王。两年后，又迁代王刘武为淮阳王（都城在今河南淮阳），将代国的封地全部划归太原王刘参，号为代王。

汉文帝前元十一年（前169），梁王刘揖在游猎时坠马而死。刘揖无子嗣，第二年，文帝采纳贾谊的建议，改封淮阳王刘武为梁王，并扩大梁国封疆。《汉书·贾谊传》载："文帝于是从谊计，乃徙淮阳王武为梁王，北界泰山，西至高阳，得大县四十余城。"[①] 这样，刘武为梁王时，梁国就成了当时最大的诸侯国之一。刘武从初封为代王到改封为梁王，前后已经有十年的时间。梁王十四年（前165），刘武入朝奏事。梁王十七年、十八年，又连年入朝，并留在京师，到第二年才回到自己的封国。二十一年，刘武再入朝。

梁王刘武多次入朝，有时还长住于皇宫，和其父文帝都商谈了什么事情，史无所载。但屡载其入朝之行，可以说明的是，他们父子关系融洽，

---

① （汉）班固撰：《汉书·贾谊传》，中华书局1964年版，第2263页。

文帝对刘武在梁王任上所为，感到非常满意。当然，也极有可能，刘武对文帝心有所求，所以才多次入朝。刘武深得文帝喜爱，是否有谋求皇储之心呢？我们不敢贸然猜测。但是，接下来发生的事情，却非常耐人寻味。前157年，文帝驾崩。前155年、前154年，刘武又连续两年入朝。当时的皇帝已经是其胞兄刘启，即汉景帝。前154年刘武入朝时，景帝尚未立太子，兄弟俩及其母后在一起宴饮。对于这次其乐融融的家庭宴会，司马迁如此记载："上与梁王燕饮，尝从容言曰：'千秋万岁后传于王。'王辞谢。虽知非至言，然心内喜。太后亦然。"①这段记载，给读者们留下了无穷的想象空间。景帝和梁王刘武乃同胞兄弟，关系极为亲密，后来发生的事情也证明了的确如此。但是君无戏言，景帝怎能轻易将皇储之位许给他人呢？他说这句话的时候，司马迁用了"从容"二字。"从容"到底是什么意思？是镇定、淡定地说出来，还是很随意地脱口而出呢？"太后亦然"又是什么意思？是赞同、认可景帝所说的话，将来就是要传位于刘武，还是为兄弟俩亲密无间的谈话感到高兴？这些都让人费解。那么，再看后面褚少孙的补充记载：

> 景帝与王燕见，侍太后饮，景帝曰："千秋万岁之后传王。"太后喜说。窦婴在前，据地言曰："汉法之约，传子适孙，今帝何以得传弟，擅乱高帝约乎！"于是景帝默然无声。太后意不说。②

根据这段记载，很显然，景帝说将来要传位于刘武是认真的，并不是随口之言，而且太后也非常赞同。及至窦婴表示反对，"景帝默然无声"，窦太后则极为"不悦"，"由此憎窦婴"，在窦婴免官后，又"除窦婴门籍，不得入朝请"③。

但是，如前所说，这部分内容是褚少孙增补上去的。褚少孙是西汉后期元帝、成帝时的博士。据班固《汉书》记载，司马迁死后，《史记》

---

① （汉）司马迁撰：《史记·梁孝王世家》，中华书局1959年，第2082页。
② （汉）司马迁撰：《史记·梁孝王世家》，中华书局1959年，第2090页。
③ （汉）司马迁撰：《史记·魏其武安侯列传》，中华书局1959年版，第2839页。

在流传过程中散失了部分内容，褚少孙作了补充、修葺的工作。现在流行的《史记》三家注本，凡是他补写的内容，都有"褚先生曰"的字样。那么，现在问题来了，在这次宴会中，为什么司马迁没提到窦婴在场？窦婴虽然是窦太后的侄子，母子之间的私人宴会，怎么能让一个外戚参加？即便情况真的如此，晚于司马迁出生多年的褚少孙，又是如何查知这些宫廷秘闻的？众所周知，司马迁著史，对于自己不清楚的材料，绝不随意着墨，不武断不曲解，而是本着"疑者阙焉"的原则去处理。正是这种实事求是的撰史精神，他写出的《史记》才被人们称为"信史"。所以，对褚少孙这一补充材料，我们不能不提出疑问。

那么，回过头来再说，当时刘武听了景帝之言，心里是什么感受呢？司马迁用了"虽知非至言，然心内喜"来描绘，就是虽然明知这不是真心话，但还是心中暗喜。也就是皇兄这句不经意的话，给胞弟刘武留下了美好的企盼，为他以后觊觎皇位埋下了伏笔。

二　坚拒七国之乱，维护汉家天下

汉景帝前元二年（前155），御史大夫晁错上《削藩策》，建议削弱诸侯王势力，以加强中央集权。次年，汉景帝采用晁错的建议，下诏削夺吴、楚等诸侯王的封地。这一举措，导致藩国与中央的矛盾迅速激化。在此背景下，吴王刘濞联合七个刘姓宗室诸侯，以"清君侧"为名发动叛乱，史称"七国之乱"。

叛乱伊始，吴王刘濞率先起兵于广陵（今江苏扬州），置粮仓于淮南的东阳，向西渡过淮河，与楚兵会合。而后，吴楚联军直击梁国都城睢阳（今河南商丘），企图拿下睢阳，打通西进京都长安之路。叛军首先攻击梁国的棘壁（今河南永城西北），杀死数万梁王刘武的军队，旋即乘胜围攻睢阳。梁王刘武的军队顽强抵抗，全力阻击叛军攻城。《史记·梁孝王世家》载："梁孝王城守睢阳，而使韩安国、张羽等为大将军，以距吴楚。吴楚以梁为限，不敢过而西，与太尉亚夫等相距三月。吴楚破，而梁所破杀虏略与汉中分。"① 在平叛过程中，梁国所斩杀俘获的叛军数目及缴获物资，和朝廷官军差不多一样多。因此，叛乱能被平定，梁国功劳最大。这场叛乱也检验出了梁王刘武与太后、景帝之间的母子、兄弟亲情。事后，韩安国曾对景帝姊大长公主含泪说："夫前日吴、楚、齐、赵七国反时，自关以东皆合从西乡，惟梁最亲为艰难。梁王念太后、帝在中，而诸侯扰乱，一言泣数行下，跪送臣等六人，将兵击却吴楚，吴楚以故兵不敢西，而卒破亡，梁王之力也。"②

　　七国之乱被平定，标志着西汉诸侯王势力的威胁基本被清除，中央集权进一步得到加强。梁王刘武在平定七国之乱中立下首功，为维护汉朝天下，捍卫国家统一，作出了巨大的贡献。但是，此后梁国更加壮大，直接威胁汉朝政权，再次埋下了谋夺储君的隐患。

三　倾力营建梁苑，广交宾客游士

　　刘武是窦太后嫡生幼子，得太后宠爱甚于皇兄刘启。在初封为诸侯王时，得到的赏赐不可胜数，经济实力远远超过其他侯王。前168年，刘武由淮阳王改封为梁王，"得大县四十余城""居天下膏腴地"，成为当时最大的诸侯国之一。前155年，吴楚七国之乱被平，参加叛乱的七国，除保存楚国另立楚王外，其余六国皆被废。虽然景帝此后又分封了十三个皇子为诸侯王，但是梁国已经是名副其实的最强大的诸侯封国，其他封国难以望其项背。

　　凭借显赫无比的尊贵地位和富敌天下的经济实力，梁孝王遂大兴土木，营建宫殿，广辟苑囿。据《史记·梁孝王世家》载："于是孝王筑东苑，方三百余里。广睢阳城七十里。大治宫室，为复道，自宫连属于平台三十余里。"③ 文中的"平台"，是梁孝王离宫处的观景台。《水经注》卷

① （汉）司马迁撰：《史记·梁孝王世家》，中华书局1959年版，第2082页。
② （汉）司马迁撰：《史记·韩长儒列传》，中华书局1959年版，第2858页。
③ （汉）司马迁撰：《史记·梁孝王世家》，中华书局1959年版，第2083页。

二十四"睢水"下谓："（睢水）东过睢阳县南……晋灼曰：或说平台在城中东北角，亦或言兔园在平台侧。如淳曰：平台，离宫所在，今城东二十里有台，宽广而不甚极高，俗谓之平台。"① 又《西京杂记》卷二载："梁孝王好营宫室苑囿之乐，作曜华之宫，筑兔园。园中有百灵山，山有肤寸石、落猿岩、栖龙岫。又有雁池，池间有鹤州凫渚。其诸宫观相连，延亘数十里，奇果异树，瑰禽怪兽毕备。"② 又《太平御览》卷一五九引《图经》曰："又有雁鹜池，周回四里，亦梁王所凿。又有清泠池，有钓台，谓之清泠台。"③《西京杂记》所谓"兔园"，即《史记·梁孝王世家》所载之"东苑"，民间称为竹园，后人称为梁苑。综合以上文献记载可知，梁苑作为梁孝王的游赏与延宾之所，内有宫殿廊巷、亭台楼阁、假山乱石、池塘钓台、奇花异草、珍禽异兽等；宫殿楼阁与观景台"平台"之间，还有上下两重通道（即天桥）相连接，长达三十多里。可见其规模之宏大，建筑之华丽，景观之丰盛，堪比皇家园林。

梁孝王刘武喜欢交结文人雅士，又拥有规模宏大、风景秀丽的园林胜地，天下名士纷纷慕名而来，特别是以汉赋作者为代表的文士群体汇聚于此。史载梁孝王"招延四方豪桀，自山以东游说之士，莫不毕至，齐人羊胜、公孙诡、邹阳之属。公孙诡多奇邪计，初见王，赐千金，官至中尉，梁号之曰公孙将军"④。羊胜、公孙诡、邹阳到梁国后，成为梁孝王刘武的重要谋士。其间，他们随梁孝王游赏梁苑，一起品酒论道，吟诗作赋，羊胜作《屏风赋》，公孙诡作《文鹿赋》，邹阳作《酒赋》。又《汉书·贾邹枚路传》载："是时，景帝少弟梁孝王贵盛，亦待士。于是邹阳、枚乘、严忌知吴不可说，皆去之梁，从孝王游。"⑤ 辞赋家枚乘，原为吴王刘濞郎中，在七国叛乱前后因两次劝谏吴王而显名，

———————————

① （北魏）郦道元著，陈桥驿校证：《水经注校证》，中华书局 2007 年版，第 567—568 页。
② （晋）葛洪撰，周天游校注：《西京杂记》，三秦出版社 2006 年版，第 114 页。
③ （宋）李昉等撰：《太平御览》，中华书局 1960 年版，第 772 页。
④ （汉）司马迁撰：《史记·梁孝王世家》，中华书局 1959 年版，第 2083 页。
⑤ （汉）班固撰：《汉书·贾邹枚路传》，中华书局 1964 年版，第 2343 页。

为了从梁孝王游，他先后两度辞官而客居梁国，史称"梁客皆善属辞赋，乘尤高"①。其间，枚乘根据自己的亲身经历和见闻，写了著名的《梁王菟园赋》和《柳赋》。以文才和善辩闻名于时，以名赋《哀时命》留名于世的严忌（即庄忌，避明帝刘庄讳改为严），原来也是吴王刘濞门客，因在吴国不被看重，闻听梁孝王招贤纳士，又好辞赋，也从吴国辞官来到梁国。又《史记·司马相如列传》载："是时梁孝王来朝，从游说之士齐人邹阳、淮阴枚乘、吴庄忌夫子之徒，相如见而说之，因病免，客游梁。梁孝王令与诸生同舍，相如得与诸生游士居数岁，乃著《子虚之赋》。"②在邹阳、枚乘、严忌等辞赋名家相继来到梁国之后，被誉为辞宗、赋圣的蜀中才子司马相如，因梁孝王幕下名士荟萃，亦托病去职而至，寓居梁国达七年之久，直到刘武逝世才返回成都。其间，他写了著名的《子虚赋》，与后来的《上林赋》并称为姊妹篇，成为司马相如最著名的汉赋作品。另外，还有路乔如、公孙乘等人，也在梁苑游赏赋文，分别写下了《鹤赋》和《月赋》。

上述豪杰名士所作赋文，除了个别篇目，其余均写成于梁苑曜华宫中的忘忧馆。对此，《西京杂记》卷四曾记载道："梁孝王游于忘忧之馆，集诸游士，各使为赋。枚乘为《柳赋》……路乔如为《鹤赋》……公孙诡为《文鹿赋》……邹阳为《酒赋》……公孙乘为《月赋》……羊胜为《屏风赋》……韩安国作《几赋》，不成，邹阳代作……邹阳、安国罚酒三升，赐枚乘、路乔如绢，人五匹。"③这么多文人雅士集于一堂，各展风采，"追芳昔娱，神游千古"④，时而低首轻吟，时而相视一笑，文速成者受赏，才思钝者罚酒，其欢乐之盛况，实在令人神往。从这段记载也可以看出，梁孝王对辞赋的爱好和大力倡导，形成了空前繁荣的梁国辞赋文化。孟浩然有诗曰："上国山河列，贤王邸第开。故人分职去，潘令宠行来。冠盖趋梁苑，江湘失楚材。豫愁轩骑动，宾客散池台。"一时间，"梁苑

① （汉）班固撰：《汉书·贾邹枚路传》，中华书局1964年版，第2365页。
② （汉）司马迁撰：《史记·司马相如列传》，中华书局1959年版，第2999页。
③ （晋）葛洪撰，周天游校注：《西京杂记》，三秦出版社2006年版，第178—191页。
④ （北魏）郦道元著，陈桥驿校证：《水经注校证》，中华书局2007年版，第569页。

之游"成为天下文人雅士的心中向往。梁苑也以名苑、名人而千古流芳。此后，李白、高适、杜甫、白居易、晏殊、苏轼、黄庭坚、向子諲、元好问、王廷相、贾开宗等历代诗词名家，都曾至梁苑故地游赏怀古，并有诗词、遗墨传颂至今。

　　良好的辞赋文化氛围，带动了梁国学术研究的繁荣，梁国也涌现出一大批学者。比如，经学大家丁宽，"读《易》精敏，材过项生"，"景帝时，宽为梁孝王将军距吴楚，号丁将军，作《易说》三万言"，"宽授同郡砀田王孙。王孙授施雠、孟喜、梁丘贺。由是《易》有施、孟、梁丘之学"①。关于梁国经学研究的发达及人才之盛，王子今曾有专文论述："以《汉书》记载为限，见于《儒林传》而出身于'梁'的学者，就有梁国人丁宽、项生、焦延寿、陈翁生、戴德、戴圣、桥仁、杨荣、周庆，梁国砀人田王孙、鲁赐等。可见这一地区文化积累之丰足，学术滋养之醇厚。"②梁国文化的繁荣，除了其本身的历史文化积淀，可以说，梁孝王在其中起到了重要的引领作用。甚至可以讲，"他完全可以称得上是当时梁国文化繁荣局面的组织者和开创者"③。

四 皇帝美梦破灭，心情抑郁而终

　　前文说过，汉景帝一句不经意的话，引发了梁孝王刘武的皇帝梦。实际上，梁孝王在大规模营建梁苑、广交天下宾客游士的同时，那些聚集在梁孝王身边的文人雅士，由原来因倾慕刘武喜文好客而形成的文化群，逐渐演变成一个凝聚力很强的政治团体。他们中的一些人，对刘武谋求储位，起了推波助澜的作用。

　　汉景帝前元四年（前153），刘启长子刘荣被立为太子，刘武心里很不高兴。因为平定七国之乱有功，梁孝王开始居功自傲，其衣食住

---

① （汉）班固撰：《汉书·儒林传》，中华书局1964年版，第3597—3598页。
② 王子今：《汉初梁国的文化风景》，《光明日报》2008年1月13日。
③ 王增文：《关于西汉梁孝王刘武历史地位的评析》，《商丘师范学院学报》2010年第8期。

行等都模仿皇帝，已经超越一个侯王的本分。《史记·梁孝王世家》载："（梁王）得赐天子旌旗，出从千乘万骑。东西驰猎，拟于天子。出言跸，入言警……梁多作兵器弩弓矛数十万，而府库金钱且百巨万，珠玉宝器多于京师。"①又《水经注》卷二十四《睢水》云："是以警卫貂侍，饰同天子，藏珍积宝，多拟京师，招延豪杰，士咸归之，长卿之徒，免官来游。广睢阳城七十里，大治宫观、台苑、屏榭，势并皇居。"②被赐予"天子旌旗"、出入"拟于天子"、珠宝"多于京师"，宫观"势并皇居"等，这显然不是什么好兆头，岂不喻示梁孝王真的要做皇帝？但是，也许是念及弟弟护主有功，对梁孝王这些僭越本分的做法，汉景帝反而助长其势。有一次，梁孝王入京晋见景帝，汉景帝居然派使者拿着符节，驾着皇帝乘坐的驷马轩车，到关门隆重迎候梁孝王。及至入朝，梁孝王又奏请留在京师，"以太后亲故"而获准。对梁王刘武，汉景帝可谓无求不应。接下来，刘武在京城一住就是半年，《史记·梁孝王世家》这样描述道："王入则侍景帝同辇，出则同车游猎，射禽兽上林中。梁之侍中、郎、谒者著籍引出入天子殿门，与汉宦官无异。"③兄弟俩居于皇宫，同车出入，尽情游玩。就连梁孝王的随从官员，也可以自由出入天子殿门，和朝廷的官员毫无区别。这如同天子的待遇，怎能不让梁孝王刘武浮想联翩！这似乎预示着他的皇帝梦正在接近现实。但是，事态的发展远非他想象的那样。

汉景帝前元七年（前150），因太子之母栗姬骄妒无礼，栗太子刘荣被废，改封为临江王，景帝立胶东王刘彻为太子。在废除栗太子的时候，尽管窦太后想让梁王做继承人，但在大臣袁盎等人劝阻下，窦太后的动议受阻，此后也就不再提让梁王做继承人这件事。对于当时的情景，褚少孙详加补记曰：

---

① （汉）司马迁撰：《史记·梁孝王世家》，中华书局1959年版，第2083页。
② （北魏）郦道元著，陈桥驿校证：《水经注校证》，中华书局2007年版，第567页。
③ （汉）司马迁撰：《史记·梁孝王世家》，中华书局1959年版，第2084页。

盖闻梁王西入朝，谒窦太后，燕见，与景帝俱侍坐于太后前，语言私说。太后谓帝曰："吾闻殷道亲亲，周道尊尊，其义一也。安车大驾，用梁孝王为寄。"景帝跪席举身曰："诺。"罢酒出，帝召袁盎诸大臣通经术者曰："太后言如是，何谓也？"皆对曰："太后意欲立梁王为帝太子。"帝问其状，袁盎等曰："殷道亲亲者，立弟。周道尊尊者，立子。殷道质，质者法天，亲其所亲，故立弟。周道文，文者法地，尊者敬也，敬其本始，故立长子。周道，太子死，立适孙。殷道，太子死，立其弟。"帝曰："于公何如？"皆对曰："方今汉家法周，周道不得立弟，当立子。故《春秋》所以非宋宣公。宋宣公死，不立子而与弟。弟受国死，复反之与兄之子。弟之子争之，以为我当代父后，即刺杀兄子。以故国乱，祸不绝。故《春秋》曰'君子大居正，宋之祸宣公为之'。臣请见太后白之。"袁盎等入见太后："太后言欲立梁王，梁王即终，欲谁立？"太后曰："吾复立帝子。"袁盎等以宋宣公不立正，生祸，祸乱后五世不绝，小不忍害大义状报太后。太后乃解说，即使梁王归就国。①

太子刘荣被废，让刘武看到希望，但没想到胶东王刘彻很快就被立为太子。当梁孝王得知是袁盎和参与议嗣的大臣左右了当时太后和景帝的想法，彻底粉碎了自己的皇帝梦，他对袁盎等人的忿恨就可想而知了。

袁盎是一个性情刚直、很有才干的人，以胆识与见解为文帝和景帝所赏识。吴楚叛乱被平后，袁盎被任为楚相，不久即因病辞官回籍。袁盎虽闲居在家，但仍是汉景帝倚重的谋臣，汉景帝常派人向他寻计问策。这次就是因为袁盎等人的谏阻，使梁孝王的皇帝梦化成了泡影。梁孝王因此非常怨恨袁盎，他的谋士羊胜、公孙诡等人趁机建议刺杀袁盎等人，以解心头之恨。当时，尽管遭到内史韩安国的反对，梁孝王还是默许了羊胜等人的提议，最终酿成大祸。关于刺杀袁盎的过程，有一个小插曲。

---

① （汉）司马迁撰：《史记·梁孝王世家》，中华书局 1959 年版，第 2091-2092 页。

据《史记·袁盎传》记载：第一个刺客到了关中以后，先打听袁盎到底是一个怎样的人，结果，很多人都对他称赞不绝。这个刺客不忍心下手，就放弃了刺杀计划，并亲自去提醒袁盎，说还会有人来刺杀他，要他以后小心戒备。后来，在安陵城门外，袁盎最终被刺杀而死，其他十余名"议臣"也被杀死。

案件发生后，朝廷缉拿凶手，得知是梁孝王刘武派人所为，汉景帝极为恼火，责令彻查此案，使者接二连三地来到梁国。无奈之下，刘武接受梁相轩丘豹及内史韩安国的谏言，令负责谋划的羊胜、公孙诡自杀。"上由此怨望于梁王"，梁王内心极度恐惧，于是派韩安国通过长公主向太后认罪，请求宽宥。景帝这才原谅刘武，没有追究其罪，但兄弟之间的关系已经出现裂痕。待景帝怒气渐消，梁孝王入关请罪。窦太后因一时没有见到梁王，便哭泣着说："帝杀吾子！""景帝忧恐。于是梁王伏斧质于阙下，谢罪。"① 窦太后、景帝和梁王三人相拥而泣。尽管如此，家人间的其乐融融已不复存在。之后，梁王再入关朝见，二人关系已经疏远很多。此后，有五六年的时间兄弟俩没再见面。

前 144 年的冬天，梁孝王又入京朝见，并奏请留住京师，景帝没有答应。梁孝王感到皇兄对自己还是心存芥蒂，回到梁国后，"意忽忽不乐"，精神一直处于恍惚的状态，不久即发热病而死。闻听爱子死讯，窦太后悲痛欲绝，饮食不进。史载："及闻梁王薨，窦太后哭极哀，不食，曰：'帝果杀吾子！'景帝哀惧，不知所为。"② 太后对刘武爱之至，再次疑心是皇帝杀了刘武，这让本无其心的景帝不知所措。及至后来，景帝对刘武的子女超常加封，立其五子为王，五女皆令食汤沐邑，"奏之太后，太后乃说，为帝加壹飧（同餐）"③。梁孝王刘武的皇帝梦也由此画上了一个句号。

---

① （汉）司马迁撰：《史记·梁孝王世家》，中华书局 1959 年版，第 2085 页。
② （汉）司马迁撰：《史记·梁孝王世家》，中华书局 1959 年版，第 2086 页。
③ （汉）司马迁撰：《史记·梁孝王世家》，中华书局 1959 年版，第 2086 页。

五　情定梁苑，魂系砀山——梁孝王墓

梁孝王刘武营建梁苑，规模宏大，耗资无算。他的另外一项重大工程就是为自己修建陵寝。现在的梁孝王寝园位于永城保安山东麓，"根据对梁孝王寝园内出土的刻石文字（月份干支）的分析，推断出该建筑基址大致建于景帝前元七年（前150）……梁孝王寝园建筑在年代上早于景帝寝园"①。也就是说，在他去世前六年的前后，他已经开始为自己建造陵寝。那时他尚年轻，没有想到几年后就抱病而亡。《史记·梁孝王世家》记载："孝王未死时，财以巨万计，不可胜数。及死，藏府余黄金尚四十余万斤，他财物称是。"② 可以推知，梁孝王墓中随葬金银宝物一定很多。

梁孝王墓依山而建，非常醒目，加之随葬多宝物，因此遭到后世盗掘。关于梁孝王陵墓在历代的保存与毁坏情况，最早记载的是东汉人应劭，郦道元《水经注·获水》引应劭曰："（砀）县有砀山……山有梁孝王墓，其冢斩山作郭，穿石为藏，行一里到藏中……山上有梁孝王祠。"③ 东汉末年，梁孝王陵遭曹操军队严重盗毁，墓中可以挪动的珍宝物品大多被掠走，《后汉书·袁绍刘表列传》记载："梁孝王先帝母弟，坟陵尊显，松柏桑梓犹宜恭肃。操率将吏士，亲临发掘，破棺裸尸，掠取金宝，至令圣朝流涕，士民伤怀。又署发丘中郎将、摸金校尉，所过毁突，无骸不露。"④ 唐《艺文类聚》卷八十三引《曹操别传》云："操别入砀，发梁孝王冢，破棺，收金宝数万斤。"⑤ 宋代乐史《太平寰宇记》卷十二《河南道十二》"永城县"条下载："梁孝王墓，在县北五十里。高四丈，周回一里，砀山南岭上。"⑥

---

① 韩维龙、张志清：《初论梁孝王寝园的建筑特点》，《华夏考古》2000年第3期。

② （汉）司马迁撰：《史记·梁孝王世家》，中华书局1959年版，第2087页。

③ （北魏）郦道元著，陈桥驿校证：《水经注校证》，中华书局2007年版，第560页。

④ （宋）范晔撰，（唐）李贤等注：《后汉书·袁绍刘表列传》，中华书局1965年版，第2396页。

⑤ （唐）欧阳询撰，汪绍楹校：《艺文类聚》，上海古籍出版社1982年版，第1423页。

⑥ （宋）乐史撰，王文楚等点校：《太平寰宇记》，中华书局2007年版，第236页。

时过境迁，历经两千多年，经过多次盗毁，现在的梁孝王陵，其墓室结构早已失去昔日的原貌。墓中宝物被洗劫一空，墓室内仅存石刻物品、壁观图画等固定物。但就其现存状况来看，其宏观巨制仍让世人惊叹不已。陵墓整体包括墓道、甬道、回廊及主室、侧室、耳室、角室、车马室、排水设施等，宛如一座地下皇宫。陵墓"斩山作郭，穿石为藏"，是目前所知我国最早的大型石崖墓，被誉为天下石室第一陵。而且，以梁孝王墓为代表的芒砀山汉墓群，是研究汉代建筑艺术、石刻画像艺术、墓葬制度和汉代社会生活的宝贵资料。墓群现为国家级重点文物保护单位，2017 年入选国家 5A 级旅游景区。

第六节　"推贤见重，贿金贻谤"——御史大夫韩安国

韩安国（？－前 127），字长孺。西汉梁国成安（今河南民权县境）[①]人，后徙居梁国都城睢阳（今河南商丘市睢阳区）。西汉时期的名臣、将领，也是著名的辩士。

一　抗击吴楚，效力于梁孝王

韩安国早年曾师从邹县田生，习学《韩非子》及杂家学说。他初入仕途是在梁国，为中大夫（备顾问应对之官），是梁孝王刘武的重要谋臣。后来，协助梁孝王平定吴楚七国之乱，成为他一生的重要转折点。

汉景帝前元三年（前 154），以吴王刘濞为首的七个刘姓宗室诸侯，由于不满朝廷削弱他们的权力，联合发动叛乱，史称七国之乱。在叛军攻打梁国都城睢阳时，刘武任命韩安国和张羽为大将军，在东线抵御叛军。因为韩安国稳固防守，张羽奋力作战，吴楚联军无法越过梁国的防线。这样，叛军想快速拿下睢阳，打通西进京都长安之路的计

---

①　耿占军：《韩安国"梁成安人"辨》，《中国历史地理论丛》1992 年第 1 期。

划落空，便转而攻向屯兵于昌邑（今山东巨野西南）的中央军，最终，吴楚联军被周亚夫率军击败。吴楚叛乱平息，梁国居首功，韩安国的名声从此显扬。

七国之乱被平，梁孝王开始居功自傲，"出入游戏，僭于天子"。景帝听说后，心中不高兴。窦太后将此事迁怒于梁国派来的使者，拒绝接见他们。在这种情况下，韩安国以使者的身份，进见景帝姊大长公主，含泪为梁孝王辩诉：

> 何梁王为人子之孝，为人臣之忠，而太后曾弗省也？夫前日吴、楚、齐、赵七国反时，自关以东皆合从西向，惟梁最亲为艰难。梁王念太后、帝在中，而诸侯扰乱，一言泣数行下，跪送臣等六人将兵击却吴楚，吴楚以故兵不敢西，而卒破亡，梁王之力也。今太后以小节苛礼责望梁王。梁王父兄皆帝王，所见者大，故出称跸，入言警，车旗皆帝所赐也，即欲以侂鄙县，驱驰国中，以夸诸侯，令天下尽知太后、帝爱之也。今梁使来，辄案责之。梁王恐，日夜涕泣思慕，不知所为。何梁王之为子孝，为臣忠，而太后弗恤也？[①]

韩安国在景帝姐姐面前，详细描述了吴、楚之乱时，梁孝王如何牵念窦太后和汉景帝，以及含泪跪送韩安国等人出兵抗击叛军的情形，以表明梁孝王对皇帝和太后的忠孝之心。同时，又辩说梁孝王出行所用"车旗"都是景帝所赐，并非梁孝王自己僭越而为，而天下人也会因此知道太后和皇帝是多么喜爱梁孝王。因此，不能因为梁孝王出行排场大就责备他，以至于他内心恐惧不安，不知所措。后来，长公主把这些话详细地告诉了窦太后，窦太后又转达给汉景帝，汉景帝才得以释怀。韩安国也以其辩才受到窦太后、馆陶长公主的赏识，并且得到了价值约千余金的赏赐，他的名声由此显扬，也为他以后入朝为官打下了基础。

后来韩安国因犯法被判罪，关押在蒙城（今河南商丘古城东北蒙

---

① （汉）司马迁撰：《史记·韩长孺列传》，中华书局1959年版，第2858页。

墙寺附近）监狱，有一个叫田甲的狱吏，对他非常不礼貌，经常羞辱他。韩安国就说："难道死灰就不能复燃吗？"田甲说："要是再燃烧，就撒一泡尿浇灭它。"不久，梁国内史的职位空缺，梁孝王打算让投奔梁国的公孙诡担任，窦太后听说后，命令梁孝王任命韩安国做内史（相当于郡守）。田甲闻知此事，惧怕被报复受惩罚，便弃职一走了之。韩安国就放出话说："如果田甲不回来就任，我就要夷灭他的宗族。"田甲听说后，非常害怕，就赤裸着上身，前去向韩安国请罪。韩安国笑着说："你现在可以撒尿了！像你们这些人值得我惩办吗？"最后还是善待了他。这就是"死灰复燃"典故的由来。由于窦太后的关照，韩安国一下子从狱中囚徒被提升为二千石级的高官，这在历史上是罕见的。

公孙诡、羊胜派人刺杀了袁盎等反对立刘武为太子的大臣后，汉景帝非常恼火，派遣使者到梁国，下令务必捉拿公孙诡、羊胜。心存侥幸而又极度恐惧的梁孝王不想交出公孙诡和羊胜，朝廷接连派遣使者在梁国境内大规模搜索，一个多月也未能找到凶手。韩安国对梁孝王谋取帝嗣一事，向来都持反对态度，他知道是梁孝王把公孙诡和羊胜藏了起来，便含泪劝说梁孝王，对他晓之以理，动之以情，希望他尽快交出公孙诡和羊胜。韩安国首先拿梁孝王与景帝之间的兄弟关系，比之于太上皇（刘邦父亲）与高皇帝（刘邦）以及景帝与临江王（景帝子刘荣）之间的父子关系，让梁孝王相信，父子关系是要比兄弟关系亲密的。而即便如此，太子刘荣因为其母一句话的过错就被景帝贬为临江王；又因建宫室侵占了祖庙墙内空地，最终自杀于中尉府中。韩安国进而引用俗语曰："虽有亲父，安知不为虎？虽有亲兄，安知不为狼？"[①]最后向梁孝王指出，当今太后是如何宠爱他，作为皇兄的景帝是如何喜爱他，他才有了今天其他封国无法企及的至高地位。现在却因为听信一些邪恶臣子的话，违反了皇上的禁令。皇上因为太后的缘故，又念及兄弟情谊，不忍心用

---

① （汉）班固撰：《汉书·韩安国传》，中华书局 1964 年版，第 2397 页。

法令来对付他；太后则日夜哭泣，希望梁孝王能自己改过。假如太后突然逝世，梁孝王还能依靠谁呢？韩安国一番劝说下，梁孝王刘武觉得自己确实做错了事情，于是交出了业已受命自杀的公孙诡和羊胜。后来，韩安国又通过长公主替梁孝王向太后认罪，请求宽宥，景帝这才原谅梁孝王，没有追究其罪。韩安国凭借其出色的辩才让梁孝王交出了凶手，使袁盎等人被杀一事得以结案，又化解了汉景帝和梁孝王兄弟之间的怨恨。于是，汉景帝、窦太后更加看重韩安国，他的名声更大了。

二　入朝为官，忠心于汉武帝

前144年，梁孝王因得热病去世，长子刘买即位为共王。不久，韩安国又一次因为犯法丢了官，便闲居在家。前141年，汉景帝驾崩，太子刘彻即位，是为汉武帝。武帝建元元年（前140），武安侯田蚡担任太尉。田蚡是景帝王皇后的同母弟，汉武帝的舅父，因受宠幸而执掌朝政。韩安国听说田蚡奢华好财，就想投其所好攀上关系，暗中给田蚡送去价值五百金的重礼，希望通过他的引荐在京城谋得一职。武帝也早已听闻韩安国贤能，就把他招来担任北地都尉，后来升为大司农（专掌国家仓廪或劝课农桑之官）。

建元六年（前135），田蚡被任命为丞相，韩安国担任御史大夫。这时，匈奴新即位的单于派使者前来请求和亲。自从汉高祖刘邦实行与匈奴和亲以来，至汉武帝即位时的六十多年中，虽然匈奴时有骚扰劫掠，但基本上还是维持了同汉朝的和亲关系。年轻的汉武帝即位后，决心改变和亲政策，一举消灭匈奴，以解决长期以来的边患问题。但他没有把握，就召集群臣廷议。大行令王恢刚率军出兵闽越国获胜不久，言辞傲盛，极力反对与匈奴和亲，主张以战争解决外患。韩安国则认为，派军队千里作战，人马疲惫不堪，并无取胜把握；对于匈奴来说，他们以逸待劳，可以利用各种优势对付汉军。而且对于汉朝来说，得其地不足为广，有其众不足为强，所以，不如还是与他们和亲。群臣多数附和韩安国，汉武帝便同意与匈奴和亲。

　　在和亲的第二年，也就是元光元年（前134），雁门郡马邑城的豪绅聂翁壹，通过大行令王恢向武帝献计，谓匈奴刚与汉朝和亲，正是其缺乏防备之时，汉军可在边城马邑设伏，诱单于入城，趁机消灭匈奴主力。汉武帝再次召集公卿大臣讨论。在战与不战的问题上，王恢和韩安国两人展开了激烈的争论。一向主张出击匈奴的王恢极力赞同"马邑之谋"，认为应该抓住时机，出兵进攻，以教训匈奴。主张与匈奴和亲的韩安国则竭力反对，认为"马邑之谋"不可靠，不应该盲目出战，应继续维护高祖以来的和亲成果。在王恢信誓旦旦的保证下，汉武帝最终采用了王恢的建议。元光二年（前133）六月，汉武帝任命王恢为将屯将军，韩安国为护军将军，与晓骑将军李广、材官将军李息以及轻车将军公孙贺等人，率军三十余万在马邑诱敌伏击匈奴。匈奴行军至距马邑城一百多里的长城武州塞时，看到很多牲畜放养在荒野之中，却见不到一个人，感到势头不对，遂往回撤退。王恢欲率军追击，又恐为匈奴所败，为保全师而放弃了追击，三十多万大军无功而返。汉武帝对王恢擅自领兵退却甚为恼火，认为"今不诛恢，无以谢天下"，"于是恢闻，乃自杀。自是之后，匈奴绝和亲，攻当路塞，往往入盗于汉边，不可胜数"[①]。

　　元光四年（前131），丞相田蚡暴病而亡，韩安国代理丞相之职。该年四月，韩安国给武帝导引车驾时堕下车，跌跛了脚。武帝本打算用他为丞相，因为他的脚跛得很厉害，便让他离职在家休养，改用平棘侯薛泽担任丞相。九月，任命中尉张欧为御史大夫，韩安国跛脚已痊愈，汉武帝遂起用他担任中尉。一年多后，徙任卫尉。元光六年（前129）秋，匈奴多次侵犯边郡，渔阳受扰最严重。于是，汉武帝以卫尉韩安国为材官将军，屯戍于渔阳。元朔元年（前128），匈奴两万余骑兵大举入侵边境，

---

① （宋）司马光编著，（元）胡三省音注：《资治通鉴·汉纪十》，中华书局1956年版，第583页。

杀辽西太守，又进入渔阳、雁门。韩安国抓到一个俘虏，据这个俘虏供称，匈奴已经撤军远走。于是，韩安国上书武帝，说当下正是农耕时节，请求暂时停止屯军。结果，停止屯军一个多月后，匈奴又大举入侵上谷、渔阳。当时，韩安国的军营中仅有七百多人，出迎与匈奴交战，无法取得胜利，又退回军营中。匈奴俘虏掠夺了一千多人和牲畜财物离去。汉武帝听到这个消息后，先派使者责问韩安国，又命他尽量往东移动，驻守在右北平。因为当时匈奴的俘虏供称匈奴要侵入东方右北平一带。

　　韩安国当初担任御史大夫和护军将军，位高权重，后来失去了田蚡的庇护，仕途开始走下坡路，不断被疏远降职。而武帝皇后卫子夫的弟弟卫青升任将军后，又在对匈奴作战中立下战功，更加受到武帝的重用。被疏远的韩安国在驻防右北平几个月后，抑郁而终。史载："数月，病欧血死。安国以元朔二年中卒。"①

三　历史评说，功大于过

　　纵观韩安国一生，他帮助梁孝王和中央政权化解了几次危机，深得汉景帝和窦太后的信任。汉武帝时，他用重金攀附丞相田蚡，担任御史大夫，进入汉王朝中央政权的核心圈子。根据国家现状，他提出与匈奴继续和亲，以免战事。他虽然贪嗜钱财，也是迎合世俗而为之，都是出于忠厚之心。在梁国，他所推荐的都是廉洁的士人，如壶遂、臧固、郅他等，都是天下的名士。因此，士人也称道、仰慕他，皇帝也认为他是治国之才。故《史记》本传司马迁评曰："安国为人多大略，智足以当世取合，而出于忠厚焉。贪嗜于财。所推举皆廉士，贤于己者也。于梁举壶遂、臧固、郅他，皆天下名士，士亦以此称慕之，唯天子以为国器。"②《史记》的注者司马贞亦谓："推贤见重，贿金贻谤。雪泣悟主，

①　（汉）司马迁撰：《史记·韩长孺列传》，中华书局1959年版，第2865页。
②　（汉）司马迁撰：《史记·韩长孺列传》，中华书局1959年版，第2863页。

臣节可亮。"① 《汉书》的作者班固则感叹:"以韩安国之见器,临其挚而颠坠,陵夷以忧死,遇合有命,悲夫!"② 还有点替韩安国感慨命运不济的意味。总之,不以一眚掩大德,韩安国虽然在仕途升迁上的做法不太光彩,在渔阳防御匈奴时还吃了败仗,但总的来说,他还是一个值得肯定的人物。

第七节 "大小戴,注《礼记》;述圣言,礼乐备" ——经学家戴德与戴圣

戴德与戴圣,西汉梁国(今河南商丘)人。二人乃叔侄关系,家族显赫,是春秋宋国君主宋戴公的二十二世和二十三世孙。二人是经学大家,以研究、注释《礼记》闻名,为今文礼学"大戴学"和"小戴学"的开创者,代表作为《大戴礼记》和《小戴礼记》。《三字经》有言曰:"大小戴,注《礼记》;述圣言,礼乐备。"

一 戴德

戴德,字延君,号大戴,生卒年不详。沈文倬在《宗周礼乐文明考论》一书中,通过对各种资料的分析比照,对戴德的侄子戴圣的出生年代做出了大致推断,认为戴圣"当生于武帝天汉、太始间,到昭帝末年不遇二十三四岁",又说"二戴同事一师,戴德纵使授业较早,亦必在昭帝之世"③。戴德、戴圣叔侄齐名,年龄相差不大。据此,则戴德至少也应出生于汉武帝天汉、太始年间。又《汉书·儒林传》对二戴的师承与传授情况有如下记载:

> 孟卿,东海人也。事萧奋,以授后仓、鲁闾丘卿。仓说《礼》

---

① (汉)司马迁撰:《史记·韩长孺列传》,中华书局 1959 年版,第 2865 页。
② (汉)班固撰:《汉书·韩安国传》,中华书局 1964 年版,第 2407 页。
③ 沈文倬著:《宗周礼乐文明考论》,浙江大学出版社 1999 年版,第 231 页。

数万言，号曰《后氏曲台记》，授沛闻人通汉子方、梁戴德延君、戴圣次君、沛庆普孝公。孝公为东平太傅。德号大戴，为信都太傅；圣号小戴，以博士论石渠，至九江太守。由是《礼》有大戴、小戴、庆氏之学。通汉以太子舍人论石渠，至中山中尉。普授鲁夏侯敬，又传族子咸，为豫章太守。大戴授琅邪徐良斿卿，为博士、州牧、郡守，家世传业。小戴授梁人桥仁季卿、杨荣子孙。仁为大鸿胪，家世传业，荣琅邪太守。由是大戴有徐氏，小戴有桥、杨氏之学。①

文中说戴德曾"为信都太傅"，据考证，"信都"即信都王，是汉元帝之子刘兴，建昭二年（前37）立为信都王。戴德应该是信都王刘兴的太傅，大致的"时间在汉元帝建昭二年（前37）六月，终于汉成帝阳朔二年（前23）……治学、从政主要在汉元帝、成帝时期"②。又吕思勉曾称"二戴在武宣间"③。那么，综合上述推论可知，戴德应该出生于汉武帝末年，主要活动则在汉宣帝中后期以及元帝、成帝年间。

戴德在武帝末至宣帝初，师从当时的《礼》学名家后仓学习，并将后仓的学术传承下来，被称为"大戴学"。戴德除了潜心研《礼》，最重要的学术活动是参加了经学史上著名的石渠阁会议。汉宣帝时期，为了进一步统一儒家学说，加强思想统治，于甘露三年（前51）下诏广征群儒，会聚于京师。儒学经师刘向、韦玄成、薛广德、施雠、梁丘临、林尊、周堪、张山拊、闻人通、戴德、戴圣等应诏而至。他们在长安未央宫北的石渠阁，讲论"五经"异同。这就是石渠阁会议，也叫石渠阁奏议。

戴德及侄子戴圣之学属于今文经学，当时均立于学官，以作为官学的主要内容。《汉书·艺文志》载："汉兴，鲁高堂生传《士礼》十七篇。讫孝宣世，后仓最明。戴德、戴圣、庆普皆其弟子，三家立于学官。"④

戴德能够成一家之学，被称为"大戴学"，可以推知他应该有很多

① （汉）班固撰：《汉书·儒林传》，中华书局1964年版，第3615页。
② 王锷著：《〈礼记〉成书考》，中华书局2007年版，第310—311页。
③ 吕思勉著：《吕思勉读史札记》（增订本），上海古籍出版社2005年版，第789页。
④ （汉）班固撰：《汉书·艺文志》，中华书局1964年版，第1710页。

门徒。《后汉书》就记载了戴德的两个学生，都是在《礼》学研究上有所成就并自成一派的名家。其中一个是上引《汉书·儒林传》所说的徐良，字游卿，是琅玡人，曾做过博士、州牧、郡守；这个徐良是"大戴学"的传人，其学被称为"徐氏之学"。另一个名桥仁，《后汉书》载："桥玄字公祖，梁国睢阳人也。七世祖仁，从同郡戴德学，著《礼记章句》四十九篇，号曰'桥君学'。"① 则桥玄的七世祖桥仁是"大戴学"的又一传人，号称"桥君学"。西汉成帝时，桥仁担任大鸿胪，掌赞襄礼乐，为九卿之一的高官。

　　戴德的代表作为《大戴礼记》，亦名《大戴礼》《大戴记》。唐孔颖达引郑玄《六艺论》曰："《六艺论》云：'今礼行于世者，戴德、戴圣之学也。'又云'戴德传《记》八十五篇'，则《大戴礼》是也；'戴圣传《礼》四十九篇'，则此《礼记》是也。"② 但是，《汉书·艺文志》著录的《礼》书十三家中，不见《大戴礼》《小戴礼》之名，所以，后世不少学者对两书的成书时间及真伪提出了疑问，并撰文发表各自的见解，至今莫衷一是。就《大戴礼》而言，大致可分为两种意见：大部分学者认可今本《大戴礼记》为西汉戴德所编，如李学勤、黄怀信等人。也有部分学者如钱玄、洪业等人认为西汉年间编成的《大戴礼记》根本不存在了，今本《大戴礼记》乃是后代好事者附会之作。这是学术问题，不赘言。此外，戴德还撰写了关于古代丧服的著作《丧服变除》，并制定了《仪礼》十七篇次第，为研究《礼》经做出了重要贡献。

二　戴圣

　　戴圣，字次君，号小戴，生卒年不详。戴圣与叔父戴德年龄相差不大，略小于戴德。前引沈文倬认为，戴圣"当生于武帝天汉、太始间，

---

① （宋）范晔撰，（唐）李贤等注：《后汉书·李陈庞陈桥列传》，中华书局1965年版，第1695页。

② 李学勤主编：《十三经注疏·礼记正义》，北京大学出版社1999年版，第5页。

到昭帝末年不遇二十三四岁"。王锷进一步研究认为，戴圣"约生于汉昭帝始元六年（前81）左右，治学、从政主要在汉宣帝甘露年间（前53－前50）以后，即汉元帝、成帝时期"①。

又据前引《汉书·儒林传》对二戴的记载可知，戴圣与戴德均师事后仓学《礼》，戴圣曾以博士身份参加过甘露三年的石渠阁会议，迁为九江太守，其学传于桥仁和杨荣。《后汉书》称桥仁"从同郡戴德学"，是说桥仁的本师为戴德。可见，桥仁曾先后从学于二戴，正如有的学者所说，"戴德或者因为年事已高，或者竟未能终兴都王傅之任即物故，桥仁遂改从戴圣学习"，这样看来，"则戴德年长于戴圣，似乎可能性最大"②。戴圣将其学传于桥仁及杨荣，从而形成了"小戴学"的桥氏与杨氏之学。

关于戴圣，《汉书》还载有他与何武之间的一段恩怨：

> 九江太守戴圣，《礼经》号小戴者也，行治多不法，前刺史以其大儒，优容之。及武为刺史，行部录囚徒，有所举以属郡。圣曰："后进生何知，乃欲乱人治！"皆无所决。武使从事廉得其罪，圣惧，自免。后为博士，毁武于朝廷。武闻之，终不扬其恶。而圣子宾客为群盗，得，系庐江，圣自以子必死。武平心决之，卒得不死。自是后，圣惭服。武每奏事至京师，圣未尝不造门谢恩。③

根据上述记载可知，戴圣作为"大儒"，曾前后两为博士。那么，是否《汉书》所记有误呢？对此，徐耀环认为，"博士，汉时为官爵，非如现今之博士为终身名誉。……是以，戴圣先以博士官论礼石渠阁经学会议，后迁为九江太守，再由九江太守，转为博士一职，有何不可？是以戴圣两度为博士，并非史书记载错误"④。沈文倬也说："他在甘露中以其师后苍师法立为博士，至阳朔二年以后，别起小戴《礼》师法，

①　王锷：《戴圣生平和〈礼记〉的编选》，《中国文化研究》2006年第1期。
②　孙显军：《两戴生平及关系考》，《南京农业大学学报（社会科学版）》2008年第4期。
③　（汉）班固撰：《汉书·何武王嘉师丹传》，中华书局1964年版，第3482－3483页。
④　王锷著：《〈礼记〉成书考》，中华书局2007年版，第313页。

复为博士。"①总之，戴圣曾前后两为博士，这是符合实际的。戴圣以其《礼》学成就被称为"大儒"，这在当时是很高的荣誉，所以，他在做九江太守时，虽然"行治多不法"，他的上司亦即何武的前任刺史也拿他没办法，只能宽容他即所谓"优容之"。及至何武为刺史，戴圣差不多已是七十岁高龄，故视何武为"后进"而不屑于他的所作所为，而何武也是因为戴圣在学术上的造诣，因他是当时著名的"大儒"，并未为难于他。这反倒让戴圣对何武感到惭愧而心生佩服，即所谓"惭服"。后来，何武"奏事至京师"，戴圣时常"造门谢恩"。学问和品行通常是相辅相成的，戴圣之学问高于德行可谓其美中不足之处。但就戴圣与何武之间的恩怨来看，他后来能够改变对何武的看法，并亲自向何武"谢恩"，尚值得原谅。否则，虽号称"大儒"，亦不过是一"腐儒"而已。由此看来，治学与做人，二者是必须兼顾的。

今传《礼记》，亦称《小戴礼记》《小戴记》，是一部先秦至秦汉时期的礼学文献选编，即为戴圣所编选。关于这一点，学界虽然尚有争议，但基本已成定论。关于《礼记》的编选时间，各家看法略有不同。王锷在《戴圣生平和〈礼记〉的编选》中经过考证认为，《礼记》的编选大概是在汉宣帝甘露三年（前51）以后，汉成帝阳朔四年（前21）以前的三十年中。杨天宇则认为："四十九篇《礼记》的初本为武、宣时期的戴圣所纂辑，当无可疑。至于说《礼记》各篇的文字在其流传中，经过后人的增删润饰，则属另一问题了。"②戴圣正是因为编选《礼记》，配合今文《礼》教授弟子，传授礼学，才获得了"大儒"之名。

总之，戴德与戴圣叔侄，均为研习《礼》经做出了重要贡献，是汉代著名的礼学家。他们俩有很多相同之处，比如，二人均师事后仓学习《礼》经，都参加过石渠阁会议，都自成一家并将其学传承下来等。

---

① 沈文倬著：《宗周礼乐文明考论》，浙江大学出版社1999年版，第232页。
② 杨天宇：《论〈礼记〉四十九篇的初本确为戴圣所编纂——兼驳洪业所谓"〈小戴记〉非戴圣之书"说》，《孔子研究》1996年第4期。

正因为如此，他们才能以"二戴"之名并行于后世。但是，就他们的
学术地位和影响来看，身为"大儒"并两为博士的戴圣显然要比叔父
戴德高出一筹。

第八节　"桥公识运，先觉时雄"——汉末名臣桥玄

桥玄（109—183），字公祖，梁国睢阳（今河南商丘市睢阳区）人。
出身于官宦之家，初为县功曹，后历任大鸿胪、司空、司徒、太尉等职。

一　家世及经历

桥玄出身于官僚世家，祖父桥基，曾为广陵太守；父亲桥肃，曾为
东莱太守。

桥玄性格刚直，不畏权臣。他年轻时为梁国某县功曹（县令的主要
佐吏），当时，豫州刺史周景巡行所属部域，来到梁国。桥玄就去拜见
周景，趁机揭发了陈国相国羊昌的罪恶，并毛遂自荐，请求担任巡查陈
国的从事（刺史佐吏），以彻查羊昌的罪行。周景认为他意气豪迈，就
同意了他的请求。桥玄到任之后，将羊昌的宾客全部逮捕，详细地核
查他的罪行。羊昌的靠山、当朝大将军梁冀得知消息后，派人飞马传
来檄文搭救羊昌。同时，周景也接到了圣旨，要他召回桥玄，停止调查。
桥玄则压住檄文不发，加快审讯速度，羊昌被囚车押解进京，最终受到
了应有的惩罚。桥玄因此名声大显。后来，桥玄被举荐为孝廉，补任洛
阳左部尉。当时梁冀之弟梁不疑担任河南尹，桥玄因公事须到梁府接受
问话，他考虑到梁不疑可能会因之前的事报复他，耻为所辱，于是便"弃
官还乡里"。

其后，桥玄经过四次升迁，担任了齐国的国相。在齐国相任上，又
因事被罚做城旦（筑城四年的苦役）。服刑完毕，再被朝廷征召，升任
上谷郡（治所在今河北怀来东南）太守，又任汉阳郡（治所在今甘肃甘

谷县）太守。在汉阳郡守任上，刚正不阿、执法严明的桥玄，又做了一件让人震惊的事情。当时，上邽（今甘肃天水市境内）县令皇甫祯犯了贪污罪，桥玄毫不犹豫地抓捕拷问他，并施以剃去须发鞭打身体的刑罚，皇甫祯死在冀地的集市。一境之内皆为之震惊。桥玄性格刚直，有时做事未免过于强硬，缺乏变通，用现在的话说就是显得有点"轴"。比如，汉阳郡上邽县人姜岐，恪守信仰隐居不仕，在西州一带很出名。桥玄听说后，打算召他做官为己所用，但是姜岐托病不答应。这让桥玄很恼火。当时，尹益是桥玄的督邮官，主要职责是代表桥玄督察县乡、宣达政令兼司法等。桥玄就命令尹益强迫姜岐来就任，并说："如果姜岐不来就任的话，马上就让他的母亲改嫁。"尹益劝桥玄不要这样做，但是说服不了他，就马上转告了姜岐。姜岐听说后，躺在床上不起来做任何事。这件事情传扬开来，郡内的官员和读书人都去劝说桥玄，桥玄才肯罢休。当时的人都拿这件事讥笑他。后来，桥玄因病辞职，再由公车特地征召，担任司徒长史，复任将作大匠（掌宫室修建之官）。

　　汉桓帝末年，鲜卑、南匈奴及高句骊继承人伯固等皆反叛，在边境一带抢劫掠夺。当时，太尉、司徒、司空、大将军等四府，公推桥玄为度辽将军，特赐可以使用黄钺之权。桥玄上任之后，休兵备战，积蓄力量，监督各将领讨伐胡虏以及伯固等，诸部皆破散退走。桥玄担任度辽将军三年，边境安定无事。

　　汉灵帝初年，桥玄任河南尹，转任少府（皇帝私府）、大鸿胪。建宁三年（170），桥玄又升任司空，转司徒，位及三公，达到其仕途的顶峰。桥玄素与南阳太守陈球有矛盾，但他不计前嫌，知人善任，担任司徒后，就推荐陈球任廷尉。汉灵帝时期，宦官支配朝政，政治腐败达到极点。灵帝明码标价，公开售官，而且将卖官鬻爵行为制度化、持续化，公开卖官长达七年之久。桥玄深知国家已弱，揣度自己已无用武之地，因此上疏称病，又引许多灾异以自劾，遂被免官还乡。一年多以后，又出任尚书令。当时太中大夫盖升曾经和皇帝有密切关系，原来在担任南阳太守时，仗着自己与灵帝有私交，大肆收受贿赂、搜刮民财。桥玄于是上奏汉灵帝，要求免去盖升之职，处以终身禁锢并抄没其家产。然而灵帝非但没有查办盖升，反而升迁盖升为侍中。桥玄非常气愤，知道朝廷腐败已无可救药，便以生病为由辞任回籍。但不久，又被任命为光禄大夫。光和元年(178)，升任太尉。过了几个月，再次因为疾病免职，改任太中大夫，在家中养病。光和六年（183），桥玄卒于家，享年七十五岁。

二　舍子护国法

东汉中期以来，教化衰退，律令松驰，社会治安极不稳定。东汉晚期，治安状况进一步恶化，"劫质"事件时有发生，而且常常以高官贵族为对象。《三国志》卷九《魏书》裴松之注引孙盛曰："自安、顺已降，政教陵迟，劫质不避王公，而有司莫能遵奉国宪者……"[①]

"劫质"事件就曾发生在桥玄身上。光和元年（178），时任太中大夫的桥玄在家病休期间，有一天，他十岁的小儿子在家门独自玩耍，突然有三个人拿着棍棒将其劫持，进入桥府要桥玄拿钱赎人。桥玄当时没有答应。消息传出去后，司隶校尉阳球同河南府尹、洛阳县令马上率兵将桥玄的家包围起来。但是，阳球等人担心逼急了劫匪，有可能危及桥玄儿子的性命，就没有下令出击。桥玄瞪着眼睛大声说："奸人无状，玄岂以一子之命而纵国贼乎！"意思是强盗是没有人性的，我怎么能因为自己儿子的性命而纵容了国家的罪犯呢！催促阳球等人向劫匪出击。结果，强盗全部被捕获，但他的小儿子却因此死去。事后，桥玄请求皇帝向天下颁令："凡有劫质，皆并杀之，不得赎以财宝，开张奸路。"[②]于是皇帝下诏发布了这个命令。

---

① （晋）陈寿撰，陈乃乾校点：《三国志·诸夏侯曹传》，中华书局 1959 年版，第 267—268 页。

② （宋）范晔撰，（唐）李贤等注：《后汉书·李陈庞陈桥列传》，中华书局 1965 年版，第 1696 页。

后来，"劫质"的对象扩大到京师权贵阶层，"赎质"现象越来越普遍，法禁松弛无力，社会治安每况愈下。可见，当时"劫质"事件的猖獗，已经严重危害了社会安定，动摇了汉帝国的政治根基，于是桥玄斥之为"国贼"。桥玄不纵"国贼"，宁可失去幼子，也不"开张奸路"，他这种大义舍子的行为，震慑了匪徒，维护了国法，改变了过去"法禁稍弛"的状况："初自安帝以后，法禁稍弛，京师劫质，不避豪贵，自是遂绝。"①

三　慧眼识曹操

曹操微贱之时，怀才不遇，很少有人了解他。据《三国志·魏书·武帝纪》记载，曹操曾去拜访桥玄，桥玄见到他后，感到非常惊异，对他说："天下将乱，非命世之才不能济也，能安之者，其在君乎！"又说："吾见天下名士多矣，未有若君者也！君善自持。吾老矣！愿以妻子为托。"又《三国志·魏书·武帝纪》注引《世语》曰："玄谓太祖曰：'君未有名，可交许子将。'太祖乃造子将，子将纳焉，由是知名。"②桥玄认定曹操将来能够济世安民，把自己的老婆孩子托付给曹操，又为其仕途铺路，指点曹操去拜访汝南月旦评的主持者许子将。这让曹操常常感叹桥玄是他的知己。东汉以来品评人物之风逐渐盛行，对于士人来说，能够得到一些大名士的品评，对其仕途的起步是至关重要的。"世名知人"的桥玄称曹操为"命世之才"，曹操得到这样的品题，从而取得了名士资格，拥有了较高的社会声望。后来，桥玄病逝，曹操谨记桥玄之言，每当经过睢阳，他必到桥玄墓前祭拜。

建安五年（200），为了纪念桥玄，曹操专门修治睢阳渠，派遣使者以太牢之礼祭祀他，并亲自撰文悼念。据《三国志·魏书·武帝纪》裴松之注引《褒赏令》，其祭文内容如下：

---

① （宋）范晔撰，（唐）李贤等注：《后汉书·李陈庞陈桥列传》，中华书局1965年版，第1696页。
② （晋）陈寿撰，陈乃乾校点：《三国志·魏书·武帝纪》，中华书局1959年版，第2—3页。

故太尉桥公，诞敷明德，泛爱博容。国念明训，士思令谟。灵幽体翳，邈哉晞矣！吾以幼年，逮升堂室，特以顽鄙之姿，为大君子所纳。增荣益观，皆由奖助，犹仲尼称不如颜渊，李生之厚叹贾复。士死知己，怀此无忘。又承从容约誓之言："殂逝之后，路有经由，不以斗酒只鸡过相沃酹，车过三步，腹痛勿怪！"虽临时戏笑之言，非至亲之笃好，胡肯为此辞乎？匪谓灵忿，能贻己疾，怀旧惟顾，念之凄怆。奉命东征，屯次乡里，北望贵土，乃心陵墓。裁致薄奠，公其尚飨！①

从祭文内容来看，曹操高度赞扬桥玄"诞敷明德，泛爱博容"，并执以弟子之礼，称桥玄为"君子"，表示"士死知己，怀此无忘"，可见其拳拳之意。

桥玄坚毅果断，嫉恶如仇。纵观其一生，忠心为国效力，行事光明磊落，不徇私情；又能知人善任，礼贤下士。他清贫一世，未给后代留下任何家业。故范晔称其曰："玄性刚急无大体，然谦俭下士，子弟亲宗无在大官者。及卒，家无居业，丧无所殡，当时称之。"②桥玄慧眼识曹操，故《后汉书》论赞说："桥公识运，先觉时雄。"③《续汉书》的作者司马彪亦云："玄严明有才略，长于知人。"④

---

① （晋）陈寿撰，陈乃乾校点：《三国志·魏书·武帝纪》，中华书局1959年版，第23页。
② （宋）范晔撰，（唐）李贤等注：《后汉书·李陈庞陈桥列传》，中华书局1965年版，第1696页。
③ （宋）范晔撰，（唐）李贤等注：《后汉书·李陈庞陈桥列传》，中华书局1965年版，第1698页。
④ 周天游辑注：《八家后汉书辑注》，上海古籍出版社1986年版，第422页。

第四章　魏晋南北朝时期商丘名人

魏晋南北朝，即三国两晋南北朝时期，战乱频仍、王朝更迭、民族迁徙交融、佛教盛行等，是这一时期历史的总体特征。这一时期商丘地区的著名人物亦有很多，举其荦荦大者，如军事、政治界有典韦、梁习，思想界有哲学家杨泉，文化界有文学家江淹、江总等。其中，杨泉的哲学思想、江淹的文学成就等，在古代思想文化界均占有一席之地。此外，文学形象花木兰也产生于这一时期。据古代文献记载和民间口口相传，有说今虞城县营廓镇是木兰故里，当地于唐代始建木兰祠，后历代重修；木兰的传说故事也在民间广为流传，代代不绝。

第一节　"折冲左右，汉之樊哙"——猛将典韦

典韦（?-197），陈留己吾（今河南商丘市宁陵县己吾城村）人。东汉末年曹操部将。

乱世三国，战事频仍，英杰辈出，武士横行。关于当时武将的论说，《三国演义》有一种说法，"一吕二赵三典韦，四关五马六张飞，七许八黄九姜维"，指的是吕布、赵云、典韦、关羽、马超、张飞、许储、黄忠、姜维等人。典韦位居第三，列在关羽、马超、张飞之前，可见人们对典韦之勇武非常认可。但这并非真实的历史。那么，历史上的典韦到底是怎样一个人呢？

一　初为人识拜司马

典韦，形貌魁梧，勇猛有武力，乐于施助，有侠气之风。典韦之所以成名并为豪杰所识，就是因为帮助邻乡好友杀死了仇敌。当时，陈留国襄邑（今河南睢县）人刘氏与睢阳（今河南商丘）的李永结下仇怨，典韦想要为刘氏报仇。李永曾经做过富春（今浙江杭州市富阳区）县令，家中戒备森严。所以，要找李永报仇，一般人是很难做到的。典韦却不顾这些，他乘着车子，带着鸡和酒，假扮成前去问候李永的人。到了李永家，大门一打开，他就怀揣匕首冲进去杀了李永，还杀死了李永的妻子，然后慢慢走出门，取回车上的刀戟，步行离开李永家。李永的家靠近集市，典韦一个人单枪匹马杀死李永夫妻，整个集市的人都为之震惊。后来有几百个人追赶典韦，但看到他手握刀戟，威风凛凛的样子，都不敢向他靠近。典韦走了四五里路，遇到自己的伙伴，"转战得脱。由是为豪杰所识"[1]。汉献帝中平元年（189），董卓率兵进入洛阳，废少帝，立陈留王刘协为帝，自为相国，独揽朝政，祸乱朝野。初平年间（190—193），陈留太守张邈与曹操举义组成反董联盟军，征典韦为军士，隶属于司马赵宠。军中的牙门旗既长且大，一般人都不能把它举起来，而典韦竟以一手便将其执而竖起，司马赵宠惊异其怪能巨力。后来典韦跟随曹魏开国元勋夏侯惇，因"数斩首有功，拜司马"[2]。

二　大战吕布成功名

兴平元年（194），曹操在濮阳讨伐董卓的部将吕布。当时，吕布别置军屯住在濮阳西四五十里，曹操率军夜间偷袭其军营，第二日清晨打败吕布屯军。但是，曹军尚未及时回还，吕布的救兵已经到达，从三面进攻曹军。吕布亲身搏战，自早上至日落交战几十回合，双方相持不下。形势对曹操来说非常危急，他临阵招募能够冲锋献身的勇士，典韦抢

---

[1]　（晋）陈寿撰，陈乃乾校点：《三国志》，中华书局1959年版，第544页。
[2]　（晋）陈寿撰，陈乃乾校点：《三国志》，中华书局1959年版，第544页。

先应募。典韦率领应募的勇士，身着双层铠甲，不执盾牌，一律只持长矛撩戟应战。这时西面守军告急，典韦前去抵挡，吕布军弓弩乱发，矢箭如雨。典韦视而不见，双方展开一场肉搏战。《三国志·魏书》对当时的战况记载道：

> 时西面又急，韦进当之，贼弓弩乱发，矢至如雨，韦不视，谓等人曰："虏来十步，乃白之。"等人曰："十步矣。"又曰："五步乃白。"等人惧，疾言"虏至矣"！韦手持十余戟，大呼起，所抵无不应手倒者。布众退。会日暮，太祖乃得引去。①

这次大战之后，曹操任命典韦为都尉，安排他在自己身边，让他带领亲兵几百人，在军中大帐巡逻护卫。典韦本人强壮勇武，所带亲兵都是严格挑选的精兵，每次作战，经常最先攻陷敌阵，因此升迁为校尉。典韦担任的是"武猛校尉"，所统不仅是军中精锐，且常被选为亲军宿卫之用。武猛校尉一职，历史上甚为罕见，据《三国志·吴书》记载，仅三国吴国的潘璋担任过此职，第二个就是典韦，在以后的史书记载中，不见有此职位。由此可见，曹操对典韦异常信任。典韦性格忠厚谨慎，经常整日在曹操身边侍立，夜晚宿于大帐附近，很少回府私寝。他平日喜好酒食，饮食分量是常人的两倍，每次曹操赐他酒食，总是纵情吃喝。这种性情甚得曹操喜爱，认为他非常豪壮。军中流传他的谚语曰："帐下壮士有典君，提一双戟八十斤。"②

三　救主献身留美名

建安二年（197），曹操征战宛城（今河南南阳市宛城区）张绣，张绣迎降。曹操甚为欢悦，便盛宴招待张绣及其将帅。曹操行酒时，典韦持大斧立于其后，斧刃径宽一尺。曹操每到一人面前敬酒，典韦都举起大斧张目迫视。直到酒宴结束，张绣和他的将帅都没人敢抬头看

---

① （晋）陈寿撰，陈乃乾校点：《三国志》，中华书局1959年版，第544页。
② （晋）陈寿撰，陈乃乾校点：《三国志》，中华书局1959年版，第544页。

典韦。不久，张绣谋反，偷袭曹操大营。曹操被杀得措手不及，出战不利，于是率轻骑逃走。典韦在营门中迎战，叛军无法攻入。张绣军便分散开，从其他营门进攻。当时典韦部下兵校尚有十余人，皆殊死恶战，无不以一当十。战至后来，他的手下死伤殆尽。典韦与敌人短兵相接，身上也多处受伤，敌兵就想上来活捉他。典韦又连杀数人，终因伤势加重，双目圆睁怒骂而死。《三国志·魏书》载曰："韦双挟两贼击杀之，余贼不敢前。韦复前突贼，杀数人，创重发，瞋目大骂而死。贼乃敢前，取其头，传观之，覆军就视其躯。"[①]曹操退驻到舞阴（今河南泌阳县西北），听闻典韦战死，痛哭流涕，募人偷偷运走他的尸体，亲临哀悼，并派人将他送回老家襄邑安葬，拜其子典满为郎中。

后来，曹操车驾每次经过襄邑，都用中牢（杀猪羊二牲）的礼仪来祭奠他。曹操追思怀念典韦，任命其子典满为司马，引为近侍。曹丕即位后，又任命典满为都尉，赐以关内侯爵位。

典韦为主献身，终得好报，亦深得后人好评。西晋陈寿评价典韦说："许褚、典韦折冲左右，抑亦汉之樊哙也。"[②]清代著名历史学家潘眉评价说："典韦雄武壮烈，不在辽、褚下。"[③]

第二节　"政治常为天下最"——刺史梁习

梁习，字子虞，陈郡柘（今河南商丘柘城县）人，生卒年不详。梁习初为陈郡纲纪（郡主簿），曹操任司空时，征辟他为漳县的长官，后来历任乘氏、海西和下邳县令。所到之处，都以善治闻名。回京之后，担任丞相西曹令史，迁任西曹属（西曹副职）。

---

① （晋）陈寿撰，陈乃乾校点：《三国志》，中华书局 1959 年版，第 545 页。
② （晋）陈寿撰，陈乃乾校点：《三国志》，中华书局 1959 年版，第 554 页。
③ 卢弼著：《三国志集解》，中华书局 1982 年影印版，第 470 页。

一　治理并州

建安十一年（206），曹操击败了归降未久而又反叛的并州刺史高干，彻底占据了并州，因为信任梁习，任命他以别部司马暂领并州刺史。当时并州刚刚经历战乱，内外交困，百废待兴。外面有强敌，匈奴人在并州还有一定实力，有不少官吏百姓叛逃归降匈奴；内部也不安定，州中豪族拥兵自重，经常相互侵袭，成为地方祸害，形势复杂而严峻。针对这种情况，梁习采取了一系列措施进行整顿。比如，他恩威并施，先以怀柔政策规劝诱导当地豪族，推举他们到幕府中任职；对于那些不从命的人，则调动军队去讨伐，前后杀了几千人。他又迫使匈奴单于和各部诸王降伏，然后把他们都编入户籍，在州内供职。这样，终于使匈奴归顺，豪强远遁，边境安定，百姓安宁。史称"边境肃清，百姓布野，勤劝农桑，令行禁止"，而他本人却"居处贫穷，无方面珍物"[1]。另外，梁习又向曹操举荐并州名士常林、杨俊、王凌、王象、荀纬等人，"太祖皆以为县长"[2]，后来他们都名扬于世。并州的长老都称颂梁习，认为刺史中没有人能赶得上他的。曹操为了表彰梁习治理并州有功，遂正式任命他为并州刺史。建安十八年（213），并州归属冀州，梁习转任议郎、西部都督从事，统领冀州，总揽旧部。梁习又上表增置屯田都尉二人，统领六百人在沿途耕田种粮，让人们和牲口取用。后来单于归顺，西北再无战事忧患，这都是梁习的功绩。

二　平叛鲁昔

建安二十二年（217），曹操拔汉中，诸军回师长安，留下骑兵都督太原乌丸王鲁昔，让他率军屯于池阳（今陕西泾阳西北），以防备卢水胡人。鲁昔有爱妻住在晋阳（今山西太原），他十分想念妻子，更担心在池阳驻守不知道何时才能回归。于是以其部属五百骑兵反叛，孤身潜

---

[1]　（晋）陈寿撰，陈乃乾校点：《三国志》，中华书局1959年版，第469页。

[2]　（晋）陈寿撰，陈乃乾校点：《三国志》，中华书局1959年版，第659页。

入晋阳，偷偷带着妻子出城。鲁昔出城之后，州郡官吏才发觉。鲁昔部落擅长骑射，又散布在山野之中，并州的军队不敢追击。在这种情况下，梁习便命令州从事张景，招募鲜卑善射骑士追逐鲁昔。鲁昔的坐骑一马二人，负重行迟，未来得及与其部众会合，就被鲜卑骑士追上射死。其他叛兵也纷纷归降。当初，曹操听说鲁昔叛乱，担心其日后会成为北边匪患，没想到叛乱很快就被平定。的确，当时如果梁习没在第一时间做出正确判定，征召擅长骑射的鲜卑人追击鲁昔，很可能鲁昔就会逃出并州，北走大漠，成为北方边境的不稳定因素。梁习擒贼先擒王，将双方的伤害减到最低，而且换取了并州的和平，功劳甚大，《三国志》裴松之注引《魏略》曰：曹操因之"大喜，以习前后有策略，封为关内侯"①。魏文帝继位后，重新设置并州，梁习再次出任刺史，并晋封为申门亭侯，封地百户。魏明帝太和二年（228），征拜大司农。太和四年，梁习去世，儿子梁施继承官爵。

梁习虽然不能做到运筹帷幄，决胜千里，也没有做到攻城略地，斩将夺旗，但在地方治理方面却是一把好手，作为州郡长官被誉为第一刺史，即所谓"政治常为天下最"②，实在是实至名归！陈寿评价说：梁习、司马朗等州刺史，"此皆其流称誉有名实者也。咸精达事机，威恩兼著，故能肃齐万里，见述于后也"③。

第三节　征聘终究不移心，潜心撰述成哲人
——西晋哲学家杨泉

杨泉，字德渊，别名杨子。马总《意林》著录有杨泉著作，他在《太元经》十四卷下注云："梁国杨泉字德渊。"《意林校注》的作者王天海

---

① （晋）陈寿撰，陈乃乾校点：《三国志》，中华书局 1959 年版，第 470 页。
② （晋）陈寿撰，陈乃乾校点：《三国志》，中华书局 1959 年版，第 469 页。
③ （晋）陈寿撰，陈乃乾校点：《三国志》，中华书局 1959 年版，第 487 页。

引清人周广业案："梁国属豫州，三国为吴地。晋永嘉之乱，沦没石氏，故元帝侨立南豫州。本注称泉为梁国人，则生当吴晋间甚明。"① 由此可知，杨泉为西晋梁国（今河南商丘）人，生活年代在吴、晋期间。

一　生平及著述

杨泉乃西晋著名哲学家，不知何原因，唐房玄龄（579－648）等奉敕撰《晋书》时，并没有给杨泉立传。所以，关于他的生卒年、身世及生平事迹，无从查考。与房玄龄同时代被称为"初唐四大家"之一的虞世南（558－638），在编写《北堂书钞》时辑录了杨泉的书目，并载录会稽相朱则的上书曰："杨泉为政，清操发于自然，吴国偃，传诣阙下，上书朝廷，征聘，终不移心。"② 清代严可均《全三国文》卷七十五介绍杨泉说："泉字德渊（见《意林》），吴处士。入晋，征为侍中（见《书钞》），不就。"③ 又《隋书·经籍志四》载录杨泉著作《杨泉集》二卷，冠以"晋处士"④。根据这些资料可知，杨泉在吴时，没有做官；入晋之后居于会稽，虽然被征召，但不改初心，没有出仕。据现代学者魏明安等人研究，杨泉之所以由梁国徙居会稽，其原因可能与汉末黄巾起义、豫州（梁国在豫州境）兵乱有关，"杨泉于晋惠帝即位前后，即公元290年前后，被朝廷征召，离开会稽，北上至洛。他没有任职做官，仍为'处士''征士'，从事著述"⑤。

关于杨泉的著述，《隋书·经籍志三》在夏侯湛《新论》十卷后附录曰：

---

① 王天海著：《意林校注》，贵州教育出版社1998年版，第381－382页。也有学者认为，杨泉为三国时期扬州郡太湖地区人氏，见涂谢权《〈物理论〉作者杨泉生平略考》，《古籍整理研究学刊》2015年第6期。

② （唐）虞世南辑录：《北堂书钞》，《续修四库全书》影印本第1212册，上海古籍出版社2007年版，第304页。

③ （清）严可均辑，马志伟审订：《全三国文》，商务印书馆1999年版，747页。

④ （唐）魏徵、令狐德棻撰：《隋书·经籍志四》，中华书局1973年版，第1061页。

⑤ 魏明安、赵以武著：《傅玄评传》，南京大学出版社1996年版，第376页。

"梁有《杨子物理论》十六卷,《杨子太元经》十四卷,并晋征士杨泉撰。"①
《隋书·经籍志四》又著录:"晋处士《杨泉集》二卷。"② 由此可知, 唐
初修《隋书》时, 可见到的杨泉著作, 只有《杨泉集》录存的二卷,《物
理论》《太元经》只是梁代著录的情形, 当时有录而无书。杨泉的著作,
唐以后官、私书目不再著录, 但因曾被各种书籍广为引述, 得以部分保
存。至清代乾嘉时期, 先是章逢之曾有杨泉《物理论》辑本, 后来孙
星衍又"重加校正, 补所未备", 辑成一卷, 刻入《平津馆丛书》。另外,
马国翰《玉函山房辑佚书》辑有杨泉《太元经》十余条;晚清王仁俊于《玉
函山房辑佚书续编》中辑《物理论》并"补遗", 收录有杨泉《物理论》
六十九条, 其后又附《物理论补遗》三条;严可均《全三国文》也辑
得杨泉赋辞七篇, 分别是《五湖赋》《赞善赋》《养性赋》《蚕赋》《织机赋》
《草书赋》《请辞》。以上便是杨泉书目辑录的大致情况。

二　主要思想观点

杨泉的思想观点主要集中在《物理论》一书中。另外, 在他存留的
赋辞之中, 也折射出他的思想片段。其思想可以归纳为三个方面:

(一)气一元论

气一元论认为:气是构成万物的本原, 运动是气的根本属性, 气
是万物之间的中介。气一元论思想早在西周已经产生, 至两汉时期,
已经成为唯物主义的哲学主潮。

三国两晋时期, 在意识形态领域产生了一种唯心主义的玄学思潮。
玄学提倡"贵无论", 如何晏、王弼的基本论点都是"以无为本""以
无为体", 把"无"当作世界的根本, 当作世界统一性的基础, 当作"有"
的存在根据。杨泉则坚持唯物主义"气一元论", 他斥责何晏等人"贵无论"
的大谬不然, 以一种鄙夷不屑的语气说:"夫虚无之谈, 尚其华藻, 无

① (唐)魏徵、令狐德棻撰:《隋书·经籍志三》, 中华书局 1973 年版, 第 999 页。
② (唐)魏徵、令狐德棻撰:《隋书·经籍志四》, 中华书局 1973 年版, 第 1061 页。

异春蛙秋蝉,聒耳而已"①。玄学家们说着华丽的辞藻,清谈虚无的玄理,是不能解决实际问题的,因此杨泉斥其说为刺耳、令人讨厌的噪声。

杨泉认为,"气"是构成天地万物的基本元素,人和万物一样,皆禀受元气而生。如说:"元气皓大,则称皓天,元气也,浩然而已,无他物也";"盖气,自然之体也";"夫天,元气也";"成天地者,气也";"人,含气而生,精尽而死"(《物理论》)等等。这里的"气",指的是流荡于生命之中的"元气""精气",是生命生存化育的基础。阴阳对立二气,是永恒的,无垠的,它时刻播流于天地之间,万物皆由阴阳二气陶化、播流所生。所以杨泉又说:"惟阴阳之产物,气陶化而播流。物受气而含生,皆缠绵而自周。"② 因为"气"本身有清浊、刚柔、阴阳等不同性质,所以产生各种不同的自然现象:"星者,元气之英也;汉,水之精也。"(《物理论》)元气的精华构成了众星,水气之精华构成了银河,"气发而升,精华上浮,宛转随流"(《物理论》),于是形成众星闪烁的天河云汉。

杨泉所讲的"气"不是虚无缥缈的,虽然无形但可以感知。他以"自然之体"的"气"来与玄之又玄的"无"相对立,认为世界的本原不是超物质的"无",而是物质性的"气"。这就否定了以"无"为本的唯心主义自然观。他这种以气为体的自然观,推进了当时与魏晋玄学相对立的唯物主义思潮。

(二)均天说

关于宇宙天体结构的问题,两晋之前形成了三种学说,即所谓"谈天三家":盖天说、浑天说、宣夜说。盖天说即"天圆地方"说,认为"天员(圆)如张盖,地方如棋局"③,日月右行,随天左转。浑天说主张大地是个球形,外裹着一个球形的天穹,地球浮于天表内的水上,日月星辰附在天壳上,随天周日旋转。宣夜说认为宇宙是无限的,宇宙中

① (西晋)杨泉撰:《物理论》,清孙星衍《平津馆丛书》辑本。下引杨泉《物理论》语,只在引文后标《物理论》。
② (清)严可均辑,马志伟审订:《全三国文》,商务印书馆1999年版,第749页。
③ (唐)房玄龄等撰:《晋书·天文志上》,中华书局1974年版,第279页。

充满着气体，日月星辰等所有天体都在气体中漂浮运动。

杨泉总结前人的天文学成果，他不赞成盖天说和浑天说，推崇当时比较进步的宣夜说，但又不同于宣夜说。宣夜说虽然也认为日月星辰是由"气"组成的，如说"日月众星，自然浮生虚空之中，其行其止皆须气焉"①，却从来不以为天是元气，不以为"气"是构成天的物质，仅承认"气"是日月众星运行的动力。历来天文学史家都把宣夜说的基本思想说成是"元气论"思想，主张天是元气。其实，这种说法是错误的，由此把杨泉归入宣夜说派也是错误的。束景南在《杨泉哲学思想与天文思想新探》一文中，认为杨泉将其一元论的思想贯穿到他的天文思想中，提出了新的宇宙结构理论，从而形成了自成一家的均天说。比如，杨泉一方面认为"元气皓大，则称皓天，元气也，浩然而已，无他物也"；同时又指出说"天者，旋也，均也，积阳纯刚，其体回旋，群生之所大仰"（《物理论》）。"天"自身就在运动："天气左转，星辰右行。阴阳运度，报返相迎。"②这和宣夜说认为"天"永恒静止不动是截然有别的。杨泉将"天"这种运动比之为"均"的旋转，这种旋转是以它自身具有的阴阳作用为动力的。因此，空间（天）、物质（星辰）和运动并不是孤立存在的，而是相互依存的。这种认识，把当时"气一元论"的哲学思想提升到了一个新的高度。

可以看出，杨泉既是一位天文学家，又是一位无神论思想家。他的哲学思想和天文学说是双向交叉、互通共融的。不了解杨泉的天文思想，就不能很好了解他的哲学思想。

三 关注社会民生

杨泉"气一元论"的唯物主义思想和对宇宙天体的独到见解，是他哲学思想中的闪光之处。但是，作为一个哲学家，杨泉并没有停留在对

---

① （唐）房玄龄等撰：《晋书·天文志上》，中华书局1974年版，第279页。
② 王天海著：《意林校注》，贵州教育出版社1998年版，第381页。

高深的哲理进行探讨和阐释上，他虽然是一个不愿出仕的"处士"，却始终关注着社会和民生。这也是他身上难能可贵的地方。

杨泉在他的《物理论》及辞赋中，概括了农业、手工业及其他科技生产生活知识，在天人关系即自然的客观规律和人的主观能动性关系问题上，表现出一种十分可贵的朴素辩证法思想。如在《织机赋》中说："事物之宜，法天之常。既合利用，得道之方。"①认为自然界一切事物和现象都有其自然之理即"天之常"，明确肯定了自然规律的客观性。人只要掌握和利用好客观规律，就能在社会实践活动中发挥作用。

在农业生产方面，杨泉提出要处理好耕种与收获之间的关系，强调"良农之务"。他在《物理论》中说："稼，农之本，穑，农之末。农，本轻而末重，前缓而后急。稼欲少，穑欲多；耨欲缓，收欲速。此良农之务。"即为了提高耕种效率，收获更多农作物，一定要处理好耕作过程中本末、轻重、缓急、多少、种收之间的矛盾关系。杨泉还认识到种子的好坏以及土质的优劣，对农作物的产量是有影响的："凡种有强弱，土有刚柔。土宜强，高茎而疏粟，长穗而大粒。"②

在手工业生产方面，杨泉盛赞工匠们的智慧和创造才能，强调工匠之巧。为此，他专门写了一首《织机赋》，说"伊百工之为技，莫机巧之最长"③，生动描绘出纺织工的勤劳灵巧。类似的在《物理论》也有体现，如说"夫蜘蛛之罗网，蜂之作巢，其巧妙矣，而况于人乎！故工匠之方规圆矩，出乎心巧，成于手迹，非睿敏精密，孰能著勋形成，以周器用哉！"杨泉对人类创造才能的肯定和赞扬，彻底否定了当时玄学家们宣扬鼓吹的"天地任自然，无为无造"，"不为事主，顺命而终"，甘为自然奴隶的宿命论思想。

在修身养性方面，杨泉也表现出对人类性命和养生之道的关注。为

---

① （清）严可均辑，马志伟审订：《全三国文》，商务印书馆1999年版，750页。
② （唐）徐坚等著：《初学记》，中华书局1962年版，第663页。
③ （清）严可均辑，马志伟审订：《全三国文》，商务印书馆1999年版，第749页。

此，他专门写有一篇《养性赋》，其中有"况性命之几微，如鸿毛之漂轻"①之语，规劝世人一定要关爱生命、珍惜生命，因为生命是有限的，是很脆弱的。热爱生命，就要懂得养生，《初学记》引用杨泉《物理论》："谷气胜元气，其人肥而不寿。养性之术，常使谷气少，则病不生矣。"②就是说，节制饮食，对身体有好处；吃得过多，反而会使人短命。他对医者提出了很高的要求："夫医者，非仁爱之士不可托也；非聪明理达不可任也；非廉洁淳良不可信也。"（《物理论》）这些论述，在今天也有非常重要的现实意义。

可以看出，作为哲学家的杨泉，他的思想并不深奥难解，而是紧密联系现实，接地气，因而能够高出当时清谈高论的玄学家。

第四节　为官三朝仕途稳，江郎晚年"才"未尽
——南朝著名文学家江淹

江淹（444-505），字文通。宋州济阳考城人，故里在今河南省民权县程庄镇江集村。南朝著名文学家，历仕南朝宋、齐、梁三代。

一　生平事迹

江淹出生在一个落难士族之家，其先世因西晋末年之乱逃亡江南，他本人在今天的江苏南部一带长大。据其《自序》云："幼传家业，六岁能属诗，十三而孤，邈过庭之训。""弱冠，以五经授宋始安王刘子真，略传大义。"③可见他出生在一个诗书之家，家传儒学思想对他影响很大。他十三岁遭父丧，家庭孤贫，"常采薪以养母"④。一次，他砍柴时在路上捡到一具"貂蝉"（一种官帽），本想卖掉换些粮米供养母亲，但他母

---

① （清）严可均辑，马志伟审订：《全三国文》，商务印书馆1999年版，第749页。
② （唐）徐坚等著：《初学记》，中华书局1962年版，第659页。
③ （明）胡之骥注，李长路等点校：《江文通集汇注》，中华书局1984年版，第378页。
④ （唐）李延寿撰：《南史·江淹传》，中华书局1975年版，第1450页。

亲说这是一种吉祥的征兆，他不会永远贫穷下去，要他妥善收藏，以备日后做官使用。江淹听从母亲之言，从此发愤读书，很快就显示出才华。江淹采薪养母，承袭的就是儒家事亲至孝的传统。他能在弱冠之年（二十岁）就向刘子真（宋孝武帝刘骏第十一子）传授"五经"，其儒学根基之厚可想而知。

江淹入仕为官，最初担任的是"南徐州从事"的小官，接着转任"奉朝请"。奉朝请是皇帝的侍从官，这给他以后仕途的发展带来了机会。大明八年（464），宋孝武帝崩，公室发生皇位之争，年仅十岁的刘子真成为牺牲品。建平王刘景素喜欢结交士人，宋明帝泰始二年（466），江淹投到刘景素幕下。当时，广陵令郭彦文因罪收捕，江淹被诬受贿入狱。他在狱中自陈冤屈，写下了著名的《诣建平王上书》，得以获释。江淹出狱后，被举荐为南徐州秀才，任巴陵王刘休若（宋文帝刘义隆第十九子）的左常侍。泰始七年（471），刘休若被宋明帝赐死，江淹无所依靠，重回到建平王刘景素幕下任主簿。

泰豫元年（472），宋明帝崩，长子刘昱继位。刘昱威望甚低，刘景素遂生觊觎帝位之心，并与亲信密谋叛乱，江淹曾多次谏劝，晓以利害："流言纳祸，二叔所以同亡；抵局衔怨，七国于焉俱毙。殿下不求宗庙之安，而信左右之计，则复见麋鹿霜露栖于姑苏之台矣。"[①] 但刘景素不纳其言，两人之间逐渐产生矛盾。元徽二年（474），刘景素找借口将江淹贬为建安吴兴（今福建浦城）县令。吴兴是一个荒僻之地，这对才高志远的江淹来说是个严重打击。但仕途的失意和生活的困苦，却使他在创作方面取得成就，迎来了他创作的第一个高峰。江淹最著名的作品《恨赋》和《别赋》就写成于这个时期。同时，因为未受刘景素事件的连累，也为他后来受到萧道成的赏识提供了机会。

元徽四年（476）七月，刘景素起兵反叛，兵败被杀。一年后，萧

---

① （唐）姚思廉撰：《梁书·江淹传》，中华书局 1973 年版，第 249 页。

道成发动政变，杀死刘昱，拥立刘昱之弟安成王刘准为顺帝。但刘准只是傀儡，萧道成完全操纵了刘宋王朝的军政大权。萧道成早就知悉江淹的文才，随即将江淹召入幕府，命他为尚书驾部郎、骠骑参军。江淹为萧道成出谋划策，很快成为他的亲信。

升明三年（479）宋顺帝刘准禅位于萧道成，南朝齐建立。江淹担任豫章王记室并兼任东武县令，参与草拟诏书法令，并参与撰写国史。不久即升为中书侍郎，后历任尚书左丞、御史中丞、宣城太守、秘书监等职。在担任御史中丞期间，江淹表现出刚毅果决的政治才能，他弹劾了不少中央和地方官员，让朝廷纲纪为之一振，内外肃然。齐明帝萧鸾曾嘉奖他说："自宋以来，不复有严明中丞，君今日可谓近世独步。"[1]江淹的政治嗅觉非常灵敏。齐帝东昏侯萧宝卷荒淫无道，南朝齐永元二年（500），崔慧景举兵造反，围困京城建康，当时许多达官贵人都向他投了名帖，只有江淹谎称有病不去。后崔慧景果然未能成事。叛乱平复之后，世人都佩服江淹有远见。永元三年（501），萧衍发兵攻打建康，拥立新主齐和帝萧宝融。后来萧衍带兵至新林（今江苏省南京市西南），时任秘书监的江淹，早已料到即将改朝换代，于是微服秘投萧衍。萧衍授以冠军将军、秘书监之职如故，不久，又兼授以司徒左长史。

南朝梁天监元年（502），萧衍逼迫齐和帝让位，建立梁朝。江淹转任散骑常待、左卫将军等职，并被封为临沮县开国伯，食邑四百户。这已经是江淹为官的第三个朝代。同年又因病迁任金紫光禄大夫，改封醴陵侯。天监四年（505），江淹去世，享年六十二岁。梁武帝萧衍给予极高礼遇，为他身穿素服致哀，并追谥他为宪伯。江淹死后葬于江墓店（今民权县李堂南岳庄）。江淹子江蒍袭封为醴陵侯，官至长城令。普通四年（523），萧衍追念江淹的功绩，又封江蒍为吴昌伯。

---

[1] （唐）李延寿撰：《南史·江淹传》，中华书局1975年版，第1450页。

二　文学成就

江淹早年勤奋好学，文思横溢，作赋为文，声名远播，是南朝颇有影响的骈文大家。江淹的作品，根据《自序》所说："自少及长，未尝著书，惟集十卷，谓如此足矣。"① 据此则有十卷，曾自编为前后两集。原集已佚。《隋书·经籍志》著录《前集》为二十卷，《后集》十卷。《旧唐书》记载则是《前集》和《后集》均为十卷。唐朝之后，大多记载为十卷。今存有明翻宋本《江文通集》十卷，清梁宾所辑四卷本《江文通集》校订较精。

（一）辞赋

江淹一生文学成就斐然，在辞赋方面最为突出，是南朝的辞赋大家。其赋与鲍照齐名，江鲍并称。清代学者何焯评曰："文通之赋，自为杰作绝思。"② 江淹现存辞赋有二十多篇，其中最著名的是《恨赋》与《别赋》。《恨赋》写的是人生短暂、饮恨而终的感慨，分别抒写了帝王、诸侯、名将、美人、高士、才子、富贵之子以及穷困之人死亡时的痛苦。全篇排章选句哀婉凄绝，概括了人世间的各种人生幽怨与遗恨；层次清楚，条理明晰，文辞隽丽，情景交融，浑然一体，堪称通贯古今之第一"恨赋"。黄侃《文心雕龙札记》赞曰："辞须蒨秀，意取柔靡，皆入此类。江淹《恨赋》，孔稚珪《北山移文》之流是也。"③《别赋》则是描写离别之情的作品，也是一篇令人伤感的抒情小赋。它集中描写了多种离别情景，抒发了亘古的缱绻别意。诸如富贵之别、刺客之别、从军之别、夫妻之别、恋人之别等，在以悲为美的艺术境界中，概括出人类别离的共有感情，同时反映出齐梁时代社会动乱的侧影。《别赋》在艺术成就上高于《恨赋》，被誉为"千秋绝调"。它给后人留下了很多经典名句，如"黯然销魂者，唯别而已矣"，"闺中风暖，陌上草薰"，"居人愁卧，恍若有亡。日下壁而沉彩，月上轩而飞光"等。其中"春草碧色，春水绿波，送

---

① （明）胡之骥注，李长路等点校：《江文通集汇注》，中华书局1984年版，第381页。
② （清）何焯著，崔高维点校：《义门读书记》，中华书局1987年版，第880页。
③ 黄侃撰，周勋初导读：《文心雕龙札记》，上海古籍出版社2000年版，第98页。

君南浦，伤如之何"是千古名句，被明人杨慎赞为"取诸目前，不雕琢而自工，可谓天然之句"①。

　　除了《恨赋》与《别赋》，江淹的《青苔赋》《去故乡赋》《待罪江南思北归赋》等，或伤身世，或泣乡关，或悼友朋，表达出被贬为建安吴兴令时的失意和思乡之情，也都是难得的辞赋名篇。

　　（二）散文

　　江淹的散文形式多样，包括章、表、书、启、行状、奏记、祭文、墓志等文体，流传至今的尚有九十多篇。其中《诣建平王上书》乃江淹在刘景素幕下，被诬入狱后自陈冤情之文，是江淹散文中最为著名的一篇。他在开篇指出自己入狱实属冤枉，希望建平王刘景素能够"暂停左右，少加秒察"；紧接着就表达感激刘景素的知遇之恩，说自己是"蓬户桑枢之人，布衣韦带之士"，能再度成为刘景素"门下之宾"，"尝欲结缨伏剑，少谢万一"；然后列举历史上众多遭受冤屈的实例，诸如"绛侯幽狱""史迁下室"等；最后指出当今天下政治清明，而在这"圣历钦明，天下乐业"之际，唯独自己含冤入狱，仰望建平王能够垂怜；结尾一句话则是"此心既照，死且不朽"，辞气激扬，不卑不亢。全文言辞藻丽，但华而不虚，真挚动人，刘景素接到上书后，当天就把江淹释放了。

　　另外，江淹的《报袁叔明书》《袁友人传》与《与交友论隐书》也是千古流传的名篇。

　　（三）诗歌

　　江淹现存诗歌一百三十九首，大致可分为拟古、游历、赠和诸类。其诗作比不上他的辞赋和骈文，但也有不少上乘之作。江淹诗作有一个特色就是意趣深远，尤以《渡泉峤出诸山之顶》《迁阳亭》《游黄檗山》等最具特色。比如，描写人迹罕至的深山景色，《渡泉峤出诸山之顶》

---

① （明）杨慎著，王仲镛笺证：《升庵诗话笺证》，上海古籍出版社1987年版，第7页。

中有"万壑共驰骛，百谷争往来"，"崩壁迭枕卧，崭石屡盘回"等妙语；《迁阳亭》有"下视雄虹照，俯看彩霞明"，《游黄蘗山》有"禽鸣丹壁上，猿啸青崖间"等绝句。另外，写景清新且传神的诗作有《步桐台》《秋至怀归》等，写仕途失意、情调哀怨的诗作有《望荆山》《还故园》等。这些都是脍炙人口的名篇。

江淹在诗歌方面还有一个特色是善于拟古，有的简直以假乱真。《杂体三十首》模拟两汉至宋齐诗人，计有《古离别》、李陵、班婕妤、曹丕、曹植、刘桢、王粲、嵇康、阮籍、张华、潘岳、陆机、左思、张协、刘琨、卢谌、郭璞、孙绰、许询、殷仲文、谢混、陶渊明、谢灵运、颜延之、谢惠连、王微、袁淑、谢庄、鲍照、汤惠休等三十家。这三十首摹拟诗跟原作颇为相似，迷惑了不少名人大家。不过，他的摹拟之作不仅仅是模仿前人的创作手法，也有他自己的体悟。他描摹古人的作品，摆脱了当时的一些绚丽之风，其诗作流丽之中又含有峭拔苍劲。而且《杂体三十首》专门选取优秀的五言诗进行模仿，用创作实践客观形象地体现了五言古诗的流变过程，具有融汇众家之长、通达古今之变和矫正时弊的进步意义。这对后人品评五言诗产生了深远影响。清人王士禛《池北偶谈》评曰："前人拟古莫妙于陆机、江淹。冯班云：'江、陆拟古诗，如搏猛虎，禽生龙，急与之角力不暇，气格悉敌。今人拟古，如床上安床，但觉怯处，种种不逮。'此论良是。"①

三　关于"江郎才尽"

关于江淹"江郎才尽"的说法，最早见于梁代钟嵘的《诗品》，其文曰："初，淹罢宣城郡，遂宿冶亭，梦一美丈夫，自称郭璞，谓淹曰：'吾有笔在卿处多年矣，可以见还。'淹探怀中，得一五色笔以授之。尔后为诗，不复成语，故世传江淹才尽。"②《南史·江淹传》载："淹少以文

---

① （清）王士禛撰，靳斯仁点校：《池北偶谈》，中华书局1982年版，第415页。
② （梁）钟嵘著，曹旭集注：《诗品集注》，上海古籍出版社1994年版，第306页。

章显，晚节才思微退，云为宣城太守时罢归，始泊禅灵寺渚，夜梦一人自称张景阳，谓曰：'前以一匹锦相寄，今可见还。'淹探怀中得数尺与之，此人大恚曰：'那得割截都尽。'顾见丘迟谓曰：'余此数尺既无所用，以遗君。'自尔淹文章踬矣。又尝宿于冶亭，梦一丈夫自称郭璞，谓淹曰：'吾有笔在卿处多年，可以见还。'淹乃探怀中得五色笔一以授之。尔后为诗绝无美句，时人谓之才尽。"①

关于江淹"才尽"，曹道衡认为，这是因为江淹晚年"名位益隆之故"，政务繁多，又安于高官厚禄，故文思枯竭，再也写不出好的作品。也有人认为，"恐怕与当时文风的变化也很有关系"②。即当时永明体产生，江淹跟不上文学主流，其创作逐渐落后于时代的步伐。还有人认为，"官场的险恶，折子、亡妻、失女的接连变故，足以让他身心疲惫，情感枯竭"，"江淹才尽的根本原因在于其主体心志的衰竭与情感的枯萎"③。这些说法都有一定道理，但立足点是江淹真的"才尽"了，所以都未抓住问题的根本。所谓"江淹才尽"实则另有隐情。

江淹晚年，正当皇室内部斗争激烈之时。齐武帝永明十一年（493），文惠太子死，嫡长之孙萧昭业继位。竟陵王萧子良在武帝病危时策动政变，不幸失败。结果萧子良莫名而死，王融被杀，沈约、谢朓被排挤外任。处在风雨飘摇的乱世之中，为了免受政治灾难，许多士人都选择了明哲保身，久历官场、洞察时务的江淹更不例外。正如有学者分析的那样："无意仕途者有之，韬光养晦者有之，装作'才尽'者有之，沉湎于酒肉声色者有之，隐居山林者有之。这些情况，亦可从这一时期文士们的诗文中得以看出。"④ 所以，江淹的所谓"才尽"是在南朝齐梁这个特殊的历史时期，为了避开异常残酷的政治斗争，满足当时封建帝王附庸风雅、

① （唐）李延寿撰：《南史·江淹传》，中华书局1975年版，第1451页。
② 吕慧鹃等编：《中国历代著名文学家评传》（第一卷），山东教育出版社1983年版，第523页。
③ 田小军：《"江郎才尽"新解》，《河北学刊》2007年第3期。
④ 林家骊著：《沈约研究》，杭州大学出版社1999年版，第102页。

追求文名的虚荣心而采取的一种远祸全身的高明计策，而非真的是"江郎才尽"①。

第五节　"满宫学士皆颜色，江令当年只费才"
——南朝著名文学家江总

江总（519-594），字总持，祖籍为济阳考城（今河南商丘民权县）。南朝著名大臣、文学家，历经梁、陈、隋三朝。诗文创作丰富，被称为一代"文学辞宗"。

一　生平及为官经历

江总出身高门，有文才。祖父江蒨，为南朝梁光禄大夫，在当时颇有名气，喜佛事，与草堂寺智者法师交好。父亲江紑，曾做徐州迎主簿，掌迎接新任长官诸事。但江紑性喜清净，继承了祖上崇佛家风，"好《庄》《老》玄言，尤善佛义，不乐进仕"②。江紑以孝闻名，父亲死后，因终日哀痛号哭，月余后亦离世。当时江总才七岁，孤苦无依，便投奔舅家萧氏谋生。舅父吴平光侯萧劢，在当时名气很大，特别喜爱江总，对其寄予厚望，曾说："尔操行殊异，神采英拔，后之知名，当出吾右。"③后来，江总刻苦学习，果然成名。

梁武帝大同二年（536），十八岁的江总开始入仕，在武陵王萧纪府中任法曹参军（主刑法之事）。次年，转为丹阳尹何敬容府主簿。二十一岁时，升尚书殿中郎。二十四岁时，因和梁武帝萧衍的《述怀诗》，深为萧衍激赏，转为侍郎，与张缵、王筠等交游。梁武帝太清三年（549），江总三十一岁，侯景进犯京师，皇帝诏令江总暂代太常卿，守卫小庙，

---

① 陈涛：《江淹"才尽"说新解》，《贵州社会科学》2004年第1期。
② （唐）李延寿撰：《南史·江紑传》，中华书局1975年版，第945页。
③ （唐）姚思廉撰：《陈书·江总传》，中华书局1972年版，第343页。

因作《摄官梁小庙》诗。侯景之乱后,江总避难会稽,流寓岭南,作《修心赋》一文。梁元帝承圣元年(552),元帝萧绎平定侯景之乱,征召江总为明威将军、始兴内史。承圣三年(554),西魏大丞相宇文泰派兵进攻江陵,江陵被占,江总再度流寓岭南。

陈文帝天嘉四年(563),江总被征召回建康,任中书侍郎,时年四十五岁。陈宣帝太建八年(576),征为太子詹事。因为和太子作长夜之饮,并收养太子之妾陈氏为义女,太子还常便装潜行到江总家,陈宣帝一怒之下将其免职。但不久又起为侍中、左民尚书等职。太建十四年(582),领左骁骑将军,参掌选事。次年五月转为散骑常侍,为吏部尚书。陈后主至德二年(584),江总由吏部尚书迁为尚书仆射,与同乡蔡征共同知掌五礼事。该年还与陈后主共游栖霞寺,并作诗《入摄山栖霞寺》,陈后主亦作诗《同江仆射游摄山栖霞寺》一首。至德四年(586),由尚书仆射转迁尚书令,故世人称其为"江令"。陈后主祯明二年(588),再晋升官爵,号中权将军,此时江总已经七十岁。陈后主统治时期,是江总做官最为逍遥,也是其一生官位最显赫的时代。

隋文帝开皇九年(589),陈亡,江总入隋,拜上开府。开府官虽然不理事,却是隋朝文散官的最高官阶,为从一品。该年,江总作《鲁广达墓志铭》,记述鲁广达忠义一生的概况。开皇十三年(593),江总被放回江都(今江苏扬州)。作为一个亡国之臣,隋文帝对江总如此宽大和优待,主要原因可能是认为江总并非乱陈的首恶,另一方面也看出了他在政治上无甚政绩,所以才放他南归。江总在回江都的第二年即去世,享年七十六岁。

二 江总与佛教的关系

如前所述,江总祖父江蒨、父亲江紑均好佛。江总承袭其父祖之好,佛教对其思想产生了重要影响。江总,字总持,"总持"就是佛教术语,为梵语陀罗尼(dharani)的译义,即总一切法和持一切义,意为持善不失，持恶不生。

南朝梁、陈二代，帝王都崇佛，梁武帝是积极倡导者之一。上行下效，当时受持菩萨戒风气极其浓厚。据《陈书》江总本传自叙，江总二十余岁时，入钟山灵曜寺，皈依佛释，初受菩萨戒，自称"深悟苦空，更复练戒，运善于心，行慈于物，颇知自励"①。梁简文帝大宝元年（550），江总在会稽龙华寺避难，写成著名的《修心赋》一文。陈宣帝太建年间，江总又先后游览苏州虎丘东山精舍、钟山明庆寺、摄山栖霞寺等多所佛寺。陈后主至德元年（583），江总自感在佛性修养上尚"不能蔬菲，尚染尘劳"，于是入摄山栖霞寺再受菩萨戒。该年，扬都大禅众寺高僧释惠勇因病逝世，江总还曾为其作墓志。至德三年（585），江总作了《入摄山栖霞寺诗序》，序文中谈到自己多次出入栖霞寺的情况。江总好佛，交往的朋友中好佛者也很多，比如梁与陈二代君主、文学家徐陵和庾信、中权将军何敬容（江总曾为何敬容府主簿）、尚书右仆射周弘正（江总曾赠周弘正诗）、散骑常侍徐孝克（与江总有诗酬唱）等。

因为崇信佛教，江总写了大量与佛教有关的诗文，以表达对佛教的感悟。现存他的有关佛教、佛寺的诗，除了早年作品《入龙丘岩精舍诗》，大都为晚年所作，而且数量极为可观，主要有《庚寅年二月十二日游虎丘山精舍诗》《明庆寺诗》《入摄山栖霞寺诗》《游摄山栖霞寺诗》《摄山栖霞寺山房夜坐简徐祭酒周尚书并同游群彦诗》《静卧栖霞寺房望徐祭酒诗》《营涅盘忏还涂作诗》《至德二年十一月十二日升德施山斋三宿决定罪福忏悔诗》《经始兴广果寺题恺法师山房诗》等。除佛学诗外，江总还创作了一些与佛教有关的散文。在其散文赋作当中，最著名的是侯景之乱后写成的《修心赋》。其他与佛事相关的散文，保存下来的多为碑文体，如《摄山栖霞寺碑》《明庆寺尚禅师碑》《建初寺琼法师碑》《大庄严寺碑》等。

---

① （唐）姚思廉撰：《陈书·江总传》，中华书局1972年版，第347页。

三　江总的文学成就

据《陈书·江总传》记载，江总有文集三十卷，当时均流行于世。后世著录情况如下：《隋书·经籍四》著录《开府江总集》三十卷，《江总后集》两卷；《旧唐书·经籍下》著录《江总集》二十卷；《新唐书·艺文四》著录《江总集》二十卷；《宋史·艺文七》著录《江总集》七卷；明代陈第《世善堂藏书目录》著录《江总集》一卷，张溥《汉魏六朝百三家集》辑有《江令君集》二卷，其中包括九篇赋、一篇诏、八篇表、一篇章、五篇启、两篇序、六篇碑、四篇赞、一篇颂、六篇铭、一篇哀策文、一篇诔、五篇墓志铭、一篇文，诗若干。清代焦竑《国史经籍志》著录《江总集》三十卷，《江总后集》两卷。就现存作品来说，清严可均《全隋文》所辑江总文有五十余篇，分为两卷。近代书目专家丁福保《全汉三国晋南北朝诗》和古文献专家逯钦立《先秦汉魏晋南北朝诗》所辑江总诗共有九十余首。可见，江总现存作品数量是相当可观的，有诗歌及多种散文体。

（一）诗歌创作

江总幼年丧父，投靠舅家，而立之年遭侯景之乱而流寓，一生中又经历了两次故国的灭亡，可谓一生坎坷。这样的遭遇，对他的性格心理以及创作风格都产生了很大影响。总的来说，江总的诗歌内容相当广泛，有写怀乡之思的诗篇，有述离别之情的诗篇，有叙佛理寺景的诗篇，有叹死难国士的诗篇。诗中涉及的人物，有达官贵人，也有普通士卒。

江总性格宽和温存，诗文多为感伤之作，形成了悲戚忧郁、以悲为美的诗歌风格。如《怨诗二首》的第一首，其文曰："采桑归路河流深，忆昔相期柏树林。奈许新缣伤妾意，无由故剑动君心。"诗中描绘的是一位弃妇的哀伤之情，丈夫虽然弃旧迎新，她却忘不了旧情，采桑归去，经过那熟悉的小河和树林，便想起当年与丈夫相约幽会的情景。其意境激起读者诸多想象和莫名的惆怅，被明代杨慎誉为"高妙奇丽，良不可及"①。又如《梅花落》："腊月正月早惊春，众花未发梅花新。可怜芬芳临玉台，朝攀晚折还复开。长安少年多轻薄，两两常唱梅花落。满酌金厄催玉柱，落梅树下宜歌舞。金谷万株连绮翠，梅花密处藏娇莺。桃李佳人欲相照，摘叶牵花来并笑。杨柳条青楼上轻，梅花色白雪中明。横笛短箫凄复切，谁知柏梁声不绝。"作者叹息春光易逝、人寿不永，也是在诉说一种莫名的伤感之情。再如《夏日还山庭诗》："独于幽栖地，山庭暗女萝。涧渍长低筱，池开半卷荷。野花朝暝落，盘根岁月多。停樽无赏慰，狎鸟自经过。"独自处在僻静的栖息之地，放眼四望，触目幽暗的山庭，低矮的嫩竹，半卷的荷叶，短命的野花，枯老的树根，戏人的小鸟，其景其物无不透出无比的阴郁。江总景物诗所追求的这种深远意境，对后人特别是唐人产生了一定的影响。

写佛是江总诗歌中的一个重要组成部分，共写有崇佛诗十一首。江总写佛诗的一个主要特点是既写佛理又写寺景。如《摄山栖霞寺山房夜坐简徐祭酒周尚书并同游群彦诗》："澡身事珠戒，非是学金丹。月磴时横枕，云崖宿解鞍。梵宇调心易，禅庭数息难。石涧水流静，山窗叶去寒。君思北阙驾，我惜东都冠。翻愁夜钟尽，同志不盘桓。"所谓"调心""数息"，乃佛教之禅定功夫，江总并未在这方面多落笔，而是很细致地勾画了月磴、云崖、石涧、山窗的寺景，故有较强的感染力和可读性。江总写佛诗的另一个特点是表现出一种绝俗的静趣和玄思，而且和其他诗作一样透露出一种凄冷之美。如《静卧栖霞寺房望徐祭酒诗》："绝俗俗无侣，修心心自斋。连崖夕气合，虚宇宿云霾。卧藤新接户，敧石久成阶。树声非有意，禽戏似忘怀。故人市朝狎，心期林壑乖。唯怜对芳杜，可以为吾侪。"这首诗开篇以富含佛理的两句话"绝俗俗无侣，修心心自斋"总括全篇，然后层层推进，写出树声、禽戏等外观景物。他所着意表达的乃是一种玄思，而不是枯燥的讲说佛理。这与江总同

---

① （明）杨慎著，王仲镛笺证：《升庵诗话笺证》，上海古籍出版社1987年版，第79页。

时期的其他写佛诗人是有别的，不能不说是一个进步。王钟陵在《中国中古诗歌史》中对江总的写佛诗评论说："江总在写佛诗中着力表达玄思静趣的做法，可以说是越过萧衍、王融等人向谢灵运的回复。不过，大谢表达的玄思是一种旷怀，而江总则往往从中透出凄冷，这儿有着不景气的小王朝将要灭亡的时代折光。"①

江总是陈代宫体诗的重要代表人物，诗中有不少宫廷哀怨和春闺闲情之作。他的《杂曲》三首即以艳丽缠绵见称。清陈祚明《采菽堂古诗选》评此诗曰："此与徐陵同赋，并是张丽华初入宫时作"，"妖艳无比"②。江总的一些艳情诗作中，充满了"脂粉""红妆""风花""香气"等香艳气息的字词。如《长相思》（其二）诗中"春风送燕入檐窥，暗开脂粉弄花枝"，《和衡阳殿下高楼看妓》诗中"起楼侵碧汉，初日照红妆"，《长安道》诗中"日暮延平客，风花拂舞衣"，《梅花落》（其二）诗中"可怜香气歇，可惜风相摧"等。江总诗作不仅有香艳气息，而且在景物和情感描写上独具一格。如《雨雪曲》："雨雪隔榆溪，从军度陇西。绕阵看狐迹，依山见马蹄。天寒旗彩坏，地暗鼓声低。漫漫愁云起，苍苍别路迷。"把情感的抒发隐含在环境的描写之中，做到了景与情融为一体。又如《闺怨篇》（其二）中"红脸脉脉一生啼，黄鸟飞飞有时度"，音韵流转，声情摇曳。江总大量运用艳丽辞藻以满足其文学群体游宴欢娱之需，故其诗作"丽藻时闻，语多新颖"③。

（二）散文作品

江总的散文作品包括赋、诏、令、表、章、碑、赞、颂、铭、诔、哀策文等多种形式，其中以赋为主。江总现存的赋文有九篇，除了著名的《修心赋》，还有《华貂赋》《云堂赋》《劳酒赋》《辞行李赋》《贞女

① 王钟陵著：《中国中古诗歌史》，江苏教育出版社 1988 年版，第 741 页。
② （清）陈祚明评选，李金松点校：《采菽堂古诗选·补遗卷三》，上海古籍出版社 2008 年版，第 343—344 页。
③ 吴文治主编：《明诗话全编》（第十册），凤凰出版社 1997 年版，第 10701 页。

峡赋》《玛瑙碗赋》《山水纳袍赋》《南越木槿赋》等八篇。《修心赋》是侯景之乱发生后，江总流寓会稽郡，憩于龙华寺而作。该赋除了描述龙华寺境及江总在寺中清幽的生活，更多着墨于自己寄身于佛寺的心态。文中"异曲终而悲起，非木落而悲始，岂降志而辱身，不露才而扬己"，"感意气于畴日，寄知音于来祀，何远客之可悲，私自怜其何已"等声声倾诉，流露出他无尽的失落和悲痛，以及在乱世中有感于生命的脆弱而产生的苟且心理。《修心赋》可以看作是江总心灵的道白，反映了他当时在退隐状态下的玄佛思想。《云堂赋》和《山水纳袍赋》属于咏物赋，《云堂赋》以云堂的外围环境来烘托云堂的华美，《山水纳袍赋》则以华袍的颜色和精工制作描摹其美。其他各赋，或抒寄托之情，或述离别之意，都有一定的欣赏价值。

　　碑文也是江总散文中的特色之作，现存有《摄山栖霞寺碑》《明庆寺尚禅师碑》等六篇。其中《摄山栖霞寺碑》一文，叙事、写景与说理相互补充，是最具特色的一篇碑文。江总多次游历栖霞寺，熟知栖霞寺一草一木，故碑文叙事绘景，摇曳多姿，声情并茂。如"山色空绝，幽静怡人"，"崖檐峻绝，涧户幽深"等句，音节和谐，意境深远，令人百读而不厌。《摄山栖霞寺碑》因此一直被后人提及，如明王世贞曾说："江总持之《摄山》，能不隔尘？"①

　　江总的诔文也有可圈可点之处。诔文又称"诔辞""诔状""诔词"等，古代六辞之一，属哀祭文的一种。江总的诔文代表作是《梁故度支尚书陆君诔》，也是唯一流传至今的一篇。文中江总借悼陆君（陆襄）以叙己之哀，其中"宾门穆穆，簉仕锵锵"，"居哀能痛，至情通神"，"泪枯垅树，哀感驯禽"，"露尽朝阳，风惊夜烛"等语句，情哀词艳，凄婉感人。江总这篇诔，前面的序文叙述了陆襄的身世、功德，诔文则着重寄寓哀思，体现了六朝以来诔文由注重叙事到侧重抒情、由注重

---

① （明）王世贞著，罗仲鼎校注：《艺苑卮言校注》，齐鲁书社1992年版，第149页。

述诔主之德到注重述哀的渐变过程。

四　后人评价

江总是南朝著名文学家，但是后人对他的评价却褒贬不一。《陈书》本传称江总在人品性情上"清标简贵"，"雅允朝望"，"光斯百行，可以厉风俗，可以厚人伦"，在为学为官上"穷研旨奥，遍探坎井，故道冠人师，搢绅以为准的"①，对江总可谓赞赏有加。而《南史·江总传》则持相反态度，批评江总在诗文方面，"溺于浮靡"，"多为艳诗"；为官方面，"既当权任宰，不持政务"，以致"国政日颓，纲纪不立"，"君臣昏乱，以至于灭"②。《陈书》和《南史》基本上代表的是官方话语。唐代文人对江总的评价有所不同，不是一味的肯定或否定。一般都对他的身世表示同情，对他的文才则表示钦佩。比如韩愈《韶州留别张端公使君》："久钦江总文才妙，自叹虞翻骨相屯。"刘禹锡《金陵五题·江令宅》："南朝词臣北朝客，归来唯见秦淮碧。池台竹树三亩余，至今人道江家宅。"李商隐《南朝》："满宫学士皆颜色，江令当年只费才。"韩偓《侍宴》："蜂黄蝶粉两依依，狎宴临春日正迟。密旨不教江令醉，丽华微笑认皇慈。"他们都对江总表现出文人之间的惺惺相惜。

唐代以后的学者，或评其诗品，或论其为政，意见亦颇不一致。元代陈绎曾《诗谱》谓："沈约、吴均、何逊、王筠、任昉、阴铿、徐陵、薛道衡、江总"八人，乃"律诗之源，而尤近古者，视唐律虽宽，而风度远矣"③。陈绎曾认为，江总的诗歌创作以五、七言为主，其中部分诗歌在对仗、平仄上显示了较高的水平，为唐代近体诗歌的发展做出了贡献。明代王世贞《艺苑卮言》则批评江总的诗词道："江总、徐陵淫丽之辞，取给杯酒，责花鸟课。只后主君臣唱和，自是景阳宫井中物。"④

---

①　（唐）姚思廉撰：《陈书·江总传》，中华书局 1972 年版，第 354—355 页。

②　（唐）李延寿撰：《南史·江总传》，中华书局 1975 年版，第 946 页。

③　（元）陈绎曾：《诗谱》，见《历代诗话续编》，中华书局 1983 年版，第 625 页。

④　（明）王世贞：《艺苑卮言》卷三，见《历代诗话续编》，中华书局 1983 年版，第 999 页。

明代张溥说：“后主狎客，江总持居首，国亡主辱，竟逃明刑，开府隋朝，眉寿无恙，春秋恶佞人，有厚福若是者哉……齐梁以来，华虚成风，士大夫轻君臣而工文墨，高谈法王，脱略名节，鸡足鹭头，适为朝秦暮楚者地耳。”① 对江总的批评更为严厉。但是，晚明学者许学夷在《诗源辩体》中，则肯定江总的文学成绩：“江总五言，声尽入律，语多绮靡。乐府七言，调多不纯，语更绮艳。后主狎客十人，而诗则总为胜。”②

现代学者对江总的评价又不同，一般都会抛开江总的时代局限性，不拘泥于江总的为政为人，主要是分析江总的作品优劣。比如，“汉学伟人”萧涤非认为：“(江) 总五言诗，在陈世堪推独步。”③ 薛天纬在《唐代歌行论》中也认为：“抒写闺情的内容，加上成熟的七言形式，以江总为代表的南朝后期的歌行类作品已为初唐歌行作出了样子，其对初唐歌行的影响至为直接而明显。”④

那么，到底如何评价江总？平心而论，江总虽然为官三朝，确是无政绩可言。但他也绝非大奸大恶之人，他在政治上无所作为，只是时代原因造成的。可以这样说，作为政治家的江总是一个失败的典型代表，但是作为文人的江总，他在文学史上的地位，应该予以肯定。江总的命运和陈后主一样，所不幸的是他们都不过是“吟风月，弄花草”的文人，却做了皇帝和大臣，最后不免成为亡国的君臣而遭人唾骂。放在当时具体的历史环境中来评价，实在是不必苛责的。

---

① (明) 张溥著，殷孟伦注：《汉魏六朝百三家集题辞注》，人民文学出版社 1963 年版，第 270 页。
② (明) 许学夷著，杜维沫校点：《诗源辩体》，人民文学出版社 1987 年版，第 133 页。
③ 萧涤非著：《汉魏六朝乐府文学史》，人民文学出版社 1984 年版，第 257 页。
④ 薛天纬著：《唐代歌行论》，人民文学出版社 2006 年版，第 84 页。

第五章　隋唐宋元时期商丘名人

隋唐宋元时期是一个相当长的历史时期，从 581 年隋朝建立，至 1368 年元朝灭亡，历时七百八十七年；中间尚包括五代十国政权，辽、金、夏少数民族政权。隋唐时期，商丘地区隶属宋州；北宋初，宋州升为应天府，不久复升为陪都，称南京，成为北宋的经济中心和教育文化中心，这也是商丘在中国历史上最为重要、辉煌的历史时期。据《商丘通史·商丘历代名人录》的不完全统计，这一时期，商丘地区有史可查的知名人物约有六十人。兹撷取其中影响较大者十人，以昭其志节、彰其行迹，他们分别是唐朝的刘师立、朱敬则、魏元忠、陈希烈，宋朝的刘熙古、石曼卿、王怀隐、程迥，金朝人张从正，元代人朱德润。

第一节　唐初玄武门九将之一——虞城刘师立

刘师立（？—640），宋州虞城（今河南商丘市虞城县）人。唐朝初年，玄武门之变中为李世民立下汗马功劳的九个将领之一。

一　玄武门立功，加封襄武郡公

刘师立当初是隋末起兵群雄王世充的爱将，王世充对他非常信任，两人关系亲密。617 年，王世充兵败李密，入据洛阳。隋炀帝被杀后，王世充与元文都、卢楚等拥越王杨侗为帝。619年，王世充废杨侗，自立称帝，国号郑。621年，李世民率军东征，击败王世充，平定洛阳，郑亡。王世充被平，其亲信刘师立本当死罪，但是，李世民爱惜他的才华，想让他为己效力，便赦免其死罪，将其引为自己的左亲卫。

唐朝建立，李渊称帝，立长子李建成为皇太子。次子李世民官居尚书令、右武候大将军，受封为秦国公，后又晋封为秦王。李世民曾先后率部平定了薛仁杲、刘武周、窦建德、王世充等军阀，在唐朝的建立与统一过程中立下赫赫战功，他认为自己功劳高过太子，遂密谋杀死太子李建成，以达到自为太子的目的。李世民的弟弟、李渊第四子李元吉，因和太子李建成关系亲密，曾主动安排刺杀李世民，李世民亦想一并除之。

但是，要想除掉势力强大的李建成和李元吉，并不是一件容易的事，李世民必须依靠自己得力的亲信，进行周密部署才有可能达到目的，刘师立便成为他选择的亲信之一。据《旧唐书·刘师立传》记载，李世民"尝引师立密筹其事，或自宵达曙"[①]；《新唐书·刘师立传》载："建成之衅，师立参奉密议……"[②] 可见，李世民对刘师立是非常信任的。唐高祖武德九年（626）六月初四，机会终于来了，秦王李世民得知李建成和李元吉要进宫，便按照事先安排，亲自带领一百多人埋伏在玄武门内。李建成和李元吉走到临湖殿时，发觉周围气氛不对头，急忙拨马往回跑。李世民带领伏兵从后面喊杀而来，李建成、李元吉均中箭而死。

在这场政变中，尉迟敬德、侯君集、张公谨、刘师立、公孙武达、独孤彦云、杜君绰、郑仁泰、李孟尝等九将[③]，在外围作策应，攻杀太子军，为李世民除去政敌立下了汗马功劳。《旧唐书》卷五十七《刘师立传》载：

① （后晋）刘昫等撰：《旧唐书·刘师立传》，中华书局1975年版，第2298页。
② （宋）欧阳修、宋祁撰：《新唐书·刘师立传》，中华书局1975年版，第3742页。
③ 也有学者将侯君集去掉加上段志玄，认定这九个人是诛杀建成、元吉的功臣。参见曹印双《"玄武门之变"史事新解》，《历史教学》2005年第6期。

"（刘）师立与尉迟敬德、庞卿恽、李孟尝等九人同诛建成有功，超拜左卫率。"①卷六十五《长孙无忌传》云："（长孙）无忌与尉迟敬德、侯君集、张公谨、刘师立、公孙武达、独孤彦云、杜君绰、郑仁泰、李孟尝等九人，入玄武门讨建成、元吉，平之。"②刘师立等九人均拜左卫率，掌兵仗仪卫。不久，刘师立升迁为左骁卫将军，掌领皇帝护卫部队；又封襄武郡公，赐绢五千匹。

二　遭太宗怀疑，巧言善对避祸

玄武门之变后，李世民如愿做了皇帝。但是，他夺取帝位后，对玄武门功臣既心存感激又怀有疑心，唯恐有人以其人之道还治其人之身。比如尉迟敬德，在玄武门之变时出力甚多，射杀李元吉，然后在唐高祖面前请立世民为太子，从此成为李世民的干将和心腹。但就是这样一个忠心耿耿的人，亦未能免遭怀疑。李世民曾直接问尉迟敬德："人言卿反，何故？"尉迟敬德当即"悉解衣投于地"，李世民看到他身上的累累伤痕，才不得不装模作样地"对之流涕"③。

刘师立也是李世民夺取皇位的有功之臣，李世民对他也不信任。当时民间流传着许多谶语，其中"刘氏当王"是一句政治性极强的谶语。贞观年间，刘兰谋反案、刘德裕谋反案等，都是与此谶语有关的政治事件。刘师立被人诬告案亦不例外。据《旧唐书·刘师立传》记载，有人告发刘师立"眼有赤光，体有非常之相，姓氏又应符谶"，李世民即生疑心，当即召问师立："人言卿欲反，如何？"刘师立大为恐惧，为自己辩白说："臣任隋朝，不过六品，身材驽下，不敢辄希富贵。过蒙非常之遇，常以性命许国。而陛下功成事立，臣复致位将军，顾己循躬，实逾涯分，臣是何人，辄敢言反！"刘师立善对，所言入情入理，才

---

① （后晋）刘昫等撰：《旧唐书·刘师立传》，中华书局1975年版，第2298页。
② （后晋）刘昫等撰：《旧唐书·长孙无忌传》，中华书局1975年版，第2446页。
③ （唐）刘𫗧撰，程毅中点校：《隋唐嘉话》，中华书局1979年版，第25页。

消除了太宗的疑虑，太宗还"赐帛六十匹，延入卧内慰谕之"①。

唐太宗听了刘师立的回答，不但没有加深疑虑，反而对他信任如初，此后，刘师立也更加效忠唐太宗。

三　降服吐谷浑，收治党项拓跋部

贞观元年（627）正月十七日，罗艺假称奉密敕，率军反唐，途中趁势占据了豳州（今陕西咸阳北部），逼近京城长安。京城百姓人情骚动，唐太宗命刘师立以左骁卫将军代理右武候大将军，防备发生非常事件。把如此重任交付刘师立，说明唐太宗对他十分信任。后来，罗艺被击败，逃往甘肃乌氏，为其部下所杀。监察御史彻查罗艺的同党，刘师立因和罗艺有来往而获罪，于是被朝廷除去官籍。但不久，即担任检校岐州都督。

唐初，吐谷浑累为边患。这时，唐朝政治已经稳定，刘师立就上书请求讨伐吐谷浑。在书奏还没有得到批复时，刘师立提前开始行动，他采取攻心战术，派遣使者到吐谷浑各部中去，离间各部落之间的关系，同时又向他们讲明与唐朝为敌的利害关系。结果，有许多部落前来归附唐朝。为了便于管理，朝廷就将那里设置为开、桥两个新州。

当时，党项族各部也多已归唐。但是，党项族拓跋部大首领拓跋赤辞，仍然坚持臣属于吐谷浑，并与吐谷浑王慕容伏允结为姻亲。拓跋赤辞凭借险要地势顽固自守，刘师立派人去陈说利害，于是拓拔赤辞也率领他的部落归附唐朝。太宗嘉奖拓拔赤辞，授任他为西戎州都督，赐姓李，令其接受松州（今四川松潘）都督府节制。

刘师立采取分化瓦解的方法，使吐谷浑许多部落主动归顺；又说服党项首领拓拔赤辞归顺大唐，避免了战争杀戮。他任职一方，努力安定边境，很受地方百姓爱戴。后来，刘师立母亲离世，依照礼制，他应该

---

① （后晋）刘昫等撰：《旧唐书·刘师立传》，中华书局1975年版，第2298—2299页。

离职，归乡为母守孝。但是，当地父老百姓不愿他离开，上表请求留下他，太宗遂下诏，不许他奔丧，继续留任。不久，刘师立又调任为始州刺史。

贞观十四年（640），刘师立去世，谥号肃。

第二节　"文学有称，节行无愧"——唐朝名臣朱敬则

朱敬则（635-709），字少连，亳州永城（今河南永城）人。唐朝著名政治家、史学家。

一　生平经历

朱敬则出身于名门，自北周以来，朱家世代以孝义闻名乡党。朱敬则幼年就心怀大志，很早就以文章知名。在为人方面，他重视节义和承诺，常救人急难而不求报答，因此很受乡里敬重，倜傥有志之士多愿与之交往。朱敬则本人亦善交友，在入仕之前，即与名士左史江融及左仆射魏元忠建立了非常友好的关系。

咸亨年间（670-674），唐高宗听闻朱敬则的名声，便召他进宫。通过交谈，高宗觉得他非同一般，不可等闲视之，准备委以重任。但是，因遭中书令李敬玄诽谤，朱敬则仅被授以洹水县尉之职，直到唐高宗去世，都未能提拔升迁。这个七品小官，朱敬则做了将近二十年。在这期间，他的行迹史书无载。官职小，职事也少，对他来说，是个潜心撰述的好时机。据《旧唐书》本传记载，朱敬则曾著有《十代兴亡论》《五等论》等史论专著，可以推知，这些书应该主要著述于这个时期。

武则天长寿年间（692-694），朱敬则被授以右补阙一职，开始了较为顺畅的仕途。右补阙隶属中书省，职责是对皇帝进行规谏，并举荐人才。武则天先是临朝称制，再废睿宗，宣布改唐为周，自称皇帝。当初，朝野对此颇有议论。为了平息流言，武后命人于朝堂安置铜匦，广开告密之门，同时任用酷吏罗织罪名，诛杀将相大臣，导致人人自危，

惶恐不安。朱敬则做了右补阙后，认为武则天称制已久，社会业已安定，应该弃绝告密罗织之徒，实行宽松的仁政。于是朱敬则起草《请除滥刑疏》，上奏武则天。他在疏文中引经据典，详细阐述了自己的主张。希望武则天能够因时制宜，"改法制，立章程"，"窒罗织之源，扫朋党之迹，使天下苍生坦然大悦"①。朱敬则的上书，论理有据，言辞诚恳，武则天甚为赞许。后来，酷吏被铲除，这对稳定民心、减少武周政权的敌对势力起到了不容忽视的作用。《新唐书》朱敬则本传赞曰："敬则一谏，而罗织之狱衰，时而后言者欤！"② 评价颇为中肯。

长安三年（703）正月，朱敬则迁升正谏大夫，同时参与编修国史。其后，武则天多次召他进宫访问得失，并迁升他为同凤阁鸾台平章事（即同中书门下平章事）。正谏大夫就是原来的谏议大夫，专掌论议，历来为朝廷要官。据《资治通鉴·唐纪》记载，该年"秋，七月，癸卯，以正谏大夫朱敬则同平章事"③。在唐代，同平章事是同中书门下平章事的简称，位高时相当于宰相的官衔，肃宗至德以后，同中书门下平章事成为真正的宰相。朱敬则以正谏大夫代理宰相之职，这也是他一生做官的顶峰。

长安三年九月，武则天幸臣张易之诬构御史大夫魏元忠、凤阁舍人张说，魏、张二人将遭极刑。当时，宰相们都不敢谏止武则天。朱敬则性情耿直，遇事敢作敢为，便挺身而出，抗疏申理："元忠、张说素称忠正，而所坐无名。若令得罪，岂不失天下之望也？"④ 这样二人才得免死刑，魏元忠贬职为高要县尉，张说被流放到岭南。

长安四年（704），朱敬则因年老有病辞去职务。不久，又改任成均祭酒，累转冬官侍郎，仍旧兼修国史。当时，张易之、张昌宗兄弟为讨好武则天，拟为武则天的侄子武三思及纳言李峤、凤阁侍郎苏味道、

① （后晋）刘昫等撰：《旧唐书·朱敬则传》，中华书局 1975 年版，第 2914 页。
② （宋）欧阳修、宋祁撰：《新唐书·朱敬则传》，中华书局 1975 年版，第 4221 页。
③ （宋）司马光编著，（元）胡三省音注：《资治通鉴》，中华书局 1956 年版，第 6562 页。
④ （后晋）刘昫等撰：《旧唐书·朱敬则传》，中华书局 1975 年版，第 2914—2915 页。

夏官侍郎李迥秀、麟台少监王绍宗等十八人绘制画像，号为《高士图》，他们想拉拢朱敬则参与此事。朱敬则平时就痛恨这些势利小人，耻与为伍，因此坚决拒绝。他这种不阿权贵的高洁品行让人敬佩，但是，因为妨碍了一些小人们的利益，他在朝中的日子很不好过，屡屡受到排挤。

唐中宗神龙元年（705），朱敬则被降职处分，改任郑州刺史。不久，以年老辞官。神龙二年，侍御史冉祖雍因一向与朱敬则关系不和，诬奏朱敬则与王同皎亲善，王同皎因"谋反罪"已被处死，朱敬则又被贬为庐州刺史。数月后，等继任者到来，他便还乡。据《旧唐书·朱敬则传》记载："（敬则）还乡里，无淮南一物，唯有所乘马一匹，诸子侄步从而归。"[①] 可谓两袖清风，一身正气。

唐中宗景龙三年（709）五月，朱敬则在家中去世，享年七十五岁。唐睿宗嘉其为人，追赠朱敬则为秘书监，谥号元。

朱敬则刚正秉直，为官清廉，一身正气，又善于识人，常救人急难，故深受时人赞许。睿宗朝吏部尚书刘幽求称赞他说："故郑州刺史朱敬则，往在则天朝任正谏大夫、知政事，忠贞义烈，为天下所推。"[②]《旧唐书》本传亦称颂："朱敬则文学有称，节行无愧，谏诤果决，推择精真。"[③]

二 史学成就

朱敬则不仅是一位杰出的政治家，也是一位优秀的史学家。他自幼好学，博览群书，涉猎经史子集，洞鉴古今，识才知人，擅长史论，在史学方面取得了很高成就。他曾著有《十代兴亡论》《五等论》等书，《旧唐书·经籍志上》《新唐书·艺文志二》均著录《十代兴亡论》十卷，不过已散佚。但在清人搜集整理的《全唐文》中，仍保存了十一篇，即《魏

---

① （后晋）刘昫等撰：《旧唐书·朱敬则传》，中华书局 1975 年版，第 2915 页。
② （后晋）刘昫等撰：《旧唐书·朱敬则传》，中华书局 1975 年版，第 2917—2918 页。
③ （后晋）刘昫等撰：《旧唐书·朱敬则传》，中华书局 1975 年版，第 2924 页。

武帝论》《晋高祖论》《宋武帝论》《北齐高祖论》《北齐文襄论》《北齐文宣论》《梁武帝论》《陈武帝论》《陈后主论》《隋高祖论》《隋炀帝论》。《五等论》因收录于《旧唐书》本传，得以完整地保存下来。这些都是总结君臣成败、政治得失的史学评论专篇，其特点是以人物为主体，以历史为背景，评论一代政治得失，鲜明地体现了他在史学理论和史学方法上的独到之处。瞿林东认为，朱敬则是盛唐时期精于史论的著名代表之一。朱敬则的史学成就，可以概括为两大方面：

（一）重视史官的选拔，提倡直书

唐朝以前，我国史书多为私人修撰。唐朝建立后，唐太宗时正式在朝廷设立史馆，组织专门人员编修国史。自此以后，当朝人编修前朝史，以官修的形式而被制度化，直至清代无所更易。私修史书，作者可以自由发挥自己的见解，能够"成一家之言"，但是官修史书就不同了。首先，史官修史由宰相来监督，即所谓监修；其次，史官修史受到很多限制，诸如限定修史范围、裁决史料取舍、划一史书体裁、规范修史准则等。也就是说，体现君主思想和监修意图是史官们必须信守的规矩。

囿于种种规矩的限制，史官们不可能按照自己的意愿进行撰述，有时只能曲笔讳饰，书美而不书丑，书好而不书坏。长安三年正月，朱敬则奉召与刘知几、李峤、吴兢等人一同撰写国史。他们在一起商榷学术，纵论古今，相互启发，各取所长。但在修史过程中，他们曾经受到当朝权贵的阻挠，不得不放弃史家的独立去依附政治，刘知几和吴兢等人都感到很无奈。当时，朱敬则以正谏大夫之职参与编修国史，深感自己责任重大，在史官的选拔上，他认为如果没有敢于秉笔直书、不隐善恶的史官，就不可能写出信实可靠的史书。朱敬则本身就是一个直言敢谏、敢说敢写的人，于是在该年七月，他上表请求"高史官选，以求名才"①，即为《请择史官表》。他在表中说："国之要者，在乎记事之官。是以五帝元风，资其笔削；三王盛业，藉以垂名。此才之难，其难甚矣！"他首先指出，史官对于国家来说是非常重要的，而优秀的修史人才又是很难遇到的。然后又说："伏以陛下圣德鸿业，诚可垂范将来，倘不遇良史之才，则大典无由而就也。且董狐南史，岂止生于往代，而独无于此时！在乎求与不求，好与不好耳。今若访得其善者，伏愿勖之以公忠，期之以远大，更超加美职，使得行其道，则天下幸甚。"如果没有"良史之才"，就不能写出好的国家典籍。所以，他特别敬佩晋之董狐这样的修史良才。董狐是古代史官秉笔直书的先驱者，像他这样的良史，当今并非没有，只是在于"求与不求，好与不好"罢了。如果能够选出优秀的史官，希望朝廷破格提拔，委以重任，这样才能写出好的史书，对国家来说就是一件幸事。最后，关于修史良才的基本素质和标准，他引用刘知几的话说："史才须有三长，谓才也，学也，识也。"② 这就是后来刘知几在《史通》中提出来的著名的"史才三长"的史学观点。所谓"史才"，是指写史的能力，包括选择、组织和驾驭史料的综合能力；"史学"是指具有渊博的历史知识，掌握丰富的历史资料；"史识"是指史家的见解、见识，即对历史是非曲直的观察、鉴别和判断能力。

刘知几是唐代著名的史学家，他的《史通》是我国第一部史学理论专著。刘知几生于661年，小朱敬则二十六岁。长安三年（703）他们在一起修史时，朱敬则六十八岁，刘知几四十二岁。此间他们二人颇为交好，属于忘年之友。朱敬则作为年长者，他的史学思想对刘知几产生了一定影响。比如，朱敬则敬佩像董狐那样不畏强权、尊重史实、不隐善恶的良史，提倡直书。他本人参修国史，也确实做到了将这种思想付之于实践。据《新唐书》本传载："侍中韦安石尝阅其稿史，叹曰：

---

① （宋）欧阳修、宋祁撰：《新唐书·朱敬则传》，中华书局1975年版，第4220页。
② （宋）王溥撰：《唐会要·修史官》，中华书局1955年版，第1100—1101页。

'董狐何以加！世人不知史官权重宰相，宰相但能制生人，史官兼制生死，古之圣君贤臣所以畏惧者也。'"①韦安石将朱敬则比作董狐，表彰的正是朱敬则秉笔直书的史学精神。他的直书思想还表现在撰写《十代兴亡论》时，能够客观公正地评价每一个历史人物。比如，关于曹操，唐朝前后的正统史观都是"扬刘抑曹"，美化刘备，丑化曹操。朱敬则却不拘于世俗观念，在《魏武帝论》中，将曹操放在历史发展的大势中去考察，充分肯定了曹操统一北方的历史功绩，认为其"明锐权略，神变不穷，兵折而意不衰，在危而听不惑，临事决机，举无遗悔，近古以来，未之有也"；但同时也客观地指出曹操的缺点："救弊即可，仁则未知，且以术临人，力无余地。"②其他如《宋武帝论》《隋高祖论》《隋炀帝论》等，朱敬则都能忠于史实，把握历史大势，对刘裕、杨坚、杨广等人给予客观公正的评说。

刘知几更是旗帜鲜明地倡导直书，反对曲笔，为此在《史通》中他专门写了《直书》《曲笔》二篇。刘知几在史馆里修史，洞悉史馆的各种流弊，他在《史通·自叙》中写道："当时同作诸士及监修贵臣，每与其凿枘相违，龃龉难入。故其所载削，皆与俗浮沈。虽自谓依违苟从，然犹大为史官所嫉。嗟乎！虽任当其职，而吾道不行；见用于时，而美志不遂……故退而私撰《史通》，以见其志。"③可见，刘知几在史馆里，因为无法坚持自己的主张，便愤而辞去史馆之职，退而私修《史通》，以表达自己的见解。《史通》中的很多观点，有他和朱敬则在一起时的思想共融，也得益于向朱敬则的借鉴。

（二）重视史学的借鉴作用，强调变通

朱敬则是一个非常重视史论的史家，他论史的目的就是为了探讨治乱兴衰的原因，总结历史经验以为劝诫。他著有《十代兴亡论》，在现

---

① （宋）欧阳修、宋祁撰：《新唐书·朱敬则传》，中华书局 1975 年版，第 4220 页。

② （清）董诰等编：《全唐文·魏武帝论》，中华书局 1983 年版，第 1736–1737 页。

③ （唐）刘知几撰，（清）浦起龙释：《史通通释》，上海古籍出版社 1978 年版，第 290 页。

存的十一篇专论中，对魏武帝曹操、晋高祖石敬瑭、宋武帝刘裕、北
齐高祖高欢、北齐文襄帝高澄、北齐文宣帝高洋、梁武帝萧衍、陈武
帝陈霸先、陈后主陈叔宝、隋高祖杨坚、隋炀帝杨广等十一位帝王作
了较为客观的评价。这些帝王中，开国或亡国之君居多，他们是各朝
代兴亡的当事人，是鲜活的实例。从他们身上，可以直接总结出治乱
兴衰的经验教训。比如，在《梁武帝论》中，他称赞武帝"聪明文思，
宽厚通博"，"雄图英算，孤识独见"；在充分肯定梁武帝历史作用的同时，
又指出："武帝暮年，荒诞实甚，殚守县之力，不充自纵之资；尽丁口
之租，才足缁衣之费……神怒人怨，祸积患生，过往必来，何足疑也！"①
认为是"祸积"导致了"患生"，对梁亡的原因进行了深刻的分析。又如，
"聪明多智，广学博闻"、曾经"威振百蛮"的隋炀帝，后来之所以身死
国亡，是因为他恃才狂傲，沉湎酒色，任意妄为，不恤臣下，而又拒
听劝谏的结果。他据此总结说："恃才矜己，傲狠明德，内怀险躁，外
示宽平。""导之以淫奢，引之以苛刻，人用而不恤，政荒而不修。""言
贼者获罪，敢谏者受刑，岂不是色醉其心，天夺其鉴！"可谓识见深邃，
一针见血。通过对上述帝王的考察，最后，他总结出如下历史经验教训：
"眇观史策，遍采兴亡，开役者多是爱臣，害上者无非近习。然庸君暗主，
莫肯远之，复何言哉！"②

　　在重视史学借鉴作用的同时，朱敬则特别强调"变通"之道，因为
只有坚持变通之道，不墨守成规，才能真正达到借鉴历史的目的。比如，
在《请除滥刑疏》中，他通过具体的历史事实，以秦不知变通而速亡，
汉高祖因变通而昌盛的历史经验向武后进谏，希望武后能够以此为鉴，
"鉴秦汉之得失，考时事之合宜，审糟粕之可遗，觉蓬庐之须毁，见机
而作"，尽快"杜告密之源，绝罗织之迹"③。

①　（清）董诰等编：《全唐文·梁武帝论》，中华书局1983年版，第1742—1743页。
②　（清）董诰等编：《全唐文·隋炀帝论》，中华书局1983年版，第1747页。
③　（清）董诰等编：《全唐文·请除滥刑疏》，中华书局1983年版，第1736页。

在《五等论》中，朱敬则就历史上的分封制和郡县制，集中探讨了郡县制取代分封制的历史必然性，表达了自己变通的历史观。从秦至唐，关于"封建"与"郡县"的争论一直存在。东汉政论家崔实和仲长统，曹魏时王朗与曹囧等都认为，秦朝没有实行分封制，才导致迅速灭亡。武周建国后，也有一些人建议武则天效仿西周进行分封。朱敬则通过分析认为，西周实行分封制以及秦朝废除分封制代之以郡县制，都是时代发展的需要，适应了当时客观形势的变化。这一历史发展趋势是不可逆转的，违背这一天下大势就会受到历史的惩罚。他举例说，汉初进行分封，结果导致"五十年间，七国同反"，最后指出，那些主张分封者，"皆不知时也"①。朱敬则以历史的经验教训为鉴阐释变通之道，并没有一概否定过去的典章成规，他这一"政合时而变"的史学思想，对当时的武周政权起到了一定的规劝作用。

第三节 "历事三朝，俱展诚效"——名相魏元忠

魏元忠（?-707），唐朝宋州宋城（今河南省商丘市睢阳区）人。著名政治家，历仕高宗、武后、中宗三朝。两度出任宰相，在唐代众多宰相中，他是比较有作为的一位。

一 密上奏章，初入仕途

魏元忠，又名真宰。永昌元年（689），武则天为自己称帝做准备，追尊其父为"周忠孝太皇"，其母杨氏为"忠孝太后"。这样，魏元忠的"忠"字就犯了"忠孝太皇"的名讳，于是改名为真宰。

当初，魏元忠还是太学生时就志气倜傥，不把举荐做官放在心上。所以，他多年未能调任官职。当时有一个名叫江融的左史，撰写了《九

---

① （后晋）刘昫等撰：《旧唐书·朱敬则传》，中华书局1975年版，第2917页。

州设险图》一书，详细记载了古今用兵成败的战例。魏元忠少学兵法，通晓军事，于是就根据自己所学，对该书内容加以训释解说，他本人也从中获得了新的领悟。没想到，这倒给他以后的仕途打下了基础。《新唐书·刘祎之传》载："仪凤中，吐蕃寇边，帝访侍臣所以置之、讨之之宜，人人异谋。"①仪凤年间（676—679），吐蕃不断侵犯边土，高宗向臣下征询应对办法，大家各说各的计策，意见不能达成一致。在这种背景下，魏元忠就到京师洛阳上了一道密封奏章。他这道奏章洋洋洒洒近三千言，详细论述了过去朝廷命官用兵的得失。他认为，用兵之道，要在能得奇才良将，"班超投笔而叹，祖逖击楫而誓，此皆有其才而申其用"，"李靖破突厥，侯君集灭高昌，苏定方开西域，李勣平辽东，虽奉国威灵，亦其才力所致"，而"今之将吏，率多贪暴，所务唯口马，所求唯财物，无赵奢、吴起散金养士之风，纵使行军，悉是此属"，最后不无担忧地指出，"臣恐吐蕃之平，未可旦夕望也"②。唐高宗看了魏元忠的奏章，惊叹其才识，于是授他为秘书省正字，令其在中书省听候调遣。不久，魏元忠被任命为监察御史。

在魏元忠担任监察御史期间，发生过这样一件事情：唐高宗巡幸东都时，关中饥馑，高宗担心在路上会遭遇强盗，就命令监察御史魏元忠提前检查车驾所途经的路线。魏元忠受命后，去巡视了赤县监狱，看到一名盗匪，其言语举止异于常人。魏元忠就命令狱卒打开这名盗匪的手铐、脚镣，让他换上整齐的衣帽，乘车跟随自己，要求他协助防范盗匪，这个人含笑答应了。等高宗车驾到了洛阳后，"士马万数，不亡一钱"③。魏元忠用人不拘一格，用盗贼对付盗贼，有胆有识，取得了很好的效果。

---

① （宋）欧阳修、宋祁撰：《新唐书·刘祎之传》，中华书局 1975 年版，第 4251 页。
② （后晋）刘昫等撰：《旧唐书·魏元忠传》，中华书局 1975 年版，第 2946—2951 页。
③ （明）冯梦龙等著，马汉亭等编：《智囊全集》，中国文联出版公司 1997 年版，第 19 页。

二 平定扬州，因功升迁

唐睿宗文明元年（684），魏元忠迁任殿中侍御史。该年九月，徐敬业以匡扶中宗复辟为由，起兵于扬州，自称为匡复府大将军。当时，武则天任命左玉钤卫大将军李孝逸为扬州道大总管，统兵三十万人征讨徐敬业，诏令魏元忠监理军事。李孝逸进军至临淮（今江苏淮安市盱眙县），偏将雷仁智与徐敬业交战失利，接着徐敬业又攻陷润州（今江苏镇江市润州区），李孝逸因此产生畏惧心理，遂按兵不动。魏元忠趁机劝说李孝逸："天下安危，胜败之分，就在此一举。况且国内太平日久，忽闻发生叛乱，人心惶惶，都在急盼着诛杀叛贼的好消息。现在大军停而不进，远近百姓都很失望，万一朝廷派另外的将领来代替您，您将用何辞推脱带兵不前的罪责呢？现在最好是迅速出兵，以建立大功。否则，您就会灾祸临头了。"李孝逸认为魏元忠的话很有道理，于是率领部队准备出击叛军。

当时，徐敬业驻兵于下阿溪，徐敬业的弟弟徐敬猷率领偏师逼近淮阴。在先进攻徐敬业还是徐敬猷的问题上，魏元忠和大家的意见产生了分歧。诸将都主张先进攻徐敬业，认为徐敬业一旦被打败，徐敬猷就可以不战而擒；而如果出击徐敬猷，徐敬业必然引兵援救，这样的话就会造成官军腹背受敌的不利局面。魏元忠则持不同意见。他认为，敌人的精兵都集结于下阿溪，官军很难一战取得胜利；一旦官军失利的话，就很难再挽回有利形势。而徐敬猷的军队，不熟习军事，兵力又单薄，军心易浮动，官军快速进逼，很快就可攻下。徐敬业即使来援救，按行程计算，也不能及时赶到。这样，徐敬业惧怕官军进攻江都，一定会在中途拦击，官军以逸待劳，就可以趁机打败叛兵。于是，李孝逸听从魏元忠的建议，领兵进攻徐敬猷，官军一战而胜，徐敬猷脱身逃跑。徐敬业最终被平定，"元忠以功擢司刑正，稍迁洛阳令"[1]。

---

[1] （后晋）刘昫等撰：《旧唐书·魏元忠传》，中华书局 1975 年版，第 2952 页。

三　宦海沉浮，三起三落

魏元忠因上书献策而为唐高宗赏识，又因平定徐敬业迁升为洛阳令，看似仕途一片光明。但是，不久他即遭受人生第一大挫折——受诬陷第一次被流贬。永昌元年（689），因受李敬真牵连，魏元忠被周兴诬陷下狱，并被判为死罪。幸运的是，就在将赴刑场行刑之际，武则天以魏元忠讨平徐敬业有功，特免其死，将他发配至岭南贵州。①此后，魏元忠的仕途又几经起落。长寿元年（692）春，左台中丞来俊臣诬告御史中丞魏元忠、同平章事任知古、狄仁杰、裴行本、司农卿裴宣礼、前文昌左丞卢献、洛州刺史李嗣真谋反。武则天不辨曲直，贬魏元忠为涪陵（今重庆市涪陵区）令。这是他第二次被流贬。后来回到京师，被授以御史中丞。圣历二年（699），魏元忠又擢升为凤阁侍郎、同凤阁鸾台平章事（相当于宰相），代理并州长史之职。不久，加授银青光禄大夫，迁任左肃政台御史大夫，同时代理洛州长史。其间，他为政清廉，口碑甚佳。

长安年间（701-704），相王李旦为并州元帅时，魏元忠任其副职。当时张易之任奉宸令（奉宸府长官），其家奴狗仗人势，欺凌百姓，被魏元忠依法答杀。这一杀鸡儆猴之举，让权贵们对其莫不敬畏。中宗李显为太子时，魏元忠代理东宫太子左庶子之职，辅佐太子，侍从规谏。长安三年（703），张易之、张昌宗兄弟作为武后幸臣，受宠日甚，权力盛极一时，满朝官员莫不依附于二张。独魏元忠持正不肯阿附，还曾为此上奏规劝武则天，骂二张是"君侧小人"，惹得武则天很不高兴。张易之、张昌宗趁机诬陷魏元忠，说他与司礼卿高戬密谋，欲挟太子夺位。武则天听信二张之言，把魏元忠收入狱中。为置魏元忠于死地，张昌宗暗中以高官厚禄相许，诱逼凤阁舍人张说作假证。张说开始应允

---

① 关于魏元忠第一次被流贬的时间，新、旧《唐书》均无载，据考证当在永昌元年（689）八月，流贬的地点是岭南贵州。见姜立刚《魏元忠流贬考》，《乐山师范学院学报》2010年第3期。

了此事，但是，后来在同僚宋璟等人的激发下，在朝堂上还是讲了实话，魏元忠才免于一死。关于此事，《旧唐书·张说传》记载："张易之与其弟昌宗构陷御史大夫魏元忠，称其谋反，引说令证其事。说至御前，扬言元忠实不反，此是易之诬构耳。"① 但终因张易之、张昌宗的缘故，魏元忠被流贬至岭南高要（今广东高要），任高要县尉。这已经是他第三次被流贬了。

魏元忠前后三次被流放，其实都是"莫须有"的罪名，所以，当时的人都说他无罪。武则天曾因此问他："卿累负谤铄，何也？"魏元忠回答道："臣犹鹿也，罗织之徒，有如猎者，苟须臣肉作羹耳。此辈杀臣以求达，臣复何辜。"② 诚如魏元忠所言，那些诬陷他的人就是猎手，而他就像猎物，他们的目的就是为了求取个人富贵显达，他自己并没有什么罪。魏元忠就是这样一个耿直敢言的人，也正因为这样，他才受到很多人敬佩，在被诬陷之时替他开脱解罪。

四　再度出相，锐意稍减

魏元忠曾为太子左庶子，对太子李显有辅佐教育之恩。705 年，李显即位，是为唐中宗。李显即位当天，就派驿马专程召回魏元忠，授以卫尉卿，任代理宰相。仅仅过了十天，又迁任他为兵部尚书，仍如以前主管军国大事。不久，又进拜侍中，同时代理兵部尚书之职。武则天去世，中宗在居丧期间，将军国大政都委于魏元忠。此后，魏元忠又迁任中书令，加授光禄大夫，封为齐国公，负责监修国史。神龙二年（706），魏元忠与武三思、祝钦明、徐彦伯、徐坚等撰写《则天皇后实录》二十卷，编辑文集一百二十卷，书成奏上，得到中宗嘉奖。

这一时期，魏元忠掌管朝政，此前在仕途上三起三落，再度为相，便产生了一种患得患失的心理。与在武则天朝中做宰相时相比，他公

---

① （后晋）刘昫等撰：《旧唐书·张说传》，中华书局 1975 年版，第 3051 页。
② （后晋）刘昫等撰：《旧唐书·魏元忠传》，中华书局 1975 年版，第 2952 页。

正洁廉的作风和赏善罚恶的勇气，已经远远不如从前。他甚至亲近依附权贵豪强，抑弃出身寒微的俊才，这让很多人感到失望。史载："初，元忠相武后，有清正名，至是辅政，天下倾望，冀干正王室，而稍惮权幸，不能赏善罚恶，誉望大减。"① 又："魏元忠自端州还，为相，不复强谏，惟与时俯仰；中外失望。"② 当时，曾有陈郡人袁楚客，以书信规劝元忠，魏元忠看到书信，自己也感到惭愧。因此，后来魏元忠参与太子李重俊发动的政变，诛杀武三思，政变失败后，不仅武三思的死党要求处死魏元忠，那些对魏元忠已经失望的臣僚也不愿放过他。

五　协助太子，诛杀三思

正当魏元忠受宠之时，武三思专权用事，引起魏元忠内心妒恨，他一心想要除掉武三思，而节愍太子李重俊亦非常痛恨武三思。史载："皇后以太子重俊非其所生，恶之；特进德静王武三思尤忌太子。上官婕妤以三思故，每下制敕，推尊武氏。安乐公主与驸马左卫将军武崇训常陵侮太子，或呼为奴。崇训又教公主言于上，请废太子，立己为皇太女。太子积不能平。"③ 关于安乐公主请求皇上废除节愍太子一事，中宗曾咨询过魏元忠，魏元忠认为坚决不可行，此事才作罢。李重俊因此对魏元忠怀有感恩之心。两人都有除掉武三思的想法，便自然而然地走到了一起。

神龙三年（707）秋，为了保住太子之位，李重俊联合魏元忠，召集李多祚、李承况等人发动政变，先杀死武三思、武崇训，又杀其党羽十余人。在以武力胁迫中宗废除韦后的过程中，魏元忠的儿子魏升被迫参与进来，但为乱兵所杀。后来李重俊也被亲信杀死。

---

① （宋）欧阳修、宋祁撰：《新唐书·魏元忠传》，中华书局1975年版，第4345页。
② （宋）司马光编著，（元）胡三省音注：《资治通鉴》，中华书局1956年版，第6601页。
③ （宋）司马光编著，（元）胡三省音注：《资治通鉴》，中华书局1956年版，第6611页。

六　屡遭弹劾，终保性命

政变失败后，中宗因魏元忠曾为东宫旧僚，且有平寇之功，又一向为高宗、武后所看重，所以对他释而不问，委任如初。但武三思之党，特别是由武三思荐为兵部尚书的宗楚客等人，对魏元忠恨之入骨，借机兴师问罪，说太子起兵，魏元忠潜预其谋，又拿魏升参与政变之事证明魏氏父子与李重俊同谋叛逆，要求处死魏元忠，抄斩三族。但是，中宗未允许。魏元忠这时也有些害怕，便上书请求解职。中宗依允，免除魏元忠左仆射职务，以特进齐国公致仕于家。但宗楚客等人不依不饶，又拉拢右卫郎将姚庭筠劾奏魏元忠，魏元忠因此被贬为渠州（今四川渠县）司马，再降迁思州务川（今贵州务川）县尉。宗楚客还是不甘心，必欲除之而后快。不久，他又令御史袁守一诬奏魏元忠："武则天过去在三阳宫有疾，内史狄仁杰奏请陛下监国，魏元忠秘密进言说不可。由此可知魏元忠怀叛逆之心由来已久，希望将其加罪诛除。"中宗听后，对杨再思等人说："人臣侍奉主上，在于一心一意，怎能因主上稍有不安，就请出太子来主管国事呢？这是狄仁杰想要私心讨好，魏元忠并无过失。袁守一借此给魏元忠罗织罪名，怎能行得通！"宗楚客等到此才算罢休。

回过头来看，李重俊起兵，说魏元忠潜预其谋，确实有可能，但魏元忠的主要目的是诛杀武三思，而不是对付于自己有起复重用之恩的唐中宗。中宗曾两为太子，两做皇帝，他恣意享乐，行事优柔寡断，被称为"和事天子"。但是在魏元忠的问题上，他能有此深刻认识，并一再指出宗楚客、袁守一等人的阴谋，实在难能可贵。而从另一方面也可以看出，魏元忠在中宗心目中还是有一定地位的。虽然如此，他仍免不了被流贬的命运，也因此而葬送了性命。就在流放途中，魏元忠行至涪陵而卒，享年七十余岁。

景龙四年（710），魏元忠被追赠为尚书左仆射、齐国公、本州刺史，中宗还诏令将其灵柩送回老家安葬。睿宗即位后，又诏令魏元忠遗骸陪葬定陵。景云三年（712），又降旨曰："故左仆射、齐国公魏元忠，代洽人望，时称国良。历事三朝，俱展诚效，晚年迁谪，颇非其罪。宜特还其子著作郎晃实封一百户。"①唐玄宗开元六年（718），追谥魏元忠为贞。

第四节　"长于名理，竟死于名"——唐朝宰相陈希烈

陈希烈（?-758），宋州（今河南商丘）人，唐朝宰相。因安史之乱投降叛军，《新唐书》将其列入《奸臣传》。

一　仕途一路高升，官至宰相

陈希烈的幼年生活，新、旧《唐书》均无载，只说他是宋州人，说明他并无显赫的家庭背景。但是，后来他能够做到"精玄学，书无不览"②，则可推知他至少生活在一个能读得起书的中等家庭，而且自幼勤奋，博览群书。

陈希烈进士及第后，曾经给别人撰写了一篇碑文，那人后来因为获罪被官府抄家，陈希烈撰写的碑文亦被发现，陈因此被认为是同党，办案人员便将陈希烈送交衙门。河南尹薛季昶亲自审理此案，陈希烈受审时，脸上毫无惧怕之色，为自己辩护，洋洋洒洒说了百余言。薛季昶见了非常惊奇，就把陈希烈请至上厅，私下里对他说道："你将来做官能到宰相，我要把子孙托付给你。"陈希烈后来果然官至宰相。这件事情是《太平广记》引《定命录》的记载，但新、旧《唐书》等正史均无载。《定命录》乃古代轶事小说集，是否确有其事，值得怀疑。不过，《新唐书·齐瀚传》曾记载道："（齐瀚）以黄老清静为治……瀚尝称陈希烈、宋遥、

①　（后晋）刘昫等撰：《旧唐书·魏元忠传》，中华书局1975年版，第2955页。
②　（后晋）刘昫等撰：《旧唐书·陈希烈传》，中华书局1975年版，第3059页。

苗晋卿、韦述之才,后皆大显。"① 可知,《定命录》所载,也不是空穴来风。这件事说明陈希烈未入仕途时,已经显露出其能言善辩、非同一般的才识。

陈希烈精通道学,由此得到唐玄宗赏识,步入仕途。玄宗崇尚道家,曾御注《道德真经》。开元年间,在侍读老师褚无量、元行冲死后,陈希烈与经学大师康子元、冯朝隐同时入宫,给玄宗讲授《老子》与《易经》。但是,玄宗的"应答诏问"基本上是由陈希烈一人承揽的。正因为如此,陈希烈为玄宗所看重,官职累迁至中书舍人。开元十九年(731),陈希烈为集贤院学士,升工部侍郎、知院事,负责校刊、编辑经籍。当时,只要唐玄宗有所撰述,都经过陈希烈之手整理而成。陈希烈很快又迁升为门下侍郎,成为玄宗身边的红人,开始参与朝廷大政。

陈希烈非常善于阿谀逢迎,常在玄宗面前投其所好,说一些迎合其心意的话。《新唐书·奸臣传》记载了这样一件事情:

> 天宝元年,有神降丹凤门,以为老子告锡灵符,希烈因是上言:"臣侍演《南华真经》至七篇,陛下顾曰:'此言养生,朕既悟其术,而《德充符》讵无非常应哉?'臣稽首对:'陛下德充于内,符应于外,必有绝瑞表之。'今灵符降锡,与帝意合,宜示史官,著显祥,摛照无穷。"其媮佞类如此。②

这是发生在天宝元年(742)的事情。其实,什么神仙降至丹凤门、老子显灵等,纯属无稽之谈,不过是陈希烈讨好玄宗的胡诌之言罢了,一般人都不会相信。但是,迷恋道教又崇玄学的唐玄宗,听了这些话却如春风拂面而龙颜大悦。不久,即让陈希烈兼任崇玄馆大学士,并恩封为临颍侯。

此时,陈希烈担任门下侍郎参与朝政,同时他又在集贤院和崇玄馆供职。这两个机构中,除了学界精英,不是达官贵人就是皇亲国戚,

① (宋)欧阳修、宋祁撰:《新唐书·齐澣传》,中华书局 1975 年版,第 4470 页。
② (宋)欧阳修、宋祁撰:《新唐书·奸臣传》,中华书局 1975 年版,第 6350 页。

陈希烈由此建立了广泛而坚实的人脉基础。这一切，被当朝宰相李林甫看得清清楚楚。李林甫也曾在集贤院知院事，对陈希烈的性情为人非常了解，他知道陈希烈性格柔弱，容易结交，易于控制，而又深得皇上宠信。如果能把这样一个人拉过来为己所用，那么李林甫就可以放心地独揽朝政。史载："林甫颛朝，苟用可专制者，引与共政。以希烈柔易，且帝眷之厚，乃荐之。"① 于是，李林甫向玄宗荐言，将陈希烈引为宰相。天宝五年（746）四月，陈希烈被任命为同中书门下平章事，成为宰相。次年四月，陈希烈兼兵部尚书。

二　遭杨国忠忌恨，罢为散职

陈希烈做了宰相，又身兼数职，官位达到顶峰。天宝五年九月，朝廷下令，"于太清宫刻石为李林甫、陈希烈像，侍于圣容之侧"②。一时间，陈希烈地位尊崇之至，史称"宠与林甫侔"。但实际上，性格柔弱的他并无实权，"凡政事一决于林甫，希烈但给唯诺"③ 而已。当时，李林甫大权在握，在家中处理政务，百官都集聚到他府前等候召见。而陈希烈虽坐镇政事堂，却无人谒见，只是清茶一杯，枯坐而已。他也从不敢参与意见，不过是在公文上署下名罢了，是个名副其实的空架子。陈希烈倒也落得清闲，并不以此为意，与李林甫相得甚欢。尽管如此，李林甫能够专权固位，陈希烈的"佐佑唱和之力"④ 也是不可否认的。

李林甫稳固的相位以及与陈希烈的融洽关系，维持了五六年时间，到杨国忠执政时被打破。当初，李林甫受宠于唐玄宗之时，根本没想到才学浅薄的杨国忠会威胁到自己的地位，只是因为他是杨贵妃的族兄，李林甫对他尚能善加礼遇。天宝九年（750），朝中御史大夫空缺，当时，

---

① （宋）欧阳修、宋祁撰：《新唐书·奸臣传》，中华书局 1975 年版，第 6350 页。
② （后晋）刘昫等撰：《旧唐书·玄宗本纪》，中华书局 1975 年版，第 220 页。
③ （宋）司马光编著，（元）胡三省音注：《资治通鉴》，中华书局 1956 年版，第 6872 页。
④ （后晋）刘昫等撰：《旧唐书·陈希烈传》，中华书局 1975 年版，第 3059 页。

王铁和杨国忠都是御史中丞，二者必举其一。因为李林甫举荐了王铁，杨国忠对李怀恨在心。天宝十一年（752），王铁之弟户部郎中王焊与邢绪谋反，欲杀死杨国忠及右相李林甫、左相陈希烈等人，但事发二日前泄密，王焊等一干人被拘捕。当时，唐玄宗召王铁上朝询问此事，命杨国忠与陈希烈一同审理此案。杨国忠认为这是扳倒李林甫的好机会，遂奏称王铁也曾参与密谋，借此牵出李林甫，称他暗中勾结王铁。因为陈希烈从旁作证，李林甫并未获罪，但逐渐被唐玄宗疏远，而杨国忠对陈希烈也恼恨在心。正因为两人有这样一段恩怨，《新唐书》记载称"杨国忠执政，素忌之（陈希烈）"①。该年十一月，李林甫病逝。不久，杨国忠拜相。

天宝十二年（753）正月，杨国忠与安禄山合谋，诬告李林甫与叛将阿布思约为父子，同谋造反。陈希烈参与审理此案，但未敢再为李林甫脱罪。当时，李林甫尚未下葬，被削去官爵，抄没家产，诸子被除名流放；并遭劈开棺木，取出殓服，以庶人之礼安葬。二月，"赐陈希烈爵许国公，杨国忠爵魏国公，赏其成林甫之狱也"②。

杨国忠做了宰相，专权用事，陈希烈为了自保则唯唯诺诺，毫无作为。这一点也被唐玄宗看在眼里，因此，玄宗对陈希烈渐生不满，史称"时右相杨国忠用事，左相陈希烈畏其权宠，凡事唯诺，无敢发明，玄宗颇知之，圣情不悦"③。陈希烈失宠于玄宗，又遭杨国忠忌恨，无法与其和平相处，只得上表辞位。天宝十三年（754）八月，唐玄宗任命韦见素为宰相，将陈希烈罢为太子太师。

三　投叛军失晚节，被赐自尽

太子太师专事教导太子，在以前尚有一定地位。但在唐代，太子太

---

① （宋）欧阳修、宋祁撰：《新唐书·奸臣传》，中华书局1975年版，第6350页。
② （宋）司马光编著，（元）胡三省音注：《资治通鉴》，中华书局1956年版，第6918页。
③ （后晋）刘昫等撰：《旧唐书·韦见素传》，中华书局1975年版，第3275页。

师仅作为赠官加衔的名号，虚衔无实职，只是一个散官而已。陈希烈原来贵为宰相，如今大权旁落，无所依靠，巨大的落差让他心情无比沮丧。史载"希烈失恩，心颇怏怏"[①]，"希烈失职，内忽忽无所赖"[②]。可见，他被罢相后，情绪非常低落，心中郁闷不满，又无人诉说。他这种苦闷压抑的心情，竟然因为后来的安史之乱，发展成为他夕阳时刻的转折点。

天宝十四年（755），安禄山起兵反唐。至德元年（756），安禄山称帝，建立燕国。六月，叛军攻陷长安。唐玄宗仓皇逃奔蜀地，其他百官亦自顾逃命，"陈希烈、张倚等衔于失恩，不时赴难"[③]，滞留在京城长安。叛军入城后，安禄山下令搜捕百官、宦者、宫女等，陈希烈、张均等数十人皆被押送至洛阳。"陈希烈以晚节失恩，怨上，与张均、张垍等皆降于贼。禄山以希烈、垍为相，自余朝士皆授以官"[④]。陈希烈因为失宠而弃绝恩义，终于晚节不保，在安禄山的伪政权做了宰相（侍中）。不久，皇太子李亨在灵武（今宁夏灵武）称帝，是为唐肃宗。

至德二年（757），郭子仪收复两京后，奉侍广平王李俶进入洛阳，陈希烈等降臣三百余人素服待罪，皆被押送至长安。唐肃宗对降臣分为六等定罪，陈希烈等论罪当斩，乃令陈希烈、张垍、郭纳、独孤朗等七人，于大理寺监狱赐自尽。但是，唐肃宗念及陈希烈曾受玄宗宠信，特减免一等，恩准赐死于家。同年十二月，即758年2月，陈希烈被赐死于家中。

四　后人评说

纵观陈希烈的一生，实无政绩可言。身为宰相，位高权重，职责是为皇帝建言献策。换一句话说，就是朝廷政令的谋划者。但是，在他为相八年期间，竟毫无作为，先是依附于李林甫，后又牵制于杨国忠，皆唯诺行事，毫无主见，徒有宰相虚名。他唯一的一次建言，就是天

① （后晋）刘昫等撰：《旧唐书·陈希烈传》，中华书局1975年版，第3059页。
② （宋）欧阳修、宋祁撰：《新唐书·奸臣传》，中华书局1975年版，第6350页。
③ （后晋）刘昫等撰：《旧唐书·房琯传》，中华书局1975年版，第3320页。
④ （宋）司马光编著，（元）胡三省音注：《资治通鉴》，中华书局1956年版，第6980页。

宝元年的那次上书,却是以"老子告锡灵符"来博取玄宗的欢心。因此,被认为是"专用神仙符瑞取媚于上"①。及至后来安史之乱,他又屈膝投降叛军,失去晚节。所以,唐德宗李适认为像陈希烈这样的人,根本不配称为丞相:"凡相者,必委以政事;如玄宗时牛仙客、陈希烈,可以谓之相乎!"②宋代司马光的评论更加犀利:"希烈等或贵为卿相,或亲连肺腑,于承平之日,无一言以规人主之失,救社稷之危,迎合苟容以窃富贵;及四海横溃,乘舆播越,偷生苟免,顾恋妻子,媚贼称臣,为之陈力,此乃屠酤之所羞,犬马之不如。"③

但是,话又说回来,陈希烈也不是一个大奸大恶之人。他不会玩弄权术,既不像李林甫那样独握大权,蔽塞言路,排斥贤才,导致纲纪紊乱;也不像杨国忠那样专权误国,排挤忠良,起用奸佞,败坏朝纲。他既无祸国殃民的劣迹,也无为非作歹的行径,只是柔弱的性格掣肘了他。千不该万不该,他不该投降叛贼,一朝失足,成为千古遗恨。清代学者赵翼说:"安禄山之变,唐臣贵如宰相陈希烈,亲如驸马张垍,皆甘心从贼,腼颜为之臣,此即处以极刑,岂得为过。"④诚如赵翼所言,陈希烈被处以极刑,是他罪有应得,一点也不为过。

其实,陈希烈就是一个学者型的官员,骨子里就不适合当宰相。集贤院和崇玄馆才是他的栖身之地,在那里,他可以教授学生,可以承命草拟诏令,可以校理经籍、撰述文章,成为做学问的高官。他谙黄老、精玄学,曾在三殿讲授《老子》和《易经》,得心应手,为玄宗赏识;又曾在集贤院与徐安贞、刘光谦等共注《御刊定礼记月令》,在《新唐书·艺文志》及《郡斋读书志》上留名;他还是一个诗人,有《赋得云生栋梁间》《奉和圣制三月三日》《省试白云起封中》等诗作传世。

---

① (宋)司马光编著,(元)胡三省音注:《资治通鉴》,中华书局1956年版,第6872页。
② (宋)司马光编著,(元)胡三省音注:《资治通鉴》,中华书局1956年版,第7512页。
③ (宋)司马光编著,(元)胡三省音注:《资治通鉴》,中华书局1956年版,第7050页。
④ (清)赵翼著,王树民校证:《廿二史札记校证》,中华书局1984年版,第434页。

如果陈希烈不当宰相，而一直在两馆做学官，他的人生将会如何？陈希烈终究还是为了这个"名"而丧生。还是《旧唐书》的作者刘昫说得好："长于名理，竟死于名。"①

第五节 "熙古居大任，自处如寒素"——政治家刘熙古

刘熙古（903-976），字义淳，宋州宁陵（今属河南宁陵县）人。北宋政治家、史学家。

一 因荐擢第，崭露头角

刘熙古出身于名将世家，其十一世祖是唐朝大将刘仁轨，其祖曾任给事中、青州刺史、左仆射等职。垂拱元年（685），刘仁轨去世，武则天停朝三日，诏百官赴哭，册赠开府仪同三司、并州大都督，陪葬于乾陵。后来，刘氏家道中落，至刘熙古祖父刘实进时，家境略有好转，刘实进曾担任汝阴县令。

刘熙古自幼好学，精通经史，但因避祖父名讳，而不能参加科举考试。唐代以来，避讳制度森严，《唐律》规定：如果起名犯讳，要流放三年；凡是官职名称或府号犯了父祖的讳，要判一年的刑罚。刘熙古的祖父名实进，因名字里有一个"进"字，所以刘熙古不能参加进士科的考试，即《宋史·刘熙古传》所谓"避祖讳，不举进士"②。不过，上天垂怜，精通经史的他还是获得了一个机会。后唐明宗长兴年间（930-933），刘熙古将近而立之年时，以《三传》受到推荐。当时，翰林学士和凝掌管贡举，可以直接举荐人才。刘熙古献上策论《春秋极论》二篇、《演例》三篇，和凝看后大加赞赏，于是召他参加进士考试。刘熙古考试及第后，便留在和凝门下供职。

① （后晋）刘昫等撰：《旧唐书·陈希烈传》，中华书局1975年版，第3060页。
② （元）脱脱等撰：《宋史·刘熙古传》，中华书局1977年版，第9100页。

后唐末帝清泰年间（934—936），骁将孙铎因战功授任金州防御使，上表推荐刘熙古为从事。后晋天福元年（936），孙铎移任到汝州（今河南汝州市），又征召刘熙古为随从，两人从此结下亲密关系。刘熙古擅长骑射，一天，在军营门前百尺高的槐树上，飞落一群猫头鹰一类的鸮鸟。王铎厌恶这种鸟，就命人用石块投击驱赶，但没有赶走。这时，刘熙古拿出弓箭，引弓一发，就射穿一只鸮鸟，并把它钉在了树上。王铎非常高兴，下令不要把箭拔掉，让士兵们观看，以彰扬熙古射术高明。两年之后，王铎去世，朝廷调刘熙古补任下邑（今河南夏邑县）县令。不久任三司户部出使巡官，兼任永兴、渭桥、华州诸仓制置发运使，负责粮食调拨。后汉时，刘熙古担任卢氏（今河南卢氏县）县令。后周广顺年间（951—953），刘熙古改任亳州防御推官（防御使属官）、澶州支使（节度使、观察使属官）。显德二年（955）冬，秦州、凤州平定后，刘熙古出任秦州观察判官；显德六年七月，赵匡胤改任归德军节度使，刘熙古任节度判官，成为赵匡胤府中主要幕僚。

二　为官北宋，清廉爱民

960 年正月初一，赵匡胤发动"陈桥兵变"，建立北宋，改元建隆。新王朝建立后，宋太祖首先对拥立他做皇帝的将臣论功行赏，也为其原府中主要幕僚们加官进职，刘熙古被授以左谏议大夫，知青州。他是北宋第一任青州知州，在任将近一年时间。建隆元年九月，淮南节度使李重进占据扬州发动叛乱，十月，宋太祖率军亲征，刘熙古从青州赶赴行营，贴身侍卫太祖。刘熙古作为谏议大夫，掌朝政议论，乃朝廷要官。但此后他很少在京做官，而是长期出任州、府长官。当初被授以右谏议大夫的赵普，职位比他低，却很快迁升为户部侍郎、枢密副使（相当于宰相）。不过，刘熙古对此并不在意，他追求的不是在京做官，享受安逸，而是恪尽职守，为国效力，为民办事。

建隆二年，刘熙古受诏到晋州（今山西临汾）制置矾务。晋州矾有白矾和绿矾，是当地主要矿产资源。史载，"晋州产矾，京城大豪岁输钱五万缗，颛其利，（荣）諲请榷于官，自是数入四倍"①。经盐铁判官荣諲建议后，当时矾实行禁榷制，由国家专卖。为了杜绝富商大贾独断专营，充分利用晋州矾的价值，增加国家的财政收入，刘熙古到任后，"许商人输金银、布帛、丝绵、茶及缗钱，官偿以矾，凡岁增课八十万贯"②。在晋州期间，刘熙古为地方经济的发展和扭转中央财政的困境，做了一定贡献。

乾德元年（963）前后，刘熙古升为刑部侍郎，知凤翔府（今陕西凤翔），不久又代理秦州知州。秦州地近党项、吐蕃族居住区，多边患。刘熙古在后周时，曾出任秦州观察判官，对当地的情况比较了解。他深知用直接的武力对抗很难解决党项、吐蕃的侵扰，于是采取恩威并施的办法，一方面"谕以朝廷恩信"，同时又"取蕃部酋豪子弟为质"③。经过一段时间的治理，西北边境得以安宁。

刘熙古不论在何处任职，都尽心尽责，造福当地。乾德四年（966），刘熙古转任兵部侍郎，徙知成都府，以接替回京复职的参知政事吕馀庆。该年七月，岷江因暴雨决堤，城区受淹严重，刘熙古亲自率领民众抢险救灾。为防备未来水患，他于灾后及时修复府城西北郊糜枣堰防洪堤，两年后竣工。南宋学者杨甲在《糜枣堰记》记载："糜枣堰者，杀湍悍之巨防也……引注灌溉，膏我粱稻，绝其泛滥决溢者，宋端明殿学士刘公熙古之力也。自开宝以迄于今逾二百年，而沃野之利溥矣。"④民众感念刘熙古之恩，将此堤取名为刘公堤。在成都任职期间，刘熙古吸取前贤治理都江堰的经验，先后多次对都江堰水利工程进行维修，使成都府城防洪有了保障，为当地的水利建设做出了杰出贡献。乾德六年，他授任端明殿学士。

---

① （元）脱脱等撰：《宋史·荣諲传》，中华书局 1977 年版，第 10707 页。
② （元）脱脱等撰：《宋史·食货志下》，中华书局 1977 年版，第 4534 页。
③ （元）脱脱等撰：《宋史·刘熙古传》，中华书局 1977 年版，第 9100 页。
④ 杨甲：《糜枣堰记》，见杨慎《全蜀艺文志》卷三十七，光绪十五年邹兰生刻本。

开宝五年（972）二月，刘熙古回京任参知政事，太祖赐予名马及银饰马鞍，以彰其功。这是刘熙古在外做官十二年后第一次回京城担任要职，在原赵匡胤府中主要幕僚中，他最晚一个出任两府大臣。次年五月，刘熙古因为足疾，以户部尚书辞官。开宝九年（976），刘熙古去世，享年七十四岁。赠右仆射。

三 明悉经史，兼通阴阳

刘熙古不但是一个政治家，同时也是一位学者，涉猎经史、阴阳、音韵等多门学问。据《宋史·刘熙古传》载，"熙古年十五，通《易》《诗》《书》；十九，通《春秋》、子、史"，"兼通阴阳象纬之术，作《续聿斯歌》一卷、《六壬释卦序例》一卷"，"尝集古今事迹为《历代纪要》五十卷"，"颇精小学，作《切韵拾玉》二篇，摹刻以献，诏付国子监颁行之"[1]。可知，刘熙古有多种著述。《切韵拾玉》是刘熙古的文字训诂音韵之作，他曾自己摹刻此书，之后把书版呈献国子监，皇帝下诏让国子监颁行。这应该是北宋最早的私家刻书。《宋史·艺文志》著录有刘熙古《切韵拾玉》五卷。可惜的是，他的书都未能流传下来。

刘熙古在少年时就显示出其在经学和史学方面的才能，如果不是因为避祖父名讳，也许很早就应考科举，进士及第。后来，他以《三传》被举荐，先后在后唐、后晋、后汉、后周与北宋做官。在北宋朝，他曾高居左谏议大夫、刑部侍郎、兵部侍郎等要职，但每每出知州、府。他心系人民，不贪富贵，不求报答，终因突出的政绩在各地留下美名。《宋史》赞曰："熙古居大任，自处如寒素。"[2] 可谓对他政治生涯的真实写照。

四 子承父业，留名青史

刘熙古高尚的人格魅力，对他的后代子孙产生了重要影响。其子蒙

---

① （元）脱脱等撰：《宋史·刘熙古传》，中华书局1977年版，第9100—9101页。
② （元）脱脱等撰：《宋史·刘熙古传》，中华书局1977年版，第9108页。

正、蒙叟，蒙叟子宗儒、宗弼、宗诲，或文或武，皆为官效力于朝廷，铸就了刘氏家族三世辉煌。

刘熙古长子刘蒙正，字颐正。蒙正承继父亲爱好，亦善骑射。乾德年间（963—968），蒙正以父亲功德直接补任殿直（北宋武散官），升迁为供奉官。历任太祖、太宗、真宗三朝。开宝七年（974），宋太祖派大军征讨江南（南唐政权），命刘蒙正为军中承奉事。次年三月，宋军攻至润州（今江苏镇江市）。润州是南唐都城金陵东面的门户，当时守卫润州的是知州刘澄。在润州城危在旦夕之际，南唐后主李煜派遣吴越巡检卢绛调水兵增援润州。刘澄不信任卢绛，二人互相猜忌，严重不和。刘蒙正抓住时机，率领精甲百人，出与卢绛对战，他虽左臂中箭，但仍勇敢作战。卢绛弃城而走，刘澄不战而降，润州城破，刘蒙正押送刘澄及监军崔谅至京城。十一月，宋军破金陵城，李煜奉表投降，南唐遂亡。后来，朝廷从岭南陆运香药入京，诏刘蒙正前往筹划办理。后又命其掌管朝服、宗庙乐器、车驾、皇帝仪仗等事务，制定新规。宋太宗太平兴国四年（979），刘蒙正转任内藏库副使，进崇义使。北宋自从创建内藏库开始，即命刘蒙正主管，前后共二十余年。宋真宗初年，改任为如京使，出知沧、冀、磁三州知州。后来，西部戎族犯境，刘蒙正调丁男固守，立下功劳。不久，因为他擅长骑马，朝廷责授他为亳州团练副使。咸平四年（1001），刘蒙正去世，享年七十二岁。

刘熙古次子刘蒙叟，字道民。宋太祖乾德四年（966），王佑权知贡举，刘蒙叟应进士试，以状元及第，历任岳州（今湖南岳阳市）、宿州（今安徽宿县）推官。后来以其才学被推荐，授太子中允、知乾兴，又拜监察御史。历知济（今山东济宁市）、庐（今安徽合肥）、濠（今安徽凤阳东）、滁（今安徽滁县）、汝（今河南临汝）五州知州，后入京为官。宋真宗咸平年间（998—1003），刘蒙叟上疏，劝真宗"崇俭德、守前规，无自矜能，无作奢纵，厚三军之赐，轻万姓之徭"，"慎守其终，思鲜克之言，戒性习之渐"①，受到真宗嘉奖。不久，以本官入值史馆。其间，刘蒙叟向真宗献《宋都赋》，"述国家受命建号之地，宜建都，立宗庙"②，指出应天府治宋州（今河南商丘）乃太祖赵匡胤接受天命建立国号之地，建议将宋州建成都城，设立宗庙。真宗当时无暇处置此事，但"后卒从之"③。宋真宗大中祥符七年（1014），下诏升应天府为南京，建行宫正殿，以归德为名，称"归德殿"，以圣祖殿为鸿庆宫。这都是刘蒙叟的功劳。蒙叟一生好学善文，在入值史馆期间，真宗诏令史馆大臣进献自己的旧作，在众多辑文中，以刘蒙叟所著为最佳。又曾著《五运甲子编年历》三卷（今佚）。景德年间（1004-1007），刘蒙叟因足疾上疏乞请辞官，真宗诏以太常少卿身份。卒年七十三岁。

刘蒙叟三子，也是优秀之才：子刘宗儒，为太子中书；子刘宗弼、刘宗诲，皆进士及第。三子与其父祖并入《宋史》。

第六节　"宁自混以为高，不少屈以合世"
——著名文学家石曼卿

石曼卿（994-1041），名延年，字曼卿，一字安仁，出生于宋城（今河南商丘）。北宋官员，著名文学家、书法家。

一　生平经历

石曼卿先世为幽州（今北京一带）人，后晋时期，幽州被契丹占领后，他的祖先石自成率领族人南迁，投归北宋。北宋皇帝为嘉奖他们来投奔，准备让他们享受国家的俸禄，但没有实行，于是石家就定居在宋州宋城。石曼卿的父亲石补之，后来官至太常博士，正七品官员。

---

① （元）脱脱等撰：《宋史·刘蒙叟传》，中华书局1977年版，第9102页。
② （元）脱脱等撰：《宋史·刘蒙叟传》，中华书局1977年版，第9102页。
③ （元）脱脱等撰：《宋史·刘蒙叟传》，中华书局1977年版，第9102页。

（一）三举进士

石曼卿虽然出生于民风淳厚的中原宋城，却继承了北方幽燕的刚健勇武之风，他身体健壮，性格豪爽，行事不拘小节。他非常仰慕历史上那些特立独行的人，崇拜那些建功立业的人，因此，读书不像一般人循规蹈矩，不把章句之学放在心上。而当时的科举仍是以诗赋取士，重视章句的记诵和声韵的工整，于是他屡举进士不中。后来，宋真宗恩准"录三举进士，以为三班奉职"①，他才有机会进入仕途。三班奉职为宋代武职，分东、西、横三班，入仕者先为三班借职，转三班奉职，可以次递迁，最高可至节度使。石曼卿却以此为耻，不愿就职。一向认为他是奇才的宰相张知白担心他被埋没，就刺激他说："等你母亲去世了，你才选择为官吗？"石曼卿这才同意就职，被授以右班殿直之职，开始了他的曲折仕途。

（二）仕途曲折

宋仁宗天圣四年（1026），石曼卿出知济州金乡县（今山东省金乡县），主管一县之内的"民政、劝课农桑、平决狱讼，有德泽禁令"以及"户口、赋役、钱谷、振济、给纳之事"②。石曼卿曾感叹说："此亦可以为政也。"意思是这也可以施展治理国家的才华啊！后又被举荐为乾宁军（今河北省青县）通判。其间，母丧归籍，服丧结束，徙永静军（今河北省东光县）通判。诸军通判职掌与州、府通判类同，相当于知州副职，辅佐知州或知府处理政务，官职虽然不大，但因他为政有能，亦深得好评。明道元年（1032），石曼卿当上了京官，加馆阁校勘，迁光禄、大理寺丞。景祐元年（1034），章献太后临朝执政，天下沸然。当时，满朝文武噤若寒蝉，石曼卿却挺身而出，冒死上书，请求太后还政于天子（宋仁宗），因此被贬职。章献太后去世后，范讽因进言被皇上宠爱，便推荐那些太后临朝时被贬的官员，不少人都得以升任高官。范讽打算推荐石曼卿，

---

① （元）脱脱等撰：《宋史·石延年列传》，中华书局 1977 年版，第 13070 页。
② （元）脱脱等撰：《宋史·职官七》，中华书局 1977 年版，第 3977 页。

他却决然地回绝了范讽，不愿就职。这件事也说明石曼卿是个很有骨气的人。后来，范讽为宰相吕夷简所恶，被贬为武昌军节度行军司马，石曼卿也因为和范讽关系好受到牵连，落职通判海州。又过了很长时间，朝廷降旨，他又迁任为大理寺丞、秘阁校理。康定二年（1041）二月，石曼卿因酗酒成疾，以太子中允、秘阁校理卒于京，享年四十八岁。

纵观石曼卿一生，为官经历堪称丰富，任过多种官职，有文官也有武官，有中央官亦有地方官，但却没有做过高官，可谓终生不得重用。故范仲淹《祭曼卿文》为其叹惜道："曼卿之才，大而无媒。不登公卿，善人是哀。"[1] 欧阳修亦叹赞："宁自混以为高，不少屈以合世，可谓自重之士矣。"[2]

二　上书建言

北宋建立后，自从契丹与中原结好，天下安宁，三十余年无战事。所以，当时北宋武备松弛，对外基本上没有防范意识。但是，石曼卿对契丹和西夏的威胁非常留意，曾向朝廷建言"为二边之备"，建议平时练兵，加强国防，以防患于未然，但未引起朝廷重视。及至西夏王元昊大举进犯时，皇上才想起他的谏书。于是，仁宗征召石曼卿，派他到河东去征兵。受命于危难之际的他，在很短时间内就征得乡兵几十万，仁宗非常高兴，就赐给他绯衣银鱼，以示奖掖。当时，边防将军想以这些乡兵去抵御敌人，石曼卿却笑着说："此得吾粗也。夫不教之兵勇怯相杂，若怯者见敌而动，则勇者亦牵而溃矣。今既不暇教，宜募其敢行者，则人人皆胜兵也。"[3] 意思是这些新招募的士兵，尚未经过训练，素质良莠不齐，作战时无法做到步调一致，只有经过严格训练，挑选出其中勇敢善战的，他们才可以成为战无不胜的士兵。石曼卿还曾上疏仁宗，

---

① 孔凡礼点校：《苏轼文集·诗词题跋》，中华书局 1986 年版，第 2159 页。
② （宋）欧阳修著，洪本健校笺：《欧阳修诗文集校笺》，上海古籍出版社 2009 年版，第667 页。
③ （元）脱脱等撰：《宋史·石延年列传》，中华书局 1977 年版，第 13071 页。

请求募人出使唃厮啰（吐蕃后裔）及回鹘，联合他们出兵一同攻打元昊，也得到仁宗赞许并加以采纳。后来，仁宗打算重用他时，他却身陷疾病。

在北宋国防问题上，石曼卿两次建言，均切中要害，亦为朝廷所采纳。特别是他提出的"为二边之备"，即加强对契丹和西夏的防范，直到他死后几年，还有人上书重申这个问题。如宋仁宗庆历六年（1046），监察御史唐询建言："今朝廷以西北讲和，浸弛二边之备，臣常默以为忧。愿下圣诏，申饬守边之臣，其于兵防敢有慢隳者，以军法论。"[①] 唐询的建议被仁宗采用。这说明石曼卿是一个有远见卓识的人，如果做到高官，一定能发挥更大作用。可惜他官运不佳，终生未做高官。但性情洒脱的他，根本不以此为意，就像欧阳修所说："其视世事，蔑若不足为。"[②] 他看待世事，轻得像不值得做似的。

三　趣闻轶事

石曼卿风流洒脱、个性鲜明，是个少见的奇才、怪才。有关他的轶事趣闻，在官修正史及稗官野史中有很多记载。兹撮录其轶闻二三事，以飨读者。

（一）嗜酒拼酒

石曼卿酒量很大，喜欢饮酒。他有一个朋友叫刘潜，和他意气相投，也喜欢饮酒。一次，两人在王氏酒楼对饮，一整天都没说一句话。王氏感到很奇怪，认为他们决不是一般人，就为他们多供奉美酒佳肴。他们俩则淡定自如，继续饮酒吃菜，一直喝到夜里，两人脸上均无酒色，最后还相互作揖道别。此事在第二天传遍了京城，都说王氏酒楼有二位酒仙来喝酒，后来才知道，就是刘潜和石曼卿。

据《梦溪笔谈》记载，石曼卿为海州通判时，刘潜曾去拜访他，两

---

① （宋）李焘撰：《续资治通鉴长编》，中华书局1995年版，第3839页。
② （宋）欧阳修著，洪本健校笺：《欧阳修诗文集校笺》，上海古籍出版社2009年版，第666页。

人在一起痛饮。喝到半夜，酒快喝光了，就将船上的醋倒入酒中，一直喝到天亮，把酒和醋都喝了个精光。石曼卿还发明了一些奇特的喝酒法，比如，像囚犯一样披头散发，戴上枷锁坐着饮酒，称之为"囚饮"；像鸟一样爬到树梢上喝酒，称之为"巢饮"；用禾秸把身子捆起来，伸出头来喝酒，喝完把头缩回去，称之为"鳖饮"等。石曼卿就是这样一个狂荡放纵的人。

石曼卿表面看好像不受礼法约束，对世事漠不关心。实际上，他虽然淡泊功名，不求仕进，一旦论及国家政事，则每每切中要点；而且一生做事追求大节，从不违背事理。正如《宋史》本传所说："若不可撄以世务，然与人论天下事，是非无不当。"①

（二）幽默讥谑

石曼卿性格豁达，喜开玩笑。据《冷斋夜话》记载：有一次，他从报慈寺出来，坐在车上，驾车的人突然失控，马受到惊吓，把石曼卿甩落在地。随从很惊慌，连忙去搀扶他，并套上马鞍。当时，街市上有很多人，纷纷过来围观。人们猜想石曼卿必然大怒，会责骂驾车人。没想到，他却慢慢扶鞍上马，笑着对驾车的人说："幸亏我是'石学士'，如果是'瓦学士'，可不就摔碎了么！"

石曼卿为秘阁校理时，有一次，他夜里独自去逛妓院，碰到几个为非作歹之徒，被弄得很难堪。已经喝醉的石曼卿，就与这些人发生了争执，结果被巡逻的厢兵带走盘问。为人诡谲的石曼卿，就想捉弄一下他们，便对主事的厢兵头目说："只请求就在你们这里受罚了断，我明天早晨还要回三馆上班呢！"厢兵头目不明白是在戏弄他，就说道："这家伙一定是三馆的小吏。"于是"杖而遣之"②。

（三）巧集诗句

石曼卿还是一个著名的集句诗人，受其影响，宋代文人集句走向了

---

① （元）脱脱等撰：《宋史·石延年列传》，中华书局1977年版，第13071页。

② 张富祥译注：《梦溪笔谈·讥谑》，中华书局2009年版，第255页。

高峰。南宋文人高文虎《蓼花洲闲录》引《金玉诗话》云："集句自国初有之，未盛也。至石曼卿人物开敏，以文为戏，然后大著。尝见手书下第偶成：'一生不得文章力，欲上青云未有因。圣主不劳千里召，姮娥何惜一枝春。凤凰诏下虽沾命，豹虎丛中也立身。啼得血流无用处，著朱骑马定何人？'又云：'年去年来来去忙，为他人作嫁衣裳。仰天大笑出门去，独对东风舞一场。'"①此处所引的石曼卿的第二首集句诗堪称绝妙，第一句取自唐朝诗人郑谷的《燕》诗，其中有"年去年来来去忙，春寒烟暝渡潇湘"诗句；第二句取自唐朝诗人秦韬玉的《贫女》，"苦恨年年压金线，为他人作嫁衣裳"诗句；第三句取自李白的《南陵别儿童入京》诗，其中有"仰天大笑出门去，我辈岂是蓬蒿人"诗句；最后一句虽不知何人所写，可能也是出自唐代某个诗人，亦有可能是作者自为。石曼卿将这几句诗移花接木，巧妙组合，便成了另外一首新诗，别开生面，妙趣横生。

被称为"诗鬼"的中唐诗人李贺，曾作《金铜仙人辞汉歌》诗，内有"衰兰送客咸阳道，天若有情天亦老。携盘独出月荒凉，渭城已远波声小"诗句，其中"天若有情天亦老"乃经典名句。此后，很多文人雅士乃以此句为上联，竞相对下联。石曼卿对的是"天若有情天亦老，月如无恨月长圆"。这句下联，与上句两相联配，对仗工整至极，自然融为一体，且既谐上联之意，又有不同之处，饱含人生哲理：上联略显消极忧伤，表达了作者的悲天悯人，为怨嗟之词；下联则意境深远，催人奋发，蕴含着追求人生完美之意。所以，这一联句被人视为集句对的佳作。

四　文学成就

石曼卿是一个官员，为政有能，颇有佳绩。他更是一个文学家，其

---

① 庄季裕撰：《鸡肋编附校勘记续校　蓼花洲闲录》，商务印书馆 1936 年版，第 6 页。

为后人喜闻乐道，主要还是在于他的文学成就。《宋史》本传谓其"为文劲健，于诗最工而善书"①。说明他写文章劲健有力，工于诗词，同时又擅长书法，是集诗、书、文于一身的文学全才。而三者当中，以诗词为最佳，书法和文章次之。

石曼卿的诗，无浮艳之风，自然流畅，清新飘逸，又奇峭跌宕，充满豪迈之气。宋初诗文革新运动的积极倡导者，和石曼卿同时期的著名词人苏舜钦曾说："曼卿之诗，又特振奇发秀。盖取古之所未至，托讽物象之表，警时鼓众……而复气横意举，洒落章句之外，学者不可寻其屏阃而依倚之，其诗之豪者欤！"②范仲淹在《祭曼卿文》中称"曼卿之诗，气豪而奇"③。石曼卿因此被称为"诗豪"，与"文豪"欧阳修、"歌豪"杜默，并称为"三豪"。

石曼卿的诗歌创作数量惊人，苏舜钦在《石曼卿诗集序》中说："曼卿资性轩豁，遇事辄咏，前后所为，不可胜计，其逸亡而存者，才四百余篇，古律不异，并为一帙。"④南宋著名目录学家晁公武的《郡斋读书志》录有《石曼卿集》一卷，修撰于元末的《宋史·艺文志》著录《石延年诗》两卷，均佚。后来，由苏舜钦作序的《诗集》亦大部分逸亡不存，《全宋诗》仅辑录其诗四十余首。

石曼卿一生中最为得意的诗作是《代意寄师鲁》一篇，关于此诗的内容及流传情况，比石曼卿稍晚的学者王辟之在《渑水燕谈录》中记载道：

> 石曼卿，天圣、宝元间以歌诗豪于一时。尝于平阳作《代意寄师鲁》一篇，词意深美，曰："十年一梦花空委，依旧山河损桃李。雁声北去燕西飞，高楼日日春风里。眉黛石州山对起，娇波泪落妆如洗。汾河不断水南流，天色无情淡如水。"曼卿死后，故人关

---

① （元）脱脱等撰：《宋史·石延年列传》，中华书局1977年版，第13070页。
② 沈文倬校点：《苏舜钦集》，上海古籍出版社1981年版，第165页。
③ 孔凡礼点校：《苏轼文集·诗词题跋》，中华书局1986年版，第2159页。
④ 沈文倬校点：《苏舜钦集》，上海古籍出版社1981年版，第165—166页。

咏梦曼卿曰："延年平生作诗多矣，独常自以为《代平阳》一首最为得意，而世人罕称之。能令予此诗盛传于世，在永言尔。"咏觉，增广其词为曲，度以《迷仙引》，于是人争歌之。他日，复梦曼卿谢焉。①

这首诗自然流丽，词美意深，韵味隽永，令人回味。因曾被关咏用《迷仙引》声韵度为歌曲，于是天下人争相传唱。

石曼卿还有一首七律诗《金乡张氏园亭》，是描绘园林景色的名篇，最为后人所称道。其诗云："亭馆连城敌谢家，四时园色斗明霞。窗迎西渭封侯竹，地接东陵隐士瓜。乐意相关禽对语，生香不断树交花。纵游会约无留事，醉待参横月落斜。"②其中，诗歌的颈联"乐意相关禽对语，生香不断树交花"是宋人激赏的名句，这两句诗用拟人的手法描绘了园林中鸟禽对语、鲜花斗艳的情景，活灵活现，让人如闻其声。近人陈衍认为，这两句诗好在"能于'绿杨宜作两家春'外，辟出境界"③。尾联上句写会约纵游之乐，既表现出对主人的敬重，又把此间快意推进一层；下句以醉赏园中月色作结，让人回味无穷。现代著名作家赖汉屏认为，该诗的特点在于用移情手法写出了一个物物情意交融的境界，诗人"以有情之眼观无情之物，遂觉万物皆有深情"④，表达了对金乡张氏园亭的赞赏以及游乐其中的愉悦心情。

石曼卿被称为"诗豪"，存留下来的诗词中，最能体现他豪迈诗风与豪爽性格的作品，要数那首五言律诗《瀑布》，其诗曰："飞势挂岳顶，无时向此倾。玉虹垂地色，银汉落天声。万丈寒云湿，千岩暑气清。沧浪何足羡，就此濯尘缨。"⑤其气势豪放、雄壮遒丽之风，一览无遗。他

---

① （宋）王辟之撰，吕友仁点校：《渑水燕谈录》，中华书局1981年版，第88页。
② 北京大学古文献研究所编：《全宋诗》，北京大学出版社1992年版，第2001—2002页。
③ 陈衍评点，曹中孚校注：《宋诗精华录》，巴蜀书社1992年版，第37页。
④ 缪钺等撰写：《宋诗鉴赏辞典》，上海辞书出版社1987年版，第66页。
⑤ 北京大学古文献研究所编：《全宋诗》，北京大学出版社1992年版，第2000页。

的《燕归梁·春愁》一词，蕴藉深情，描绘女主人公执着纯真的情感，也令人玩味无穷，其词曰："芳草年年惹恨幽。想前事悠悠。伤春伤别几时休。算从古、为风流。春山总把，深匀翠黛，千叠眉头。不知供得几多愁。更斜日、凭危楼。"另外，石曼卿的七律诗如《送人游杭》《古松》《南朝》，五绝《春日楼上》及杂言体古诗《赠别》等，也都是令人称道的上乘之作。

石曼卿虽然以诗成名，其书法亦多为人称道。欧阳修曾赞其书法风格曰："笔力遒劲，体兼颜柳，为世所珍。"[①] 范文正公《祭曼卿文》亦称："曼卿之笔，颜筋柳骨。散落人间，宝为神物。"[②] 朱长文《续书断》载曰："曼卿正书入妙品，尤喜题壁，不择纸笔，自然雄逸，尝舣舟于泗州之龟山，寺僧请题壁傍殿榜，乃剧醉卷毡而书，一挥而三榜成，使善书者虽累旬月构思以为之，亦不能及也。"[③] 石曼卿善书大字，苏轼曾慨叹"大字难于结密而无间，小字难于宽绰而有余"[④]，却称赞"曼卿大字，愈大愈奇"[⑤]。足见其大字水平之高。

宋代书法家朱长文评价石曼卿："嗜饮以自放，奇篇宝墨多得于醉中，真一代文翰之雄也。"[⑥] 嗜酒的曼卿，古怪的曼卿，豪放的曼卿，幽默的曼卿，风流的曼卿，多才的曼卿，多少人为其才情所倾倒！多少人慕其豪迈而效仿！他取名为延年，却天不假年，未能延年益寿。惜乎，一代才子，中年早夭。

石曼卿死后，他的酒友苏舜钦曾赋七律诗《哭曼卿》，欧阳修亦作

---

① （宋）欧阳修撰：《六一诗话》，见《中国古典文学理论批评专著选辑》，人民文学出版社 1962 年版，第 14 页。
② 孔凡礼点校：《苏轼文集·诗词题跋》，中华书局 1986 年版，第 2159 页。
③ 华东师范大学古籍整理研究室选编：《历代书法论文选》，上海书画出版社 1979 年版，第 334—335 页。
④ 华东师范大学古籍整理研究室选编：《历代书法论文选》，上海书画出版社 1979 年版，第 314 页。
⑤ （明）杨慎撰：《墨池琐录》卷二，清康熙五十四年李组江刻本（收录于《四库全书》）。
⑥ 华东师范大学古籍整理研究室选编：《历代书法论文选》，上海书画出版社 1979 年版，第 334 页。

五言诗《哭曼卿》及《石曼卿墓表》。兹袭用苏舜钦之《哭曼卿》一诗，以缅怀一代奇才石曼卿，其诗曰：

> 去年春雨开百花，与君相会欢无涯。
>
> 高歌长吟插花饮，醉倒不去眠君家。
>
> 今年恸哭来致奠，忍欲出送攀魂车。
>
> 春晖照眼一如昨，花已破蕾兰生芽。
>
> 唯君颜色不复见，精魄飘忽随朝霞。
>
> 归来悲痛不能食，壁上遗墨如栖鸦。
>
> 呜呼死生遂相隔，使我双泪风中斜。①

第七节　宋、金名医多，睢阳有王、张
——医家王怀隐和张从正

一　北宋医学家王怀隐

王怀隐，北宋医学家，宋州睢阳（今河南商丘）人，生卒年不详。

（一）生平及著述

王怀隐初为开封建隆观道士，通晓岐黄之术，医术精妙，深谙本草药性，为人诊治多效验，名重一时。因机缘巧合，曾为宋太宗赵光义侍奉汤药，自此受宠。太平兴国元年（976），奉太宗诏命还俗，担任尚药奉御，很快累官至翰林医官使，掌医药以侍奉皇帝。太平兴国三年（978），吴越忠懿王钱俶派遣其子惟浚入朝，献出其"浙右之地"，宋太宗非常高兴，于是"徙惟浚淮南节度"②。其间惟浚患病，为惟浚诊病的就是王怀隐，《宋史》记载"吴越遣子惟浚入朝，惟浚被疾，诏怀隐视之"③。此后，王怀隐一直供职于京城，直到太宗至道年间（995—997）去世。

---

①　沈文倬校点：《苏舜钦集》，上海古籍出版社1981年版，第13—14页。

②　（元）脱脱等撰：《宋史·吴越世家》，中华书局1977年版，第13909页。

③　（元）脱脱等撰：《宋史·王怀隐传》，中华书局1977年版，第13507页。

宋太宗未登基时即留心医药，收藏有名方千余首。即位之后，为了整理保存历代医家的验方，遂令王怀隐与副使王祐、郑奇及医官陈昭遇等人，搜集历代官私秘方与宋太宗收藏的药方，参对编类，至淳化初纂辑成书。宋太宗"亲阅方书"，并为之作序，特赐名《太平圣惠方》。关于该书的编撰经过，《御制太平圣惠方序》曰："朕昔自潜邸，求集名方，异术玄针，皆得其要。兼收得妙方千余首，无非亲验，并有准绳。贵在救民，去除疾苦。并遍于翰林医官院，各取到经乎家传应效药方，合万余道。令尚药奉御王怀隐等四人，校勘编类……今编勒成一百卷，命曰《太平圣惠方》，仍令雕刻印版，遍施华夷。"[①]

《太平圣惠方》一书，共计一百卷，分1670门，方16834道，包括脉法、处方用药、五脏病证、内、外、骨伤、金创、胎产、妇、儿、丹药、食治、补益、针灸等，最后两部分内容为针经和针灸。全书共约282万字，堪称卷帙浩繁。其规模之大，内容之丰富，为当时所独有。如此长篇宏制，编排起来非常不容易，但王怀隐等人却做到了以简驭繁，条分缕析，纲目明晰。所以宋太宗在书序中赞曰："求妙删繁，备诸方册，讨寻精要，演说无所不周；诠诂简编，探赜悉闻尽善，莫不考秘密，搜隐微，大矣哉！"它在每门之下先引《诸病源候论》的理论为总论，然后汇集方药，体现了理、法、方、药较完整的辨证论治体系，具有较高的临床实用价值。该书是论述赅备的综合性医书，在医学思想的阐释方面还有两个突出特点：

1. 设立专篇，论述医德的重要性。《太平圣惠方》中明确提出了"为医之道，尽善尽美"的医学宗旨。医家要达到尽善尽美，就不能只重医术，而必须做到德术并重。我国历代医学家虽然非常重视医德和医术修养并重，但在著作中设立专篇进行论述的却不多见，《太平圣惠方》卷一《序为医》就是阐述为医之道的专篇。文中指出，医家应该"常怀拯物

---

① （宋）王怀隐等编：《太平圣惠方·序》，人民卫生出版社1958年版。

之心"以"救含灵之苦";强调"夫为医者,先须谙甲乙素问,明堂针经,俞穴流注,本草药对,三部九候,五脏六腑,表里虚实,阴阳盛衰,诸家方论,并须精熟。然后涉猎诗书,该博释老,全之四教,备以五常",而不能"自恃己长,炫耀声称,泛滥名誉"。对医家的修养,《叙诊脉法》则指出,医者只有"寤寐俯仰,不与常人同域",达到"感于鬼神,通于天地"的境界,才能做出正确的诊治,否则就会"庶事隳坏"[①]。这些论述,语简意深,充满着人文关怀和爱心提示,至今仍有非常重要的现实意义。

2.重视脏腑疾病,将其置于所载各种疾病之首。《太平圣惠方》在辨明脏腑各种疾病的基础上,对脏腑的生理病理、虚实寒热、主症之方、主要药物等均作了论述,药方计有十八种脾与胃疾患、十六种肾与膀胱疾患、十四种心与小肠疾患、十四种肺与大肠疾患、十三种肝胆病方等;把行之有效的药物分属脏腑门下,对五脏用药加以明确归类,如"肝脏用药"列有蕤仁等二十八种药物,"心脏用药"有麦门冬等二十三种,"脾脏用药"有黄耆等二十五种,"肺脏用药"有款冬花等二十七种,"肾脏用药"有肉苁蓉等二十一种,"诸疾通用药"五十一种;根据每一类型中所出现的不同症状,施以不同的治疗方法。如肝脏病,首先列出《肝脏论》一首,然后下记"治肝虚补肝诸方七道""治肝实泻肝诸方六道""治肝气不足诸方五道""治肝脏中风诸方十五道""治肝风筋脉拘挛诸方十五道""治肝风筋脉抽掣疼痛诸方九道""治肝壅热头目不利诸方五道""治肝气逆面青多怒诸方四道""治肝脏风毒流注脚膝筋脉疼痛诸方八道""治肝风冷转筋诸方十道"[②]等。另外,在每种药物之下,还载有该药的寒、热、温、凉等药性,这种归类方法,对后世产生了很大影响。金代易水学派的代表张元素的《脏腑标本寒热虚实用药式》就承袭了这种编次方法。

---

① （宋）王怀隐等编:《太平圣惠方》,人民卫生出版社1958年版,第1页。
② （宋）王怀隐等编:《太平圣惠方》,人民卫生出版社1958年版,第38—74页。

（二）轶事典故

1."浮小麦"的故事

浮小麦一名，最早见于古医书《太平圣惠方》。关于它的由来，流传着这样一个故事：宋代太平兴国年间，有一天，京城名医王怀隐在家中查看晾晒的中药材，发现新购进一堆小麦。正感到疑惑时，忽然来了一位急症病妇，病人的丈夫告诉王怀隐说，他妻子整日心神不宁，喜怒无常，甚至还伤人毁物，希望王先生能帮他妻子治好这个邪病。王怀隐为那妇人仔细切脉后，认为她患的是脏躁症，便开了一方，有甘草、小麦、大枣三味药，其中小麦就是家中晾晒的干小麦。病人的丈夫临走前又说，他妻子夜间常常出汗，汗液经常弄湿衣衫。王怀隐点头答道："先治好脏躁症再说吧。"几天之后，那对夫妇来拜谢王怀隐，感激地说："先生不愧为杏林名医，真是药到病除，先生大德，我们夫妇终生难忘！"王怀隐关切地问："不急，今天来治盗汗症吧。"那妇人笑道："不用了，盗汗症也已经痊愈了。"王怀隐暗自思忖，难道甘麦大枣汤也有止盗汗的作用？后来，他有意以此方又治了几个盗汗症病人，因用的是成熟饱满的小麦，结果均不见效，这让他大惑不解。这时，他听见伙计与张大户的争吵声，回想起上次入药的小麦，就是张大户送来的干瘪麦子。于是吩咐把这些麦子另放一处，并注明"浮小麦"三字。后来王怀隐用浮小麦治盗汗、虚汗症，果然获得奇效，于是在编写《太平圣惠方》一书时特记入浮小麦的功效。

中医认为，浮小麦味甘性凉，可入心经，能止汗。李时珍《本草纲目》载："浮麦，即水淘浮起者，焙用……〔主治〕益气除热，止自汗盗汗，骨蒸虚热，妇人劳热。"①

2.枸杞延年的故事

《太平圣惠方》卷九十四《神仙服枸杞法》中，载有一个关于枸杞

---

① （明）李时珍撰，刘山永编：《本草纲目》（中），华夏出版社2008年版，第980页。

子延年益寿的故事：

> 有一人往西河为使，路逢一女子，年可十五六，打一老人，年可八九十。其使者深怪之。问其女子曰："此老人是何人？"女子曰："我曾孙，打之何怪？此有良药不肯服食，致使年老不能行步，所以决罚。"使者遂问女子："今年几许？"女曰："年三百七十二岁。"使者又问："药复有几种，可得闻乎？"女云："药惟一种，然有五名。"使者曰："五名何也？"女子曰："春名天精，夏名枸杞，秋名地骨，冬名仙人杖，亦名西王母杖。以四时采服之，令人与天地齐寿。"使者曰："所采如何？"女子曰："正月上寅采根，二月上卯治服之……但依此采治服之，二百日内，身体光泽，皮肤如酥；三百日徐行及马，老者复少，久服延年，可为真人矣。"[①]

这两个故事意在渲染王怀隐的医术高明以及浮小麦和枸杞的药物特效。故事情节特别是第二个故事的描述神乎其神，当然不能信以为真。但浮小麦和枸杞的药物疗效是经过实践证明了的，这一点毋庸置疑。不过也必须指出，《太平圣惠方》中掺杂了一些神授、仙传、朱符等迷信内容，对此我们还是应该谨慎对待，要做到去伪存真，不可一味吸收采用。

二　金朝名医张从正

张从正，字子和，号戴人，金朝名医，金元四大家之一。生活在金世宗、章宗、卫绍王、宣宗、哀宗时期。具体生卒年不详。

（一）张从正里籍考

据《金史·张从正传》记载，张从正是金朝"睢州考城人"[②]。由金入元的著名文人刘祁在《归潜志》中也说："张子和，睢州考城人，初

---

① （宋）王怀隐等编：《太平圣惠方》，人民卫生出版社1958年版，第3034页。
② （元）脱脱等撰：《金史·张从正传》，中华书局1975年版，第2811页。

名从正。"①此后，公私著述、稗官野史谈到张从正故里，均载为"睢州考城"。但是，关于"睢州考城"如今的具体位置，目前尚存在分歧。或说为今河南睢县（《中医各家学说》五版教材），或说为今河南睢县兰考一带（《中国医学史》五版教材），或云是今河南兰考县东（《医古文》四版教材），或云是今河南兰考人（《医古文》五版教材，《历代名医论医德》，《中国古代医学家及其故事》等），众说纷纭，没有定论。那么，张从正的故里到底是今天河南哪里呢？

考城，西周为古戴国地，春秋为宋国地。据北魏郦道元《水经注》卷二十三记载："考城县，周之采邑也，于《春秋》为戴国矣。《左传·隐公十年》，秋，宋、卫、蔡伐戴是也。汉高帝十一年秋，封彭祖为侯国。《陈留风俗传》曰：秦之谷县也。后遭汉兵起，邑多灾年，故改曰菑县，王莽更名嘉谷。章帝东巡过县，诏曰：陈留菑县，其名不善……其改菑县曰考城。"②可知，考城在秦朝为谷县，西汉名菑县，东汉时以其"菑县"名不祥，始改称考城。从隋唐至宋、金、元、明、清，也一直名为考城，只是在后梁开平元年（907），朱温曾将考城更名为戴邑。古人多以地名为号，张从正之所以号称戴人，在《儒门事亲》中每每以"戴人"自标，与考城属于原古戴国所在地以及曾名戴邑有密切关系。清朝，考城隶属睢州。《读史方舆纪要》卷五十"睢州"下："考城县，在州东北九十里。西南至开封府杞县八十里。本周之戴国……考城故城，在县东南五里。本汉之菑县……明朝正统十三年以河患徙今治。"③杨伯峻《春秋左传注》："今河南省民权县东而稍北四十五里，离宋都六十余里，当即古戴国之地。"④按照杨伯峻的说法，古戴国所在地即考城，位于河南省民权县东而稍北四十五里的地方。《中国历史地图集》春秋时期《郑宋卫图》，所标"戴"的位置亦在今民权县东部。

①　（金）刘祁撰，崔文印点校：《归潜志》，中华书局1983年版，第65页。
②　（北魏）郦道元著，陈桥驿校证：《水经注校证》，中华书局2007年版，第556页。
③　（清）顾祖禹撰，贺次君等点校：《读史方舆纪要》，中华书局2005年版，第2354-2355页。
④　杨伯峻编著：《春秋左传注》（修订本），中华书局1990年版，第67页。

又据《儒门事亲》卷八记载："郕城，戴人之乡也。"① 宋代罗泌在所著的《路史》中说："今曹之考城东南有北郕城。"② 《金史·地理志》中"考城"下云："宋隶东京，正隆前隶曹州，后来属（睢州）。"③ 正隆是金朝第四代皇帝海陵王完颜亮的年号。可知金朝初年考城属于曹州，故《路史》谓"曹之考城"，而当时考城东南的北郕城是张从正的家乡名。历史上考城东南还有一著名的地方叫葵丘，是鲁僖公九年（前651）齐桓公与诸侯结盟之地。《史记·秦本纪》张守节《正义》引《括地志》云："葵丘在曹州考城县东南一里一百五十步郭内，即桓公会处。"④ 杨伯峻《春秋左传注》曰："《水经·泗水注》又谓'黄沟自城南东迳葵丘下，《春秋》僖公九年齐桓公会诸侯于葵丘'，《元和志》谓在考城东南，《考城县志》谓葵丘东南有盟台，其地名盟台乡。则当在今河南省兰考县东。"⑤ 民国《考城县志》卷三记载："葵丘，在今考城。"⑥ 卷十又载："葵丘在县东南一百五十步。《左传》齐桓公会诸侯于葵丘是也。"⑦ 据考证，今天的葵丘会盟台遗址在河南省民权县城东17.5公里，林七乡小王庄村东，黄河故道北岸。毛德西在《从考城沿革谈张子和故里》一文中认为，根据金代考城县治在今民权县林七乡西南葵丘会盟台处，那么，张从正的家乡北郕城，应该在今林七乡东南一带。

张从正行医成名后，并未居于原籍，而是长期住在当时的陈州宛丘（今河南淮阳），行医与学术研究。所以，文献记载又有"陈州张

---

① （金）张从正撰，张海岑等校注：《儒门事亲校注》，河南科学技术出版社1984年版，第441页。
② （宋）罗泌撰：《路史》（四部备要本），上海中华书局据原刻本校勘，第364页。
③ （元）脱脱等撰：《金史·地理志》，中华书局1975年版，第590页。
④ （汉）司马迁撰：《史记·秦本纪》，中华书局1959年版，第187页。
⑤ 杨伯峻编著：《春秋左传注》（修订本），中华书局1990年，第324页。
⑥ 张之清修：《考城县志》，见《中国地方志丛书》，台北成文出版社影印民国十三年铅印本，第143页。
⑦ 张之清修：《考城县志》，见《中国地方志丛书》，台北成文出版社影印民国十三年铅印本，第590页。

戴人"①"金宛丘人氏张戴人"②的说法，这和张从正的故里是两码事。现代著述以及一些教材中，对张从正的里籍标记混乱，有的说是河南兰考，有的说是河南睢县等，其原因是中华人民共和国成立前后，河南兰考、睢县等地的行政区划发生了较大变化。1954 年，兰封、考城二县合并，以二县首字为名，称兰考县。1956 年又划原考城县北关、褚庙两个中心乡和程庄乡所属的十个小乡归民权县。此后，民权县区域再无变化。正是因为在一定历史时期，民权县部分辖地属于睢县或者兰考，上述史料所言"睢州""考城"均应指今河南民权县，而不是现在的睢县或兰考县。

（二）生平及著述

张从正生于医学世家，自幼得先人医学传承。他曾自谓："余自先世授以医方，至于今日，五十余年。"③康熙《御选金诗》卷二十二载有张从正诗三首，其中有"耽嗜医经五十年""齿豁头童六十三"等字句。以此推断，张从正至少享年六十三岁。如果按他从医五十周年和享年六十三岁来计算，那么，张从正十三岁就开始跟随家人学医了。有学者综合相关史料考证，认为张从正约生于 1167 年，卒于 1229 年。④还有学者考证说，张从正生于 1156 年，卒于 1228 年，享年七十二岁。⑤将张从正生卒年具体到某一年，未必确，但大致时间还是可信的。

张从正学医成名之后，即乔迁至离家乡不远的陈州宛丘，而且长期居于此地，所以才如前文所说被称为"陈州张戴人""金宛丘人氏张戴人"。张从正在陈州的住处紧挨蔡河，当时的蔡河从东京向南流经通许、扶沟、太康、宛丘等地，南北来往舟船经常在他的居地停靠。

① （金）张从正撰，张海岑等校注：《儒门事亲校注》，河南科学技术出版社 1984 年版，第 435 页。
② （明）李汤卿撰：《心印绀珠经》，中医古籍出版社 1985 年影印版，第 19 页。
③ （金）张从正撰，张海岑等校注：《儒门事亲校注》，河南科学技术出版社 1984 年版，第 44 页。
④ 董尚朴、李慧敏：《张从正生平考略》，《天津中医学院学报》1997 年第 1 期。
⑤ 萧国钢：《张子和生平有关史料简述》，《中医文献杂志》2005 年第 3 期。

他曾说："近年，予之庄邻沿蔡河来往之舟，常舣于此……今二十余岁矣！"①

张从正诗词中曾有"旧游马上行人老"之语，说明他经常骑马周游行医。从《儒门事亲》所载二百多例医案可以看出，他的行医活动范围之广几乎遍布河南全境，并涉足江苏、山东等邻省部分地区。在他五十多年的从医生涯中，有两段令他难忘的经历，一是从军行医，一是召补太医。

金泰和六年（1206）冬，金兵大举进攻南宋，渡过淮河，逼近长江。张从正被征入军，参加了这场战争。据《续资治通鉴》记载："十二月，丁未朔，金布萨揆进军攻和州……时宋军万五千骑屯六合，揆侦知之，即以右翼掩击，斩首八千级，进屯瓦梁河，以扼真扬诸路之冲，乃整列军骑，沿江上下，毕张旗帜，江表大震。"②第二年，金军回师，但军中发生大规模疫病。张从正在《儒门事亲》中回忆这次疫情说："余亲见泰和六年丙寅，征南师旅大举，至明年军回，是岁瘴疠杀人，莫知其数……次岁疟病大作，侯王官吏上下皆病。轻者旬月，甚者弥年。"③当时，张从正从军，并非执戈冲阵，而是作为随军医生被征派。比如，他在其中一个医案说："余向日从军于江淮之上，一舟子病，予诊之，乃五实也……数日方已。"④张从正这次军旅生涯时间不太长，只是二三个月，但留给他的印象极深。

张从正行医经历中的另外一件大事是被召补为太医，时间是在金宣宗兴定年间（1217-1221）。《儒门事亲·颐斋引》曰："兴定中，召补

---

① （金）张从正撰，张海岑等校注：《儒门事亲校注》，河南科学技术出版社1984年版，第51页。
② （清）毕沅编著：《续资治通鉴》，中华书局1957年版，第4249-4250页。
③ （金）张从正撰，张海岑等校注：《儒门事亲校注》，河南科学技术出版社1984年版，第43页。
④ （金）张从正撰，张海岑等校注：《儒门事亲校注》，河南科学技术出版社1984年版，第151页。

太医，居无何求去，盖非好也。"①这里"求去"是说张从正自求离开太医院，"盖非好"当指他不喜欢或者不适应那里的环境。那么，到底张氏为什么要辞去太医之职呢？根据现有资料和当时的情况分析，可能有两个方面的原因。一是他个人秉性与世俗不合。张从正虽然是个医者，却喜欢饮酒作诗，是一个不拘小节、任性放纵之人。如刘祁在《归潜志》说："（张子和）为人放诞，无威仪。颇读书、作诗，嗜酒。"②这样一个清高孤傲的人，始终以践行医道为本，赞扬"古人以医为师，故医之道行"，鄙视"今之人以医辟奴，故医之道废"，所以他说"常见官医迎送长吏，马前唱喏，真可羞也"③。他如此蔑视权贵，不屑屈膝迎奉，是很难与众太医和睦相处的。张从正辞官的另一个原因是他的攻邪学说不被同行理解、认可。他的汗、吐、下攻邪三法，"多用峻激之药"，在当时是一种创新，但应用须得其法，"妄庸浅术习其方剂，不知察脉原病，往往杀人"④。这与当时官僚权贵喜温补以及同行们善用温补之法等难以相容。因此，持能厌事的张从正离开深宫大院，辞官回归民间乡里，是他最好的选择和归宿。但是他的辞职却遭到不明真相者的闲议，即《儒门事亲·杂记九门》所谓"及其归也，谤言满市"，或曰"戴人医杀仓使、耿四而去"，或谓"戴人医杀二妇，遂辞太医之职而去"⑤。

张从正辞太医时已是晚年，但他仍然坚持行医，同时开设讲坛，传播自己的学术思想和经验。他在讲学的同时，开始著书立说。易州（今河北易县）人麻九畴，喜欢医学，晚年和张从正交往密切，且参与了张的著述。史称麻九畴"晚更喜医，与名医张子和游，尽传其学，且

① 董尚朴、李慧敏：《张从正生平考略》，《天津中医学院学报》1997 年第 1 期。
② （金）刘祁撰，崔文印点校：《归潜志》，中华书局 1983 年版，第 65 页。
③ （金）张从正撰，张海岑等校注：《儒门事亲校注》，河南科学技术出版社 1984 年版，第 398 页。
④ （元）脱脱等撰：《金史·张从正传》，中华书局 1975 年版，第 2811 页。
⑤ （金）张从正撰，张海岑等校注：《儒门事亲校注》，河南科学技术出版社 1984 年版，第 458 页。

为润色其所著书"①。

张从正一生著述甚多。金末元初人刘祁最早谈到张氏著述,他在《归潜志》中云:"(张子和)有六门三法之目,将行于世,会子和、知几相继死,迄今其书存焉。"② 元朝脱脱在《金史·张从正传》中说:"其所著有'六门、二法'之目,存于世云。"③ 生活在元明之际的李汤卿,在《心印绀珠经》中较为详细地记载了张从正的著述:"有《儒门事亲》书三十篇,《十形三疗》一帙,《治病百法》一帙,《三复指迷》一帙,《治法心要》一帙,《三法六门世传方》一帙。"④ 据《医籍考》等文献史料记载,张子和著作计有《儒门事亲》三卷、《治病百法》二卷、《十形三疗》三卷、《杂记九门》一卷、《撮要图》一卷、《治病杂论》一卷、《三法六门》一卷、《治法心要》一卷、《世医神效名方》一卷和《伤寒心镜》一卷,共十种,十五卷。除《伤寒心镜》附入《刘河间医学六书》之外,其余的九种共十四卷均收录于今本《儒门事亲》之中。至于《心印绀珠经》所载《三复指迷》一卷,以及钱大昕据《金史》所谓尚有《汗下吐法治病撮要》一卷、《秘录奇方》二卷、《张氏经验方》二卷,四种共六卷,今均亡佚。现存《儒门事亲》书中前三卷为张从正亲撰,其余各卷由张氏口述,经麻知几、常仲明记录、整理而为完书。

(三)主要医学理论

1. 汗吐下攻邪三法

张从正是一个具有创新精神的医家,其医学思想体现出不同一般的独到见解。他将疾病产生的原因总归于外界不同邪气的侵袭,提出"病由邪生"的发病观,从而创立了攻邪理论。张从正在《汗吐下三法该尽治病诠》中说:"夫病之一物,非人身素有之也。或自外而入,或由内而生,皆邪气也。"又说:"天之六气,风、暑、火、湿、燥、寒;地之六气,雾、

① (元)脱脱等撰:《金史·麻九畴传》,中华书局1975年版,第2740页。
② (金)刘祁撰,崔文印点校:《归潜志》,中华书局1983年版,第65页。
③ (元)脱脱等撰:《金史·张从正传》,中华书局1975年版,第2811页。
④ (明)李汤卿撰:《心印绀珠经》,中医古籍出版社1985年影印版,第19页。

露、雨、雹、冰、泥；人之六味，酸、苦、甘、辛、咸、淡。故天邪发病，多在乎上；地邪发病，多在乎下；人邪发病，多在乎中。此为发病之三也。处之者三，出之者亦三也。"[①]他认为天气、地气、人味是人体赖以生存的必要条件，属于正常的生理之气，如果天地之六气、人之六味太过，就会变成邪气，从而导致人体发生疾病，故主张治病必先祛邪，邪气退则元气复。张氏按邪气的不同发病途径，分为天、地、人三类，这就是他所谓天邪、地邪、人邪的"三邪理论"。张从正认为通过攻邪之法，可以调畅气机，疏达气血，"使上下无碍，气血宣通，并无壅滞"[②]，从而达到恢复健康的目的。

张从正的攻邪理论，在张仲景的基础上扩大了《伤寒论》中关于汗吐下三法的应用范围，丰富和发展了中医学的治疗方法和临床用药，纠正了前代治疗学上的弊端，推动了后代温病学的发展。

2."习以平惊"疗法

现代意义上的习以平惊疗法，是指让病人习惯接触有害的刺激因素，提高其适应能力，使其不再对该刺激因素发生敏感，从而愈病的治疗方法。它重在治疗由情志因素所引起的疾病，是一种精神脱敏疗法，主要适用于因精神过敏所致的病症。

《黄帝内经》有"惊者平之"之语。张从正在《儒门事亲》中对此有自己独到的理解："平，谓平常也。夫惊以其忽然遇之也。使习见习闻，则不惊矣。"从而明确提出"惟习可以治惊"[③]，巧妙地把致病之因转化成治疗手段，并将其应用于临床。《儒门事亲》中载有这样一则医案：

---

① （金）张从正撰，张海岑等校注：《儒门事亲校注》，河南科学技术出版社1984年版，第95—97页。
② （金）张从正撰，张海岑等校注：《儒门事亲校注》，河南科学技术出版社1984年版，第567页。
③ （金）张从正撰，张海岑等校注：《儒门事亲校注》，河南科学技术出版社1984年版，第189页。

　　卫德新之妻，旅中宿于楼上，夜值盗劫人烧舍，惊堕床下，自后每闻有响，则惊倒不知人。家人辈蹑足而行，莫敢冒触有声，岁余不痊。诸医作心病治之，人参、珍珠，及定志丸皆无效。戴人见而断之曰：惊者为阳，从外入也；恐者为阴，从内出也。惊者，为自不知故也。恐者，自知也。足少阳胆经属肝木，胆者，敢也，惊怕则胆伤矣。乃命二侍女执其两手，按高椅之上，当面前下置一小几，戴人曰：娘子当视此。一木猛击之，其妇人大惊。戴人曰：我以木击几，何以惊乎？伺少定击之，惊也缓。又斯须连击三五次，又以杖击门，又暗遣人画背后之窗，徐徐惊定而笑曰：是何治法？戴人曰：《内经》云，惊者平之，平者常也，平常见之必无惊。是夜使人击其门窗，自夕达曙。夫惊者，神上越也，从下击几，使之下视，所以收神也，一二日虽闻雷而不惊。[①]

这则医案是中医心理治疗史上的一次大胆创新，张从正之后亦鲜有医家用此方法。这种习见习闻治疗法，与现代心理治疗中所使用的系统脱敏法，在操作程序上是大致相同的，只是显得不太规范。但它丰富了中医心理治疗的调节手段，也拓展了医家临床操作的思维空间。

第八节　为官为学两不误，《宋史》立传留美名
　　　　——南宋经学家程迥

　　程迥，字可久，应天府宁陵沙随（今河南宁陵县石桥乡）人，时称沙随先生。生卒年不详。南宋经学大家，亦涉猎医学、音韵学、历史学等领域。

[①] （金）张从正撰，张海岑等校注：《儒门事亲校注》，河南科学技术出版社1984年版，第409页。

一　早年及为官经历

程迥幼年生长于宁陵沙随，宋钦宗靖康二年（1127），为避靖康之乱，举家南迁至绍兴府余姚（今浙江余姚）。《宋史·程迥传》载："年十五，丁内外艰，孤贫飘泊，无以自振。"[①]程迥十五岁的时候，又遭遇父母双丧。他孤身在外，贫穷无依，无以自给，为了谋生，只好漂泊流浪。到二十岁时，程迥始知读书。当时战乱刚刚平定，有不少来自西北地区的读书人滞留在钱塘，这给了他考德问业的机会。

宋孝宗隆兴元年（1163），程迥考中进士，开始仕宦生涯，以后游宦于江苏、江西等地，历任扬州泰兴（今江苏泰兴）县尉、饶州德兴（今江西德兴）县丞、隆兴府进贤（今江西进贤）知县以及信州上饶（今江西上饶）县令等职。程迥为官正直，政宽令简，清廉爱民，颇有政绩。《宋史》给予他很高评价，赞曰："迥居官临之以庄，政宽而明，令简而信，绥强抚弱，导以恩义。积年雠讼，一语解去。猾吏奸民，皆以感激，久而悛悔，欺诈以革。"[②]

据《宋史·程迥传》，程迥退官为奉祠（指宋代五品以上不能任事或年老退休的官员），寓居于鄱阳（今江西鄱阳）的萧寺。程迥由上饶县令转为奉祠，《宋史》本传没有说明原因。曾经亲与程迥交游的宋人韩淲在其《涧泉日记》中云："程迥，字可久，号沙随先生……作上饶宰，以不能办财赋得辞，归老鄱阳。朱元晦喜其写字笔正，尝托写《武王践阼》一篇。先公亦尝招之一饭，淲近年亦得三四通问也。在上饶及旧居鄱阳时，屡得闻其谈论。"[③]可知，程迥是因为无力办好上饶县的财货赋税，自己辞官归老鄱阳。作为奉祠，只领官俸而无具体职事，这使得程迥可以广泛会友，从事著述。

程迥终老之年，史传无载。束景南《朱熹年谱长编》认为，淳熙

① （元）脱脱等撰：《宋史·程迥传》，中华书局1977年版，第12949页。
② （元）脱脱等撰：《宋史·程迥传》，中华书局1977年版，第12952页。
③ （宋）韩淲、陈鹄撰：《涧泉日记　西塘集耆旧续闻》（宋元笔记丛书），上海古籍出版社1993年版，第17页。

十六年（1189）八月，"沙随程迥卒，致书其子程绚吊之"①，可作参考。程迥儿子程绚，后来担任巴陵（今湖南岳阳）县尉，摄理邑事，执法严明，能理冤狱；其孙程仲熊亦颇有名声，均得益于程迥的言传身教。

二　当官为民的事例

程迥在任饶州德兴县丞时，当地有一个颇有势力的刁民齐掬。一次，齐掬家被盗，平常与齐家不和的人都被诬下狱。州府让程迥严访查实，尽快释放狱中蒙冤的县民。后来，终于抓住了盗贼，无辜蒙冤的人全部获释。齐掬却不肯罢休，还一直上诉不已，要求把被释放的人再送入监狱。程迥义正辞严地驳斥说："盗既获矣，再令追捕，或死于道路，使其骨肉何依，岂审冤之道哉！"②程迥执法严明，不冤枉好人，不姑息刁民，因此深受当地民众敬佩。

程迥任江西进贤县令时，有一年当地发生饥荒，上级官府却下令关停市场，禁止买卖粮食。这样做无疑会加深灾民的困境。程迥分析利弊，据理力争。他说："力田之人，细米每斗才九十五文，逼于税赋，是以出粜，非上户也。县境不出货宝，苟不与外人交易，输官之钱何由而得？"③而且当时的情况是强者群聚，四处抢掠，伤人毁物，灾民即使缺粮也不敢到市场上去。他再三申述，直到上级官府同意才罢休。还有一年，该县发生大水，粮食无收，而郡府只减免很少的租税。程迥极力上诉，认为这样做等于是把灾民赶出去任其漂泊流徙，对于官府来说也征收不到任何赋税，只是空留下灾民的户籍而已。于是，他果断下令减免当年的租税。

程迥在信州上饶任县令时，发现官府当时征收的租税太重，比过去增加了一倍，并且还收取斛面米作为附加税，便竭力制止。他曾痛心地

① 束景南著：《朱熹年谱长编》，华东师范大学出版社 2001 年版，第 968 页。
② （元）脱脱等撰：《宋史·程迥传》，中华书局 1977 年版，第 12950 页。
③ （元）脱脱等撰：《宋史·程迥传》，中华书局 1977 年版，第 12951 页。

说："令与吏服食者，皆此邦之民膏血也。曾不是思，而横敛虐民，鬼神其无知乎！"① 诚如他所言，地方官的衣食费用，都是百姓的血汗钱换来的，天地鬼神都在看着，这些官员们却不知扪心自问！他关心民众、憎恶横征暴敛到了如此程度。

三　著述及学术成就

程迥虽然一生为官，但书不离手，著述亦很丰富。根据《宋史·程迥传》记载，他著有《古易考》《古易章句》《古占法》《易传外编》《春秋传显微例目》《论语传》《孟子章句》《文史评》《经史说诸论辨》《太玄补赞》《户口田制贡赋书》《乾道振济录》《医经正本书》《条具乾道新书》《度量权三器图义》《四声韵》《淳熙杂志》《南斋小集》等多种文集。又《宋史·艺文志》云："程迥《春秋显微例目》一卷，又《春秋传》二十卷。"②《春秋胡传附录纂疏·引用姓氏》云："沙随程氏迥可久《春秋解》。"③ 这里的《春秋解》应该就是《春秋传》。程迥的著述，涉及经学、历史、医学、声韵、赈济、田赋等很多领域。南宋大哲学家朱熹曾称誉程迥："博闻至行，追配古人，释经订史，开悟后学，当世之务又所通该，非独章句之儒而已。""著书满家，足以传世，是亦足以不朽。"④ 可惜的是程迥著述多已散佚，流传下来的只有《周易章句外编》和《周易古占法》，收录于《四库全书》。另有《医经正本书》一卷，现存明初刻本、几种清刻本及《十万卷楼丛书》本，《续修四库全书》有收录。还有《古韵通式》一书，可能当时流传不广，文字仅散见于朱熹文集及王应麟《玉海》等书，而《宋史》及宋人史志目录书均不见载。

（一）经学见解

程迥生活的年代与理学家朱熹同时，年长于朱熹，二人关系非常好。

① （元）脱脱等撰：《宋史·程迥传》，中华书局 1977 年版，第 12951 页。
② （元）脱脱等撰：《宋史·艺文志》，中华书局 1977 年版，第 5064 页。
③ （元）汪克宽撰：《春秋胡传附录纂疏》，台湾商务印书馆影印文渊阁四库全书本，第 11 页。
④ （元）脱脱等撰：《宋史·程迥传》，中华书局 1977 年版，第 12952 页。

朱熹对程迥的学问品行极为敬重，书信往来中经常尊称他"大师""程丈""老丈"等，而谦称自己为"晚学小生"或"晚生小子"。程迥在《易》学方面多有探究，曾著《古易考》《古易章句》等书，深受朱熹推崇，可惜未能流传下来。所幸的是，《四库全书》收录了他的《周易章句外编》和《周易古占法》，我们因此得以窥测他的《易》学见解。《周易古占法》共一卷，分为太极、两仪、四象、八卦、重卦、变卦、占例、占说、揲蓍详说、一卦变六十四卦图、天地生成数配律吕图等十一篇。另附《周易章句外编》一卷，杂论《易》说及记古今占验。《周易古占法》是宋代学者中较早对古占法进行系统性探究的著作。在该书中，程迥继承并运用了北宋学者邵雍的"加一倍法"，来探析《易》卦之生成原理，特别是对揲蓍求卦的过程作了详细解说。他通过对《周易》经传及《左传》《国语》中占筮实例的考察，归纳出《周易》占断吉凶之法。程迥认为西汉京房发明的"金钱代蓍"求卦法（类似于今天的铜钱摇卦法），失去了正统的揲蓍法所具有的阴阳变化的象征意义，对京房的"八宫卦例"等占筮法持排斥态度，认为"不能合于正经"。他对三国时期吴国学者虞翻的占解法颇为赞同，还曾用虞翻之法进行占解。黄黎星在《探筮寻例　归本儒理——论程迥对〈周易〉古占法的研究》一文中认为，该书探究的重点是卜筮象数之学，但是作为儒者，程迥探究古占法的最终目标还是归本于儒家义理。程迥关于占筮法的论述，能发前人之所未发，朱熹颇为赞同，故其《易学启蒙》《周易本义》多取程说。该书对后世也有很大影响，在中国易学史上具有重要意义。

程迥于《春秋》学研究，也有独到的解说。他精于考据，善于辨析书法义例。他研究《春秋》，虽然博采三传及诸家之说，但往往能断以己见。比如，《春秋经》记载：庄公二年（前692），秋七月，齐王姬卒。《公羊传》云："外夫人不卒，此何以卒？录焉尔。曷为录焉尔？我主之也。"[①]

---

① （东汉）何休注，（唐）徐彦疏：《春秋公羊传注疏》，上海古籍出版社1990年版，第74页。

《穀梁传》有同解，云："为之主者，卒之也。"① 程迥不同意公羊、穀梁之说，注曰："礼于舅之妻无服，外祖父母才小功尔。今以世雠而厚其丧，非礼也。不然，外夫人卒不书。"② 认为此乃"非礼"，故而书之，乃所谓常事不书。类似这样的例子有很多，不一一赘述。

（二）音韵学理论

《宋史》本传载程迥撰有《四声韵》，但其书未能流传下来。《古韵通式》一书，史志书目也无收录，但据朱熹、王应麟书中散记以及程迥的有关言论，程迥关于音韵学的见解和理论，我们仍可从中窥知一二。程迥《周易章句外编》在讨论《易经》古音时，曾谈到"四声"与"切响"问题。王应麟在《玉海》中对此总结说："程迥《古韵通式》，一曰四声互用，二曰切响通用。略于《文选》诗中类出五十余条，复以经证，一目终焉。"③

程迥的《古韵通式》所探求的是古韵通转的方式，发明了"四声互用，切响通用"之说。他认为，古人诗歌并不拘于四声，当出现韵不和谐时，是通过"切响"的取韵方式，即转读为相同或相近的韵以达到彼此之间的和谐。程迥关于"切响"的认识在当时可谓独到新奇，但其片面性也是非常明显的。首先他所选用的韵字，是以《文选》诗中的用字作为例证，而不是以《诗经》用韵为准，随意性太强，不具有代表性。而且他所着眼的仅仅是叶韵方式，并未真正理解古音的性质。因为"切响"并非古音的自然状态，只是一种主观的取韵方式。由于其义例不明确，界说不严密，故不为时人所接受。这也可能是其书未能流传下来的原因。但需要指出的是，他这种认识启发和拓展了人们关于古韵通转方式的想象空间，在当时还是有一定积极意义的。

---

① 李学勤主编：《春秋穀梁传注疏》，北京大学出版社 1999 年版，第 64 页。
② （元）吴澄：《春秋纂言》，台湾商务印书馆影印文渊阁四库全书本，第 470 页。
③ （宋）王应麟纂：《玉海》，江苏古籍出版社、上海书店影印浙江书局本 1987 年版，第 848 页。

（三）医学思想

淳熙三年（1176），程迥著《医经正本书》一卷。该书以考辨为主，较为完整地记载了宋代太医局大方脉科考试所据之《伤寒论》全书，增加了医政、医事、度量等医学史研究的史料。作者结合临床实践的论述，有不少可取之处。如对伤寒两感、汗法及汤药煎法等问题均提出独到见解，并对方剂文献中之计量单位予以考证。但由于作者受时代影响，维护孝道伦常，书中的糟粕之处也是显而易见的。比如，他提倡侍亲不避伤寒疫病，谓疫病无传染，说："盖有舍病人远去，自于他处致疾者；亦有与病人同床共舍，居然不病者。是知非传染也……迥平生于亲戚、朋友、部曲、仆使之病，皆亲至卧内，款曲问候，商量药证，不啻数十百辈矣。考古验今，是知决无传染。"[①] 他认为伤寒、温病、热病、时气、天行等疾病的发生，与气候变化有密切关系，是六淫或四时不正之气所导致，因此不会有传染性。他这种看法显然有违科学之道，我们要批判地对待。

（四）史学思想

程迥兴趣广泛，涉猎面广，除了经学、音韵学、医学等领域，他对历史学也有研究。可惜其作未能流传下来，他的史学思想我们无从得知。不过，他对田赋制度的研究特别是关于唐代租庸调制的评价，因为马端临《文献通考》的记载得以为后人所了解。马端临在《文献通考·田赋考》中引用程迥的话说：

> 按唐令文，授田每年十月一日，里正预造簿，县令总集应退应授之人，对其给授。谓如里正管百丁，田万亩。立法之意，欲百家仰事俯育，不致困乏耳。因制租、调以禄君子，而养民之意为多。律文脱户者有禁，漏口者有禁，浮浪者有禁，占田违限者有禁，官司应授田而不授、应课农桑而不课者有禁，但使后世谨守高祖、太

---

① （宋）程迥：《医经正本书》，见《续修四库全书·子部·医家类》（第 1028 册），上海古籍出版社 1996 年版，第 172—173 页。

宗之法，其为治岂易量哉！中间法度废弛，凡史臣所记时弊，皆州县不举行法度耳。时天下有户八百万，而浮客乃至八十万，此融之论所以立也。使融检括剩田以授客户，责成守令不收限外之赋，虽古之贤臣何以加诸？虽有不善，其振业小民，审修旧法，所得多矣。故杜佑作《理道要诀》，称融之功。当是时，姚崇、宋璟、张九龄辈皆在，岂雷同默默者邪！故唐人后亦思之。然陆贽称租调法曰：不校阅而众寡可知，是故一丁之授田，决不可令输两丁之赋。非若两税，乡司能开阖走弄于其间也。史臣曰：州县希融旨，空张其数，务多其获。盖与陆贽之说背驰，岂史臣未稽其实邪？①

这段文字是现在能够看到的程迥关于历史问题研究的珍贵史料。他对唐代租庸调制的利弊进行了分析，并谈及唐人杜佑、陆贽对租庸调制的看法。可以看出，程迥对租庸调制是持肯定态度的。现代历史学家邓广铭对唐代的租庸调制有专门研究，曾论及前人对租庸调制的评价，他说："对租庸调法持完全肯定之论的，在唐代则有陆贽，在宋代则有程迥、吕祖谦，在宋元之际则有胡三省，在明清之际则有王夫之。"②

第九节 "睢阳醉磨一斗墨，梦落荆南写秋色"
——元代著名画家朱德润

朱德润（1294-1365），字泽民，号睢阳山人，又号眉宇山人、鸡林道人等。河南睢阳（今河南商丘睢阳）人。元代著名书画家、诗人。

一 短暂的仕宦生涯

朱德润出身于名门世家，其九世祖为朱贯，是历史上著名的睢阳五老之一，曾官至宋朝议大夫兵部郎中，赠司农少卿。朱贯的子孙因在

---

① （元）马端临撰：《文献通考》，中华书局 1986 年版，第 45 页。
② 邓广铭著：《邓广铭学术论著自选集》，首都师范大学出版社 1994 年版，第 26 页。

江南做官，长期居于昆山（今江苏昆山），遂着籍于江南吴地。朱贯的第五代为宋太学录朱大有，朱大有生朱应得（曾任宋秘书省检阅文字），朱应得生朱琼（元代长洲县儒学教谕），朱琼娶吉氏，生朱德润。

传说朱德润的出生，颇具神秘色彩。据虞集《朱宜人吉氏墓碣铭》记载：朱德润的母亲吉宜人生性至孝，婆婆施夫人非常疼爱她。吉宜人即将分娩时，恰逢施夫人重病在身。施夫人叹息儿媳孝诚之至，保佑她一定生个好儿子，自己也一定要见到孙子出生。当日施夫人病危，朱德润的祖父就去阳抱山，为夫人卜选墓葬之地。当日夜间，施夫人做了一个梦，梦见三国东吴郁林太守陆绩，告诉施夫人说只要不占用自己的住宅（墓地），就愿意做她的孙子。第二天晚上，施夫人又梦见陆绩，说感谢夫人的恩德，自己真的要成为夫人的孙子了。结果，朱德润一生下来，施夫人就去世了。陆绩转世为朱家孙即朱德润，"人以为孝感所致"[1]。"德润"的意思是德行润泽万物，恩惠广施万民，朱德润之名可能与此有关。

朱德润年轻时曾经拜江南名士姚子敬为师，又结识了书画大家赵孟頫。结识赵孟頫使朱德润得以初入仕途，经赵孟頫的推荐，他先得到了驸马太尉沈王的赏识，而后得以被元仁宗召见。元代书画家周伯琦与朱德润相交多年，情谊笃厚，熟知朱德润行迹，他在《有元儒学提举朱府君墓志铭》中记载说："当延佑之末，年廿五，游京师。吴兴赵文敏公子昂荐之，驸马太尉沈王以闻，仁宗皇帝召见玉德殿，命为应奉翰林文字、同知制诰、兼国史院编修官。"[2]可知，元仁宗延祐六年（1319），朱德润二十五岁时，开始进京入仕。仁宗命其担任应奉翰林文字、同知制诰，作为皇帝的文学侍从之臣，负责起草诏令；同时兼任国史院编修。可见，仁宗对朱德润是比较信任的，可惜仁宗第二年即驾崩，无法再对其委以重任。

---

① 李修生主编：《全元文》（第27册），凤凰出版社2004年版，第664—665页。
② 陈高华编著：《元代画家史料汇编》，杭州出版社2004年版，第305页。

　　1321年，元仁宗嫡子硕德八剌嗣位，是为元英宗。英宗对朱德润也很赏识，授其镇东行中书行省儒学提举之职。至治二年（1322）二月，朱德润随同英宗游猎于柳林，驻跸寿安山。英宗游兴盎然，召朱德润作画赋诗，朱德润遂绘《雪猎图》并作《雪猎赋》以献。《雪猎图》描绘了皇帝雪地行猎的英武风貌，凸显了广阔苍茫的平野气势，迎合了英宗的爱好。《雪猎赋》洋洋万余言，格调遒丽，情景交融，英宗龙颜大悦。当时，崇佛之风盛行，英宗亦喜佛，"国家用浮屠法，集善书者，以金泥写梵书，有旨命君综其事，盖旌其能书也"①。朱德润绘画书法均得英宗欣赏，自感仕途光明。但是一年后，英宗就在朝廷政变中被弑，这让朱德润极为伤感。失去了政治靠山，朱德润觉得自己不宜再留在京城，便决计归隐故里。当时，他心情颇为复杂，既感激仁宗、英宗的知遇之恩，又悲叹自己命运坎坷，曾对好友说："吾挟所长，事两朝而不偶，是命也。其归饮三江水乎！"②无奈和惆怅之情溢于言表，当时在朝的很多公卿大臣一再挽留，不听。朱德润回到家乡后，"杜门屏处，讨论经籍，增益学业，不求闻达。垂三十年，声誉弥著"③。

　　元顺帝至正十一年（1351），河南汝汴一带发生农民起义，江浙行中书省平章政事三旦八统兵东征，起用朱德润为行中书省照磨（掌磨勘和审计工作）。朱德润遂又出山，参与镇压农民起义，为平定起义军出谋划策。这也是他一生中不光彩的一笔，但在封建社会，身为人臣必须为国君效力，这是无法由自己选择的。因此，也不必对他过于苛责。其后，朱德润被选为长兴尹，但没去就任，而以病乞归。

　　至正二十五年（1365）六月十七日，朱德润于家乡寿终正寝，享年七十二岁，"七月，辛酉，葬吴县阳抱山之先茔次"④。朱德润长子朱吉，

---

①　陈高华编著：《元代画家史料汇编》，杭州出版社2004年版，第305页。
②　上海古籍出版社、上海书店编：《元史二种·新元史·朱德润传》，上海古籍出版社、上海书店1989年版，第918页。
③　陈高华编著：《元代画家史料汇编》，杭州出版社2004年版，第305页。
④　陈高华编著：《元代画家史料汇编》，杭州出版社2004年版，第306页。

在家乡闭门教书，不应张士诚之聘。

回过头看，朱德润虽然为官两朝，但时间都很短。仁宗朝不到一年加上英宗朝两年，至多也就做了三年京官。晚年复出，亦不过是在地方任上昙花一现。1323 年，元英宗被刺时，朱德润归隐乡里，年仅三十岁，此后三十多年的时间在家"杜门屏处，讨论经籍"。无官一身轻，朱德润善诗文、工书法，对他来说，这是一个习练书画、潜心创作的好时机。以此推之，朱德润的书画作品及其著述应有可观数量。但现在流传下来的并没有我们想象的多，除了一些书画作品，如《秀野轩图》《林下鸣琴图》《松溪放艇图》《山水直幅》等，现存的著述有诗文集《存复斋集》十卷，附一卷，收录有朱德润的诗文、词赋、铭文、族谱等。

二　书画及文学成就

朱德润是著名书画家，同时也是一个诗人。相比较而言，他的书画成就要高于诗文创作。

（一）书画经历及成就

朱德润自幼喜好书画，他曾在《集清画序》中说："仆少小喜作书画，至日渐月渍，不觉为玩物丧志之习。"[1]早年，他拈笔泼墨，随性而为，无师而自学，纯属个人爱好。因此，当时的书画尚谈不上什么风格。

元仁宗皇庆年间（1312-1313），朱德润十九岁左右，师从吴兴姚子敬，习学诗词书法。一天，姚子敬正批评朱德润沉溺于绘画，"艺成而下，足以掩德，戒以勿勤画事"，恰逢高克恭到姚子敬府中做客，朱德润正在执笔绘摹，高克恭看了之后对姚子敬说："是子画亦有成，先生勿止之。"当时，高克恭在画坛是颇有影响的人物，在官场上地位也很高，他的话使朱德润深受鼓励，正如他自己所说："由是日新月染，不觉堕于艺成。"[2]可知，朱德润在绘画的学习阶段受到了高克

---

① 　陈高华编著：《元代画家史料汇编》，杭州出版社 2004 年版，第 307 页。
② 　以上引文均见陈高华编著：《元代画家史料汇编》，杭州出版社 2004 年版，第 308-309 页。

恭的影响。朱德润曾在《题徽太古所藏郭天锡画卷后》一文中说："延祐初，因抵杭，与郭君天锡会于旅次。天锡每诧余于善得高侯旨趣。再三、四年，天锡来吴，因每与对，图时各出新意，图成天锡掀髯相顾一笑。"① 郭天锡是元代著名书法家、鉴藏家，他在这里明确指出，朱德润的绘画承继了高克恭的画风（善得高侯旨趣）；而过了三四年之后，两人的绘画风格均有改变（各出新意）。这期间，他们二人交往密切，互相切磋，各取所长。

朱德润二十五岁到京城大都之前，主要活动在吴兴、杭州。吴、杭是文人大家聚集之地，也是朝廷高官归养之地。在那里，朱德润结识了书画大家赵孟頫等人。因为经常来往于文人仕宦之家，其间他浏览了大量的私家收藏，这对他以后绘画艺术风格的形成产生了直接影响，特别是赵孟頫本人及其所在的文化圈对他的影响最大。

朱德润在大都的四五年中，与书画家兼书画鉴定家的柯九思交往也很密切，他曾在《祭柯敬仲博士文》中说"当延祐之六祀，予挟册而观光，同君游于京国，咸弄翰而翱翔。及至治之末纪，又同归乎江乡。尝与笑谭今古，狎弄杯觞。米家画舫，柯氏秘藏，发缄题于十袭，探古雅于奚囊。"② "延祐之六祀"即仁宗延祐六年（1319），"至治之末纪"即英宗至治三年（1323），可知，在这几年中，二人同在京城，经常在一起把酒言欢，赏书论画，赋诗唱和。柯九思精画墨竹，间作山水，二人书画之风，当会有所共融和沾溉。

由上可知，朱德润入京前后和多位书画名家都有交往，他们的书画风格或多或少为朱德润所借鉴，他博采众家之长，逐渐形成了自己的山水画风格。当然，他也承袭了一些前朝书画大家的翰墨遗风。比如，他的山水画很明显地带有唐朝李昭道父子青绿山水的痕迹，元代散曲

① 陈高华编著：《元代画家史料汇编》，杭州出版社2004年版，第309页。
② （元）朱德润：《祭柯敬仲博士文》，《存复斋文集》卷七，载《四库存目丛书》"集"二十二，明成化十一年项璁刻本，第620页。

名家冯子振评价朱德润的书画说："笔札师逸少，画则规矩出入李昭道父子之间。吾留吴门，一日，过邓静春所寓之屏，泽民时为座中小异客，俄出春长松怪石大轴二，自言前二、三年手所湿绡也。又三日，以其新作一小幅见贻，山平水远，矗矗逼近前辈。"① 朱德润绘画亦师法北宋许道宁和郭熙，描绘寒林、山石、溪水、秋江、雪景等物状，溪山清远、峰岳耸秀、林木挺健。如《姑苏志·人物九》说他"得许道宁画，试加涂抹，遂臻其妙"②；元末明初画家夏文彦《图绘宝鉴》谓："画山水学郭熙，其合作者甚佳。"③ 可以说，他的山水画杂采多家，融于一身，既继承传统，又创新意，为推进中国山水画艺术的发展作出了重要贡献。

朱德润的画在当时很受欢迎，求取者甚多，声价不菲。他自己曾说："今屡为人求取，乃欲罢不能。"④ 元顺帝时画家倪瓒有诗云："朱君诗画今称绝，片纸断缣人宝藏。小笔松岩聊尔尔，道宁格律晚堂堂。"⑤ 明初诗人袁凯《观朱泽民所画〈山水图〉有感》云："朱公画图爱者众，声价端如古人重。王卿巨公数见寻，往往闭门称腕痛。"⑥

朱德润的绘画作品虽然在当时极负盛名，却长期湮没在中国绘画史的长河之中，不为人们所熟知。现在流传下来的亦很少，藏于世界各大博物馆的作品总计不超过三十件，还包括部分赝品。其传世真迹，代表作有《浑沦图》《秀野轩图》《林下鸣琴图》《松溪放艇图》《山水直幅》等。

朱德润的书法在当时亦颇有名气。据前引周伯琦《有元儒学提举朱府君墓志铭》所载，元英宗时"国家用浮屠法，集善书者，以金泥写梵书，有旨命君综其事，盖旌其能书也"，就是对他书法水平的认可。他的书

---

① 陈高华编著：《元代画家史料汇编》，杭州出版社 2004 年版，第 307 页。
② （明）林世远、王鏊等纂修：《姑苏志·人物九》，见《北京图书馆古籍珍本丛刊》（第 27 辑），书目文献出版社 1998 年版，第 805 页。
③ 夏文彦著：《图绘宝鉴·元朝》，商务印书馆 1930 年版，第 102 页。
④ 陈高华编著：《元代画家史料汇编》，杭州出版社 2004 年版，第 307 页。
⑤ 陈高华编著：《元代画家史料汇编》，杭州出版社 2004 年版，第 317 页。
⑥ 陈高华编著：《元代画家史料汇编》，杭州出版社 2004 年版，第 316 页。

法受业师姚子敬和当时书法大家赵孟頫的影响，师法王羲之，风格遒丽。传世书迹有《致吴季实尺牍》《四时田园杂兴诗卷》《范成大四时田园杂兴卷》等。

（二）朱德润的诗文

朱德润的文学作品主要保留在其传世的《存复斋文集》与《存复斋续集》中。《存复斋文集》前有俞焯于至正九年秋闰七月望后作的序，该年为1349年，朱德润时年五十六岁。就是说《存复斋文集》所收录的是朱德润五十六岁以前的作品，之后的作品则保留在《存复斋续集》中。元代顾瑛所编《草堂雅集》收录有不少朱德润的作品，可与朱德润的《文集》相互参照。

元代诗人虞集也曾为《存复斋文集》作序，他和俞焯都对朱德润的文学成就给予了较高评价。虞集说："泽民文章典雅而理致甚明，独惜以画事掩其名，然识者不厌其多能也。自兹以往，泽民当丰于文而啬于画可也。"俞焯谓："泽民绩学而为文，理到而词不凡。"① 虞集在诗文方面有很高造诣，被誉为"元四家"之一，他与俞焯以朋友的身份为朱德润的文集作序，出于文人间的惺惺相惜和相互捧场，难免会有溢美之词。但平心而论，朱德润的诗文虽然远远不如他的书画，但也并非没有可取之处。他的《雪猎赋》能为元英宗赏识以及《新元史》称颂他"工诗文"② 等，均说明了其诗文在当时和后世都得到了一定程度的认可。而从《存复斋文集》中保留下来的部分诗作来看，也确是如此。

朱德润诗文最为可取的地方是有不少揭露社会现实黑暗的题材。比如，他在《外宅妇》诗中写道："小女嫁僧今两秋，金珠翠玉堆满头。又有肥膻充口腹，我家破屋改作楼。"揭露了元代僧人在元时利用其特

---

① （元）朱德润：《存复斋文集序》，《四库存目丛书》"集"二十二，明成化十一年项璁刻本，第569—570页。
② 上海古籍出版社、上海书店编：《元史二种·新元史·朱德润传》，上海古籍出版社、上海书店1989年版，第918页。

殊地位飞扬跋扈，强娶民女的丑恶现实。又《水深围》诗中说："东南民力日渐穷，不愿为农愿为盗。人生盗贼岂愿为，天生衣食官迫之。"描写东南水涝成灾，租粮不减，以致人民无法生活，"不愿为农愿为盗"，揭示出元代社会中官逼民反的普遍现象。再如《官买田》一诗云："官出缗钱输里正，要买膏腴最上阡。不问凶荒水旱岁，岁纳亩粮须石半。农家无收里正偿，卖子卖妻俱足算。"①也描写了元代社会特有的丑恶现象。这些描述当时百姓困苦生活的诗文，在一定程度上触及到社会压迫的本质，具有较高的思想价值。

　　朱德润诗文更多的是寄情山水花草，描写平远幽静的境界。这些作品与同时代的其他诗人相比，在遣词造句、清新隽永等方面虽然略逊色，但也有一定的艺术欣赏价值。如《沙湖晚归》："山野低回落雁斜，炊烟茅屋起平沙。橹声归去浪痕浅，摇动一滩红蓼花。"②又《和李仲节咏落花韵》："谷莺啼老稚桑新，粉褪红消只数晨。轻逐晓风粘酒斝，半和尘土上车轮。香随流水千年恨，影别残阳几度春。却忆当时研光帽，山香一曲泪沾巾。"③和大多数文人一样，朱德润也有一些伤春惜春的感怀之作。比如《春暮感怀》："辛夷花落芳林静，啼䴗声干云欲暝。暖风吹雨绿荫生，梅子心酸犹未醒。书窗睡思将无凭，故山幽梦青峥嵘。"又《春堤游子行》："燕子社前春雨歇，碧堤芳草连天末。柳回青眼欲窥人，间关黄鸟初调舌。绿窗红袖开婵娟，谁家高楼入云端？十二阑干凭欲遍，楼前荡子驰金鞍。"④等。这些诗作读起来流畅自然，也颇有一番韵味。

① （元）朱德润：《存复斋文集》卷十，《四库存目丛书》"集"二十二，明成化十一年项璁刻本，第647—648页。
② （清）张景星等选编：《元诗别裁集》，中华书局1975年版，第111页。
③ （元）朱德润：《存复斋文集》卷九，《四库存目丛书》"集"二十二，明成化十一年项璁刻本，第637页。
④ （元）朱德润：《存复斋文集》卷十，《四库存目丛书》"集"二十二，明成化十一年项璁刻本，第644—645页。

　　纵观朱德润一生，他原本视书画为"玩物丧志之习"，内心深处真正追求的是仕途功名，希图在政治上能够有所作为。但是天不假运，他仕途不顺，以至于在政治上心灰意冷，不过却因此成就了他书画家的美名。"睢阳醉磨一斗墨，梦落荆南写秋色"，"城郭当年别已久，风尘此日归不得"①,这是明代诗人高启对朱德润人生况味的描绘。的确如此，有失必有得，这才是真实的人生。

---

① （清）陈邦彦选编：《历代题画诗》（下卷），北京古籍出版社 1996 年版，第 678 页。

第六章　明清时期商丘名人

　　商丘在明清称为归德府，属河南省，领一州睢州及商丘、宁陵、鹿邑、夏邑、永城、虞城、考城、柘城八县。明末清初之际，归德府城出现了沈、宋、侯、叶、余、刘、高、杨八大名门望族，八大门户中多人在朝中身居高位，如礼部尚书沈鲤、吏部尚书宋纁、户部尚书侯恂、户部主事兼兵部侍郎叶廷桂等。这里又是明清雪苑文学的诞生地。所以，明清时期商丘地区人才济济、英杰辈出，名人不可胜数。据李可亭等著的《商丘通史·商丘历代名人录》之不完全统计，明清时期有史可查的商丘知名人物将近百人。兹以人生道路之殊、人物性格之异、宦海沉浮之别等方面，遴选典型人物八人，以彰显其志向行迹。

第一节　"建封侯之业，安反侧之夷"
——明朝开国功臣梅思祖

　　梅思祖（？－1382），出生于元朝末年，具体年代不详。归德夏邑（今河南夏邑）人。明朝开国功臣，封汝南侯，是被封为侯爵的二十八位大将之一。

一　投靠朱元璋，从征天下

　　梅思祖最初是元末将领王保保（又名扩廓帖木儿）的部下。元末农民战争爆发后，元顺帝至正十二年（1352），王保保随养父察罕帖木组织地方乡绅武装义兵，以镇压红巾起义军，后被元朝授以太尉、河南王等高官显爵。当时，梅思祖为王保保的义兵元帅。《元史·顺帝本纪》载："听富民愿出丁壮义兵五千名者为万户，五百名者为千户，一百名者为百户，仍降宣敕牌面。"① 据此可知，梅思祖能够担任义兵元帅，应该属于一方豪强。后来，他投靠了红巾军领袖刘福通，王保保非常恼火，就将梅思祖的父亲剁成肉酱以泄愤和报复。不久，梅思祖又离开刘福通，归附另一支起义军将领张士诚。在张士诚的大周政权中，梅思祖担任中书左丞，镇守淮上重地淮安（今江苏淮安）。

至正二十六年（1366）四月，朱元璋的大将徐达占领高邮（今江苏高邮）后，率兵攻打淮安，夜袭张士诚部将徐义的水寨，徐义乘船逃走。徐达随即挥兵包围淮安，守将梅思祖等人开城迎降，并献出所辖四州，这样，淮东地区就成为朱元璋的地盘。因为这事，梅思祖的几个兄弟被张士诚杀死。史载："徐达兵至，迎降，并献四州。士诚杀其兄弟数人。"② 梅思祖先后叛投刘福通、张士诚，后又投靠朱元璋，为此，其父兄还惨遭杀戮。这让人感到他是一个反复无常，不顾亲情，"无旧主之思"的小人。所以，朱元璋对他是否真心归附自己，也是心存疑虑的。《明太祖实录》卷二十有这样一段记载：

> 淮安降将梅思祖等至建康，上谕之曰："汝等多故赵均用部曲，往往皆授重名。继归张氏，复食其禄。今来归我，宁无旧主之思乎？"思祖等对曰："草昧之际，诚欲择豪杰以自附，今幸去彼而从主上，犹出昏暗睹天日，岂敢有反复耶？"上曰："汝岂真知我之可附哉？"思祖等曰："臣观主上豁达大度，英明果断，推赤心以任人，辍衣食以赏士，令行禁止，真命世之主！臣等诚得所归。"上曰："尔等既无二心，当戮力建功以保富贵。"思祖等顿首谢。③

① （明）宋濂等撰：《元史·顺帝本纪》，中华书局 1976 年版，第 922—923 页。
② （清）张廷玉等撰：《明史·梅思祖传》，中华书局 1974 年版，第 3847 页。
③ 《明太祖实录》卷二十，台湾"中央研究院"历史语言研究所影校本 1962 年版，第 281—282 页。

从朱元璋和梅思祖的这段对话中可以看出，梅思祖是一个能说会道的人。当朱元璋一针见血地问道，梅思祖的旧主待他并不薄，归附张士诚后，也是"复食其禄"，现在又归顺自己，难道就不思念旧主吗？实际上，这是朱元璋对梅思祖等人并不放心，需要他们当场明确态度。梅思祖则巧妙地回答，如今天下大乱，英雄择主而事，跟从了朱元璋，就等于是"出昏暗睹天日"，又称赞朱元璋"豁达大度，英明果断"，是"命世之主"，因此，归顺于他可谓"诚得所归"，绝不会再有反复之心。这番话让朱元璋心里很受用，因为在当时的几支起义军队伍中，朱元璋的力量虽然很强大，但并无绝对优势。这时候，其他阵营的将领能够向自己投诚，既削弱了对方的力量，又增强了自己的实力，更重要的是，在舆论上也会形成他众望所归的声势。梅思祖称他为"命世之主"，虽然是恭维之词，同时也是对他实力的肯定。朱元璋听了这些话当然高兴。在梅思祖明确了态度后，朱元璋也就顺水推舟地说："尔等既无二心，当戮力建功以保富贵。"梅思祖能言善说，几度易主，均为所用。而这一次梅思祖马上就被朱元璋委以重任，"太祖嘉其知命保民，授都督府副使"①。

从后来的形势发展及最终结果来看，梅思祖在这时归附朱元璋实为英明抉择。之前，他能够担任王保保的义兵元帅，投靠张士诚后又被委以中书左丞，说明他绝非一般的等闲之辈，而是一个审时度势、头脑清醒的聪明人。正如朱睦㮮在《汝南侯梅思祖传》中所言："当元季，四海鼎沸，豪杰并起，汝南乃能鉴机审势，率众来归，非凡夫浅人所可窥测也。"②

此后，梅思祖遂一心忠于朱元璋，并多次立下战功。该年八月，梅思祖随大将军徐达出征浙西，征伐张士诚；十月，跟随徐达攻克升山水

---

① （清）谷应泰撰：《明史纪事本末·太祖平吴》，中华书局 1977 年版，第 66 页。
② （明）焦竑编：《国朝献征录》，见周骏富辑《明代传记丛刊》（第 109 册），台北明文书局 1991 年版，第 276 页。

寨，降服吴将吕珍；十一月，徐达率军攻克湖州（今浙江湖州市吴兴区），包围平江（今江苏苏州），梅思祖皆立有战功。至正二十七年（1367）九月，徐达与常遇春联合攻克平江，张士诚政权被平定，梅思祖因功升任为浙江行省右丞、阶资善大夫（正二品官员）；十月，又随大将军徐达北伐元军，攻克山东等地。

明太祖洪武元年（1368）七月，梅思祖先后随大将军徐达攻克汴梁、洛阳、陕州、潼关。回师巡行河北，兵至卫辉（今河南卫辉）时，元朝守将平章龙二弃城逃向彰德（今河南安阳），梅思祖派兵追杀，龙二又丢下彰德逃跑，于是彰德被占领，"同知陈某等诣军门降"，朱元璋遂"以右丞梅思祖统和阳卫兵守之"①。接着，跟随徐达平定了北方尚未攻下的州郡磁州（今河北磁县）、邯郸等地。洪武二年（1369），又先后随军平定山西、河北、陕西。九月，梅思祖率领部队攻克邠州（今陕西彬县），俘获元朝参政毛贵等三十人，送与大将军徐达，这些降兵皆被斩杀。十二月，朱元璋大赏平定中原及征南将士，梅思祖因功得赏"白金一百五十两、文币十五表里"②。

二　封为汝南侯，抚辑四方

洪武三年（1370）四月，梅思祖随大军在定西（今甘肃定西）击败王保保，甘肃境内元军主力基本上被肃清；又随军攻破略阳（今陕西略阳），夺取兴元（今陕西汉中）。十一月，随大军回师，朱元璋论功行赏，大封功臣，梅思祖被封为汝南侯，食禄九百石，并赐予"世券"，即"功臣免死牌"。

洪武四年（1371）春，梅思祖随征虏前将军傅友德南征大夏国，夏军败溃；六月，梅思祖率兵到重庆，明玉珍之子明升出降，明夏政权灭亡。

① 《明太祖实录》卷三十三，台湾"中央研究院"历史语言研究所影校本 1962 年版，第 580 页。
② 《明太祖实录》卷四十七，台湾"中央研究院"历史语言研究所影校本 1962 年版，第 941—942 页。

洪武五年（1372）正月，为了消灭元朝在边塞的残余势力，明军分东、中、西三路出征甘肃，梅思祖随右副将军冯胜为西路军，多次战胜元军；十月，班师回京，又奉命巡视山、陕、辽东等地城池。洪武七年（1374）三月，梅思祖奉敕与营阳侯杨璟"驻北平屯种"①。洪武十一年（1378）九月，成都、华阳二县发生地震，梅思祖奉命与吉安侯陆仲亨办理赈灾事务，因未能及时到达受到弹劾，梅思祖被停俸禄一年。洪武十四年（1381），四川水尽源、通塔平、散毛诸洞的首领造反，梅思祖奉命担任征南副将军，随江夏侯周德兴领军前往平定叛乱。

洪武十五年（1382）正月，明政府设置贵州都指挥使司，命梅思祖与平凉侯费聚署理司事；二月，设置云南布政司，改中庆路为云南府，又命梅思祖与平章潘原明共同署理司事。九月，梅思祖随征南将军傅友德平定云南后，与平章潘原明镇守云南。但就在该年，梅思祖去世。朱元璋念其战苦功高，"枢还，赐葬钟山之阴"②。这样，梅思祖有幸成为明太祖皇陵的陪葬功臣。

梅思祖自投靠朱元璋以来，参与了平定张士诚、北伐元朝、南征明夏的战役，还率军平定了四川等地少数民族叛乱，并镇守云贵边远之地，使民安居乐业，为明王朝的建立和明初边疆的稳定作出了贡献。他也因此得到善报，受到好评，明代学者朱睦㮮赞曰："（梅思祖）卒从诸将建封侯之业，安反侧之夷，芳垂竹帛，庆延支庶。智矣哉，智矣哉！"③《明史》本传则称赞说："思祖善抚辑，远人安之。"④ 一百四十年后的1522年，朱元璋的后世子孙嘉靖皇帝，为了表彰梅思祖等人一生戎马到死，忠心为明朝效力，乃命立傅友德、梅思祖及金朝兴庙于云南，额曰"报

---

① （清）谷应泰撰：《明史纪事本末·故元遗兵》，中华书局1977年版，第137页。
② 《明太祖实录》卷一百四十九，台湾"中央研究院"历史语言研究所影校本1962年版，第2349页。
③ （明）焦竑编：《国朝献征录》，见周骏富辑《明代传记丛刊》（第109册），台北明文书局1991年版，第276页。
④ （清）张廷玉等撰：《明史·梅思祖传》，中华书局1974年版，第3848页。

功"①,此庙即报功祠。这无疑是对梅思祖功劳的又一次肯定。昆明市碑林博物馆至今保存有一通"报功祠碑",直行楷书,是云南巡抚何孟春向皇帝奏请建祠的奏议及朝廷批示之文,记述了梅思祖、金朝兴以及傅友德征讨云南的功绩。

三　梅思祖从子梅殷

梅思祖之子梅义,曾为官辽东都指挥使。洪武二十三年(1390)五月,朱元璋清除胡惟庸逆党,颁《昭示奸党录》,共列出二十人,布告天下,梅思祖为其中之一。这次重翻胡惟庸案,不少开国功臣被追究,遭到杀戮甚至灭族。尽管这时梅思祖已去世多年,但其子梅义还是受连坐而举家被杀,梅氏思祖一支惨遭灭门。所幸梅思祖从子梅殷,为驸马都尉,得以续传梅氏香火。

洪武十一年(1378),梅思祖从子梅殷娶朱元璋与马皇后之女宁国公主,以驸马都尉封荣国公,任山东学政。据《明史》记载,梅殷"天性恭谨,有谋略,便弓马",又说他"精通经史,堪为儒宗"②。但是,仅凭这一点,这门联姻未必能成功,宁国公主下嫁于梅殷,与梅殷的叔父梅思祖是朝廷功臣,又是汝南侯,应该有很大关系。不过,明太祖朱元璋倒是很眷顾梅殷,还曾让他暗中辅佐皇太孙朱允炆,在驾崩之前,又托孤于梅殷。

太祖病危之际,将皇太孙与梅殷一起叫到床前,对二人进行了一番交代。对此,《明史纪事本末》卷十六记载:

> 临崩,帝与殷侍侧,受顾命,太祖谓帝曰:"燕王不可忽!"顾语殷曰:"汝老成忠信,可托幼主。"出誓书及遗诏授之,曰:"敢有违天者,为朕伐之。"言讫,崩。③

---

① (清)张廷玉等撰:《明史·金朝兴传》,中华书局1974年版,第3849页。
② (清)张廷玉等撰:《明史·宁国公主传》,中华书局1974年版,第3663页。
③ (清)谷应泰撰:《明史纪事本末·燕王起兵》,中华书局1977年版,第261页。

建文三年（1401）十一月，燕王朱棣兴兵南下，惠帝朱允炆遂命梅殷为总兵官，招募淮南兵民四十万，镇守南京的门户淮安，以遏制燕兵。梅殷悉心防御，号令严明。但是，朱棣早有准备，率兵马很快攻到淮安。朱棣派人以"进香金陵"为名，打算假道于淮安时，梅殷以"皇考有禁"严词拒绝，而且还割下使者的耳鼻，并对这个使者说："留汝口为殿下言君臣大义。"① 此事让朱棣气急败坏，但当时又无可奈何，从此对梅殷怀恨在心。

朱棣夺得帝位后，梅殷仍然拥兵淮上，朱棣就逼着宁国公主书写一封血书把梅殷骗回南京。梅殷入朝晋见，朱棣温慰他说："驸马劳苦了。"梅殷则冷冷地回答道："劳而无功耳。"俨然不把朱棣放在眼里。朱棣遂生除掉梅殷之心。永乐二年（1404），朱棣先是借机解除了梅殷的兵权，而后又把梅殷家人迁至辽东。永乐三年（1405）十月的一天，梅殷奉命入朝，在他过桥时，前军都督佥事谭深、锦衣卫指挥赵曦将他挤于桥下溺死。事后，二人却对外诬称是梅殷自己投水自杀。这样，朱棣最终除掉了自己的亲妹夫。

宁国公主心里明白，梅殷之死乃自己兄长设计而为，她得知情况后，乃"牵衣大哭"，向皇兄朱棣索要丈夫。后来，梅殷的好友、都督许成揭发了真相，"谓深、曦实杀殷，请于帝"，成祖遂"命法司治深、曦罪，斩之，籍其家"②。成祖与宁国公主兄妹俩感情素厚，为了安慰宁国公主，成祖遣官为梅殷隆重治丧，并亲自致祭，赐谥荣定。宁国公主则依明制，进封为宁国长公主，并给予优厚待遇，"岁时赐与无算"，甚至连诸王也无法与之相比。梅殷的两个儿子均得封官职，长子梅顺昌为中军都督府佥事，次子梅景福为旗守卫指挥使。梅殷之孙梅纯，成化年间举为进士，知定远县，后来因冒犯上司而弃归，但仍袭武阶，为中都副留守，防护明皇陵。

① （清）张廷玉等撰：《明史·宁国公主传》，中华书局1974年版，第3663页。
② （清）张廷玉等撰：《明史·宁国公主传》，中华书局1974年版，第3664页。

梅思祖戎马一生，几度易主，及至投奔朱元璋，最终成就功名，本人亦得以善终。如果不是其子梅义举家被灭，梅思祖的人生堪称完美。但是，元明之际，像梅思祖这样功高勋著的人实多矣，但有多少人因族灭而无闻于世，最终得到完美结局者又有几何？《明史》的编撰者亦不禁为这些人感叹："诸将当草昧之际，上观天命，委心明主，战胜攻取，克建殊勋，皆一时之智勇也。及海内宁谧，乃名隶党籍，或追论，或身坐，鲜有能自全者。圭裳之锡固足酬功，而砺带之盟不克再世，亦可慨矣夫。"[①]梅思祖的几个兄弟为张士诚所杀，从子梅殷能够续传梅氏香火，岂非幸哉!

第二节　贤慧贞静，女中尧舜——诚孝张皇后

诚孝张皇后（？-1442），名不详，今河南永城人。指挥使张麒之女，明仁宗皇后。在明代，有四位皇后影响深远，她们分别是明太祖（朱元璋）孝慈高皇后、明成祖（朱棣）仁孝徐皇后、明仁宗（朱高炽）诚孝张皇后以及明神宗（朱翊钧）的生母孝定李太后。而诚孝张皇后则是其中唯一一位佐政三朝的皇后。

一　张氏父兄

张皇后的父亲名张麒。洪武二十八年（1395）闰九月，张皇后时为燕世子妃，父以女贵，张麒被授以兵马副指挥一职。明成祖即位后，永乐二年（1404）三月，世子朱高炽被册立为太子，张麒又升任京卫指挥使，不久即亡故。朱高炽即位为明仁宗，追封张麒为彭城伯，赐谥号恭靖，后又升为侯爵。张麒有二子一女，女儿最小，就是后来的张皇后。张麒二子，一名张昶，一名张升，均在燕王帐下效力而成就功名，又因

---

① （清）张廷玉等撰：《明史·列传第十九》，中华书局1974年版，第3856页。

妹妹张皇后而受到庇荫。

张昶，张麒长子，张皇后长兄。建文元年（1399）七月，时为燕王的明成祖朱棣以"清君侧之恶"的名义起兵，张昶跟随燕王作战。十月，燕王军攻取大宁（今内蒙古赤峰市宁城县）；十一月，燕军与建文帝军队在京郊郑村坝（今北京东二十里）作战，燕军共毙伤建文帝军队数万人，缴获马二万余匹。在这两次大战中，张昶"俱有功，授义勇中卫指挥同知"[1]。后来，张昶又参与援助苏州，击败辽东军，辅佐燕王守卫北平。明成祖即位后，张昶因功升迁为锦衣卫指挥使。锦衣卫指挥使为锦衣卫首领，属于正三品官衔，一般由皇帝亲信武将担任，直接向皇帝负责。可见，明成祖对张昶是非常信任的。但是，对于皇亲国戚，明成祖的管治还是比较严格的。据《明史·外戚传》记载，张昶曾犯有过错，明成祖训诫他说："戚畹最当守法，否则罪倍常人。汝今富贵，能不忘贫贱，骄逸何自生。若奢傲放纵，陵虐下人，必不尔恕，慎之。"[2]此后，张昶颇能自敛，因此又得提拔。永乐二十二年（1424）八月，朱高炽即位为仁宗，擢张昶为中军都督府左都督，又加封彭城伯，子孙世袭。洪熙元年（1425），命张昶负责五军右哨军马，掌管朝廷重兵。宣德十年（1435）正月，明宣宗朱瞻基驾崩，时年九岁的皇太子朱祁镇即位，是为明英宗，次年改年号为正统。皇太后张氏尊为太皇太后。因为英宗年龄幼小，张昶常被其妹太皇太后召入宫中，对英宗进行教谕，但又明令张昶不得干预朝政。张昶恭敬谨慎行事，因此，一生有功无大过。正统三年（1438），张昶亡故，其后裔皆得嗣封。

张升，字叔晖，张皇后次兄。明成祖起兵时，张升以舍人的身份守北平有功，被授以千户，历官府军卫指挥佥事。永乐十二年（1414），明成祖北征瓦剌，张升从军。明仁宗即位，张升被授以后府都督同知。明宣宗朱瞻基即位后，又进张升为左都督掌左府事。张升与宣宗是舅

---

① （清）张廷玉等撰：《明史·外戚传》，中华书局 1974 年版，第 7664 页。
② （清）张廷玉等撰：《明史·外戚传》，中华书局 1974 年版，第 7664 页。

甥关系，宣德四年（1429）二月，宣宗敕谕张升："卿舅氏至亲，日理剧务，或以吏欺谩连，不问则废法，问则伤恩，其罢府事，朝朔望，官禄如旧，称朕优礼保全之意。"[①]左都督为都察院长官，属于正二品武官，负责监察、纠劾事务，兼管审理重大案件和考核官吏，可谓位高权重，但风险也大。张升作为皇帝的舅父担任此职，别人看待他的眼光是非同常人的，在执法尺度上如何把握分寸有很大难度。宣宗正是对此有所担忧，为了保全张升，劝告他辞去左都督一职，但仍保留官禄，每月朔望之日（初一、十五）依旧上朝。此后，有四五年的时间，张升不再担任此职。宣德九年（1434），北元鞑靼太师阿鲁台被灭，宣宗皇帝率众巡边，又命张升重掌都督府事，留守京师，以防发生意外变故。英宗即位，因为年幼不能直接处理政事，太皇太后张氏严令张升等外戚不得干预朝政。当时，大学士杨士奇称赞张升贤能，建议委以重任，但是太皇太后不许。正统五年（1440），因张升的哥哥张昶已经故去，太后念及张家只剩哥哥张升一人，便封张升为惠安伯，且准予世袭。第二年，张升即去世。

明世宗嘉靖八年（1529），废除外戚爵位世袭制，但张后两位哥哥彭城伯、惠安伯的封号，依旧保留。

二　入宫辅政

张氏何时入宫为妃，时间不详。洪武二十八年（1395）张氏被封为燕世子妃。因为她谨守妇道，深得成祖及仁孝皇后喜爱。而燕世子朱高炽因为身体肥胖，不能骑马射箭，又有点脚跛，明成祖朱棣并不大喜欢他，为督促其减肥，还令御厨"减太子宫膳"；而朱棣的第二子和第三子，也就是燕世子的弟弟汉王朱高煦、赵王朱高燧也因为觊觎储位，在朱棣面前多有谗陷，以致成祖生了易储之心。不过，朱高炽有一个

---

① （清）张廷玉等撰：《明史·外戚传》，中华书局1974年版，第7665页。

很大的优点就是性格端重沉静，言行识度，能够亲善士卒。所以，后来"成祖举兵，世子守北平，善抚士卒，以万人拒李景隆五十万众，城赖以全"①。燕世子留守北平，守卫有功，对此成祖还是比较满意的。另外，身为世子妃的张氏，也凭借其聪慧，多次在成祖面前周旋，以维护丈夫的储位。《明史纪事本末》卷二十七记载了这样一件事情："上尝与诸大臣微语及储宫事，大臣亦多谓东宫守成令主，上意颇释。一日，上及后御便殿，东宫妃张氏亲执庖爨，上御膳恭谨。上大喜，曰：'新妇贤，他日吾家事多赖也。'自此无易储意。"②可见，世子妃张氏处事得体，对于打消朱棣的易储之心产生了至关重要的作用。

永乐二年（1404），朱高炽被册立为太子，张氏封皇太子妃。1424年，朱高炽即位为仁宗，张氏尊为皇后。史载，张氏"及立为后，中外政事莫不周知"③。仁宗在位虽然只有一年，但是采取了一些缓和社会矛盾的措施，所以政治比较清明。对此，《明史》赞曰："在位一载，用人行政，善不胜书。使天假之年，涵濡休养，德化之盛，岂不与文、景比隆哉。"④仁宗朝创造的辉煌，也得力于了解"中外政事"的张皇后。

1425年，仁宗驾崩，长子朱瞻基即位为宣宗，张皇后尊为皇太后。宣德初年，军国大事多禀听张太后裁决。宣宗至孝，亲自侍奉张太后的起居游宴，四方贡献的物品必先送给太后。宣德四年（1429），宣宗随太后拜谒成祖及仁宗的陵墓，宣宗骑马前导，过桥时下马扶辇；京畿百姓夹道参拜，陵旁附近群众老幼迎接。太后就此情此景开导宣宗说："百姓戴君，以能安之耳，皇帝宜重念。"让宣宗牢牢记住，百姓只有安乐太平才会爱戴君主。在回宫途中，太后又召农家老妇询问生计，赐以钱币。有献蔬食酒浆者，太后接过来先赐给宣宗品尝，并说道："此田家味也。"以此教导宣宗应了解百姓生活，爱民以德。随行大臣英国公张

---

① （清）张廷玉等撰：《明史·仁宗本纪》，中华书局1974年版，第107页。
② （清）谷应泰撰：《明史纪事本末·高煦之叛》，中华书局1977年版，第400页。
③ （清）张廷玉等撰：《明史·后妃列传一》，中华书局1974年版，第3512页。
④ （清）张廷玉等撰：《明史·仁宗本纪》，中华书局1974年版，第112页。

辅、尚书蹇义、大学士杨士奇到行殿请求谒见，皇太后对他们加以慰劳，并说："尔等先朝旧人，勉辅嗣君。"①嘱咐他们要尽力辅助宣宗。张太后常在私下对宣宗言贤臣之长，说杨士奇正直，教诲宣宗要多听其言。宣宗因此非常尊敬杨士奇，甚至微服夜幸其宅，"与卿一言"。足见母教影响之深。宣宗宠爱孙贵妃，废皇后胡善祥改立孙妃为后。胡皇后被废后，号静慈仙师，退居长安宫。太后怜胡氏无过被废，一直非常照顾胡氏，经常将她召到自己宫中一同居住。家宴时，也命胡氏位居孙皇后之上。皇太后对外戚很严格，她的二哥张升为人淳厚谨慎，但太后仍不许他参议国政。宣宗在位十一年，和其父仁宗一样，能够倾听臣下意见，君臣关系融洽，采取息兵养民政策，经济也稳步发展。这一盛世局面被称为"仁宣之治"。

1435年，宣宗驾崩，时年三十八岁。此时，其子朱祁镇才九岁。当时，宫中谣言四起，传说将立仁宗第五子襄王朱瞻墡为帝。一时间，人心浮动，有的大臣甚至已在考虑如何拥戴新帝，好立下定策奇功。为了稳定乱局，太后马上召集大臣们到乾清宫，指着太子朱祁镇哭泣说："这就是你们以后的新天子啊，你们以后要好好辅佐！"众大臣高呼万岁。这样，流言才得以平息，英宗顺利即位，而张氏也被尊为太皇太后。因为英宗年幼，不能理政，一些大臣就奏请张太后，希望她仿前朝例垂帘听政，张后断然拒绝，说："毋坏祖宗法。第悉罢一切不急务，时时勖帝向学，委任股肱。"②张后对"三杨"非常倚重，"三杨"即杨士奇、杨荣、杨溥，是当时的内阁大臣，相当于宰相，他们历经永乐、洪熙、宣德三朝，有着丰富的治国经验。正统之初，时有"朝政清明"之誉，实属张后知人善任，杨士奇等人尽心辅佐之力。当时，英宗非常宠信宦官王振，命掌司礼监，并呼之为"先生"；王振又极力讨好巴结当政的"三杨"，逐渐展露揽权预政的迹象，而"三杨"尚未发觉其野心。

① （清）张廷玉等撰：《明史·后妃列传一》，中华书局1974年版，第3512页。
② （清）张廷玉等撰：《明史·后妃列传一》，中华书局1974年版，第3513页。

但是，这一切被张后看在眼里，为了防止宦官专权导致乱国甚至亡国的历史重演，张后决定严惩王振，以打消他妄图干预朝政的念头。一天，张后至便殿，召见英国公张辅、大学士杨士奇、杨荣、杨溥以及尚书胡濙五位大臣，让英宗在左边侍立，张后指着诸位大臣对英宗说："这五位老臣，是先皇特地挑选出来辅佐你的，国家大事你要事事咨询他们，他们不赞同的，你决不能一意孤行。"之后，又把王振召来，声色俱厉地对跪在地上的王振说："汝侍皇帝起居多不律，今当赐汝死。"侍立在一旁的女官，随即把刀架在王振脖子上，王振惧怕不敢吭声，浑身直打哆嗦，吓得英宗和五大臣一齐下跪为他求情。这时，张后才说道："皇帝年少，岂知此辈祸人家国。我听皇帝暨诸大臣贷振，此后不可令干国事也。"① 故张太后在世时，王振不敢猖狂。

英宗正统七年（1442）十月，张太后病逝。在病危之际，她仍放心不下朝廷政事，把杨士奇、杨溥召入宫中，命宦官询问国家还有什么大事没有办。她知道英宗年幼不懂事，想趁自己尚在人世，把该办的事先办理妥当。杨士奇当时列举了三件事情，一是建庶人也就是朱允炆之子朱文圭虽死，但应当为其编修实录；二是成祖曾下诏，凡收藏方孝孺诸臣遗书者都要处死，这条禁令应当解除。第三件事还未来得及上奏，张后就已经去世了。英宗为她上尊谥号为诚孝恭肃明德弘仁顺天启圣昭皇后，与仁宗合葬于献陵，附祭于太庙。

张皇后历经明太祖、成祖、仁宗、宣宗、英宗五朝，其间有多次临朝听政的机会，但她却谨守妇道，安于内宫，在背后默默辅政。而且对自己的娘家人严格管束，不让他们随便干预朝政。纵观张皇后一生，她积德行善，心静身净，胸怀宽广，品节高洁，实不愧为女中尧舜。正如明末清初史学家傅维鳞在《明书》中所说："当时仁宗在东宫濒危殆，非后（指张皇后）妙于周旋，祸且不测。宣、英二朝，天下治平，

---

① （清）谷应泰撰：《明史纪事本末·王振用事》，中华书局1977年版，第443—444页。

后之力居多，人称女中尧舜，信然。"①

第三节 "鲤念时侈，因稽典制"——礼部尚书沈鲤

沈鲤（1531-1615），字仲化，号龙江。明代归德府（今河南商丘）人。万历年间著名政治家、理学家。历官翰林院检讨、侍讲学士、礼部右侍郎、吏部左侍郎、礼部尚书、太子太保等职。沈鲤为人正直，为官清正，与吕坤、郭正域被誉为明万历年间"三大贤"。

一 家世及生平

沈鲤，世家大族出身。祖父沈瀚，为明成化二十年（1484）三甲第七十七名进士，由进士授陕西西安府推官，正德年间为建宁知府。沈瀚"工正书，好为诗，长于歌行"②。沈鲤父亲沈杜，字名卿，号柏溪；为人随意洒脱，善饮；以子鲤贵，封翰林院检讨征仕郎。沈杜有四子，沈鲤为其长子。

沈鲤出生于明世宗嘉靖十年（1531）三月二十四日。嘉靖二十八年（1549），沈鲤参加乡试中举。嘉靖三十二年（1553），归德府柘城县人师尚诏作乱，攻陷归德城，然后弃城西去。沈鲤料定师尚诏还会再回来，就告知归德城守将，令"捕杀城中通贼者，严为守具"；师尚诏率叛兵返回，看到防备森严，遂又离去。当时，一些邪恶之徒在城中传言，师尚诏要入城大开杀戒，驱迫掠夺城中居民，一时间，城中人心皆乱，"鲤请谕止之，众始定"③。这件事显示出沈鲤的识见和洞察力。

嘉靖四十四年（1565），沈鲤考中进士，为三甲第三名，改庶吉士，

---

① （清）傅维鳞纂：《明书》卷二十，清康熙三十四年本诚堂刻本。
② 潘荣胜主编：《明清进士录》，中华书局 2006 年版，第 189 页。
③ （清）张廷玉等撰：《明史·沈鲤传》，中华书局 1974 年版，第 5733 页。

授翰林院检讨。据《明史·选举志》载：明政府规定，自天顺二年（1458）开始，"非进士不入翰林，非翰林不入内阁，南、北礼部尚书、侍郎及吏部右侍郎，非翰林不任。而庶吉士始进之时，已群目为储相"①。明朝的翰林官员是皇帝的文学侍从之臣，所以一旦入翰林，便有"储相"之誉。这也预示着沈鲤未来的仕途会一路平稳，直通内阁。

明神宗为东宫太子时，曾令诸侍讲官题写扇诗，沈鲤书魏卞兰《太子颂》以进，不仅书法工整，且陈述诗意甚悉，由此而受到眷宠。神宗即位后，沈鲤进为翰林院编修，很快又进升左赞善，"每直讲，举止端雅，所陈说独契帝心"②，因此多次为神宗称赞。后来，沈鲤因连遭父母丧，居家守孝，神宗多次询问沈鲤归朝日期。万历九年（1581），沈鲤还朝，依制本应辍讲，神宗特命推迟一日，以示优渥。此后，沈鲤仕途一路上升。万历十年（1582）秋，擢侍讲学士，又迁礼部右侍郎。不久，改吏部，进左侍郎。万历十二年（1584）冬，拜礼部尚书。这样，沈鲤任六品官刚满两年，即升为正卿，位居一人之下，万人之上。沈鲤升迁之快，当时无人能及，但因是众望所属，实至名归，故史称"素负物望，时论不以为骤"③。其后，沈鲤参与重修《景帝实录》，又拜东阁大学士，加少保，进文渊阁。

沈鲤为人刚直诚实，在礼部为官期间，屏绝私交，好荐贤士；主持典礼，多所建白。当时，他有感于时俗侈靡，就从丧葬、祭祀、婚礼、冠礼、宫室、器物、服饰等方面考核修正了先朝的典礼制度，制定规则颁布天下，使百姓有所遵从。针对当时学风不正、士行不端的风气，又奏请施行学政八事。还奏请恢复建文的年号，重新修订《景帝实录》，不把景帝称作"戾王"（景帝朱祁钰死后英宗赐谥为郕戾王）等。其间，京师久旱且发生地震，沈鲤又奏请"恤民实政以崇

① （清）张廷玉等撰：《明史·选举志》，中华书局1974年版，第1702页。
② （清）张廷玉等撰：《明史·沈鲤传》，中华书局1974年版，第5733页。
③ （清）张廷玉等撰：《明史·沈鲤传》，中华书局1974年版，第5733页。

俭戒奢为本","大损供亿营建,振救小民",这些建议,"帝每嘉纳"①。对于当时的一些不良现象特别是宦官的腐败行径,沈鲤也不顾阻挠,力行改之,"初,藩府有所奏请,贿中贵居间,礼臣不敢违,辄如志。至鲤,一切格之"②。

沈鲤一身乾坤正气,纳忠论奏无所忌讳,因此招致当朝不少权贵的怨恨,这些人就伺机报复沈鲤,多次在神宗面前说沈鲤的坏话,久而久之,弄得神宗也开始对沈鲤有所怀疑,多次责问他,甚至还一度夺去他的俸禄。在这种情况下,沈鲤萌生退意,多次提出辞呈。神宗皇帝虽真心挽留,无奈沈鲤心意已决。万历十六年(1588),五十八岁的沈鲤一再请旨,连上六道奏疏,神宗不得已,只好放沈鲤告老还乡。没想到,这一去就是十四年。其间,他多次被推为内阁及吏部尚书,但没有被任用;万历二十二年(1594),又起为南京礼部尚书,亦辞而弗就。但在这十四年里,沈鲤并没有赋闲在家,他仍然心系国家,多次上书神宗,为民请命。万历年间,黄河中下游多次决口泛滥,民不聊生。沈鲤奏请修筑两道大堤,一道长四百余公里,一道长九十余公里。汛期来时,滔滔河水得以分流出去,河南诸多州县免遭冲决。

万历二十九年(1601),当朝首辅赵志皋去世,沈一贯独掌国政。朝廷推举内阁大臣,诏令沈鲤官复原职,并兼任东阁大学士参与机要事务。沈鲤仍多次推辞,但神宗不予批准。这样,在万历三十年(1602)七月,沈鲤遂又入朝,以礼部尚书兼东阁大学士,实为宰相。当时他已经七十二岁。沈一贯以其才不如沈鲤,朝中士人又多依附沈鲤,担心自己权势被夺,因此对沈鲤心存嫉恨。两人渐不相能,以致后来在"楚宗案""妖书案""乙巳京察"等事件中相互抵牾,形成党争局面。沈一贯指令其党羽钱梦皋等,诬奏沈鲤的门生郭正域制造妖言,并且罗织沈鲤贪赃等数罪,诬告沈鲤诅咒皇上。由于神宗对沈鲤深为了解,对

---

① (清)张廷玉等撰:《明史·沈鲤传》,中华书局1974年版,第5734页。
② (清)张廷玉等撰:《明史·沈鲤传》,中华书局1974年版,第5734页。

此皆不相信。

沈鲤复出后，由于当时朝廷内外阻隔，加之神宗皇帝沉溺于声色，阁臣奏章往往留中不报。沈鲤认为是自己失职，又屡次引疾求退。神宗对他多方奖谕，但最终不准其请求。万历三十二年（1604），沈鲤被加封太子太保。不久，因官秩已满，加封为少保，改任文渊阁。

万历三十四年（1606），沈一贯因一再受到弹劾，感到在朝中已难以容身，亦产生辞归之意。但是他又心存不甘，顾虑自己离去之后，沈鲤在朝中肆行其志，乃秘密倾轧沈鲤以求同去。恰逢沈鲤屡疏求归，神宗亦认为沈鲤过于耿介，遂命二沈一同致仕。素与沈鲤相得的朱赓，奏请留下沈鲤，不报。史载："及放归，得旨不如一贯之优。各赐金币，鲤半之。出都日，犹有诬其衣红袍阅边者，中官陈矩为解乃已。"① 二人一同放归，沈鲤优容不及沈一贯，但仍然遭人毁誉。可见，耿直的沈鲤确实得罪了不少人。但是，清者自清，终究还是有人愿意为其伸张正义。沈鲤去国后的第二年秋天，江西参政姜士昌入京进言曰：

> 皇上听一贯、鲤并去，舆论无不快一贯而惜鲤。夫一贯招权罔利，大坏士风吏道，恐天下林居贞士与己龃龉，一切阻遏，以杜将来……善则归己，过则归君，人人知其不忠。

> 夫鲤不肥身家，不择利便，惟以众贤效之君，较一贯忠邪远甚。一贯既归，货财如山，金玉堆积；鲤家徒壁立，贫无余赀，较一贯贪廉远甚。一贯患鲤邪正相形，借妖书事倾害，非皇上圣明，几至大误。臣以为辅臣若一贯憸邪异常，直合古今奸臣卢杞、章惇而三矣。然竟无一人以鲤、一贯之贤奸为皇上正言别白者，臣窃痛之。②

沈鲤致仕回籍，退隐故里十年。他八十岁时，神宗特意下了一道类似慰问信的诏书，有文曰："清操如杨绾坐镇有余，正色若王曾立朝不倚。何意小群之未涣，致令大老之孤揆。当风波震撼之中，迨雨雪睍消之后，

---

① （清）谷应泰撰：《明史纪事本末·东林党议》，中华书局1977年版，第1032页。
② （清）张廷玉等撰：《明史·姜士昌传》，中华书局1974年版，第6021页。

劲节不回于百折，高名勇退于一辞。凤翔千仞之巅，畴不钦其仪采；龙卧五云之上，世共仰其清娱。"①对沈鲤高标情操的仪采、立朝不倚的性格、劲节不折的操守、高名勇退的胸怀，给予了高度赞扬，并赐银赏物，表达眷怀耆硕之意。沈鲤上奏致谢，犹不忘陈时政要务。万历四十三年（1615），沈鲤高寿而终，享年八十五岁。万历闻讯，颇为悲伤，谕祭谕葬，并御书"责难陈善""肖德世臣"二匾以赐之；赠太子太师，谥文端。

沈鲤卒后葬于归德故里。今商丘市睢阳区水池铺乡沈坟村有沈鲤墓，墓碑雕刻考究精美，墓碑前面有石碑四通，字体全是正书大楷，刻有万历皇帝所写祭文及沈鲤的生平事迹。

二　宦海二三事

沈鲤是万历年间处于政治中心的重要人物，他刚直耿介，不阿权贵，在矿税之弊、楚宗案、国本之争、乙巳京察等政治事件中，无不是风口浪尖上的人物，也因此招致流言，备受伤害，无奈之下，三番五次提出辞呈。

（一）矿税之弊

矿税之弊指的是明朝时期由于靠矿监和税使征收矿税，导致的一系列民间反抗事件及朝廷争议。明中期后，随着商品货币经济的发展，政府开始重视矿冶，广泛组织开采，国家税收由此大增，但也因此滋生诸多弊端。嘉靖以后，采矿大都由中官、权贵把持，成为搜刮民脂民膏的主要渠道。

万历年间，神宗委太监征收矿税，供内廷挥霍之用，矿税之征更成为虐民暴政。万历二十四年（1596）诏开各处矿冶，并专派宦官为矿使、矿监，承旨四出勘查，乘机勒索钱财。从此，矿监横行天下。万历二十七年（1599），礼科给事中杨天民上疏，极言矿税之害："不市而征

①　河南省商丘县志编纂委员会：《商丘县志》，中州古籍出版社 1989 年版，第 396—397 页。

税，无矿而输银。甚且毁庐坏冢，籍人赀产，非法行刑。自大吏至守令，每被谴逐。郡邑不肖者，反助虐交欢，藉润私囊。嗷嗷之众，益无所归命，怀乐祸心，有土崩之势。天心仁爱，亟示谴告，陛下尚不觉悟，翻然与天下更始哉！"①不报。其他大臣亦多次上疏，请求废除矿税之征，神宗非但不听，反将多人削官减爵、贬配荒野。

万历三十年（1602），沈鲤复出后，一到任即上《请罢矿税疏》，详细陈述了赴京途中见闻，痛陈矿税之祸："臣原籍河南，当东西南北辐辏之冲，四方民隐无不与闻而顷者。奉招北来，所至皆观风考俗，悉其情状，乃知当今时政最称不便者，无如矿税二事……臣窃观天下之势，如沸鼎同煎，无一片安乐之地。贫富尽倾，农商交困，流离转徙，卖子抛妻，哭泣道途，萧条巷陌，虽使至愚之人，亦知如此景象必乱无疑。"②但依旧是疏入不报。后来，沈鲤在宰相任上，又多次劝谏，神宗均不理会。但是，此事让沈鲤一直放心不下，他联合沈一贯、朱赓，三人各写一份奏章，伺机呈上。一日，天下大雨，沈鲤认为这是一个好时机。因为神宗厌恶臣下言矿税之事，奏疏呈入后大多不看，如果冒雨启奏此事，则可能以为有急事而取奏阅览。二人遂从其计。神宗阅奏后果然心动，但仍未下令罢除矿税。第二年夏至，沈一贯告休，沈鲤与朱赓到仁德门朝贺。神宗赏赐御食，且令司礼太监陈矩在侧，执笔以侍。沈鲤趁机力陈矿税害民之况，陈矩听后也觉得凄惨。沈鲤进一步指出，"矿使出，破坏天下名山大川灵气尽矣，恐于圣躬不利"；陈矩叹息着回去，将沈鲤所陈详细上报，神宗听后惊悚，即遣陈矩向沈鲤咨询补救之法，沈鲤说："此无他，急停开凿，则灵气自复。"③神宗听后首次认可沈鲤言之在理。眼看纷争多年的大事就要得到解决，沈一贯担心沈鲤独占功劳，急忙草拟奏疏呈上。这使得神宗很不高兴，又终止了此事。但是一个

---

① （清）张廷玉等撰：《明史·杨天民传》，中华书局 1974 年版，第 6087 页。
② （明）沈鲤撰：《亦玉堂稿·请罢矿税疏》，钦定四库全书本。
③ （清）张廷玉等撰：《明史·沈鲤传》，中华书局 1974 年版，第 5736 页。

月之后，还是下达了停止矿税之令。可以说，这是沈鲤一直努力的结果。

在沈鲤的坚持下，矿税之征虽然暂时被废除了，但是一年后复又征收，直至神宗驾崩，才以遗诏的形式最终废止，而明王朝的命运也已经走向了衰微。论者皆以为，明朝最后覆亡与滥征矿税有着或多或少的关系。正如清代学者赵翼在《廿二史札记·万历中矿税之害》中所言："是时廷臣章疏悉不省，而诸税监有所奏，朝上夕报可，所劾无不曲护之，以故诸税监益骄，所至肆虐，民不聊生，随地激变。迨帝崩，始用遗诏罢之，而毒痛已遍天下矣。论者谓明之亡不亡于崇祯，而亡于万历云。"[①]

（二）楚宗案

沈鲤入阁后，受到神宗重用，且因在朝臣中素有声望，士人多依附于他。这让内阁首辅沈一贯有一种被孤立之感，担心沈鲤等人会夺其权，遂对沈鲤心生怨恨。而沈鲤则认为，自己能入阁为相，是因为曾做过皇帝讲官而受眷顾，并非因沈一贯之力而入阁，故对沈一贯亦不甘示弱。二人关系恶化，互不相容，在朝内逐渐形成了二沈集团。楚宗案就是双方的一次公开较量。

楚恭王因病早逝，宫人胡氏遗腹生下孪生子华奎、华壁。万历八年（1580），明神宗封朱华奎始嗣王爵，即楚定王；朱华壁受封为宣化王。因为奎、壁兄弟是遗腹子，故当时关于他们的身世，出现了各种各样的传言。或谓华奎乃王妃兄弟王如言之妾所生，华壁乃王妃族人王如綍之奴王玉所生；因为王妃无子，才密令将二子带入府中，对外宣称为己出。朱华奎亲政后，楚府之人担心朱华奎的身世问题外传，因而始终抱着息事宁人的态度。但王府中也早有人对朱华奎的身世进行揭发，而且朝廷亦令巡抚进行调查，皆因王妃态度坚决，才使传言得以平息。

万历三十一年（1603）二月，楚府宗人辅国中尉朱华趆因事得罪楚王，遭到训斥后心中不满，遂纠集同宗二十九人联名上告，说朱华奎

---

① （清）赵翼著，王树民校证：《廿二史札记校证》，中华书局 1984 年版，第 797 页。

为假王，并说朱华奎与朱华壁皆非楚恭王之子，朱华奎实为王太妃之兄王如言的侍妾尤金梅所生，不应当让他继续为王，否则就是"乱宗"；并说朱华越的妻子是王如言之女，可以出堂作证。由此引发了一场旷日持久、波及范围甚广的楚王与楚宗之争。

朱华奎不愿家丑外扬，便贿赂首辅沈一贯，请他代为设法阻挡。沈一贯遂令心腹通政使沈子木将朱华越的奏书压住不报，待后来神宗知悉此事，即命交礼部查办。时以侍郎署礼部事的郭正域，建议按例由巡抚公勘；沈一贯为保护朱华奎，则建议由巡抚等秘密查访。郭正域认为，事关宗室真伪，不通过直接讯问，难以秉公作出决断，依旧坚持公勘。神宗最终采纳了郭正域的建议。朱华奎得知消息后，便派人携金贿赂郭正域，遭到郭正域的严词拒绝。沈鲤亦力挺郭正域，与他一起与沈一贯质对。

神宗下令公勘不久，调查结果报送至京城，称伪王之事并无佐证，但朱华越之妻却死死咬定朱华奎是异姓子。神宗遂再下公卿审议，参与计议者达三十七人，各自写具一单，意见亦不统一。郭正域依从礼部左侍郎李廷机建议，将众人建议撮要奏上。得知情况的沈一贯遂以此为由，指使心腹给事中杨应文等，弹劾礼部囿于群议而不据实上奏，矛头直指郭正域。郭正域则在沈鲤的支持下，在上疏自辩的同时，揭发沈子木匿疏、沈一贯受贿等事。给事中钱梦皋亦是沈一贯心腹，趁机上疏指论正域，"词连次辅鲤"；杨应文同时诬奏郭正域私下包庇朱华越，并诬称郭正域之父曾受楚恭王笞辱，郭正域是趁机陷害楚王。事情愈演愈烈，牵连的人越来越多。在这种情况下，六月，"帝以王嗣位二十余年，何至今始发，且夫讦妻证，不足凭，遂罢楚事勿按"①。神宗以楚王嗣位二十余年后才被告发，况且丈夫告状，妻子作证，不足为凭，传旨停止调查此事。结果，朱华越以诬告罪降为庶人，郭正域自请休致。

---

① （清）张廷玉等撰：《明史·郭正域传》，中华书局 1974 年版，第 5946 页。

楚宗案至此宣告收场。

在楚宗案事件中，沈鲤虽然不是直接参与者，但是他明确支持郭正域，已经站在了沈一贯的对立面，以二沈为首的党派在朝中业已形成。在这一回合中，沈一贯一派暂时取得了胜利，在接下来与国本之争交织在一起的"妖书案"中，双方又开始了新一轮的政治较量。

（三）国本之争

明神宗万历皇帝是明朝在位时间最长的皇帝，共计四十八年。神宗执政期间，国本之争就占据了将近三分之一的时间，它是朝中要官与皇帝、后宫等各方势力之间，为了各自的利益围绕皇位继承权展开的博弈。这场激烈复杂的政治事件，对沈鲤等人的生存环境乃至仕途命运有重要影响，是导致其宦海沉浮的重要因子。

明神宗王皇后无嗣。万历十年（1582）八月，恭妃王氏生皇长子朱常洛。万历十二年（1584），受神宗宠爱的郑妃被晋封为贵妃，产下皇二子朱常溆，可惜夭折。万历十四年（1586）正月，郑贵妃生皇三子朱常洵。朱常洛是神宗偶然临幸宫女所生，因此从小得不到父爱。郑妃深得神宗宠爱，一生下皇三子朱常洵，即晋封为皇贵妃。王恭妃抚育皇长子已五岁，却无任何加封。而且神宗故意迁延时间，不立皇长子朱常洛为太子。两庶子并存，神宗有意废长立幼，从此拉开了万历朝国本之争的帷幕。二月，户科给事中姜应麟首先上奏，认为"礼贵别嫌，事当慎始"，主张"册立元嗣为东宫，以定天下之本"①。谏言有违圣意，神宗览疏大为光火，怒将疏文掷之于地，姜应麟因此被贬官。此后，不少朝臣亦多次奏请，刑部主事孙如法以及御史孙维城、杨绍程等上疏，请求尽快确立储位，结果或被贬官，或被夺俸。

时任礼部尚书的沈鲤，率领僚属上《请并封恭妃疏》，请求册封皇长子朱常洛，进而加封其母恭妃王氏，神宗不同意。不久，他再次

---

① （清）张廷玉等撰：《明史·姜应麟传》，中华书局 1974 年版，第 6070 页。

劝谏，并请求宽宥因建言立储而遭贬的姜应麟等人。因为违背了皇上旨意，沈鲤被痛加责备。但是，神宗自知对群臣册立太子的请求一概拒绝，没有一个理由无法向他们交代，遂下诏说稍候二三年再议此事。实际上，这不过是神宗的推诿之词而已，但一向认真耿直的沈鲤却信以为真。到了万历十六年，预定的时间已到，沈鲤就拿着先前的圣旨坚持请求，神宗当然不会依从。在立储问题上，作为礼部尚书的沈鲤，是最具话语权的言官，他屡次上疏，均以未果告终。而众大臣或因此被贬官，或被夺俸，或被杖责，或被迫辞官。这让沈鲤既觉得自己失职，又对神宗感到有些失望，加之他在朝中屡屡遭受排挤，因此多次上疏辞官。由于神宗对他极为信任，皆未准允，且对沈鲤其他方面的建议，基本上都能采纳。后来，沈鲤被卷入与国本之争交织在一起的"妖书案"，在这个皇位之争、权力之争的政治漩涡中，他最终成为一个受害者。

万历二十九年（1601）十月，神宗皇帝最终立皇长子朱常洛为太子、三子朱常洵为福王，看似纷争十四五年的国本之争尘埃落定。没想到，两年之后风云再起。万历三十一年（1603）十一月的一天，大学士朱赓在家门口发现了一份题为《续忧危竑议》的揭帖，内容有三百字之多，宣称郑贵妃意欲废除太子朱常洛，册立自己的儿子福王为太子；而且指名道姓地攻击内阁大学士朱赓和首辅沈一贯，说二人为幕后策划，是郑贵妃的帮凶。一时间，《续忧危竑议》在宫门内外广为流布，在京城中掀起了轩然大波。朱赓和沈一贯惊恐异常，除立即上疏为自己辩护外，不得不戴"罪"在家。沈一贯与沈鲤因楚宗案结怨，两人已不相能，为了化被动为主动，老谋深算的他便想嫁祸于沈鲤，指使给事中钱梦皋上疏，诬陷礼部右侍郎郭正域和内阁大学士沈鲤与"妖书案"有关。

当时内阁只有三人，即首辅沈一贯、次辅朱赓以及沈鲤，"妖书"中提到了沈一贯和朱赓，却惟独没有提到沈鲤，这就给诬陷者提供了借口和想象空间。沈鲤心地清正，认为"妖书"不过是奸人在故意制造混乱，应该坦然对待，大可不必张皇失措。钱梦皋遂借此诬奏沈鲤："次辅沈鲤屡为奸人缓颊，举朝曰大变，彼曰小事；举朝曰当捕，彼曰可容。所上揭有震动人心，亏损圣德等语。回互隐伏，意欲何为？"[①] 沈一贯还派巡逻的士兵日夜围守沈鲤的官邸，对其威逼恐吓。在这件事情上，本来是沈一贯为了撇清自己，联合钱梦皋诬陷沈鲤和郭正域，没想到因沈一贯的挟嫌报复，致使诸多人牵扯其中，彼此间互相攻讦，由此引发一场大狱。由于神宗始终不相信沈鲤与此案有牵连，加之都察院温纯上疏代沈鲤讼冤，唐文献、陶望龄先后至沈一贯家为沈鲤解劝，司礼太监陈矩亦极力维护他，沈鲤才得以化险为夷。沈一贯向沈鲤等正直官员的进攻遭到了失败。

沈鲤虽然最终平安无事，内心却因此备受伤害。而"妖书案"虽平，它对诸多人造成的影响却弥久难消，险恶的宫廷斗争也并没有就此平息。沈鲤心中不安，又多次引咎自请罢去。

（四）乙巳京察

所谓京察，是指对在京官员的行政审察与处理，是明代吏部考核京官的一种制度，为了区别于考察外官的外计，又称为内计。正德以后一般在巳、亥之年的二月进行，由吏部会同督察院及各衙门堂上官主持。明代中期以后，党派纷争，京官考察往往被朝中各派用作相互攻击的手段。万历三十三年（1605）的乙巳京察亦是如此。如前所述，沈一贯和沈鲤两派之间的政治斗争，在经历了楚宗案和"妖书案"后，双方实力此消彼长，二沈之间的积怨进一步加深，乙巳京察也使得两派之争达到顶峰。

万历三十三年正月，乙巳京察正式开始，由吏部侍郎杨时乔、左都御史温纯等人主持。杨时乔为官素有"清正廉明"之称，在代理吏

---

① （清）谷应泰撰：《明史纪事本末·争国本》，中华书局 1977 年版，第 1071 页。

部尚书期间，沈一贯一心想在朝廷培植自己的死党，曾向皇帝举荐自己的亲信出任兵部尚书，因杨时乔据理反对而未成，沈一贯记恨在心，必欲将杨时乔置于死地。而温纯曾在此前的"妖书案"中，极力为沈鲤、郭正域辩诬，沈一贯亦对其不满。杨时乔和温纯亦欲借此次京察，大力打击沈一贯的心腹。为了争取主动，沈一贯上疏请改派兵部尚书萧大亨主持，遭到沈鲤的强烈反对，未能获准。京察结果上报，被京察的给事中、御史当中，有十多人不称其职，其中沈一贯的心腹就有四人，分别是给事中钱梦皋、钟兆斗以及御史张似渠、于永清。沈一贯为保全心腹以密揭上奏，最终神宗将察疏留中不发。

二月，楚王一案被旧事重提，广东巡按御史林秉汉对神宗已经处理完的楚宗案提出意见。钱梦皋乘机上疏攻击林秉汉，称自己被察是有人意欲结党营私、铲除异己。神宗下旨贬林秉汉官职，连降五级；钱梦皋以"尽职建言"中旨留用。沈鲤一派对此并不甘心，又力攻沈一贯的党羽兵部尚书萧大亨等。神宗皇帝这时意识到，此次京察已经沦为朋党斗争的工具，随即于三月下谕责问主持京察的吏部和督察院："朕览今大察各官本内，科道两衙门不称职的甚繁，岂皆不肖，内必有徇私之弊。因恚恚以泄之者有之，因结党以去之者有之，欲竖权以挟人者有之，欲立威以制人者有之，不然何乃如此，朕不得无疑。"[①] 杨时乔、温纯上疏辩白，力证这次所察人员并不多，同时请求辞官。随后，南京吏科给事中陈嘉训、河南道御史萧如松等上疏，请求将温纯、钱梦皋、钟兆斗一起罢免；五月，南京兵部郎中刘元珍上疏，批评沈一贯假皇帝之权以售其私；六月，南京御史朱吾弼又上疏，批沈一贯内交近侍，阳施阴设，请求将北察南察的察疏下发；七月，兵部主事庞时雍直接攻击沈一贯，说他有十条欺罔之罪和十条误国之罪。神宗根本听不进去，将这些人纷纷罢黜。

① 《明神宗实录》卷四零七，台湾"中央研究院"历史语言研究所影校本 1962 年版，第 7590–7591 页。

　　沈一贯因密揭力保被察科道成为了众矢之的，不得已上疏请求罢免，神宗暂时未许，但沈一贯仍用私宅票拟的方法干政。万历三十四年（1606）四月，沈鲤对此上疏说："臣等中秘肄业时，见阁臣办事阁中，拟票旨意所得预闻者，独写票中书而已。诸司章奏，谁敢携之以出者……望仍复旧规，发本阁中，公同票拟，以上尊朝廷，下襄职分，旁塞窥伺。亦鼎新一事也。"① 万历见奏，留中不报。沈鲤对神宗仍祖护沈一贯感到极为不满，而神宗也不喜欢沈鲤的耿直，君臣之间渐生怨隙。七月，神宗许沈一贯与沈鲤一同致仕，二沈之争以两人同时被罢职告终。乙巳京察亦告一段落。

　　要说明的是，二沈虽同时乞休，但情况迥异。沈一贯是因为已难以容身于朝，不得已请辞；沈鲤则是屡为政敌所害，对神宗彻底失望之后做出的决定。在一次次的乞休疏中，他流露出自己政治愿望未竟的伤心和感慨。如他在《乞休第三疏》中说："惟臣自筮仕至今四十余年，虽不能有所建明，而道义物身兢兢业业，实不敢苟。乃今晚节末路，则易箦正缨之日也。"② 在《乞休第七疏》中说："臣今病废乞归，非止为一身进退，实为世道有深长之虑也。"③ 沈鲤以其肺腑之言道其未竟之志，让人读后不禁为之鼻酸。

　　沈鲤一生为人鲠直，为官清正，朝野敬畏。他不仅是位卓越的政治家，还是一位著名的学者，著有《亦玉堂稿》《文雅社约》等。《明史》称赞他："传称'道合则服从，不合则去'，其王家屏、沈鲤之谓乎。"④ 清代著名学者王士禛叹称："其经术闳深，议论正大，真一代伟人。"⑤

---

① 《明神宗实录》卷四百二十，台湾"中央研究院"历史语言研究所影校本1962年版，第7951—7952页。
② （明）沈鲤撰：《亦玉堂稿·乞休第三疏》，钦定四库全书本。
③ （明）沈鲤撰：《亦玉堂稿·乞休第七疏》，钦定四库全书本。
④ （清）张廷玉等撰：《明史·沈鲤传》，中华书局1974年版，第5744页。
⑤ （清）王士禛撰，赵伯陶点校：《古夫于亭杂录》，中华书局1988年版，第131页。

第四节　以术数助李灭明，被俘后觍颜降清
——术士宋献策

宋献策，又名宋康年，生卒年不详，明末清初时河南永城人。学识渊博，精通术数，外号"宋矮子""宋孩儿"。曾为卜者，后为李自成重要谋士。李自成败后，宋献策被俘降清。

一　早年经历，以占卜为生

宋献策出生于明朝末年，家世及具体年代不详，只知他是河南永城人。计六奇《明季北略》载："献策，河南永城人，善《河》《洛》数。"[1] 又："献策通天文，善占验，有官犯潜匿，按方指示，无不就获。"[2] 可知，他早年云游四方，为人占卜吉凶祸福。宋献策精通天文，可以推知，他应该生活在一个能读得起书的家庭，属于下层知识分子。但是，家境普通，不得不靠占卜为生。根据上述记载还可知，因为他善于"占验"，有了名气，因此也为明朝官府所利用。他曾帮助官府捉拿逃犯，按照他的推算和指示，往往能捕获逃犯。毫无疑问，这样的记载是在渲染宋献策有高明的占卜术。

占筮术在中国古代一直很流行，尤其是在改朝换代之际，人们期盼能够改变命运，过上好日子。明朝自万历以后，政治极端腐败，社会矛盾尖锐，民不聊生，怨声载道。当时，有一些人就以占卜、讲解星象为职业，宋献策就是其中之一。四处漂泊以占卜求生计的宋献策，对社会各方面的情况都很熟悉，他曾经帮助明政府捉拿逃犯，以期获得脱颖而出的机遇，却未能谋得一官半职。宋献策的个人理想不算太高，却因其卑微的身份无法实现，在这种情况下，他不自觉地走向反抗明朝统治的行列，开始为明末农民起义军制造舆论，即所谓"云游各省，

---

① （清）计六奇撰，魏得良、任道斌点校：《明季北略》，中华书局 1984 年版，第 294 页。
② （清）计六奇撰，魏得良、任道斌点校：《明季北略》，中华书局 1984 年版，第 646 页。

妄言祸福，谓国运将终，煽惑人民"①。

　　作为江湖术士，大多是靠骗术混日子，宣扬封建迷信。宋献策当然也不例外，但不同的是，他自己实际上并不迷信。李自成的重要将领李岩曾经与宋献策谈论过关于释教的问题，李岩问他释教是否应该"崇钦"，宋献策作了这样一段论说：

　　　　释氏本西竺之裔，异端之教，邪说诬民，充塞仁义，不惟愚夫俗子惑于其术，乃至学士大夫亦皆尊其教而趋习之。偶有愤极，则甘披剃而避是非；忽值患难，则入空门而忘君父。丛林宝刹之区，悉为藏奸纳叛之薮。君不得而臣，父不得而子，以布衣而抗王侯，以异端而淆正教，惰慢之风，莫此为甚！若云诵经有益，则兵临城下之时，何不诵经退敌？礼忏有功，则君死社稷之日，何不礼忏延年？此释教之荒谬无稽，而徒费百姓之脂膏以奉之也。所当人其人而火其书，驱天下之游惰以惜天下之财费，则国用自足，而野无游民矣。②

　　宋献策推崇的是道家之术，故将释教视为异端邪说，这是情理之中的事情。但他论及和尚诵经、礼忏之无用时，质问说："若云诵经有益，则兵临城下之时，何不诵经退敌？礼忏有功，则君死社稷之日，何不礼忏延年？"最后指出，佛家的说教都是"荒谬无稽"的。宋献策能够说出这番话，可见他自己从事迷信活动并非出自真心。正如有的学者所说："他并不相信关于天地鬼神的那些说教。他之所以从事迷信活动，前期是为了糊口和谋求政治出路，后期则是一种掩护，其目的是'妄言祸福'，'煽惑人民'，鼓动劳苦大众为推翻朱明王朝而斗争。"③

---

① （清）计六奇撰，魏得良、任道斌点校：《明季北略》，中华书局1984年版，第653页。
② （清）计六奇撰，魏得良、任道斌点校：《明季北略》，中华书局1984年版，第674—675页。
③ 刘德鸿：《宋献策述略》，《青海社会科学》1985年第4期。

二　投奔李自成，奉为军师

崇祯十三年（1640）底，李自成率部突出商洛山区，来到河南。第二年，起义军占领河南，起义队伍不断发展壮大，形势出现转机，史称"从自成者日众"，"至是势大盛"①。当时，各种人抱着不同的想法参加起义军，不仅有走投无路的饥民，也有像牛金星这类知识分子投奔李自成。比牛金星稍晚，宋献策也加入了李自成的农民军。据《明季北略》卷二十三记载：

> （献策）又传二语云："十八孩儿兑上生，自小生来好杀人。"闻自成日强，往归之。自成亦素闻献策通术数，故一见如旧识，即屏左右，问攻取事。献策云："流人顺河干，陷在十八滩。若要上云天，起自雁门关。将军始为马上之王，王号闯者已验其说矣。若推起自雁门关一语，将军起义当从此地始也。"自成大喜，称为宋军师而不名。②

根据这一记载，宋献策是在看到了李自成起义军不断壮大的情况后，主动投靠李自成，而李自成也素闻其名，故二人一见如故。又据明代文秉《烈皇小识》卷七记载：

> （崇祯十四年四月）自成屯卢氏，卢氏举人牛金星迎降，又荐卜者宋献策，献策长不满三尺，见自成，首陈图谶云："十八孩儿兑上坐，当从陕西起兵以得天下。"自成大喜，奉为军师。③

根据文秉的记载，宋献策是经牛金星推荐，才得以结识李自成，并被李自成拜为军师，具体时间是在崇祯十四年四月，亦即1641年的农历四月。从当时的情况分析，这一记载更为可信。因为作为一个"卜者"，如果没有人推荐，即便被李自成接受，也是很难得到重用的。牛金星亦是在崇祯十三年冬，经过李岩引荐入李自成幕下。《明史·李自

---

① （清）张廷玉等撰：《明史·李自成传》，中华书局1974年版，第7957页。
② （清）计六奇撰，魏得良、任道斌点校：《明季北略》，中华书局1984年版，第653页。
③ 中国历史研究社编：《烈皇小识》，上海书店1982年版，第193页。

成传》如此记载："金星又荐卜者宋献策，长三尺余，上谶记云：'十八子，主神器。'自成大悦。"①

宋献策被李自成重用，实际上是因为他的那句谶语，即"十八子，主神器"。这句预言采用了传统的拆字法，"十八子"就是指李自成的姓氏李；"神器"在中国古代指的就是帝王之位。这句话出自"善占验"的宋献策之口，从天命的角度为李自成造了声势，不但迎合了李自成的心理，而且增强了起义军团结在李自成的旗帜下的信心，成为李自成号令天下的重要口号。此后，李自成时来运转，相继占领洛阳、开封，消灭了明军主力，控制了河南全省，部众发展至近百万，成为明末农民起义军的主力。

宋献策做了李自成的军师之后，他的建议或者说思想对李自成的影响还是比较大的，特别是在对待人民群众的态度上。随着形势的发展，李自成的起义军队伍逐渐强大，他本人也逐渐暴露出脱离群众、腐化堕落的骄慢心态，甚至有时对无辜的贫民进行骚扰杀戮。据《明史·李自成传》记载："（自成）性猜忍，日杀人砑足剖心为戏。所过，民皆保坞堡不下。"②《明史》作为官方史书，将李自成看作"流寇""叛贼"，对其描述未免丑化。相比而言，私家史书的记载则较为公正，更加接近实际。清初戴笠在《怀陵流寇始终录》卷十三中记载："闯贼嗜杀，人心不附……卜者宋献策长三尺，进符谶……自是以所掠施贫民，造为谣言，仁义之声传播。是月丁卯破宜阳，不杀贫民唯杀官。"③"不杀贫民唯杀官"一语，说明在此之前，李自成的确有过杀戮贫民的情况。这时候，越是正常的建言李自成越难以接受，而宋献策的劝谏反倒会让他头脑清醒一下。《明季北略》所载宋献策"精于六壬奇门遁法及图谶诸数学，自成信之如神"④就说明了这个问题。

①　（清）张廷玉等撰：《明史·李自成传》，中华书局 1974 年版，第 7956–7957 页。
②　（清）张廷玉等撰：《明史·李自成传》，中华书局 1974 年版，第 7956 页。
③　转引自刘德鸿：《宋献策述略》，《青海社会科学》1985 年第 4 期。
④　（清）计六奇撰，魏得良、任道斌点校：《明季北略》，中华书局 1984 年版，第 294 页。

宋献策对李自成的建言，为起义军争取更多劳苦大众的支持，进一步发展壮大起义队伍，起到了非常重要的作用。如《绥寇纪略》卷八载：

> 时杞县人李岩、术者宋献策起从贼，教自成为好言给众曰："王侯贵人，剥穷民，视其冻馁，吾故杀之以为若曹，令饥者以远近就食。男子二十以上愿从军者，月食四十金，趫敢能为将者倍之。从我可富贵，无为交手死。"民奔走赴之者百万。①

崇祯十六年（1643），李自成军队占领了湖北襄阳，创建"大顺"政权，自号大元帅。崇祯十七年（1644）正月，李自成在西安称王，定国号为大顺，改元永昌。三月，李自成攻入北京。这时，宋献策的战术指导也多为李自成采用。当初，为了不使北京城在战争中遭到破坏，也为了避免残酷的杀戮，李自成通过投降太监杜勋等人，劝说崇祯帝主动让位投降，但遭到崇祯帝拒绝，李自成遂决定武力攻打。为了鼓舞士气，在攻城的日期及人员调派上，宋献策以占卜的方式进行动员。《平寇志》卷九载："贼犯京城，献策占曰：'丙午雨，丁未辰而克。若无雨，城不可下，即日全军西还，六年始克。'是日雨，俄而城陷。"②《明季北略》卷二十三对此记载更为详细：

> 军师宋献策见自成云："臣观明朝王气之绝，当在本月十八日丙午。是日，当有阴雾迷空，凄风苦雨，乃其应验。十九日辰时，都城必破无疑。若不乘此机会，恐援兵四集，又须迟至六年之后也。更有谶云：'孩儿军师孩儿兵，孩儿攻战管教赢。只消出个孩儿阵，孩儿夺取北京城。'据此谶，吾王须用十五六岁者名童子兵攻城，方能济事。"自成即点强壮童子五千人，给以器械攻取。③

十五六岁的少年，身体强壮，灵活机敏，长于爬梯攀城，用他们作为先锋军攻城，是一个正确的决策。而精通天文、善于占验的宋献策，

---

① （清）吴伟业撰，李学颖点校：《绥寇纪略》，上海古籍出版社1992年版，第214页。
② （清）彭孙贻辑，陈协琹、刘益安点校：《平寇志》，上海古籍出版社1984年版，第206页。
③ （清）计六奇撰，魏得良、任道斌点校：《明季北略》，中华书局1984年版，第668页。

预测到几天后的天气情况，并非不可能的事情。果然，"是日，巳刻，阴惨，日色无光。已而大风，骤雨冰雹，迅雷交作。人心愁惨。至午后方止"①。这也使得宋献策关于明朝气数已尽的预言得到了验证，因此更加坚定了李自成取胜的信心。李自成按照宋献策的建议，点精壮童子五千人，从四面登城，很快就攻破了外城。各城门攻开后，宋献策又向李自成建言一定要严明军纪，稳定秩序，以安民心。《甲申传信录》卷一记载："自成伪军师宋献策曰：'先安民，乃可入。'自成从之，拔箭去镞，向后军中连发三矢，约曰：'军兵入城，有敢伤一人者，斩，以为令。'"②十九日，起义军攻下北京，宣告了明朝的灭亡。

三 起义军战败，投降清廷

李自成进入京城之初，军纪严明，下令不得滥杀无辜，不能惊扰百姓，京城秩序较为稳定，一切都朝好的方向发展。但不久，李自成手下士卒即开始抢掠财物，臣将骄奢，各自为政，城中恐怖气氛逐渐凝重，人心惶惶。农民军内部亦出现了矛盾，李自成再次表现出唯我独尊的姿态。他开始听不进臣下建议，甚至对以前"信之如神"的军师宋献策，也不能给予应有的尊重，两人之间逐渐产生分歧。比如，李自成入京后，命刘宗敏等严刑拷打明官以"追赃助饷"，宋献策利用占验之术劝阻李自成："天象惨烈，日色无光，亟应停刑。"③又如，李自成"愤京师各官藏匿无出迎者，欲尽杀之"，但宋献策认为这样做不合适，有违先前之令，故"力劝而止"④。再如，"贼执李襄城至，面反向而不跪"，"李贼欲杀之，伪军师宋献策不可"⑤。

从上述事例可以看出，宋献策对李自成的一些做法已经非常不满。

① 中国历史研究社编：《甲申传信录》，上海书店1982年版，第15页。
② 中国历史研究社编：《甲申传信录》，上海书店1982年版，第17页。
③ 中国历史研究社编：《甲申传信录》，上海书店1982年版，第117–118页。
④ 中国历史研究社编：《甲申传信录》，上海书店1982年版，第117页。
⑤ （清）赵士锦等著：《晚明史料丛书·甲申纪事》，中华书局1959年版，第11页。

而李自成随着地位的改变，其潜意识里或许认为，以前靠宋献策的图谶预言，号召发动群众、笼络人心倒是可行的，如今大规模的战争已经结束，这样的军师难以再发挥真正的作用，影响力已远不如从前。所以，在大顺政权重要官员的安排中，李自成并未给宋献策留一席之地。这自然降低了宋献策在农民军中的地位，也由此引发了他对李自成的怨恨。

此后，宋献策的心态发生了巨大变化，他开始在背后散布诋毁李自成的言论。如《明季北略》卷二十载："宋献策云：'我主止可为马上王，涸过几年而已。'又云：'遇秦而兴，遇鲁而亡。'"①又《平寇志》卷十载："宋献策私语于人曰：'我主马上天子，惜其杀戮太过，益造祸耳，尚有三年富贵，过此恐予术未必验也。'贼心益摇。"②

后来，吴三桂引清兵入关，李自成损兵折将，将士离心。宋献策看到李自成大势已去，遂心向李岩。《怀陵流寇始终录》卷十八载："宋献策见闯贼无远度，意久属岩。"③《绥寇纪略》卷九载："宋献策极与（李岩）善，密说曰：'十八孩儿之谶，得毋为公乎？'岩虽不敢应，然殊自喜。"④再后来，因牛金星诬陷，李自成妄杀李岩等人，致使人心离散。次年（1645），李自成战死，农民军失败。

李自成败后，关于宋献策的下落，《明史·李自成传》记载："（清军）获自成两从父伪赵侯、伪襄南侯及自成妻妾二人，金印一。又获伪汝侯刘宗敏、伪总兵左光先、伪军师宋献策。于是斩自成从父及宗敏于军。牛金星、宋企郊等皆遁亡。"⑤又《清史列传·阿济格传》载："（上）以阿济格追剿流贼……穷追至贼老营，大破之。自成仅以步卒二十人遁，斩其两叔父

---

① （清）计六奇撰，魏得良、任道斌点校：《明季北略》，中华书局 1984 年版，第 491 页。
② （清）彭孙贻辑，陈协琹、刘益安点校：《平寇志》，上海古籍出版社 1984 年版，第 238 页。
③ （清）戴笠、吴殳撰：《怀陵流寇始终录》，见《续修四库全书》（第 442 册），上海古籍出版社影印 1995 年版，第 195 页。
④ （清）吴伟业撰，李学颖点校：《绥寇纪略》，上海古籍出版社 1992 年版，第 261 页。
⑤ （清）张廷玉等撰：《明史·李自成传》，中华书局 1974 年版，第 7968—7969 页。

及伪汝侯刘宗敏于军,伪军师宋献策、总兵左光先等皆就俘。"①《清史稿·阿济格传》亦载:"自成南走,众尚二十万,规取南京。阿济格以师从之……斩其将刘宗敏,俘宋献策。宗敏,自成骁将;献策,自成所倚任,号军师者也。"②《明史》《清史列传》《清史稿》均为官修史书,三书皆记载宋献策为清军所俘,但是都未说明被俘后的情况,如是否被处决等。

谈迁在其《北游录》中记载道:"永城宋献策,卖卜长安市上久矣。通李自成,拜国师,导入京师。自成败,满洲人重其术,隶旗下,出入骑从甚都。"③《北游录》一书,乃谈迁于顺治十年(1653)至十三年(1656),根据自己北游见闻所撰写。可见,清军俘获宋献策后,并未把他杀死,而是将其隶于"旗下",出入还有骑从相伴。清初学者查慎行在《人海记》中亦有载:"永城人宋献策,明末卖卜燕市。遇李自成,拜国师,导之入都。自成败后,满洲重其术,隶旗下。其人至康熙初年乃死。"④ 由此可见,宋献策被俘后,并未被杀头,而是入了旗。换一句话说,就是他投降了清朝。

纵观宋献策一生,他以"卜者"谋生,在灭亡明王朝的过程中,他以谶语的方式宣传明朝将亡,以军师的身份参与谋划,也确是立下了功劳。但是,后来他因李自成不再重用他而产生怨恨,及至后来被俘降清,不免让人对他小看几分。不过,话又说回来,在当时的起义军队伍中,混杂有各色人物,像他这样的人,不论是占卜算命,还是参加农民军,都不过是为了谋生而已。他降清后也还是重操旧业,因此,也不必对他过于苛刻。

---

① 王钟翰点校:《清史列传·阿济格传》,中华书局1987年版,第15—16页。
② 赵尔巽等撰:《清史稿·阿济格传》,中华书局1977年版,第9017页。
③ (清)谈迁撰,汪北平点校:《北游录》,中华书局1960年版,第386页。
④ (清)查慎行著:《人海记》,北京古籍出版社1989年版,第8页。

第五节 "历难公卿年少事，汉家宣室为君开"
——风流才子侯方域

侯方域（1618–1654），字朝宗，号雪苑。明末清初归德府（今河南商丘）人。在明末与桐城方以智、如皋冒襄、宜兴陈贞慧同被誉为"四公子"，又与魏禧、汪琬并称清初散文"三大家"。

一 家世、生平与思想

侯家先世属于戍籍，也就是戍边吏卒的户籍，一向被视为贱民之一。侯家至方域的祖父时始显贵。

侯方域祖父侯执蒲，两榜出身，明万历十六年（1588）中举人，万历二十六年（1598）中进士。初任守津（今山东宁津）令，天启年间官太常寺卿（掌管宗庙祭祀之事的长官），因反对宦官魏忠贤专权而被罢官归乡。侯执蒲有五子，排行为：恂、恪、忭、恕、虑。其中长子侯恂为侯方域之父，明万历四十四年（1616）中进士，授山西道御史，属东林党人，天启年间因与阉党魏忠贤斗争遭罢官。侯方域叔父侯恪，与兄侯恂同年中进士，不愿入仕，闭门读书，三年不窥园。侯恪正直无私，在魏忠贤一党权倾朝野时，拒与合流，深受天下读书人敬重。崇祯年间官至南京国子监祭酒。

侯方域的祖父和父辈都是明末东林党人，常讽议朝政、评论官吏，力主革除朝野积弊，反对权贵贪纵枉法，因而备受阉党的迫害。侯方域生活在这样一个仕宦家庭中，家国政治对他的影响绝非常人可比。这也导致他过早地关注国家形势并涉入其中，加之明清改朝换代的现实印痕，也决定了他人生道路的曲折坎坷。不过，也因此造就了一个跨朝代的文学奇才。

侯方域自幼聪慧颖悟，博闻强记。康熙《商丘县志·文苑传·侯方域传》云："（方域）生有异质，读书数行下，虽广座中五官互用，而神明不分。"① 他十一岁之前在家乡东园读书,当时正值其祖父侯执蒲罢官回乡,对他读书督导甚严,加之他本人颇能勤勉自励,故学业大有长进。崇祯元年（1628），十一岁的侯方域随父亲至京城,拜当时著名文人、书法家倪元璐为师,学习八股文。倪元璐悉心指教这位弟子,对侯方域后来的散文创作影响极大。侯方域曾在《倪涵谷文序》中说:"余少游倪文正公之门,得闻制艺绪论。公教余为文,必先驰骋纵横,务尽其才,而后轨于法。"② 侯方域对这位老师亦极为崇拜,评价甚高,称"自文正公殁,而天下失其宗"③。在京城的最初几年,侯方域父亲侯恂官运亨通,先由太仆寺少卿升为兵部侍郎,而后再升为户部尚书。但当时的明政府却令人担忧,可以说是百毒浸身,弊端尽显,特别是朝廷内党派纷争,一些有志之士空怀报国之心而不愿参政。身居高位的侯恂陷入政治斗争的漩涡之中,内心感到十分痛苦,也深深影响着逐渐成熟的侯方域。侯方域的同乡好友、雪苑社发起人之一的贾开宗在侯朝宗《本传》中说:"侯方域……幼博学,随父司徒官京师,习知中朝事,尝叹曰:'天下且乱,所见卿大夫殊无足以佐中兴者,其殆不救乎?'"④ 其忧国忧民之情溢于言表。

崇祯五年（1632），侯方域十五岁,回家乡应童子试（即考秀才）,府、县皆为第一。此时的侯方域才华横溢,著名学者胡介祉在《侯朝宗公子传》中称赞他:"为文若不经思,下笔千万言立就。"⑤《清史稿·侯方域传》载:"性豪迈不羁,为文有奇气。"⑥ 和其父祖一样,侯方域亦"常论议国家大事,分别流品,激昂慷慨"⑦。一时之间,文人名士纷纷为他的文采卓识所倾倒。第二年,侯方域回到北京,其间以文会友,结识

① 河南省商丘县志编纂委员会:《商丘县志》,中州古籍出版社1989年版,第308页。
② 何法周主编,王树林校笺:《侯方域集校笺》,中州古籍出版社1992年版,第50页。
③ 何法周主编,王树林校笺:《侯方域集校笺》,中州古籍出版社1992年版,第51页。
④ 何法周主编,王树林校笺:《侯方域集校笺》,中州古籍出版社1992年版,第557页。
⑤ 何法周主编,王树林校笺:《侯方域集校笺》,中州古籍出版社1992年版,第562页。
⑥ 赵尔巽等撰:《清史稿·侯方域传》,中华书局1977年版,第13320页。
⑦ 河南省商丘县志编纂委员会:《商丘县志》,中州古籍出版社1989年版,第308页。

了张溥、吴伟业等"复社"中坚，以及陈子龙、夏允彝等"几社"名士。十七岁时，侯方域代父草拟《屯田奏议》，广征博引，洋洋洒洒，几近万言，堪称一道杰出的经世治国策论。此后，侯方域的才名播誉于公卿之间，文人学士争相与其结交。侯方域也因此逐渐走向社会，得以结交天下名士。

崇祯九年（1636），侯恂在朝中遭到诬陷，以"糜饷"罪落职，遭受牢狱之灾达五年之久。崇祯十二年（1639）夏，侯方域赴南京应举，寓居南京。在科考之前，侯方域见到了父亲的老友方孔，并与方孔的儿子方以智成为好友，两人"晨夕过从"，分外亲热。当时，应考的四方文士云集南京。通过方以智，侯方域认识了陈贞慧、吴应箕及冒辟疆等人，他们一见如故，来往密切。这些人都是东林党子弟，人品高洁且文采风流，与侯方域意气相投，又都是复社成员，他们共同推重侯方域，侯方域因此名声大起。在这些人当中，侯方域与陈贞慧、方以智及冒辟疆才名最著，加之均为仕宦子弟，因此获誉为"复社四公子"，后来被称为"明末四公子"。他们品核公卿，裁量执政，成为京城中左右舆论的主导力量。但是，侯方域这次应举，以策语触犯时讳而落第。《壮悔堂文集》卷八《南省试策一》载徐尔黄评论曰："是科为己卯，朝宗举第三人。放榜之前一夕，而副考以告正考曰：'此生以如此策入彀，吾辈且得罪。'本房廖公国遴力争曰：'果得罪，本房愿独任之。'正考迟回良久曰：'吾辈得罪，不过降级罚薪而已；姑置此生，正所以保全之也。'朝宗遂落（选）。今读其策，岂让（唐之）刘蕡？千载一辙，良可叹也！"[①]

此前一年，复社名士吴应箕、陈贞慧等曾起草《留都防乱揭》，揭露阉党阮大铖的丑恶面目，阮大铖甚为恐惧，乃躲避至城外牛首山，闭门谢客，不敢再入南京城。阮大铖与侯恂为同年进士，一度关系还不错，

---

① 何法周主编，王树林校笺：《侯方域集校笺》，中州古籍出版社1992年版，第363页。

得知侯方域来京，而且其与吴应箕、陈贞慧等人情深意笃，就想通过侯方域从中说项，与吴、陈等复社众人和解，乃"密使其客交欢方域"，但是"方域峻拒之，且于大会中唾骂不绝"，"大铖大恚怒，衔此三人者次骨"①。后来，阮大铖又一度得势，便对他们进行疯狂报复。

崇祯十七年（1644），李自成农民军攻入北京，明朝灭亡。阉党余孽马士英、阮大铖等人在南京拥立福王朱由崧为帝，建立南明政权。他们对复社文人恨之入骨，遂大兴党狱，捕杀东林党人和复社正直人士。该年十月，顺治帝在北京即位，十二月，因阮大铖追杀，侯方域渡江逃往扬州，投奔抗清名将史可法，在兴平伯高杰军中任事。《清史列传》记载道："甲申，南都拥立，大铖骤枋用，兴大狱，将尽杀党人，捕贞慧入狱。方域夜出走，渡扬子江，依镇帅高杰，得免。"②清顺治二年（1645）正月，高杰在睢州（今河南睢县）为降清将领许定国诱杀，侯方域失去依靠，遂又返回江南，不幸在宜兴被阮大铖亲信捕获，囚于南京，几乎为阮大铖所杀。四月，侯方域出狱后，重返扬州史可法军中，图有所为。但是清军很快又占领江南，侯方域见形势不利，无奈之下，乃于该年十月返里归隐，回到家乡商丘。但他心中仍有所不甘，又派家人至江南打探消息，伺机以图后举，得知复社组织的抗清斗争多已失败，才安心归隐，实践此前与复社友人相约之誓，专心致力于诗文创作，终身不仕清廷以保全名节。但是，生存于人间烟火之中，又迫于公私等方面的压力，各人心志定力不同，他们的归途亦大不相同。"四公子"之中，陈贞慧隐居不出，冒辟疆寄意林泉，方以智出家为僧，可谓保持了应有的气节。其他如南派首脑二陈，即江苏溧阳的陈名夏、浙江海宁的陈之遴等，则自毁一世英名，均投靠了清廷。

和上述文士相比，侯方域另有一番境遇。他虽然有心做明朝的遗民，也确实没有降清出仕，无奈事与愿违，在归乡隐居期间，最终未能守住

---

① 河南省商丘县志编纂委员会：《商丘县志》，中州古籍出版社1989年版，第308页。
② 王钟翰点校：《清史列传·文苑传一》，中华书局1987年版，第5721页。

底线。首先，他为明朝降将张存仁剿灭抗清义军提供策略，就是一件不太光彩的事情。顺治六年(1649)八月，张存仁被起复为兵部尚书兼直隶、山东、河南三省总督。当时，豫东、鲁西地区有一支农民起义军叫榆园军，在大名（今河北大名）等地活动。据《清史稿·张存仁传》记载："盗发榆园，为大名诸县害。存仁闻归德侯方域才，贻书咨治盗策，方域具以对。存仁用其计，盗悉平。"① 侯方域写了一份《上三省督府剿抚议》，文中提了十条剿抚建议，其中五条剿议是：逼巢穴、绝径路、因粮食、鼓敌仇、散党援；另外五条抚议是：固根本、昭激劝、简精锐、信号令、责屯种。这支抗清义军力量强大，张存仁苦于找不到对付的办法。谢国桢在《南明史略》中记载："张存仁也为农民军所吓倒，不敢贸然与农民军作战……张存仁亲自到商丘去访问侯方域，侯方域就替他计划出来挑拨离间农民军的'五抚五剿'阴险的策略。同时张存仁又派他的部下，熟于鲁西地理的张胆，从事攻'剿'。用恶毒的办法，决开黄河堤岸灌塞榆园军的地道。"② 终于扑灭了这支农民军主力。侯方域虽然没有直接参加镇压农民军，但他为此献计献策，间接出了大力。这与他之前的行为志节是不相符的。

而接下来的另外一件事情，即在顺治八年（1651）他突然参加了河南的乡试，最终成为被人诟病的话柄，有人据此指责他"不保晚节"。梁启超曾说："顺治八年，且应辛卯乡试，中副贡生，越三年而死，晚节无聊甚矣。《年谱》谓'当事欲案法公（朝宗）以及司徒公（恂），有司趋应省试方解'。此事容或有之。然朝宗方有与吴梅村书，劝其勿为'达节'之说所误（见《壮悔堂文集》卷三）。乃未几而身自蹈之，未免其言不怍矣。"③ 梁启超认为，在吴梅村复出之说甚嚣尘上之时，侯方域曾致书规劝他不要为"达节"（识时务）之说所误，而自己却又"身自蹈之"

---

① 赵尔巽等撰：《清史稿·张存仁传》，中华书局 1977 年版，第 9487 页。
② 谢国桢著：《南明史略》，上海人民出版社 1957 年版，第 100 页。
③ 张品兴主编：《梁启超全集》，北京出版社 1999 年版，第 5907 页。

参加乡试，未免显得"其言不怍"即大言不惭。这样的批评可谓很严厉了。孙原湘在《媚香楼歌》结尾，也极为尖刻地嘲讽侯方域："气节何论男与女，楼中如花霜可拒。君不见，天津二月桃花开，又见侯生应举来。"① 还有人说，参加河南乡试，"使侯方域在坚持不仕清朝的人们心目中，声名大减。后来黄宗羲编辑《明文类》，有的人就因为政治上的原因，反对选入侯方域的文章"②。著名文学家钱仲联主编的《明清八大家文选》，也以"侯氏虽工文，晚节不终"③ 为由，没有收录侯方域的文章，将"明清八大家"定为刘基、归有光、王世贞、顾炎武、姚鼐、张惠言、龚自珍、曾国藩八人。

但也有人不同意这种指责，认为侯方域此次应试，是迫于官府的压力，有其不得已的苦衷，如果不应考就是对抗清廷，他本人及家庭都难免罹祸。如陈寅恪在《柳如是别传》中说："朝宗作壮悔堂记时，其年三十五岁，即顺治九年壬辰。前一年朝宗欲保全其父，勉应乡试，仅中副榜，实出于不得已。'壮悔堂'之命名，盖取义于此。后来竟有人赋'两朝应举侯公子，地下何颜见李香'之句以讥之。殊不知建州入关，来中乡试，年方少壮之士子，苟不应科举，又不逃于方外，则为抗拒新政权之表示，必难免于罪戾也。"④ 又如谢桂荣、吴玲在《侯方域年谱[简编]（下）》一文中说："八月，清方迫害又至，强逼参加河南乡试，以不完卷抗之，使清方无法录取。侯洵《侯朝宗年谱》载：'当事欲案治公以及于司徒公者，有司趣应省试，方解。'清方本欲取为第一，再逼其出仕；以方域'未完卷'，复怒斥置副车。李敏修《中州先哲传·文苑·侯方域传》载：'顺治八年中副榜，实未完卷也。'王侯服、徐作肃中举，方域有《赠王子序》《赠徐子序》。其《赠徐子序》云：'侯子既放（按：

① 黄裳著：《银鱼集》，安徽教育出版社2006年版，第53页。
② 王思治主编：《清代人物传稿》（上编第一卷），中华书局1984年版，第198页。
③ 钱仲联主编：《明清八大家文选丛书·总序》，苏州大学出版社2001年版。
④ 陈寅恪著：《陈寅恪集·柳如是别传》，生活·读书·新知三联书店2001年版，第729页。

指落榜、斥归），而有喜色。'庆幸斗争的胜利。"① 还有人认为，在被逼无奈之下，侯方域参加考试不过是敷衍官府的权宜之计。如何法周、王树林引李敏修《侯方域传》说："顺治初，河南巡抚吴景道廉知方域豪横状（不屈服），将案治。宋权方家居，从容语景道曰：'公知唐有李太白、宋有苏东坡乎？侯生，今之李、苏也。'景道笑而止。或谓当世欲案治方域以及其父恂，有司趣应乡试乃解。顺治八年中副榜，实未完卷也。"并据此分析道："你用治罪杀头的办法强迫我出而应试，我用不完卷的办法使你无法录取授官。这才是问题的实质，这才比较符合侯方域伏处隐居期的思想实际。"②

上述论者对侯方域应试的评价截然不同：一是认为既然应试，便是失节；一是认为被迫应试且未完卷，不过是敷衍清廷，不能以失节论。两种说法，各有道理。但是，侯方域当时的心迹到底如何？均未做深入分析。侯方域在雪苑社中的文友贾开宗、宋荦、徐作肃以及清初学者、著名藏书家胡介祉等人，都曾为侯方域作传，他们对此事的记载或许可以让我们另启思路。贾开宗在侯方域《本传》中云："方域豪迈多大略，少本有济世志……己卯，举南省第三人，以策语触讳黜；辛卯，举豫省第一人，有忌之者，复斥不录。既不见用，乃放意声伎。已而悔之，发愤为诗歌古文。"③ 宋荦《侯朝宗传》："方域为举业有盛名，崇祯己卯举南雍第三人，以策语触讳斥；入本朝，顺治辛卯举豫省第一，有忌之者，又斥。寻郁郁死，年仅三十有七。"④ 徐作肃在《明经朝宗墓志铭》中则称："顺治辛卯，再举河南第二，有议者复斥置副车。"⑤ 胡介祉《侯朝宗公子传》："（方域）特数奇不偶，己卯举南省第三人，以策语触讳

① 谢桂荣、吴玲：《侯方域年谱［简编］（下）》，《许昌师专学报（社会科学版）》1993年第 1 期。
② 何法周主编，王树林校笺：《侯方域集校笺·前言》，中州古籍出版社 1992 年版。
③ 何法周主编，王树林校笺：《侯方域集校笺》，中州古籍出版社 1992 年版，第 558 页。
④ 何法周主编，王树林校笺：《侯方域集校笺》，中州古籍出版社 1992 年版，第 559 页。
⑤ 何法周主编，王树林校笺：《侯方域集校笺》，中州古籍出版社 1992 年版，第 569 页。

黜；辛卯举豫省第一人，复为忌者所阻，斥置副车。嗟乎！此固命也。然以之人之才，一第又宁足为重轻哉！"① 又康熙《商丘县志·文苑传·侯方域传》云："方域为举业有盛名，崇祯己卯已举南雍第三人。以策语触忌讳而放。本朝顺治辛卯，复举豫省第一，及揭榜，主司中忌者蜚语，复抑置副卷。"② 这些记载均未说侯方域应试是为清廷逼迫，亦未谈到考试"未完卷"。侯方域"举豫省第一"却被列为"副车"或"副卷"，最终不被录用，是因为朝中有人"忌之"。这一点几乎是众口一词。就是说，他们不仅认为侯方域的应试是自愿之举，并视之为正常行径，不存在失节之耻，而且还颇为他受到的不公正待遇忿忿不平，他们自己也都参加了清廷的科试。这些人都是侯方域的好友，慕其才学而为其作传，在传中除了求信求雅，杂以讳饰之词也是可以理解的。但是，在应清廷试这一问题上，若真是侯方域的被逼无奈之举，他们不为好友开脱，反而都闭口不谈，这是有违常理的。照此推理，侯方域此次应试，正如贾开宗所言，是有济世之志的。他要像其父祖一样官居显位，光耀门楣，就只能通过举业来实现自己的抱负。如果侯方域真是出于被迫而应付考试，实在不必拿全省第一名。而且从保存下来的五篇试策来看，洋洋洒洒，可谓倾尽毕生才学，内中多有真知灼见，绝非一时应付之作，显然是为了高中夺魁。但即便如此，亦未能如愿，侯方域由此痛感失足，以未能"全节"而懊悔；又自责少年气盛至壮年而功业无成，故于顺治九年（1652）筑壮悔堂以明志。顺治十一年（1654），因抑郁成疾，竟在悔恨中英年而逝，年仅三十七岁。

侯方域一生，虽未及一第，未获一官，但他继承了父辈的清议精神，敢于坚持正义；他在政治上走的仍是前辈东林党人反阉党权奸的道路，并希望在乱世中能够为国效力。正如有学者所说："他虽然有一定的民族感情和正义感、斗争性，但已不可能担当挽救国家民族危亡的重任。

---

① 何法周主编，王树林校笺：《侯方域集校笺》，中州古籍出版社1992年版，第564页。
② 河南省商丘县志编纂委员会：《商丘县志》，中州古籍出版社1989年版，第309页。

他的一生及其悲剧结局，是当时历史悲剧的一个侧影。"①

二　侯方域与李香君

李香君是明末秦淮名妓，在南明覆灭过程中，她是具有浪漫主义色彩的一个悲剧人物。李香君之名，因孔尚任的《桃花扇》而广为人知。《桃花扇》是一部历史悲剧，通过侯方域和李香君悲欢离合的爱情故事，表现时局变迁、国破、家亡、人散的主题。故事情节大致为：明代末年，东林党人侯方域逃难至南京，重新组织"复社"，与魏忠贤余党阮大铖作斗争。侯方域结识李香君后，二人一见钟情，遂私定终身，矢志不渝，侯方域并将家传宫扇作为定情之物。阮大铖得知侯方域手头拮据，匿名托人赠送丰厚妆奁以拉拢侯方域，被李香君知晓后坚决退回。阮大铖由此怀恨在心，在南明王朝建立后，趁机陷害侯方域，迫使其投奔史可法，并强迫香君改嫁其党羽田仰，香君誓死不从，以头撞柱，血溅定情诗扇。友人杨龙友将扇上鲜血点染成桃花，故名"桃花扇"。南明灭亡后，李香君、侯方域先后出家入道。

《桃花扇》情节生动曲折，哀婉缠绵，是凄凉的传奇，也是悲壮的史诗，读来令人心碎。孔尚任在篇首宣称："借离合之情，写兴亡之感，实事实人，有凭有据。"并附录《桃花扇考据》，一一罗列剧中所据史实。客观地说，剧中诸多人物形象，历史上确有其人；但一些离奇的故事情节，如侯、李之间的感情纠葛等，则与史实相去甚远，甚至纯属子虚乌有。那么，侯方域与李香君是如何相识的？侯、李之间到底是一种什么样的关系呢？李香君的最终归宿又是怎样的？下面我们根据现存史传的记载，尽可能还原其历史真相。

李香君，苏州人，本姓吴，从其义母姓为李，名李香。李香君之名是因《桃花扇》而传扬。李香号"香扇坠"，与董小宛、陈圆圆、柳如

---

① 何法周、谢桂荣：《侯方域生平思想考辨——论侯方域的"变节"问题》，《文学遗产》1992 年第 1 期。

是等被称为"秦淮八艳"。她多才多艺，通晓丝竹琵琶、音律诗词，尤擅长弹唱《琵琶记》，但不轻易与人唱和。李香义母名曰李贞丽，喜结交当时豪杰，如清初散文大家陈贞慧等。李香性格也很豪爽，而且聪明伶俐，略读诗书，"复社"中坚张溥、"几社"名士夏允彝等人都称赞她。侯方域正是通过张溥等人的介绍，得以结识李香，时间是在崇祯十二年己卯（1639），也就是侯方域赴南京应举的那一年。侯方域在《李姬传》云："雪苑侯生，己卯来金陵，与相识，姬尝邀侯生为诗，而自歌以偿之。"① 李香是个很有正义感的女子，虽然生活在青楼之中，却别有一身铮铮骨气，交往的多是一些文人雅士和正直忠耿之辈，庸俗的狎客之流难入其法眼。她对张溥、夏允彝、陈贞慧、侯方域等既有才学志行又高洁的文人甚为敬佩。侯方域早以文采风流成名，时年二十二岁的他为复社文人所推重，又当风华正茂之年，李香当然愿意结交这样的雅士。她技压群芳，擅长弹唱但不轻易示人，而侯方域作诗她能以歌和之，说明她是很钦佩侯方域的。两人从此开始交往，而且两情相悦。在南京科考前后的几个月中，两人过从甚密，经常推心置腹地交谈。前面曾谈到阮大铖欲与陈贞慧、吴应箕等复社文人和解，密派其好友做说客笼络侯方域，希望通过他从中斡旋一事。据侯方域所著《李姬传》，侯方域当时拒绝阮大铖的说客，也受到了李香的影响。《李姬传》这样记载道：

> 初，皖人阮大铖者，以阿附魏忠贤论城旦，屏居金陵，为清议所斥，阳羡陈贞慧、贵池吴应箕实首其事，持之力。大铖不得已，欲侯生为解之，乃假所善王将军，日载酒食与侯生游。姬曰："王将军贫，非结客者，公子盍叩之？"侯生三问，将军乃屏人述大铖意。姬私语侯生曰："妾少从假母识阳羡君，其人有高义，闻吴君尤铮铮，今皆与公子善，奈何以阮公负至交乎？且以公子之世望，安事

---

① 何法周主编，王树林校笺：《侯方域集校笺》，中州古籍出版社1992年版，第262页。

阮公！公子读万卷书，所见岂后于贱妾耶？"侯生大呼称善，醉而卧。王将军者，殊怏怏，因辞去，不复通。①

根据这一记载，阮大铖的说客王将军见到侯方域后，每天带着美酒佳肴与侯方域一道游玩。李香得知王将军的真实意图后，规劝侯方域万不可为了阮大铖而背弃陈贞慧、吴应箕这样的至交好友。侯方域对李香的义正之言大为称赞，遂以醉酒卧床的委婉方式，拒绝再见阮大铖的说客王将军，王将军心里颇不高兴，只得辞别而去，不再同侯方域来往。关于此事，其他记载略有不同。宋荦《侯朝宗传》云："（阮大铖）乃属其客阳交欢方域，方域觉之，谢客不与通。"② 《清史稿·侯方域传》云："大铖知方域与二人善，私念因侯生以交于二人，事当已，乃嘱其客来结欢。方域觉之，卒谢客，大铖恨次骨。"③ 前引康熙《商丘县志·文苑传·侯方域传》则谓："方域峻拒之，且于大会中唾骂不绝。"实际上，侯方域在《李姬传》所述，不过是为了凸显李香在其中的作用，采取一种艺术性手法而已，最终结果是侯方域拒绝了阮大铖。

侯方域在《李姬传》又云："未几，侯生下第，姬置酒桃叶渡，歌《琵琶词》以送之。"④ 后来，侯方域科考以策语触犯时讳而落第，李香专门在桃叶渡置酒，并歌唱《琵琶词》为侯方域送行。妓者经常接触各色人物，与狎客逢场作戏，鲜少产生真情。但是，李香与侯方域之间的关系显非一般，这可从她的送别语中看出来："公子才名文藻，雅不减中郎；中郎学不补行。今《琵琶》所传词固妄，然尝昵董卓，不可掩也。公子豪迈不羁，又失意，此去相见未可期，愿终自爱，无忘妾所歌《琵琶词》也！妾亦不复歌矣！"⑤ 这段话意味深长，充满对侯方域的敬仰和依依不舍之情。她先是称赞侯方域的才华名声与文章词

---

① 何法周主编，王树林校笺：《侯方域集校笺》，中州古籍出版社 1992 年版，第 262 页。
② 何法周主编，王树林校笺：《侯方域集校笺》，中州古籍出版社 1992 年版，第 559 页。
③ 赵尔巽等撰：《清史稿·侯方域传》，中华书局 1977 年版，第 13320 页。
④ 何法周主编，王树林校笺：《侯方域集校笺》，中州古籍出版社 1992 年版，第 262 页。
⑤ 何法周主编，王树林校笺：《侯方域集校笺》，中州古籍出版社 1992 年版，第 262—263 页。

采，堪比东汉文学家蔡中郎（即蔡邕），又说蔡邕的学问难以弥补其品行上的缺陷，《琵琶记》所述蔡邕的故事固然虚妄，但蔡邕亲附董卓为人不齿是无法掩盖的，以此暗示自己弹唱《琵琶词》实非情愿。然后又指出侯方域秉性豪爽不受约束，而科场失意心情不佳，自己弹唱《琵琶词》乃是为了博取侯方域欢心；南京一别相会之期实难预料，但愿侯方域能始终持节自爱，莫忘她曾为其咏唱《琵琶词》，而自己从今以后再也不会弹唱此曲。可以看出字里行间充满对侯方域的留恋惜别之情。但是，他们之间的交往也就到此而已。南京一别，直至十五年后侯方域离世，两人未再谋面。崇祯十五年（1642），也就是侯、李分别三年之后，李自成攻破归德，侯方域流寓南京；彭宾在《四忆堂诗集序》中也提到曾经与侯方域"壬午之秋，把臂白门（南京别称）"[1]。次年，宁南侯左良玉领兵下南京"就食"，侯方域在南京作《为司徒公与宁南侯书》，因为此信之故被阮大铖追捕，不得不离开南京。侯方域乃作《癸未去金陵日与阮光禄书》，其后遭到追杀，几至丧命。这期间侯方域两度至南京，而且是在流离和逃亡的情况之下，此种境况中，侯方域也未与李香相见。由此可见，二人相处之时虽然感情笃深，但亦不过是名士与名妓之间的一场露水之缘而已，谈不上《桃花扇》中所描述的坚贞不移、矢志不渝。

但是，后来李香的确践行了与侯方域分别时的誓言，终身不再弹唱《琵琶词》。非但如此，出于对侯方域的敬重和思慕，她此后甚至不再接待一客一友。《李姬传》云：

> 侯生去后，而故开府田仰者，以金三百锾邀姬一见，姬固却之。开府惭且怒，且有以中伤姬。（姬）叹曰："田公岂异于阮公乎！吾向之所赞于侯公子者谓何，今乃利其金而赴之，是妾卖公子矣！"卒不往。[2]

① 何法周主编，王树林校笺：《侯方域诗集校笺》，中州古籍出版社 2000 年版，第 436 页。
② 何法周主编，王树林校笺：《侯方域集校笺》，中州古籍出版社 1992 年版，第 263 页。

侯方域离开南京之后，原淮阳巡抚田仰慕李香才貌，以三百镒黄金为礼邀李香一见，结果遭到她的断然拒绝。田仰恼羞成怒，便故意制造流言对李香恶意中伤。李香感叹道："田仰这人与阮大铖有什么区别呢？我以往所赞赏侯公子的是什么？而今如果为了贪图钱财去赴约，我岂不是背叛了侯公子！"最终不肯与田仰相见。对于李香之却，田仰怀疑是侯方域唆使，故移书以责方域。侯方域则在《答田中丞书》中，委婉地斥责其恶意中伤。书信部分内容如下：

> 仆之来金陵也，太仓张西铭偶语仆曰："金陵有女伎，李姓，能歌《玉茗堂词》，尤落落有风调。"仆因与相识，间作小诗赠之。未几，下第去，不复更与相见；后半岁，乃闻其却执事金，尝窃叹异，自谓知此伎不尽，而又安从教之？且执事之邀之，在仆去金陵之后！今天下如执事者，不止一人，岂仆居常独时时标举执事之姓名，预告此伎，谓异日或邀若，必不得往乎？此伎而无知也者，以执事三百金之厚赀，中丞之贵，方且奔命恐后，岂犹记忆一落拓书生之言？倘其有知，则以三百金之赏，中丞之贵，曾不能一动之，此其胸中必自有说，而何待乎仆之告之也？

> 士君子立身行己，自有本末；反覆来示，益复汗下。仆虽书生，常恐一有蹉跌，将为此伎所笑，而又能以生平读数卷书、赋数首诗之伎俩，遂颐指而使之耶？①

田、侯这一书信来往，至少透露出两个信息：第一，李香拒绝田仰之邀约，田仰怀疑是侯方域指使而不疑及他人，说明侯、李之间的关系的确非同一般。第二，侯方域落第回乡后，在半年时间内未再与李香会面，即信中所谓"不复更与相见"；当然，此后亦不见关于两人来往的记载。而在这封书信中，侯方域语气不卑不亢，软中带硬，申辩入情入理，既夹枪带棒地讥讽了田仰，又倾心赞赏了李香，亦轻松洗白了自己。

---

① 何法周主编，王树林校笺：《侯方域集校笺》，中州古籍出版社1992年版，第112—113页。

这也是侯方域为文高妙超群的一个显例。

上述《李姬传》及侯方域部分书信中所载，便是侯方域与李香所谓感情纠葛的全部。《李姬传》中的描述尽管有些文学色彩，却是最为可信的也是唯一记述侯、李之间交往的史料。

关于侯、李之交往，与二人同时代的文人学者，特别是侯方域的雪苑社友贾开宗、宋荦、徐作肃等均未曾提及，只是在个别笔记杂谈中，对李香的情况有简单的记述。比如，明末清初诗人余怀在《板桥杂记》中云："李香，身躯短小，肤理玉色。慧俊宛转，调笑无双。人题之为'香扇坠'。余有诗赠之云：'生小倾城是李香，怀中婀娜袖中藏。何缘十二巫峰女，梦里偏来见楚王。'武塘魏子一为书于粉壁，贵竹杨龙友写崇兰诡石于左偏。时人称为三绝。由是，香之名盛于南曲。四方才士，争一识面以为荣。"[1] 这里，余怀对李香的形貌、性格特征进行了描述，并称自己曾赠李香诗一首，东林党人魏大中次子魏子一（名学濂）将此诗书于墙壁，书画家杨龙友又在该诗之左旁绘画丛兰怪石，时人称之为"三绝"。李香之名由是大显于"南曲"，四方才士争相一睹其芳容。但未提及李香与侯方域交往之事。如果真像《桃花扇》所记，李香与侯方域之间有那么一场轰轰烈烈的凄美爱情故事，余怀不可能不提及此事以为该书添彩。比如，"秦淮八艳"之一的董小宛与侯方域好友冒辟疆之间的生死之恋，余怀在《板桥杂记·丽品》中就作了较为详细的记载："（小宛）丧母、抱病，画楼以居。随如皋冒辟疆过惠山，历澄江、荆溪，抵京口，陟金山绝顶，观大江竞渡以归。后卒归辟疆为侧室。事辟疆九年，年二十七，以劳瘵死。死时，辟疆作《影梅庵忆语》二千四百言哭之。同人哀辞甚多，惟吴梅村宫尹十绝句，可传小宛也。"[2]

关于李香的归宿，清末张景祈在《秦淮八艳图咏》中记载："福王即位南都，遍索歌妓，（李）香被选入宫。南都亡，只身逃出后，依卜

---

① （清）余怀著，李金堂校注：《板桥杂记》（外一种），上海古籍出版社2000年版，第48页。
② （清）余怀著，李金堂校注：《板桥杂记》（外一种），上海古籍出版社2000年版，第35页。

玉京以终。"①缪荃荪在《秦淮广记》中亦有相同记载。张景祈与缪荃荪均为清末人,但不知《秦淮八艳图咏》与《秦淮广记》哪个成书在前,二人必有一人袭另一人之说。缪荃荪是我国著名的藏书家、目录学家,在史学、方志学、金石学等方面也有杰出贡献。他曾任清史总裁,在学术上具有权威性,关于李香的归宿,如果没有可靠的依据,他是不会随意着笔记载的。卞玉京又名卞赛,字云装,后自号玉京道人,习称玉京,亦列"秦淮八艳"之一。福王南都(南京)失陷后,"(卞赛)复归吴,依良医郑保御,筑别馆以居"②。卞玉京有自己固定的居处(别馆),生活相对稳定,那么,李香投奔她而终其余生是有可能的。

李香君到底魂归何处?在侯方域的家乡商丘,人们口口相传着这样一则传说:侯方域和李香君栖霞相遇后并未出家,而是悄悄回到了商丘。但因李身份低贱,无法名正言顺进入侯门,便以侯方域之妾吴氏的身份住进侯府。八年之后,李香君秦淮歌伎的身份暴露,公公侯恂怒将她赶出家门。侯方域又在城西南五公里处建筑园林,和李香君同住,并在此生下一子,随香君姓李。因在族内受到歧视,李香君在南园神情抑郁,不久辞别人世,终年三十岁,死后葬在南园。侯方域为其立碑,上刻"李香君之墓"。南园遂改称为李姬园。这一传说也在商丘留下了诸多遗存,如李姬园村、李香君墓、愧石墩、香君井等。今商丘市睢阳区路河乡有李姬园村(亦名李吉元村),至今生活着二百多李姓后裔,据称是侯方域和李香君的后代。李香君墓就建在该村东头,墓碑上刻有两行小字"卿含恨而死,夫惭愧终生";墓前还有一圆形石墩,当地人称"愧石墩",据说侯方域在香君死后,常一人坐在石墩上,默默悼念李香君,久久不忍离去。李香君玉殒后一年,三十七岁的侯方域亦郁郁而终。香君墓西侧有李香君故居遗址,遗址

---

① (清)张景祈撰,(清)叶衍兰绘:《秦淮八艳图咏》,见《中国历代人物像传》(四),齐鲁书社2002年版,第3229—3230页。

② (清)余怀著,李金堂校注:《板桥杂记》(外一种),上海古籍出版社2000年版,第37页。

西面有一古井，后人称为"香君井"。2011 年 4 月，"李香君墓"被商丘市人民政府公布为第三批商丘市重点文物保护单位。商丘这一民间传说与《桃花扇》安排的结局又有所不同，侯、李二人的爱情故事得以延续并育有子嗣，为他们凄美的爱情平添了一份喜庆。但这终归是传说，和《桃花扇》中的情节一样不是信史。不过，因为文学和传说的巨大魅力以及人们对美好爱情的向往，大家宁可信其真不愿信其虚。正如有的学者所说："《桃花扇》戏剧角色的深入人心，在很大程度上影响了后世对于侯方域、李香君情事的正确认知。"①

戏剧人物与历史人物不能混为一体，传说亦不能代替历史。但是，充分利用各种资料，相互参照，互为印证，有助于弄清侯方域与李香二人关系的真相，也有助于对侯方域作出更为客观公正的评价。

三　侯方域的文学成就

侯方域文章风采，著名于时，今存有诗文集《壮悔堂文集》十卷，遗稿一卷；《四忆堂诗集》六卷，遗稿一卷。侯的创作以散文见长，明显带有唐宋八大家遗风。他的诗歌不如散文，但追摹杜甫而自成风格，亦颇有建树。

（一）散文

明末清初，侯方域与魏禧、汪琬三家并举，其文章历来为人们所称道。三家在古文领域颇有建树，他们的共同之处是都经历了明末清初文坛的兴衰成败，在清初新思潮和新文风的创建过程中立下了开创之功，在他们的共同努力与倡导下，清初的经世文风最终得以形成。

但是，侯、魏、汪三人，家世与出身不同，人生道路有别，个人际遇殊异，故三家创作风格差别较大。惟其如此，三家之文，异彩纷呈，从不同角度呈现了清初文坛丰富多姿的面貌。关于他们的文风之别，

---

① 明月熙：《侯方域与李香君情事之历史真相考论》，《学术论坛》2012 年第 4 期。

《四库全书简明目录》称扬三家，谓侯方域为"才人之文"，魏禧为"策士之文"，汪琬为"儒者之文"①。就是说，侯方域倡言"才气"，为文亦是驰骋纵横，才气奔逸，其文坛地位也因缘于"才气"而被肯定："天才英发，吐气自华，善于规橅，绝去蹊径，不戾于古，而亦不泥于今。当时论古文，率推方域为第一，远近无异词。"②宋荦《三家文钞序》论曰："三君际其时，尤为杰出，后先相望，四五十年间，卓然而以古文鸣其家。大较奋迅驰骤，如雷电雨雹之至，飒然交下，可怖可愕，霅然而止，千里空碧者，侯氏之文也。文必有为而作，踔厉森峭而指事精切，凿凿乎如药石可以伐病者，魏氏之文也。温粹雅驯，无钩唇棘吻之态，而不尽之意，含吐言表，譬之澂湖不波，风日开丽而帆樯之容与者，汪氏之文也。"③宋荦认为，三家文当中，侯方域运笔纵横自如，文字刚劲有力，热情奔放，如雷鸣电闪，暴雨狂雹，读来让人精神振奋，心旷神怡。清初著名文学家徐作肃亦认为，侯文气势雄伟，领异标新，不同凡响，称"即其寻常命笔，约不肯俯随人为经生言，故每一篇出，人多惊异颂传；而转相望慕者，以其雄骏不群也"④。

侯方域为文，提倡"运骨于气"，他曾在《与任王谷论文书》中称："大约秦以前之文主骨，汉以后之文主气……汉以后之文，若《史》、若《汉》、若'八家'，最擅其胜，皆运骨于气者也……运骨于气者，如纵舟长江大海间，其中烟屿星岛，往往可自成一都会。即飓风忽起，波涛万状，东泊西注，未知所底。苟能操柁觇星，立意不乱，亦自可免漂溺之失，此韩、欧诸子，所以独嵯峨于中流也。"⑤侯方域推崇唐宋八大家，他的论文主气，同时又强调气中有骨，因此显得驰骋而不漫、肆而能敛。这是他文章风格的重要特征。正是因为侯方域的文章风格独特，雄骏不群，

---

① （清）永瑢等著：《四库全书简明目录》卷十八，上海古籍出版社1985年版，第819页。

② 王钟翰点校：《清史列传·文苑传一》，中华书局1987年版，第5721页。

③ 何法周主编，王树林校笺：《侯方域集校笺》，中州古籍出版社1992年版，第625页。

④ （清）徐作肃撰：《偶更堂集·侯朝宗遗稿序》，上海古籍出版社1982年版，第47—48页。

⑤ 侯方域著，王树林校笺：《侯方域全集校笺》，人民文学出版社2013年版，第136页。

所以宋荦将其列为三家第一。清初杰出文学家王士禛亦称："近日论古文，率推侯朝宗第一，远近无异词。"①乾隆时文学家李祖陶的《国朝文录》、道光时学者徐凤辉的《国朝二十四家文钞》等，也都是按侯、魏、汪的顺序排列三家。光绪时期文人朱庭珍亦言："（朝宗）古文以才笔胜人，一代罕俦，叔子、尧峰、青门均不如也。"②魏禧字叔子，汪琬号尧峰，邵长蘅号青门山人，朱庭珍认为，他们的"才笔"都不如侯方域。现代学者对侯方域的文章评价也很高，如刘大杰《中国文学发展史》、郭预衡《中国散文史》、袁行霈《中国文学史》等，均认为三家中侯方域贡献最大。

侯方域所处的时代是一个非常时期，经历了明末政局变乱和明清易代的社会大动荡，家庭环境的变化以及个人际遇的坎坷，使他终生关注政治民生。他经世致用的情怀十分强烈，因此指画当时，以议论时政、臧否人物为主题，是侯方域文章的一大特色。扬州八怪之一的郑燮评曰："朝宗古文标新领异，指画目前，绝不受古人羁绁……"③《壮悔堂文集》卷七"论"中收文九篇，皆为联系社会现实有感而发。例如《宦官论》一文，用西山之狐借南山之虎威横行山林的故事，说明宦官借天子之威权飞扬跋扈、倒行逆施，切中时弊，是侯文中脍炙人口的代表作之一。其他如《王猛论》《太子丹论》等文也是侯方域议论文章的重要组成部分。又如卷六"记"中的《郑氏东园记》，文章篇幅不大，但短小精悍，以小见大，通过记述郑氏东园三易其主，在对兴衰治乱寄予无限感慨的同时，提出自己安邦兴国的看法，即重视道德修养。侯方域的书信也堪可称道，其中斥责权贵和抒写怀抱之作是其精华所在，如《癸未去金陵日与阮光禄书》《答田中丞书》等，前者痛斥权贵阮大铖的小

---

① （清）王士禛撰：《渔洋山人感旧集》卷四，见《清代传记丛刊》（第27册），台北明文书局1985年版，第213页。
② （清）朱庭珍撰：《筱园诗话》卷二，见《续修四库全书》（第1708册），上海古籍出版社1995年版，第20页。
③ 王锡荣注：《郑板桥集详注》，吉林文史出版社1986年版，第367页。

人行径，后者对阮大铖党羽田仰冷嘲热讽，都能显示出其文豪宕流畅、纵横恣肆的特色，明显带有唐宋八大家遗风。贾开宗曾评价《癸未去金陵日与阮光禄书》说："此书为朝宗党祸之始，几杀其身；然其文其人，千载而下，犹想见之。"①《壮悔堂文集》还收有传、策、奏议、祭文、杂著等文体，其中时论与史论之文占了大量篇幅。

侯方域是一个富于现实主义精神的作家，他曾两度组织雪苑社，积极团结文人群体，致力于弘扬新文风。他的散文往往能将班、马传记，韩、欧古文和传奇小说的手法熔为一炉，形成一种清新奇峭的风格。在这一点上，其传记作品尤具特色，如《李姬传》《马伶传》《蹇千里传》诸篇，文笔流畅，结构严谨，人物形象栩栩如生，真切感人，颇具传奇小说色彩，这对当时的正统古文来说是一个突破、一种创新，它扩大了古文的表现能力，丰富了古文的艺术手法。这正是侯方域对清初古文的一大贡献。但当时一些刻板保守的学者，在创作上力求规矩纯正，很不屑侯方域这种文风。刘大杰在《中国文学发展史》中说："本传（指《李姬传》）文字简练，叙事分明，正反人物的精神面貌，给人深刻的印象。李香的性格，尤为鲜明生动，而具有短篇小说的价值。侯方域其他传记，如《马伶传》《蹇千里传》诸篇，也具有小说的特点，而当时人竟以'小说家伎俩'贬低其散文价值（陈令升语），桐城派也议其不纯，这都是不明其所长，而出于传统的偏见。"②"后雪苑六子"之一的宋荦在《侯朝宗传》中，对于侯的散文则予以较高的评价："明季古文辞，自嘉、隆诸子，貌为秦、汉，稍不厌众望，后乃争矫之，而矫之者变逾下，明文极敝，以讫于亡。朝宗始倡韩、欧之学于举世不为之日，遂以古文雄一时。"③就是说，侯方域为廓清明代文坛的门户之见，恢复诗文的优秀传统作出了贡献。现代著名史学家张舜徽亦认为："方域在当时，能不为风气

① 侯方域著，王树林校笺：《侯方域全集校笺》，人民文学出版社 2013 年版，第 128 页。
② 刘大杰著：《中国文学发展史》（下卷），复旦大学出版社 2006 年版，第 243 页。
③ 何法周主编，王树林校笺：《侯方域集校笺》，中州古籍出版社 1992 年版，第 560 页。

所转移，反欲有以转移风气，要不失为一时振奇之士矣。"①

　　现存《壮悔堂文集》收文一百四十二篇，大都是侯方域后十年的作品，他早年的文章因毁于兵火或自毁而没能保存下来，特别是李自成农民军攻破商丘，数百篇古文被焚毁殆尽。不过，由于侯方域对自己早年的文章并不满意，所以他对此亦不感到遗憾。他在《与任王谷论文书》中曾说："仆少年溺于声伎，未尝刻意读书，以此文章浅薄，不能发明古人之旨。"②徐邻唐《壮悔堂文集序》云："侯子曩所刊古文数百篇，兵火焚佚，尽亡其册。乙酉（顺治二年）秋，自江南归里，始悔从前古文辞之未合于法，若幸兵火为掩拙者。"③又侯方域友人徐作肃在《侯朝宗遗稿序》中云："朝宗遗稿凡若干篇，余选六十二篇，以属其子晓刊之。"④侯方域现存遗稿有十篇。经现代学者王树林考证，这六十二篇古文为八股文，不是现存的十篇遗稿。

　　（二）诗歌

　　侯方域为文亦作诗，但诗作成就不如散文。长期以来，因为人们皆关注其散文成就，忽略了对他诗作的研究与探讨，从而影响了对他文学成就的整体评价。

　　侯方域作诗吟咏，不注重遣词造句，很少华美辞藻，这一点与他的散文作品不同；但诗歌内涵皆与其人生遭遇、社会民生息息相关，因此，和他的散文一样达到了一定的现实主义高度。侯方域有感于社会的动荡不安，诗歌创作上追步杜甫，尤其推崇杜甫的慷慨激昂、沉郁悲壮的诗风。他曾在《陈其年诗序》中说："夫少陵一集，而古今天下之治乱兴亡，离合存没，莫不毕具。"又在《戴黄门诗序》中谓："昔杜少陵生李唐肃、代之间，间关氛祲曾无虚日，而避蜀逃秦，能以忠义自持，一饭一吟

---

① 张舜徽著：《清人文集别录》，中华书局1963年版，第34页。
② 侯方域著，王树林校笺：《侯方域全集校笺》，人民文学出版社2013年版，第136页。
③ 何法周主编，王树林校笺：《侯方域集校笺》，中州古籍出版社1992年版，第618页。
④ （清）徐作肃撰：《偶更堂集》，上海古籍出版社1982年版，第47页。

不忘君父,故其诗多忧悄之思,雄郁之气,亘古弥今,卓然不朽。"① 可见,侯方域推崇杜甫,主要是推崇杜甫忠君爱国,在乱世中颠沛逃亡而形成的"忧悄""雄郁"之诗风。

侯方域的祖父与父亲均曾为高官,敢于持议,反对权宦,这对侯方域影响至深;加之他身处乱世,经历了江山易主的坎坷遭遇,其人生的价值取向与国家命运紧密相连、休戚相关,故其吟诗作文具有浓厚的家国情怀和兴亡之感。虽然他是个风流才子,经常踏足青楼,"选伎征歌……驰骛于诗酒声色之场"②。但是他的诗文却很少有吟风弄月之作,除了以描写伶人歌妓为题材的几篇散文如《李姬传》《马伶传》等,其诗歌题材与内容,基本上与风花雪月无关,因此毫无香艳之气;同时也极少高深玄妙、单纯阐释六经义理之文,所以亦无传统儒学气息。现存《四忆堂诗集》六卷,收录三百八十多首诗,大都与当时的政局变乱、国祚迁移有关,或者是感念故人、忧伤身世之作,具有浓烈的现实主义气息。

崇祯十一年(1638)九月,清军分二路进至墙子岭、青山口,连下畿辅州县,京师告急。总督卢象升与清军战于巨鹿(今河北平乡西南),由于杨嗣昌、高起潜主张同清军和谈从中掣肘,卢象升反对这种妥协行为,誓与清军作战到底,结果,他本人战死沙场,一军尽没。次年三月,侯方域由京师返里途中,乃作《吊战场二首》以吊之,其诗曰:"魂梦归何处,还来玉塞游。笛声明月夜,不道是凉州。祁连山下草,寂寞汉人烟。魂魄千年后,还思渡酒泉。"③ 此诗笔力遒劲、意气浑然,表现了作者不满现实、壮志未酬的郁郁心境。

明末农民战争爆发后,中原地区战火连天,硝烟弥漫,民不聊生。崇祯十四年(1641),侯方域作《闻乱八首》组诗。其二云:"旧属秦川盗,

<hr>

① 侯方域著,王树林校笺:《侯方域全集校笺》,人民文学出版社2013年版,第96页、第89页。
② 何法周主编,王树林校笺:《侯方域集校笺》,中州古籍出版社1992年版,第562页。
③ 侯方域著,王树林校笺:《侯方域全集校笺》,人民文学出版社2013年版,第732页。

新经雒水回。衣冠诸父老，蝶雊一蒿莱。白日荒村哭，黄昏鬼火来。中原根本地，索驭实艰哉。"① 侯方域在此诗中，以满腔郁勃不平之气，描述了战争无情、生灵涂炭的情景。又其四云："不知防肘腋，便自失篱藩。忍死钳徒勇，谋生赤子冤。政残人避虎，吏杂鹤乘轩。酿祸有如此，回天在一言。"这里侯方域讥讽明政府吏治腐败，不能防患于未然，最终导致农民起义，国土大片沦陷，实在是咎由自取。

清顺治二年（1645）十月，在南明义军抗清形势不利的情况下，侯方域心灰意冷，遂返乡归隐，居于商丘老家之村西草堂。此后，侯方域作《村西草堂歌》，其中有文曰："君不见东邻老翁顿胸哭，至今野处思茅屋。少年曾居三重堂，咸阳一炬归平谷。旄头照地二十秋，万家旧址生苜蓿。玉华妖鼠窜古瓦，珠帘画栋胡为者？行人夜过钟山下，但见双门立石马。"② 南京钟山脚下有明太祖孝陵，诗中"珠帘画栋胡为者""行人夜过钟山下"等句，流露出作者对异族入侵的怨愤和对故国山河的怀念。

顺治九年（1652）秋，侯方域过江访友，作《过江秋咏八首》借以抒发故朝之思、亡国之叹，言辞悲恻，催人泪下。如第二首咏姑苏云："秋原落日焰姑苏，为问西施更有无？一自上流收锦缆，几回迁客吊吴趋。多情橘柚垂朱实，失意蒹葭冷玉凫。最苦繁华同逝水，生公石藓不曾枯。"回忆自己早年寓居南京，为避阉党阮大铖迫害，曾多次经过苏州逃难。"最苦繁华同逝水"，流露出对大明王朝一去不返的惋惜和无奈。第八首云："武昌高枕控三湘，何事虚无托鬼方？昨夜楚王云入梦，多时屈子茝为裳。洞庭落叶秋逾白，鲛室空青晚更苍。鸿雁一声天际下，岳阳尽处是衡阳。"③ 侯方域于此诗中，借屈原故事，感叹忠臣被谤、邪曲害公，感叹自己的凄凉身世。这组诗或借古伤今，或即景言情，在情感、意境上都与杜甫的《秋兴八首》相近。贾开宗曾评这组诗云："此与少

---

① 侯方域著，王树林校笺：《侯方域全集校笺》，人民文学出版社 2013 年版，第 743 页。
② 侯方域著，王树林校笺：《侯方域全集校笺》，人民文学出版社 2013 年版，第 834-835 页。
③ 侯方域著，王树林校笺：《侯方域全集校笺》，人民文学出版社 2013 年版，第 1116-1118 页。

陵《秋兴八首》果有分别否？读者须放开眼孔，莫谓今人不逮古也。"①

侯方域的诗中，还有不少抒写朋友相交之作。其中既有七言诗，亦有五言诗。如七言诗《寄吴詹事》云："曾忆挂冠吴市去，此风千载号梅村。好酬社日田家酒，莫负瓜时郭外园。海汛东来云漠漠，江枫晚落叶翻翻。少年学士今白首，珍重侯嬴赠一言。"② 吴詹事即吴伟业，弘光元年（1644），南京福王政府曾召拜吴伟业为少詹事。在明亡之际，两江总督马国柱向朝廷上疏举荐吴伟业，经侯方域写信劝阻后，吴伟业誓不出仕清廷，自号梅村老人，野服泛舟于吴越之间。"莫负瓜时郭外园"用秦末东陵侯邵平在秦亡后沦为平民，家贫无以自给，靠种瓜谋生一事，奉劝吴伟业坚守心志；"珍重侯嬴赠一言"则以战国时侯嬴与魏公子无忌彼此守诺、生死与共作比，希望吴伟业珍惜故交情谊。字里行间真情充溢，灼人心脾。又如五言诗《寄夏进士允彝》："不断离群梦，三年梦草庐。我今天北去，尔复水南居。世事怜苍狗，人情托素鱼。几时重把臂，江上采芙蕖。"③ 在这首诗中，侯方域倾诉与好友夏允彝分别后的相思之苦，情真意切，毫无扭捏作态之感和虚情假意之痕。

《四忆堂诗集》刊刻后，侯方域文友贾开宗、宋荦、练贞吉、彭宾等曾为其作序，并给予较高评价。如贾开宗在《四忆堂诗集序》中云："杜甫亡而诗又亡，其后七百年，明有李梦阳、何景明登其堂……二公亡后，又百余年而有余友侯子。"④ 评价之高，足以令人侧目。贾开宗作为侯方域好友，彼此惺惺相惜，为其诗集作序，难免有溢美之词。

但是，由于侯方域的诗作被其文名所掩盖，又曾被清廷列为禁毁书目，并勒令毁板，致使世人鲜有推举其诗者，甚至有人将其诗说得一无是处。如光绪时学者朱庭珍对侯方域的散文评价极高，却不屑于侯

① 侯方域著，王树林校笺：《侯方域全集校笺》，人民文学出版社 2013 年版，第 1126 页。
② 侯方域著，王树林校笺：《侯方域全集校笺》，人民文学出版社 2013 年版，第 1046 页。
③ 侯方域著，王树林校笺：《侯方域全集校笺》，人民文学出版社 2013 年版，第 708 页。
④ 侯方域著，王树林校笺：《侯方域全集校笺》，人民文学出版社 2013 年版，第 1164—1165 页。

的诗作，曾说："侯朝宗虽有诗集，浅滑空率，殊无足观。"[①] 朱庭珍认为侯方域的诗内容浮浅空洞，了无可取之处。而通过前面列举的部分诗例可证，这样的评价实在是偏颇至极，大大冤枉了侯方域。

客观而言，侯方域的诗感情真挚、情意深沉，虽不及他的散文那样汪洋恣肆、富于创新，但是能够立足于民生、关注社会现实，还是有较高研究价值的。正如有学者所言："他与当时权奸斗争的精神，他的忠君爱国的情怀，他的正直高尚的品格，他的散文和诗歌的成就，都值得我们大书而特书。"[②]

纵观侯方域短暂的一生，虽然历经沧桑巨变，命运坎坷，最终成为一代英才。他为世人所推崇，被称为清初散文"三大家"之一。又陈子龙有诗云："历难公卿年少事，汉家宣室为君开。"[③] 更是把侯方域比作汉代的贾谊。呜呼！英年早逝的侯生，魂灵有知，亦足以自慰矣！

贾开宗《哭侯朝宗》追念侯方域曰："不谓离群去，讣闻自黯然。陨星传宋野，鸣鼓比荆川。文剩西京业，诗传《大雅》篇。千秋今已足，何必问长年？"[④]

第六节　一代廉吏，理学名臣——"三汤"巡抚汤斌

汤斌（1627－1687），字孔伯，号荆岘，晚号潜庵。河南睢州（今河南睢县）人。清朝著名政治家、理学家和书法家。历官国史院检讨、翰林院侍讲、江宁巡抚、礼部尚书、工部尚书等职。死后谥文正。

---

① （清）朱庭珍撰：《筱园诗话》卷二，见《续修四库全书》（第1708册），上海古籍出版社1995年版，第20页。
② 王增文等著：《商丘文学通史》，中原农民出版社2005年版，第259—260页。
③ （明）陈子龙著，施蛰存、马祖熙标校：《陈子龙诗集》，上海古籍出版社1983年版，第473页。
④ 何法周主编，王树林校笺：《侯方域集校笺》，中州古籍出版社1992年版，第639页。

一　早年及为官经历

汤斌出身阀阅旧族，其生于明末天启七年（1627）。汤斌的青少年时代，正值明清易代之际，饱受战乱和流离之苦。但是，他家教甚严，本人亦刻苦自励，故在乱离中不废学业。崇祯十四年（1641），汤斌应童子试，十五岁前即读完《左传》《战国策》《春秋公羊传》《史记》《汉书》等书。崇祯十五年（1642），李自成起义军攻陷睢州，汤母赵氏殉节而死，父亲汤契祖为避战乱，遂带汤斌南迁至浙江衢州。清朝建立后，中原战事稍息。顺治二年（1645），汤斌侍奉父亲回籍，居家读书。顺治九年（1652），他中三甲第一百六十七名进士，授弘文院庶吉士，时年二十六岁。两年之后，授国史院检讨。顺治十二年（1655），朝廷议修《明史》，皇帝让国史院纂官各提意见，以便制订方案。汤斌应诏进言，他援引前朝修史先例，说《宋史》在元朝至正年间修撰，但是并不避讳文天祥、谢枋得之忠诚等，然后直言：“顺治元、二年间，前明诸臣有抗节不屈、临危致命者，不可概以叛书。宜命纂修诸臣勿事瞻顾。”①意为顺治元年、二年间，以前明朝的臣子中有为保全志节而宁死不屈、临危献身的人，不能一概以反叛来记载，应该让纂修官在这方面不要瞻前顾后。结果招致大学士冯铨、金之俊的强烈反对，他们认为汤斌这样做就是奖励叛逆，还代顺治帝起草圣旨严厉训斥他。而顺治帝认为当时正是用人之际，应当选拔学问、品行兼优之人，并以学问作为经世济民的标准，以选择翰林院的官员。所以，顺治帝特意召汤斌到南苑加以安慰，并把他定为修撰《明史》的十位翰林院官员之一。该年，汤斌“内升外转”，出任陕西潼关兵备道。在此后的政治生涯中，坚守正道、直行不曲，成为汤斌为官的基本准则。

顺治十六年（1659），汤斌调任江西岭北道。当时，南明将领李玉廷率众向汤斌表示归降，但在未到归降期时，正赶上郑成功围困江宁

---

① 赵尔巽等撰：《清史稿·汤斌传》，中华书局 1977 年版，第 9929 页。

（今江苏南京）。汤斌料想李玉廷可能会与郑成功联合，就派人查探情况，得悉李玉廷打算借诈降之机，以攻袭防守无备的南安府城（今江西大余），汤斌遂率军连夜奔往南安设防。李玉廷看到南安已有大军防备，连忙撤退。汤斌派将追击，数月后，李玉廷被捕获，并被凌迟处死。

康熙三年（1664），汤斌父亲过世，便回籍居丧守孝。康熙五年（1666），汤斌守丧期满，闻听理学大家孙奇逢在辉县夏峰（今河南辉县西北苏门山）讲学，遂背着书箱前往拜师。两人一见如故，情谊笃深，亦师亦友。之后，汤斌将近二十年无闻于宦海，潜心做学问，还曾与顾炎武、黄宗羲等著名学者研读宋明理学。康熙十七年（1678），康熙帝下诏举行博学鸿儒科考试，汤斌前去应考，以"文词淹雅，品行端淳"被举荐，"召试一等，授翰林院侍讲，同编修彭孙遹等纂修《明史》"①。康熙二十年（1681），汤斌担任日讲起居注官、浙江乡试正考官，寻转翰林院侍读。次年，又为《明史》总裁官。

康熙二十三年（1684），汤斌擢升为内阁学士兼礼部侍郎，并担任《大清会典》副总裁官。当时，江宁巡抚缺员，朝廷正在荐举合适人选。康熙帝说："今以道学名者，言行或相悖。朕闻汤斌从孙奇逢学，有操守，可补江宁巡抚。"汤斌临行时，康熙又亲谕："居官以正风俗为先。江苏习尚华侈，其加意化导，非旦夕事，必从容渐摩，使之改心易虑。"并赐鞍马一匹、衣料十块、银五百两，又赐亲笔字三幅，曰："今当远离，展此如对朕也！"②康熙皇帝对汤斌的殷殷期望，由此可见一斑。该年十月，康熙南巡到苏州，又特意嘱咐汤斌说苏州门阀势力雄厚，当地风俗重商轻农，希望汤斌能以农业为本，尽量改变当地的风习。康熙返京时，汤斌跟随至江宁；他回苏州时，康熙又赐亲笔字及狐腋做的绣蟒官服，以示勉励。

康熙二十五年（1686），汤斌被授礼部尚书，管詹事府事，辅导太

---

① 王钟翰点校：《清史列传·汤斌》，中华书局1987年版，第519页。
② 赵尔巽等撰：《清史稿·汤斌传》，中华书局1977年版，第9930页。

子。当他要赴京时，苏州百姓哭泣挽留未成，停市三天，满街巷烧香为他送行。第二年五月，汤斌因为上书直言，得罪了权臣大学士明珠及吏部尚书余国柱，二人对汤斌心生怨恨，就摘录他的一些言论上报，并找出汤斌在苏州发布文告中的话"爱民有心，救民无术"等，作为诽谤朝廷的依据。皇上传旨责问，汤斌"惟自陈资性愚昧，愆过丛集"，请求对自己严加处分。詹事尹泰等亦落井下石，建议革去汤斌的官职，只有皇上仍想让汤斌留任。余国柱为了贬低汤斌，则对外传言说皇上要将汤斌降隶八旗户籍。这时，恰逢汤斌带病入朝，面容憔悴，精神不振，让人感到似乎传言属实，于是"道路相传，闻者皆泣下"[①]。当时住在京师的江南人汇聚一起，欲击鼓为汤斌诉冤，后来知道并无这回事，才都散去。但是，汤斌还是因此降级，改任为工部尚书。汤斌遭遇诽谤，被康熙帝疏远，在劳神焦思中患上重病。十月，因病卒于京中邸舍，享年六十一岁。雍正时，为彰其行，特准其牌位入贤良祠。乾隆元年(1736)，赠谥为文正。道光三年（1823），从祀孔子庙。汤斌成为有清一代享受这一崇高荣誉的三位名臣之一。

二　汤斌的为政理念

汤斌除了在翰林院做京官修撰国史、主管科考外，曾先后在陕西、江西、江苏、北京四地做官，无论在朝在野，处庙堂之高或地方之远，他都能勤于政事，体恤民瘼，清正廉洁，故深得黎民百姓爱戴。可以说，为民造福，为政清廉，就是汤斌的为政理念。

（一）关心民瘼，为民造福

汤斌初任地方官，就表现出体察民情、洁己率属、锐意兴革的实干作风。顺治十三年（1656），他出任潼关道兵备副使时，由于明末以来长期遭受兵祸，人民流离失所，潼关户口锐减，仅剩下三百户人家。这

---

① 赵尔巽等撰：《清史稿·汤斌传》，中华书局1977年版，第9933页。

些百姓也常受骚扰，无法安居；加之盗贼猖獗，灾害频发，生活苦不堪言。汤斌到任后，很快了解实情，他对症下药，通过实行保甲联防以缉盗贼、建立义仓以备荒歉、创办社学以兴民德等举措，使关中地区很快恢复。不到三年，流民数千户回归家园。在潼关任上，汤斌恪尽职守，尽心公务，爱惜民力，严加约束兵将，不许骚扰地方，尝告诫属下："毋科取民财，毋妄用驿夫，兵来吾自应之。"①

顺治十六年（1659），在江西岭北道任上，汤斌目睹民不聊生的情况，心里很不是滋味，便训谕属吏说："照得虔南自兵燹之后，灰烬遗黎，膏尽髓竭。司牧者自当加意爱养，除正供外，分毫不宜朘民……嗟！嗟！朝廷建立守令，固望保障孑遗，撙节民财，一切与地方休息……"②汤斌认为，要建立稳定的社会秩序，必须让人民的基本生活有一定保障，因此地方官僚不能对民过分盘剥，特别是经历兵祸后的虔南（今江西全南），对那里的民众更应该体恤。对那些不关心民瘼，不为民办事，甚至刻意盘剥、徇私舞弊、贪赃枉法的官吏，汤斌深恶痛绝，他曾说："今日民穷财尽，正供尚难完纳，乃有司贪墨成风，额赋之外增加火耗，以充私囊。且任凭总书飞洒诡冒，干没渔猎。甚之里老骗收花户重纳，比限不分多寡，一体鞭扑。豪猾竟不到官，专责下户。或死丁荒地，逼见在摊包；或诡隐田粮，致甲中受累。嗟嗟，小民灰烬之余，肋力有几，何堪如此剥削乎？"③

为民请命，上书直言，是汤斌在地方行政的主题。江南水乡频遭水灾，灾蠲赈济是关系江苏民生的长期问题。汤斌就任江宁巡抚之前，余国柱为江宁巡抚，当时淮安、扬州二府遭受水灾，水漫田野，余国柱上疏称："水退，田可耕，明年当征赋。"④意思是水退之后，田还可以耕种，第二年应当照例征收赋税。汤斌到任后，派人重新查勘，发

---

① （清）汤斌著，范志亭等辑校：《汤斌集》，中州古籍出版社2003年版，第1764页。
② （清）汤斌著，范志亭等辑校：《汤斌集》，中州古籍出版社2003年版，第462页。
③ （清）汤斌著，范志亭等辑校：《汤斌集》，中州古籍出版社2003年版，第411—412页。
④ 赵尔巽等撰：《清史稿·汤斌传》，中华书局1977年版，第9930页。

现积水并没有退尽，即使露出水面的田地也无法耕种，遂上疏陈述实情，请求废止先前余国柱的建议。对于真正为民着想的清官廉吏，汤斌则想方设法予以保全。康熙二十三年（1684），淮安、扬州、徐州三府遭受水灾，常州知府祖进朝因失察下属官员而降职调任，但因他素"有惠政"，"士民呼吁于巡抚汤斌，请留进朝"。汤斌也知道他很廉洁，遂上疏称祖进朝"操守廉、治事勤"，"减繇轻耗，兴学正俗，戢奸除暴，息讼安民，穷乡僻壤，尽沾惠泽"，"士民谓常州四十年未有爱民如进朝者"，"而独以一眚被谪，士民攀留，言之泣下"①等，奏请将他留任。此疏下到吏部讨论后被驳回，皇上特下谕旨，允许照此办理。祖进朝因此对汤斌心存感激，想有所报答，但素知他廉洁拒贿，故不敢送礼。汤斌平时穿着朴素，祖进朝便偷偷令人做了一套靴帽衣服，想找个机会奉送，但慑于汤斌的威严，始终未敢开口，最后只好自己穿用。

汤斌洁己奉公，敢于担当，对属吏要求甚严，贪则劾而罢之，廉则疏请擢用。在担任江宁巡抚期间，他先后奏劾罢免了一批贪官污吏，如知府赵禄星、张万寿，知县陈协澯、蔡司霈、卢绖、葛之英、刘涛、刘茂位等；"又疏荐吴县知县刘滋、吴江知县郭琇廉能最著"，吏部以刘滋、郭琇征收钱粮未完驳之，康熙皇帝"特旨允行"②。郭琇为国为民，廉洁清正，勤勉干练，善断疑案，深受民爱，后累官至总督，卒为名臣。

汤斌为官一任，造福一方。正是因为他能够勤政亲民，实心任事，故深得民望。他在江西布政使司参政任上，辖赣州、安南二州。当年因父病告归，"百姓扶持相送，叹息泣下，有痛哭者"③。他在江宁巡抚任上虽然时间不长，但爱民如子，多施惠政，故离任时，当地民众焚香泣别，"遮道焚香送者无虑数亿万，逾千里不绝"④。

① 赵尔巽等撰：《清史稿·祖进朝传》，中华书局 1977 年版，第 12982 页。
② 赵尔巽等撰：《清史稿·汤斌传》，中华书局 1977 年版，第 9931－9932 页。
③ （清）汤斌著，范志亭等辑校：《汤斌集》，中州古籍出版社 2003 年版，第 1767 页。
④ （清）汤斌著，范志亭等辑校：《汤斌集》，中州古籍出版社 2003 年版，第 1775 页。

（二）恪尽职守，清廉为政

汤斌为政清正廉洁、克己奉公、光明磊落，是清初著名的廉吏。顺治十三年，汤斌出任潼关道兵备副使，赴任时，为不扰地方百姓，他不用官府车马，只买了三头骡子，主仆各坐一头，另一头驮行李书箱，俨然赶考的穷书生，被称为"放到锅里煮也煮不出官味来"。但他上任之后，深入了解民情，励精图治，身体力行，率先垂范，不到三个月的时间，便营造出弊绝风清的良好社会环境，"汤青天"的美誉也因此传遍千家万户。

汤斌任江宁巡抚时，江南地区经济富庶，风俗奢华。为了改易这种奢华之风，他不仅严于律己，布衣蔬食，洁净其身，而且要求家人简朴节约，以为民先。他的夫人、公子皆着粗布衣服，行李简陋与平民无异，一日三餐只食青菜豆腐，不沾荤腥，人送雅号"豆腐汤"。一天，汤斌偶阅家中账簿，见上面记有"某日市只鸡"，就把管家叫来问询情况，原来是公子受不了清苦买了只鸡吃。汤斌听后大怒，立马把公子招来训斥说："汝谓苏鸡值贱如河南耶？汝思啖鸡，便归去，恶有士不嚼菜根而能自立者！"并罚他跪在地上背《朱子家训》，而后"笞其仆而遣之"①。汤斌在吴中有"三汤"之称，"三汤者，豆腐汤，黄连汤，人参汤。盖人参虽亦如豆腐汤之清，黄连汤之苦，而有益元气也"②。意思是他为官清正如豆腐汤，除弊去害如黄连汤，使民益元气如人参汤。汤斌生日时，吴中士绅知道他不收礼，便特制一寿屏为贺，上有汤斌好友、清初散文大家汪琬亲书寿文。但汤斌拒不收受，众人以屏上汪文为辞，竭力相劝，汤斌才令人将寿文抄录保存，仍将寿屏退还。两年后，汤斌离任时，除了因江南书价低廉而购置了一部史籍外，还是上任时那些行李。汤斌笑谓人说："吴中价廉，故市之，然颇累马力。"其夫人从轿子中出来时，身上有破旧的棉絮掉落下来。作为地方大员、一省巡抚的夫人，

---

① 徐珂编撰：《清稗类钞·廉俭类》，中华书局 1984 年版，第 3200 页。
② 徐珂编撰：《清稗类钞·廉俭类》，中华书局 1984 年版，第 3201 页。

穿着竟然如此寒酸,此情此景令"老少见者为泣下"①。汤斌奉召还京后,清贫景况一仍其旧,只是赁破屋数间为邸舍,冬季御寒唯一件羊裘。他每次入朝,当值卫士识与不识,见有穿着羊裘者,便会说:"此羊裘者,即汤尚书矣。"②

汤斌为父守丧候补期间,拜孙奇逢为师,时与新安人魏一鳌交好,二人尝于夏峰共筑一陋室,取名"雪亭",相互研习学问。汤斌抚吴回京后,魏一鳌至京中探访,观其居所简陋依旧,连声感叹还是"雪亭风味"。康熙二十六年十月,汤斌卒于京中邸舍,几无殓物,"同官唁之,则卧板床上,所衣为敝蓝丝袄,下着褐色布袴。检其所遗,竹笥中有俸银八两。昆山徐尚书乾学赙以二十金,乃能成殡"③。在江南富庶之地当了两年多的巡抚,死时几乎贫无以殓。一世清名、两袖清风,这样的清官,怎不叫人敬佩!而同时期的索额图、明珠等辈,皆贪贿成癖,政以贿成,相比之下,其人品德行何其迥异。无怪乎有人感慨:"使士大夫人人能如汤之洁己奉公,又何至天下事不可收拾哉。"④

三 汤斌的学术成就

汤斌一生为官清正廉明,政绩斐然,是一个著名的政治家;同时,他又是一个学者,在哲学、文学、史学等领域均有所建树。

(一)理学思想

汤斌是康熙年间的理学名臣,他师从著名理学家孙奇逢,学习程朱理学与陆王心学,并形成了自己的理学思想体系。孙奇逢提出了"躬行实践""经世载物"的思想,认为做学问不应空谈,应注重实践,重视经世致用。汤斌继承了孙奇逢这一思想主张,他认为:"学当躬行实践,

---

① 《清朝野史大观·清人逸事》,上海书店 1981 年版,第 73 页。
② 徐珂编撰:《清稗类钞·廉俭类》,中华书局 1984 年版,第 3201 页。
③ 徐珂编撰:《清稗类钞·廉俭类》,中华书局 1984 年版,第 3201 页。
④ 《清朝野史大观·清人逸事》,上海书店 1981 年版,第 74 页。

不在乎讲。讲则必有异同,有异同便是门户争端。"①汤斌不主一家之学,毫无门户之见,主张兼容并蓄、平和公正,他既尊崇程、朱,也不鄙薄王(阳明)学。正如《清史稿·汤斌传》所称:"斌笃守程、朱,亦不薄王守仁。身体力行,不尚讲论,所诣深粹。"②汤斌身体力行,把自己的理学思想与处世做人、为官行政紧密结合,铸就了他的理学人生、理学品格,最终成为清朝官场上著名的廉吏,也因此得到了皇帝的认同和民众的拥戴。

汤斌所著《洛学编》,是一部梳理、讨论洛学历史和学术源流的著作,是继南宋理学家朱熹《伊洛渊源录》和晚明冯从吾《关学编》等之后的又一部重要的学术思想专著。他的《潜庵语录》阐述了齐家之道与治国之道的不同,是修身养性和做官为政的重要参考书。

(二)文史成就

汤斌在文学方面也取得了一定成就。《四库全书总目提要》卷一百七十三称汤斌"实以词科入翰林",其"诗赋杂文,亦皆彬彬典雅,无村塾鄙俚之气"。他的五言小诗写得尤为出色,如他的《题画》一诗:"秋林不厌静,高士能自闲。尽日茅亭下,开窗对远山。"又如《夏日咏怀》诗:"初夏朝气清,绿阴映竹阁。好鸟时来集,微风散林薄。养疴丰暇日,坐卧对云壑。图书纷几席,茗碗常间错。偶尔属篇章,怡情志简略。采药支短筇,寻泉踏芒屩。岂曰谢浮荣,明志忠澹泊。抗心怀古人,萧然有真乐。"这两首诗均是直抒情怀,遣词造句虽不华丽,但意境幽美,细细品味,清婉自然,毫无扭捏作态之感。他的七言律诗,如《西来庵题壁》:"禅门深锁万松间,江上白云自往还。雨过卷帘无一事,手持《周易》看焦山。"也属于简洁流畅、典雅秀丽、意境高远之作,展示了这位理学名臣、廉洁高官丰富的内心世界和情感。

汤斌在史学上的最大成就是主持并修订《明史》。《明史》历经三次

---

① (清)汤斌著,范志亭等辑校:《汤斌集》,中州古籍出版社2003年版,第21页。
② 赵尔巽等撰:《清史稿·汤斌传》,中华书局1977年版,第9934页。

纂修，延时将近百年，经手之人众多，是二十四史当中修纂时间最长、参修人员最多、用力最为勤苦的一部。汤斌一生三度进入史馆，参与修撰《明史》，两次担任《明史》总裁，写下数十万字的《明史稿》，为《明史》的撰成做出了重要贡献。《明史稿》是汤斌传世的史著，也是今本《明史》底稿的一部分。他撰有《太祖本纪》四卷，约有四万余字。与现存两万多字的《明史·太祖本纪》相比，《明史稿·太祖本纪》内容更为详尽，其中部分内容被《明史》直接录用。汤斌升任《明史》馆总裁后，分任《天文志》《历志》《五行志》及正统、景泰、天顺、成化、弘治五朝列传的审阅工作，在删改完《天文志》九卷、《历志》十二卷、列传三十五卷之后，因为出任江宁巡抚，无法参与修史之事，就把自己负责的部分缮写成册，交付史馆备诸臣参酌商定。这些内容有相当一部分保留在今存《明史》之中，《明史·天文志》即出自汤斌之手。

　　在《明史》的修撰体例、原则以及取材等方面，汤斌也提出了自己的见解。他主张本纪当效法《宋史》，因事定例，简而有要。在修史原则和史德方面，他特别推崇唐代刘知几的直书思想，提出了"克己无我，幽明不愧"①的修史态度，要求史家在修史时，必须秉笔直书，排除自我，以达直道。关于《明史》的取材，汤斌认为，明代各朝实录可为主要依据，但决不可局限于此，主张尽可能广泛收集史料，诸如近人笔记杂录之中，"有关史事"且可信者，皆可取以为用，他说："取材贵备，实录所纪，恐有不详……臣谓今日时代不远，故老犹存，遗书未烬，当及此时开献书之赏，下购求之令。凡先儒记载，有关史事者，择其可信，并许参考，庶几道法明而事辞备矣。"②《明史》承袭前代史例，设有"奸臣"与"酷吏"列传，对于"奸臣"和"酷吏"的区别，汤斌也提出了自己的立传标准。他在《〈明史〉凡例议》中说："立心杀戮正人，败坏国家事，此之谓奸臣；

---

① （清）汤斌著，范志亭等辑校：《汤斌集》，中州古籍出版社 2003 年版，第 244 页。
② （清）汤斌著，范志亭等辑校：《汤斌集》，中州古籍出版社 2003 年版，第 31–32 页。

意主于为国，而用法惨酷，君子恶其不仁，故名之为酷吏。"①《明史·奸臣传序》说："然小人世所恒有，不容概被以奸名。必其窃弄威柄、构结祸乱、动摇宗祐、屠害忠良、心迹俱恶、终身阴贼者，始加以恶名而不敢辞。"② 这里关于"奸臣"的界定与汤斌的划分标准基本相同。

由上可知，汤斌对于《明史》的修撰以及在史学方面的贡献是多方面的。除此之外，汤斌还非常重视地方志的搜集、编纂和刊刻。他任职赣南时，曾主持刊印《赣州府志》，保存了赣州的地理沿革、风俗物产、人物名宦等方面的史料。作为睢州人士，汤斌还主持了当地《睢州志》的纂修，其中《睢阳耆旧传》《风俗志》《遗事考》等篇，为其亲自执笔。

汤斌以自身的实际行动，践行了当官为民的宗旨，上对得起皇帝，下对得起人民，亦对得起自己的良心。"品行清端，才猷赡裕"（顺治帝语）③，"洁己率属，实心任事"（康熙帝语）④，这是皇帝对汤斌的评价；"人品优长"（图纳语），"质直能事"（阿哈达语），"才学优长，立志坚介"（常书、朱马泰语）⑤，"正色立朝，始终一节"，"著书立说，深醇笃实"（韩菼语）⑥ 等，这是同僚对汤斌的评价；"豆腐汤""三汤巡抚""汤青天"，这是民间对他的评价。总之，汤斌不愧为一代廉吏、理学名臣。

第七节　"惠爱黎元，宏奖髦士"——清廉巡抚宋荦

宋荦（1634—1713），字牧仲，号漫堂、西陂、绵津山人，晚年又号西陂老人、西陂放鸭翁。河南归德府商丘县人。清代著名政治家、文学家、收藏家、刻书家。

---

① （清）汤斌著，范志亭等辑校：《汤斌集》，中州古籍出版社 2003 年版，第 829 页。
② （清）张廷玉等撰：《明史·奸臣列传》，中华书局 1974 年版，第 7905 页。
③ 王钟翰点校：《清史列传·汤斌》，中华书局 1987 年版，第 518 页。
④ 赵尔巽等撰：《清史稿·汤斌传》，中华书局 1977 年版，第 9932 页。
⑤ 中国第一历史档案馆整理：《康熙起居注》，中华书局 1984 年版，第 1194 页。
⑥ （清）汤斌著，范志亭等辑校：《汤斌集》，中州古籍出版社 2003 年版，第 1867 页。

一　家世、交游及为政

宋荦的远祖是宋国开国君主微子启，以国为姓而成宋氏一支。他自编《漫堂年谱》开篇云："宋氏，微子之苗裔，世居于宋，今河南归德府商丘县也。"[①] 祖父宋沾，字承恩，号复宇，明万历十九年（1591）举人，曾任山东登州府福山县知县。父宋权，字元平，号雨恭，又号梁园，明天启五年（1625）进士；官至国史院大学士，加太子太保；又官顺天巡抚，驻密云。顺治元年（1644）五月，宋权籍所部降清，顺治帝仍以其为巡抚。权善诗文，诗颇具少陵之风，今存《白华堂诗》一卷、《文康公遗集》两卷。

崇祯七年（1634），宋荦出生于京邸，时父宋权三十七岁，为官吏科给事中。崇祯十六年（1643），父调遵化，宋荦随任；是年宋荦年仅十岁，但已精骑射。顺治四年（1647），十四岁的宋荦随父居京师，应诏入朝为顺治帝侍卫，作《驾出》《驾入》《赐宴》《大猎》诗。第二年，娶妻同邑叶氏；试授通判，父以其年幼不谙政事，且身体清瘦羸弱，乞请令于家中读书候乡试，诏允。

顺治八年（1651），宋权携家归里，延请故人贾开宗、门人侯方域校文赋诗。十八岁的宋荦以其诗才为三十四岁的侯方域所赏识，侯方域遂与宋荦、贾开宗、徐作肃、徐世琛、徐邻唐，重修雪苑旧社。侯方域为撰《雪苑六子社序》，他在序中说："宋子（宋荦）年少有异材，是吾昔者雪园四子之所未及见者也。于是相与左之右之，朝夕而切磨之，又二年焉，而六子之社以成。侯子曰：'吾昔者雪园四子，不可追矣。求之三年焉，而得一徐子（徐邻唐）焉；求之五年焉，而得一宋子焉；又二年焉，而合徐子、宋子与吾四子者，而乃为六子焉。'"[②] 他们一起诗酒唱和，被称为"后雪苑六子"。今河南商丘古城之壮悔堂（侯方域故居）内仍有六子蜡像。顺治九年（1652），荦父宋权卒于故里，侯方

---

① （清）宋荦撰：《漫堂年谱》卷一，《续修四库全书》影印宋氏漫堂抄本。
② 何法周主编，王树林校笺：《侯方域集校笺》，中州古籍出版社1992年版，第521页。

域从贾开宗处听说有人劝宋荦散其财以结交天下贵人者，遂致书信一封与荦，称赞他"清才标映""才气超轶"，劝他"以诸人所陈交结之才，多收古今书籍"，"以交结之力，闭户力学而笃行之"①。顺治十三年（1656），"吴中才子"计东客游中州，路过商丘，宋荦由徐作肃得交计东，二人遂定交；计东乃撰《赠宋牧仲序》，赞荦为"天下非常俊杰之士"。次年六月，宋荦入京，与计东时相过从；八月，应顺天乡试，不第；与前辈号称退谷老人的孙承泽以及国史院学士王崇简等人交游往来，为文酒之会。

康熙三年（1664），宋荦时年三十一岁，除黄州通判，行前与米汉雯等宴于散文大家汪琬府，汪琬作《赠宋牧仲序》。宋荦有感于自己仕途波折，而立之年始得一官，"微有忿躁不平之心"②；同乡学者徐作肃、刘榛分别以诗送之赴黄州任。在黄州为官期间，宋荦秉公执法，不惧权势，深受百姓爱戴。康熙六年（1667）十二月，宋荦入都朝觐，携带眷属返里，得晤清初著名诗人王士禛，自称"时余自黄州通判入觐，始与公（王士禛）定交，如平生欢也"③。次年正月初五，王士禛过荦寓所，得睹世祖御画《渡水牛》及《风竹》，王士禛于《池北偶谈》中云："戊申新正五日，过宋牧仲慈仁寺僧舍，恭睹世祖皇帝画渡水牛。乃赫蹄纸上用指上螺纹印成之，意态生动，笔墨烘染所不能到。又风竹一幅，上有'广运之宝'。"④康熙八年（1669）正月，宋荦督漕船过淮，自樊口顺流而下，舟游浔江，在浔阳楼下老鹳口邂逅故人丘象升；四五月间与清八大诗家之一的宋琬几度相会；十月，宋荦生母过世，居家守丧。康熙十年（1671）九月，词坛大家陈维崧至商丘，宋荦应刘榛之邀与会，作诗《次韵酬陈其年》。次年二月，著名词人朱彝尊来访，于宋荦宅得

① 何法周主编，王树林校笺：《侯方域集校笺》，中州古籍出版社 1992 年版，第 153—154 页。
② （清）汪琬：《钝翁前后类稿·赠宋牧仲序》，清康熙刻本。
③ （清）宋荦撰：《西陂类稿·资政大夫刑部尚书阮亭王公暨配张宜人墓志铭》，民国六年刻本。
④ （清）王士禛撰，靳斯仁点校：《池北偶谈》，中华书局 1982 年版，第 295—296 页。

睹文天祥旧物端溪石砚。此后几年，宋荦居家候补，多有诗作。其间，宋荦目睹乡里之人苦于当时服役制度的不均，导致贫者愈贫、富者愈富，因倡议有田者按田亩出银钱，由官府雇劳役，百姓受累数十年之久的服役之弊得以解决。

康熙十六年（1677），宋荦补理藩院院判。次年，升刑部贵州司员外郎，奉命视榷赣关（清代户部税关之一）。在赣州任上，与宁都三魏的魏禧、魏礼及彭士望等文人交游往来。康熙二十年（1681），迁刑部郎中。康熙二十二年（1683）二月，升直隶通永道佥事（按察使司属官）；著名诗人施闰章造访，于荦宅得观文康公（宋荦父宋权）手迹，为作《书文康公手迹后》，赞荦"拳拳惟先人手泽是宝，不独以官世其家"①；四月，赴通永道佥事任，构室六间，取陆游诗句名之"漫堂"，自此始号"漫堂"。在通永道佥事四年任内，宋荦督查地方实情，兴利除弊，为政多有建树，通永（今河北省中东部）为之大治。康熙二十六年（1687）四月，宋荦迁山东按察使，初任时，山东狱讼繁多，荦"不宴会，不游观，不吟咏"②，使多年积案得以审结，狱讼止息；上《山东臬司条议四事》，议"诬良之害宜除""词讼之刁讦宜戢""狱囚之积骸宜瘗""解役之疏脱宜慎"③四事。又迁江苏布政使，查出司库亏空银三十六万余，宋荦题请追捕，"责前布政使刘鼎、章钦文分偿"④；以江苏不产铜奏请巡抚田雯停江苏采买铜。

康熙二十七年（1688）四月，宋荦擢升为江西巡抚；五月，汪琬来游宋荦府署，二人樽酒论文，临别为修订中的《绵津山人诗集》作序。汪琬在序中极力称赞宋荦："于以发为诗歌，其长篇雄变，如蛟龙之幻化；其短章之秀杰，如珠玉之莹润。甚至联句角胜，则写难状之物，

---

①　（清）施闰章：《施愚山文集》卷二十六，清宣统二年国学扶轮社石印本。
②　（清）宋荦撰：《西陂类稿》卷四十七，清康熙间宋至补刻本。
③　（清）宋荦撰：《西陂类稿》卷三十八，钦定四库全书本。
④　赵尔巽等撰：《清史稿·宋荦传》，中华书局 1977 年版，第 10053 页。

而吐难言之情，如倾江倒河，益注而益不穷，洵乎其才之高，学之宏，而养之裕也。"① 六月，旧裁督标兵李美玉、袁大相图谋不轨，宋荦乘夜计擒二凶，为了安抚军民，即斩示众，叛乱遂平。其间，宋荦又倡导教化，改易民习，建理学、忠节二祠，作《理学名贤传赞》《忠节名贤传赞》，颁发《续白鹿洞学规》。康熙三十年（1691），与清代著名诗人朱载震、钱柏龄交游并往还赋诗。

康熙三十一年（1692）六月，宋荦调江苏巡抚，在任长达十四年。这是他做地方大员最长的一个时期。其间，他始终把"以民为本"作为执政理念，在火耗、私派、赈灾、陋习等关乎民生的问题上，多次上疏为民请命，"莅吴十有四年，利无不兴，弊无不革，而冰蘗之操，卓然不渝"②。宋荦于政事之暇，不忘搜奇探幽，广交各地名流，倡导学术文化，如选录清初侯方域、魏禧、汪琬三大家散文，刻成巨著《国朝三家文钞》；以新刻诗集寄王士禛，请施点评；刊刻《江左十五子诗选》；寻访并刊刻《唐百家诗选》等，为古文和当时名文的保存与传播做出了重要贡献。宋荦在江苏期间，康熙帝三次南巡，宋荦三次接驾，每获御赐。康熙三十八年三月，康熙帝出京南巡至吴，赐宋荦御书"仁惠诚民""怀抱清朗"匾额及御书天马赋一卷、临米芾书一幅、蓝龙绸狐腋裘一件等物，曰："尔做官好，故此赐尔。"③ 四十二年春，康熙帝再次南巡，允宋荦请赐御书"西陂"二字，复赐御制《元旦》七言律诗一幅等，谕嘉其居官安静，"深得大臣之体"④。四十四年夏，康熙帝驻跸苏州，"以荦年逾七十，书'福''寿'字以赐"⑤。

康熙四十四年（1705）冬，宋荦擢升吏部尚书，虽官至高位，不

① 河南省商丘县志编纂委员会：《商丘县志》，中州古籍出版社 1989 年版，第 515 页。
② （清）宋筠纂修：《商丘宋氏家乘》卷十八，清乾隆四年（1739）刻本。
③ （清）宋荦撰：《西陂类稿》卷四十，清康熙间宋至补刻本。
④ （清）宋荦撰：《西陂类稿》卷四十一，清康熙间宋至补刻本。
⑤ 赵尔巽等撰：《清史稿·宋荦传》，中华书局 1977 年版，第 10054 页。

改当初公正之心，"黜幽陟明，秉以大公，无踪无随，铨法一归于正"①。康熙四十七年（1708）闰三月初七，宋荦上《乞休疏》；五月初十，赴畅春园面辞，康熙特赐御制五言诗一章宠行，有句云："久任封疆事，苏台净点尘。"②

宋荦致仕归里后，更定生平所撰诗文为《西陂类稿》五十卷。康熙五十二年（1713）三月，宋荦赴京恭祝康熙帝六十大寿，加授太子少师；五月，返里，撰《祝圣恭纪》；八月，遘疾；九月，病逝于西陂，享年八十岁。康熙亲赐祭葬。

二　文学及典藏成就

宋荦不仅是一个政治家，还是一个著名的学者，在文学上特别是诗词创作以及文献典藏方面多有建树。

（一）诗词创作

宋荦以其家学渊源，得以结交侯方域、汪琬、王士禛等清初诗歌散文大家，对他以后的诗词创作产生了重要影响，为他日后的文坛成就奠定了坚实的基础。在江西、江苏巡抚任上，他恪尽职守，履职尽责，为政之余，不忘诗词创作，并四处延揽人才，培养了无数门生。宋荦在当时诗坛上享有盛誉，与号称"清代第一诗人"的王士禛齐名。清初散文大家侯方域在《宋牧仲诗序》中赞曰："宋子之诗，神苍骨劲，格高气浑，举当世数十年争喙学步之病，一切空之，直由盛明接于盛唐，固幸为之于论定之后，易去其回惑，而得指归。"③宋荦晚年在江南一枝独秀，与王士禛南北呼应。王士禛曾在《寄荦诗》中云："谁识当时两年少，王扬州与宋黄州。"在康熙年间，宋荦领袖文坛近二十年，被时人尊为泰山北斗。

---

① （清）宋筠纂修：《商丘宋氏家乘》卷十八，清乾隆四年（1739）刻本。
② 徐珂编撰：《清稗类钞·廉俭类》，中华书局1984年版，第3166页。
③ 何法周主编，王树林校笺：《侯方域集校笺》，中州古籍出版社1992年版，第517页。

宋荦论诗推崇唐宋，他非常崇拜宋代大文豪苏轼，曾在《漫堂说诗》中称自己对苏轼"弥觉神契"，因此一生都在追求和模仿苏轼的诗词风格。宋荦之所以自号"西陂"，与苏轼号"东坡居士"不无关系。《四库全书总目提要》卷一百七十三《西陂类稿》云："荦诗大抵纵横奔放，刻意生新，其渊源出于苏轼……其诗虽不及王士祯之超逸，而清刚隽上，亦拔戟自成一队。"杨际昌《国朝诗话》云："商丘宋公七言古诗，心摹手追于眉山，得其清放之气，各体亦秀，以台阁人成山林格者也。"①

宋荦的诗歌创作堪称丰富，而且多有佳作。"清刚隽上"，散发出"清放之气"，品读起来韵味悠长，是宋荦诗歌创作的风格之一。《漫兴六首》即为典型代表，如其一云："稀疏梅子坠阶黄，雨过棕榈叶有光。茉莉兰花相关发，高斋长日罢焚香。"梅雨时节，熟透的梅子坠落满地，使枝头显得愈发稀疏。雨过天晴，棕榈叶上滞留着点点雨露，在阳光下泛起粼粼光波。茉莉和兰花的香气混同在一起，使雨后的空气更加清新芬芳。诗人在书斋中焚香后走出，放眼四顾，尽情欣赏室外美景，心情殊为舒畅。整首诗婉转流丽，色香俱存，使视觉、嗅觉、感觉各得所需，让人觉得清新淡雅，心旷神怡。又如《即事六首》其五云："雨过山光翠且重，一轮新月挂长松。吏人散尽家僮睡，坐听寒溪古寺钟。"这首诗的风格与苏轼颇为相近，流露出一种怡然自得、乐在其中的娴雅情趣。

宋荦也有一部分诗歌用笔冷峻，即景绘情，发人深思。比如《邯郸道上》一诗云："邯郸道上起秋声，古墓荒祠野潦清。多少往来名利客，满身尘土拜卢生。"作者通过秋风、古墓、荒祠等意象，描绘了一幅秋风瑟瑟、古墓沧桑、祠庙破败的古道秋景图，又巧妙地运用"一枕黄粱梦"的历史典故，表达了对步卢生后尘、热衷功名利禄的"名利客"的讽刺。邯郸道上的游客们，不惜背井离乡，客游在外，栖栖遑遑，相望于道。

---

① 钱仲联主编：《清诗纪事》（四），江苏古籍出版社 1987 年版，第 2216 页。

可怜这些人，为了追逐名利，"满身尘土"礼拜卢生，到头来却是"黄粱美梦"一场空。

在宋荦的诗中，亦有凄楚伤怀之作，或感于身世及仕途坎坷，或触物而即景生情。比如《落花》诗云："昨日花簌簌，今日落如扫。反怨盛开时，不及未开好。"此诗以"落花"为题，主要是诉说落花带给他的失落感怀，但诗的新奇之处却是另辟蹊径，作者不怨花之败落，反怨花之盛开，巧用异于常理、翻进一层的手法来抒写惜花之情、怜花之意，使得全诗犹断还续，一脉贯通，令人回味无穷。另如《乌江》诗："落日乌江系小船，拔山气势想当年。一间古庙荒烟外，野鼠衔髭上几筵。"日落西山时，作者将小船停泊在乌江岸边，目睹当年项羽驰骋沙场、拔山扛鼎的气势已经不复存在，留下的寺庙显得荒无人烟，残破不堪；举目望处，野鼠蹿几，祭品生灰，顿感繁华落幕，一片凄凉。这首诗的寓意在于，诗人将"伟大"与"渺小"作神奇对比，以此抒发个人内心的无限伤感。

宋荦亦有词作，但数量不多，在他的《绵津山人诗集》及《西陂类稿》中都只收录了一卷《枫香词》，共二十六首；在《全清词》中收录的宋荦词作稍多，共五十三首。不过，就现存作品而论，宋荦之词虽不能比拟宋人，但还是有让人赏心悦目之作的。比如，他的《采桑子》一词，自序为"舟泊南康，望庐山"之作。其词云："停帆旧是兵戈地，寂寞城闉。肠断行人。何处炊烟一缕新。屏风九叠干宵立，翠染波纹。多谢匡君。双剑峰高割晓云。"①作者乘舟而行，往江苏任职，舟至南康，停帆小憩。举目四望，地势险峻异常，乃自古兵家必争之地。如今城阙一片荒凉寥落，过往行人睹物伤神，顿生家国兴亡之感。作者虽然亦为之感怀，但并未一味悲伤，眺望远处炊烟袅袅，不觉心神为之一荡，遂又转悲为喜。再望远处庐山高峭，恰似屏风耸立云霄，苍松翠柏之间，

---

① （清）宋荦：《绵津山人诗集》，中央民族大学图书馆藏清康熙刻本，第629页。转引自赵雪如《宋荦的江西地域诗词研究》，《赣南师范学院》2013年硕士论文，第27—28页。

隐现蓝天白云。看到这如画的风景，作者对未来充满了信心，心中的伤感也一扫而光。

关于宋荦的诗词创作，商丘籍学者王树林较早进行过研究，他依据宋荦所撰《漫堂年谱》等文献资料，以宋荦的诗文撰写及刻成年代，先后列举出宋氏各时期诗文集数部，它们分别是：《古竹圃诗集》《嘉禾堂诗集》《柳湖诗草》《将母楼诗集》《和松庵诗稿》《都官草》《枫香词》一卷、《双江倡和集》一卷、《回中集》一卷、《联句集》《西山倡和诗集》一卷、《续都官草》《海上杂诗》一卷、《漫堂草》《漫堂倡和诗》《绵津山人诗集》《啸雪集》一卷、《庐山诗》一卷、《述鹿轩诗》两卷、《沧浪亭诗》《红桥集》一卷、《迎銮集》《迎銮二集》《迎銮三集》《清德堂诗》《藤阴酬唱集》两卷、《乐春园诗》等。这些诗词集当时有一部分刻有单行本，但多已失传，康熙五十年经删定编入《西陂类稿》。其中《绵津山人诗集》是康熙二十七年之前宋荦所有诗词的结集，现有多种单行本流传于世，卷数不一，如北京图书馆、河南省社科院图书馆藏二十四卷本，北京师范大学图书馆藏二十六卷本，中央民族大学图书馆藏二十九卷本等；该诗集中的作品在《西陂类稿》中均有收录。

（二）典藏成就

宋荦一生好尚风雅，兴趣广泛，除了在文学上成就斐然，还喜爱收藏、刊刻和鉴赏，特别是在善本、旧钞本书目及御制书画方面保存了数量可观的藏品，堪称一代藏书家、刻书家与鉴赏家。

清代是我国私家藏书事业发展的鼎盛时期，全国知名的藏书家不可胜数，宋荦即为其一。出生于书香门第的宋荦，其家族有藏书的传统，这一点为宋荦所继承。早在顺治五年（1648）宋荦十五岁的时候，就对书籍产生了浓厚的兴趣。据清代著名藏书家、校勘家毛扆《诗经阐秘》跋云："商丘宋公，博学君子也，每见异书，辄焚香诵读。巡抚江南历十余载，境内名人硕士，无不折节下交。戊子（顺治五年）春，来登汲古旧阁，羁留信宿，凡阁中所藏书籍，逐一观览。"[①]顺治九年（1652）宋荦父亲去世后，侯方域写信给宋荦，劝他在节哀之余，发挥所长，"多收古今书籍"，"闭户力学"。十九岁的宋荦从此对收藏古书一事，一生追求不辍。宋荦拥有多处藏书场所，其中御赐题名的就有"西陂""鱼麦堂""保素堂"三处，其他还有"青绠馆""纬萧草堂""和松庵"等。据宋荦自编《西陂藏书目》记载，其藏书颇丰，达数万册之多，且多善本、旧钞本珍品，在当时的藏书家中享有盛名。与朱彝尊齐名的清代诗人汤右曾，在其所撰写的《光禄大夫太子少师吏部尚书宋公荦墓志铭》中云："（荦）藏书多尽万卷，吴中得荆公《百家诗选》《施注苏诗》残本、《苏子美集》，属其徒校而刻之。"[②]常熟毛晋汲古阁藏书散佚后，大半为宋荦所得。如《徂徕文集》《玉澜集》《乖崖先生文集》均为宋版；另如《白虎通》《松雪斋集》《刘豫事迹》《安禄山事迹》等书，均为藏书中的精品。

除了大量收藏书中珍品秘帙，宋荦还保留有大量翰墨名迹。这些翰墨藏品可分为三个部分，一是家藏，二是御赐，三是个人收集。他入仕之后，特别是在江西、江苏等地任职期间，与江南许多书画家、鉴赏家有密切交往，如八大山人朱耷、石师道人王原祁以及禹之鼎、王石谷、高士奇、查士标等，得以收藏不少书画珍品。目前藏在故宫博物院的宋荦藏品就有唐人杜牧《张好好诗卷》、北宋徐铉《私诚帖》、北宋苏轼《治平帖》、北宋黄庭坚《寒山子庞居士诗》、北宋徽宗赵佶《闰中秋月帖》、南宋陆游《尊眷帖》、南宋朱熹《生涯帖》、南宋王升《首夏帖》、元代赵孟頫《红衣罗汉图卷》、清初画家王翚《西陂六景图》等多种。

宋荦不仅是康熙年间成就卓著的藏书家，还是当时全国著名的刻书家。他一生刻书约五十种，这也是他超越一般藏书家只收藏不刊刻的地方。宋荦所刻之书大致可分四类：一是宋氏家集，如宋荦父亲宋权的《白

---

① （明）毛晋撰，潘景郑校订：《汲古阁书跋》，上海古籍出版社 2005 年版，第 126-127 页。
② 转引自徐春燕：《清初河南藏书家宋荦》，《河南图书馆学刊》2005 年第 6 期。

华堂诗》《文康公遗集》以及宋荦自编《商丘宋氏三世遗集》《绵津山人集》等；二是选录时人之作，如《三家文抄》《江左十五子诗》《江右采风录》《唐百家诗选》等；三是代刻时人之作，如康熙《御制诗集》、王士禛《蚕尾集》等；四是重刻的古籍，如王安石《百家诗选》、苏舜钦《苏子美集》和施元之《施注苏诗》等。

宋荦在文献典藏上的贡献是多方面的，他不仅集藏书家、刻书家、鉴赏家于一身，而且在版本学方面也有突出贡献，他是清代百衲本的首创者。所谓百衲是指用零星材料集成一套完整的东西，百衲本就是用同一种书的不同版片拼印，或用同一种书的不同版本拼配而成的书本。宋荦用两种宋本、三种元本配成一部《史记》八十卷，称为《百衲本史记》。后来的《百衲本资治通鉴》《百衲本二十四史》，皆仿效宋荦的《百衲本史记》而制。

宋荦为官清廉刚直，一生勤于政事，以民为本，故深得皇帝和同僚、同行认可。康熙帝曾垂问满汉大学士，就各巡抚进行评价。大学士伊桑阿认为，"江宁巡抚宋荦清廉为天下巡抚第一"①。汪琬评价宋荦："廉而不刿，严而不苛，拊循吏民，煦煦慈爱而不失之姑息。"② 宋荦又是著名的文学家，诗与王士禛齐名，和王士禛、施闰章等人并称"康熙年间十大才子"。宋荦又善书画、爱收藏、精鉴赏，清学者朱彝尊有书画诗云："妙鉴谁能别毫发，一时难得两中丞。"两中丞指的是当时大收藏家宋荦和卞永誉。宋荦为政有声，文学及典藏成就卓异，确属难得。

第八节　心系百姓清正廉洁，私藏野史惨遭冤杀
——三省布政使彭家屏

彭家屏（1692-1757），字乐君，号青原。河南归德府夏邑人。康

---

① （清）宋荦撰：《西陂类稿》卷四十八，清康熙间宋至补刻本。
② 河南省商丘县志编纂委员会：《商丘县志》，中州古籍出版社1989年版，第515页。

熙六十年进士，曾任江西、云南、江苏三省布政使，为官清正廉洁，深得民心。彭家屏为政之余，嗜爱读书、刻书、藏书，是河南著名的藏书大家。据《夏邑县志》记载，彭家屏曾著有《左传经世参订》《栗山世祀世系考》等；刊刻书有《豫变纪略》《卧岚诗草》《南原诗稿》等。后因私藏明朝野史获罪被赐死。

一 仕途平稳，深得民心

彭家屏自幼聪明颖悟，熟读诗书，于康熙五十六年（1717）中举，四年之后又考中进士。初授刑部主事，不久升任郎中。之后，彭家屏仕途比较顺遂，可谓一路平稳升迁。雍正八年（1730），彭家屏离京，出任山西道御史，次年转为长芦盐运使。雍正十三年（1735）调任保定知府。乾隆元年（1736），直隶总督李卫在对彭家屏的考评中，给予了彭家屏较高的评价，乾隆帝指示李卫可以保举彭家屏为按察使，这样，乾隆四年（1739）彭家屏又得以出任湖南按察使。乾隆六年（1741）八月，又升任江西布政使。彭家屏在六年之内连升三级，可谓深得赏识。清代布政使掌全省民政、田赋与户籍等事，为总督巡抚属官。从此，彭家屏开始步入地方大员行列，而且担任布政使一职将近十五年，历经江西、云南、江苏三省。在江西任上九年，彭家屏政绩显著，颇有口碑。据《夏邑县志》记载，其间，他"曾主持修理南昌市内道路，开办粥厂放赈，增建南昌高观楼、百花洲，重修滕王阁；并和当时巡抚陈宏谋清查傍城各店铺所占街道，共同规划扩修'火巷'，以便扑灭火灾"[①]。乾隆十四年（1749），江西巡抚出缺，由彭家屏护理。乾隆十五年（1750）调任云南布政使。四年之后，又改任江苏布政使，不过在江苏时间很短，仅有一年。在云南及江苏任上，彭家屏为官清廉，注意体察民情，为地方上办了不少好事，亦深受百姓拥戴。

---

① 夏邑县志编纂委员会编纂：《夏邑县志》，河南人民出版社 1989 年版，第 554 页。

彭家屏为官深得民心，他善于处理繁难事务，表现出较强的行政能力，也为地方巡抚和乾隆皇帝所赏识。但是也有两件事情，令乾隆皇帝对他心存芥蒂。一是雍正年间，雍正宠臣李卫与政敌鄂尔泰有过多年的党派之争，一直延续到乾隆初年。而在李卫与鄂尔泰之间，乾隆帝比较欣赏满族官员鄂尔泰，对汉族高官李卫心存偏见。作为专制君主，最忌讳的事情之一就是臣下拉帮结派搞朋党，彭家屏因李卫举荐得以升迁，又曾经诋毁鄂尔泰及其子鄂容安，乾隆帝遂将彭家屏视为李卫的同党，对他有不好的印象。二是乾隆十六年，鄂容安参奏归德府缙绅抗粮不交，事涉彭家屏家，且牵出彭家屏弟弟彭家植打死佃户隐匿不报之事，乾隆帝非常恼怒，指示对彭家严加惩处，处以积欠追加十倍的处罚并即行缴清，彭家屏才得以保官留任。这两件事情严重影响了他以后的仕途升迁，他也因此止步于布政使一职而未能再前行一步。

乾隆二十年（1755）九月，彭家屏被召入宫，接受乾隆皇帝面询，遗缺派别人接替，在名义上虽未免职，实际上已经失去职务。彭家屏本人无大过，乾隆帝如此对待他，他深知自己已经失去皇帝的信任，遂以病为由请归原籍。

彭家屏病退回到故乡夏邑，却没有真正地退隐，他仍然保持着在任时的一贯作风，只要遇到百姓疾苦之事，就会上书地方衙门为民请命，有时候还越级上奏。已经病退家居，他还要如此直率行事，这种作风也为他日后埋下了隐患。

二　直陈灾情，埋下祸根

乾隆二十二年（1757），乾隆帝离京南巡，彭家屏随当地官员到徐州迎驾谒见，乾隆就向他询问河南当年的情况。在上一年，河南多地遭受水灾，农作物大量减产，第二年田里尚有很多积水，无法耕种。于是，彭家屏据实直陈各地灾情，并奏"夏邑及邻县永城上年被水灾独重"①,百姓急需救济。乾隆"以彭家屏为本地搢绅,不免有心邀誉乡里,言之过甚"②,对彭家屏所陈情况心存疑虑。当时,河南巡抚图勒炳阿也朝见行在,乾隆就向他责问彭家屏所言是否属实,图勒炳阿为逃避责任,竟然声称"水未为灾"。为了查得实情,乾隆帝一面命令图勒炳阿偕同彭家屏前往勘查,一面又向河东河道总督张师载求证。结果,张师载所奏情况与彭家屏相同。乾隆帝认为张师载诚笃朴实,所言应非诳骗之语,乃饬令图勒炳阿秉公奏报,不得掩盖回护。图勒炳阿查看后,回奏时仍然隐瞒实情,"仅称一二低洼地亩,间有积水,余俱有六七分收成,可以不必给赈,酌量借粜兼行,已足接济"③。此时,乾隆已经心知图勒炳阿所奏不实,但并未马上处理他。不久,乾隆帝到达徐州府,途中亲眼目睹了灾民困苦的情形,心想夏邑县、永城县相邻,灾情也应该相同。于是,乾隆又密派步军统领衙门员外郎观音保前往永城、夏邑,进行秘密调查。

乾隆帝北返,夏邑县民拦道告状,举报县官隐瞒灾情,乾隆帝再度申饬图勒炳阿详加勘查。至邹县时,夏邑县民刘元德又陈诉县官赈灾不实,恳求另选贤能。两次拦道上告其县官者均为夏邑县民,让乾隆极为不悦,同时也起了疑心,认为背后一定有人唆使,目的就是要扩大事态,就怀疑是最先向他陈述灾情的彭家屏。但经过讯问,刘元德供出背后确有指使之人,但并不是彭家屏,而是夏邑县生员段昌绪。乾隆帝就命侍卫成林监送刘元德返回夏邑追查此事。这时,观音保秘密查访返回,奏称夏邑、永城、虞城、商丘四县,受灾情况非常严重,因长久积水,田地根本无法耕种;灾民中甚至出现了卖子女以求生者,而且每人不过二三百钱,观音保还因此收养了两个灾民的孩子。为了让乾隆相信自

① 赵尔巽等撰:《清史稿·彭家屏传》,中华书局1977年版,第11061页。
② 《高宗纯皇帝实录》卷五百三十七,见《清实录》(第15册),中华书局1986年版,第776页。
③ 《高宗纯皇帝实录》卷五百三十七,见《清实录》(第15册),中华书局1986年版,第776页。

己所言非虚，观音保拿出卖身契约呈乾隆御览。了解这些情况后，乾隆帝不禁为之动容，遂下诏公开此事曰："为吾赤子，而使骨肉不相顾至此，事不忍言。"①勒令对相关人员严加处理，"图勒炳阿，着革职发往乌里雅苏台军营，自备资斧，效力赎罪，以为地方讳灾者之戒；夏邑、永城二县知县，俱着革职拿问；其虞城、商丘二县，如应行参处，即着鹤年一并参奏拿问；该管道府，俱着查参议处。"②

至此，夏邑、永城受灾一事看似得到了圆满解决，讳灾不报及报灾不实者均受到了应有的惩罚。彭家屏陈奏属实，理应受到嘉奖。但他"以搢绅言利病"，触犯了封建专制皇帝，"足以掇祸"③；而且已经失去乾隆帝的信任，不可能再得到什么奖励。但是，让彭家屏料想不到的是，接下来对刘元德等人的审理，竟然牵出了举国震惊的藏书冤案，也使他陷入了万劫不复之地。

三　私藏禁书，因罪遭诛

侍卫成林到达夏邑县之后，前往拘捕段昌绪，意外地在其家中搜得传抄的吴三桂反清檄文。乾隆帝既惊且怒，在四月的一则上谕中说："阅其伪檄，则皆毁谤本朝之言，极其悖逆。而昌绪为之浓圈密点，加评赞赏，见者无不发指……于此等伪檄，竟忍钞录收藏，动笔批阅称赞，朕实为之寒心。"又说："段昌绪家既有此书，传钞何自？此外必尚有收存，即彭家屏恐亦不能保其必无。即应委大员前往伊家，严行详查，并着方观承前往，会同图勒炳阿查办。"④至此，案件的性质发生了改变，民告官隐匿灾情变成了谋反大案，叩阍告状的百姓变成了悖逆之人。乾隆帝立刻

① 赵尔巽等撰：《清史稿·彭家屏传》，中华书局 1977 年版，第 11062 页。
② 《高宗纯皇帝实录》卷五百三十七，见《清实录》（第 15 册），中华书局 1986 年版，第 776—777 页。
③ 台湾国史馆校注：《清史稿校注》卷三百四十五，台湾商务印书馆 1999 年版，第 9434 页。
④ 《高宗纯皇帝实录》卷五百三十七，见《清实录》（第 15 册），中华书局 1986 年版，第 780—781 页。

撤销了图勒炳阿的处分，让他查办此案；夏邑、永城两个知县也官复原职。此事本与彭家屏无涉，乾隆帝却猜忌到彭家屏头上，即召彭家屏来京，询问其家中有无吴三桂传钞檄及其他禁书。彭家屏据实回答，说收藏有明末野史《潞河纪闻》《日本乞师记》《豫变纪略》《酌中志》《南迁录》及抄本小字书数种，但自己均未曾翻检阅读。这时，乾隆帝已将办案的重点转移到对反清思想的追查上，必欲置彭家屏于死地。于是，抓住彭家屏所说"有明末野史等类，存留未烧，实不曾看"一句话，责问他："既云未看，何以即知其不当存留？""既知为不当存留之书，而又故为藏匿，是诚何心？岂必如段昌绪之批阅伪檄，始为上干宪典耶？"认定彭家屏"情词闪烁，显系狡饰"[1]，下令将彭家屏拿问，命革职下刑部候审。

　彭家屏在京受审时，彭家屏之子彭传笏非常担心，惧怕因这几种藏书招致祸患，便将它们付之一炬，致使图勒炳阿受命到彭家屏家搜查罪证落空。乾隆认为彭家屏之子是故意销毁证据，遂下令判彭家屏父子死罪候斩，秋后处决，家产入官。虽已定案，但在未处决之前，尚有回旋余地。七月，河南巡抚图勒炳阿回奏核查结果，再次对彭家屏落井下石，说在彭家搜出了新刻族谱，甚属狂妄，"谱号《大彭统记》，御名皆直书不缺笔"[2]。书中将彭氏一姓追溯到黄帝、颛顼时期，这本是汉族士人炫耀出身的一种惯用手法，取名"大彭统记"，所用"大"字也只是自我炫耀家门。但在乾隆帝看来，这一切均属大逆不道，所以这个回奏简直是一纸催命符。在七月十三日的《着将彭家屏宽免肆市赐令自尽上谕》中，乾隆帝质问道："乃身为臣庶，而牵引上古得姓之初，自居帝王苗裔，其意何居，且以《大彭统记》命名，尤属悖谬，不几与累朝国号同一称谓乎？"[3]据此，乾隆认定彭家屏目无国法，狂悖无

---

[1]　《高宗纯皇帝实录》卷五百三十七，见《清实录》（第15册），中华书局1986年版，第787—788页。

[2]　赵尔巽等撰：《清史稿·彭家屏传》，中华书局1977年版，第11062页。

[3]　王澈：《乾隆二十二年彭家屏私藏禁书案史料选》，《历史档案》1991年第4期。

君，即刻诏令彭家屏自尽于狱中。秋审之时，刑部入奏彭传笏罪名得实。乾隆帝为表现自己的宽大仁慈，当彭传笏将被问斩时，对他网开一面，认为"子为父隐"，宽免其死罪。此案发生后，举国为之震惊。

乾隆帝之所以要除掉彭家屏，原因并不是单方面的。彭家屏直言家乡灾情，等于是参劾满洲地方大员图勒炳阿，犯了清代皇帝的忌讳，因此惹祸上身，这不过是一个导火索，或者说是一个基本因素。其实，背后尚有更深层的原因。其一，彭家屏以私藏明末野史的罪名被处决，是因为他让乾隆帝感觉到了留存于民间的明末野史的威胁。为了维护清王朝的封建统治，乾隆开始考虑如何一劳永逸地销毁悖逆书籍，并整肃、震慑那些对清朝统治不满的汉族臣民。彭家屏案成为乾隆时期后来大规模禁书的一个重要诱因。甚至有学者认为，彭家屏案是私藏禁书文狱的开端。其二，刘文鹏在《彭家屏案与雍乾党争》中以为彭家屏仕途的升迁、荣辱，从被重用到失宠、被杀，与他当时卷入到雍乾之际的党争之中，特别是鄂尔泰派势力的消长密切相关。这一点前面已经谈到。而在乾隆二十二年六月初七，乾隆帝最终决定处决彭家屏时，在《着将彭家屏斩监候并抄没其家产上谕》中说得更加清楚明白："彭家屏乃李卫门下一走狗耳，其性情阴鸷，恩怨最为分明。从前每当奏对时，于鄂尔泰、鄂容安，无不极力诋毁，朕因此深薄其为人。平心而论，鄂尔泰父子虽未必能比古良臣，而较之李卫，其去何啻霄壤，是彭家屏之倾险狡诈已可概见。"[1]可见，彭家屏因为卷入李卫和鄂尔泰之间政治斗争的漩涡，早已给乾隆帝留下了深刻而极坏的印象。所以，他的仕途沉降乃至被抄家赐死绝对不是偶然的，而是由多种因素共同促成的。

千秋功罪，任人评说。对于彭家屏之死，夏邑人显然是将其作为冤案看待的。新版《夏邑县志》载："乾隆大怒，冤狱遂成……当时全国为之震动。该案民国四年（1915）始得平反昭雪。"[2]

---

①　王澈：《乾隆二十二年彭家屏私藏禁书案史料选》，《历史档案》1991年第4期。
②　夏邑县志编纂委员会编纂：《夏邑县志》，河南人民出版社1989年版，第554页。

后　记

2017 年新春伊始，商丘市委作出一项重要决定，由市委宣传部搭建平台、择选人马，组织编撰"文化商丘"丛书。本人多年来对商丘历史孜孜以求，有幸成为丛书编写组中的一员。我承担了编写《商丘通史》的部分工作，并负责撰述《名人与圣贤文化》。

豫东商丘，历史悠久，文化积淀厚重，名人圣贤辈出。这里流传着许多美妙神话，炎帝朱襄氏、帝喾高辛氏在这里生息繁衍，"燧人取火""仓颉作书"的传说在这里传播流布……这里也是传说中的三商之源：商民族发祥于此，商先公王亥由此地向外经商，商王朝立国建都于此。春秋战国时期，商丘乃诸侯国宋国所在地，宋国人物，政界如微子、宋襄公、宋王偃、华元、向戌等，思想界如庄周、墨翟、惠施、宋钘等，皆为一时名人。他们或以行为影响着当时政治格局的演变，或以思想争鸣于诸子百家。以此为始，迄于明清，商丘涌现出众多的政治家、军事家、思想家、文学家、艺术家、医学家等，他们为当时中国的历史平添了精彩与光华。

本书所列人物，身份各有不同，但以为政者居多。关心民瘼，为民造福，恪尽职守，清廉为政，这是为官从政的基本理念，更是根本准则。历史上的商丘亦不乏清官廉吏。如北宋政治家刘熙古，为政三十余年，官至户部尚书，一生清廉爱民，史称"熙古居大任，自处如寒素"。如清代江宁巡抚汤斌，勤政亲民，实心任事，为官一地，造福一方。再如清代江苏巡抚、吏部尚书宋荦，为官清廉刚直，一生勤于政事，虽然官至高位，不忘以民为本，始终独善其身，被同行誉为"清廉为天下巡抚第一"，被康熙嘉称"久任封疆事，苏台净点尘"。

书中其他人物，亦皆有其可圈可点处，或有一技之长，或有一节可取，或有一言可敬，或有一行可彰。如使者华元，如医者文挚，如"女中尧舜"张皇后，如卜者宋献策，等等。点评尽详于书内，兹不赘言。

读史以明鉴，察古以知今。述说历史人物之悲欢，以为现实人生之资鉴，乃本书欲求之效果，亦史学经世之必然。然囿于本人资质愚钝，笔力不逮，尚不敢奢求如此之高标。读者之于是书，倘能忍心卒读，而非一览即弃之，则本人之愿达矣！

以上琐言碎语，皆发自肺腑，谨录于兹，不似后记，权作后记。

朱凤祥

丁酉年癸丑月丁酉日于书房